U0639180

汉末荀郑虞三家易学与经学精神的重建研究

王新春 刘春雷 陈盟 著

天津出版传媒集团
天津人民出版社

图书在版编目（CIP）数据

汉末荀郑虞三家易学与经学精神的重建研究 / 王新春，刘春雷，陈盟著. -- 天津 : 天津人民出版社，2022.3

ISBN 978-7-201-18286-5

Ⅰ. ①汉… Ⅱ. ①王… ②刘… ③陈… Ⅲ. ①《周易》—研究—中国—汉代②经学—研究—中国—汉代 Ⅳ. ①B221.5②Z126.273.4

中国版本图书馆 CIP 数据核字(2022)第 057530 号

汉末荀郑虞三家易学与经学精神的重建研究

HANMO XUNZHENGYU SAN JIA YIXUE YU JINGXUE JINGSHEN DE CHONGJIAN YANJIU

出　　版　天津人民出版社
出 版 人　刘　庆
地　　址　天津市和平区西康路 35 号康岳大厦
邮政编码　300051
邮购电话　(022)23332469
电子信箱　reader@tjrmcbs.com

责任编辑　林　雨
装帧设计　汤　磊

印　　刷　天津海顺印业包装有限公司
经　　销　新华书店
开　　本　710 毫米×1000 毫米　1/16
印　　张　31.25
插　　页　5
字　　数　430 千字
版次印次　2022 年 3 月第 1 版　2022 年 3 月第 1 次印刷
定　　价　158.00 元

前　言

这部著作是一名为“汉末荀郑虞三家易学与经学精神的重建研究”（项目批准号:14BZX053）的国家社科基金项目课题的最终成果。

本书对汉末经学重要代表人物荀爽、郑玄、虞翻的易学思想进行了系统梳理,深度阐发了三大家易学中哲学性、思想性内涵,重点关注并指出了其总体宇宙关怀、终极人文关切及对汉代经学精神的重建。

通行本《周易》古经展示了符号与文字一体对显的独特文本形式,《易传》各篇将阴阳之道与性命之理相贯通,深深影响了传统哲学文化的视域与价值取向,汉代易学正是在《易传》古经阴阳之道诠释基础上,向前推进的。汉末易学三大家荀爽、郑玄、虞翻在汉代经学资源厚重积淀的基础上,分别构建了各自造诣独到易学体系。

荀爽以乾升坤降、阳升阴降为主导,本于《说卦传》与汉代卦气易学会通后的八卦卦气说与图式,构设了一宇宙八卦卦气易场,以此期许人能据之明确生活世界之所然与所以然,进而确立三才之一的人的宇宙角色定位和面对天下的角色应然承当,促成大宇宙与天下既济格局的到来,既济格局由此被赋予了正定礼乐角色分位与生命主体承当的鲜明人文礼乐文化的内在厚重意涵。这既深化重建了汉代经学的基本精神,又呼应转进了其祖荀子乃至孔子、三代与三代之前的礼乐文化大传统。

郑玄据《易》六十四卦的符号系列，由各卦本身层层至于其互体连互之卦、六子爻体、十二爻辰，步步深入，揭显了阴阳消息律动贯穿其中的宏廓宇宙、生活世界的外内显隐之象，并最终对这部王者之书开示的王道实现了重建。他指出，王者立王道兴礼乐育民德，要启迪万民的礼乐与德性的根源性自觉，稳步推进天下与天人的有序和谐顺遂，这是王业稳步推进实现的标志，也是《易》的旨归所在。由此继三《礼》郑氏学成就之后，实现了礼学与易学的深层会通，深化升华了经学的精神，并最终整体重建了经学的大厦，令汉代经学达到新的境地。

其后的虞翻，重新诠释了《易》，推出了阴阳消息之道视域下的虞氏易学，指出阴阳是易之神髓所在。他基于天阳地阴对待、日月往来引动确定了四正卦易场，具体化为出入乾天坤地两仪的十二消息卦易场，并变生着五十二卦符示的繁复阴阳流转变易格局，即此而敞开宇宙宏大易世界。这一世界构成人整个生活的世界，人与天地并立为三才，当贯通三才之道，基于仁与义的践行与承当，引动这个世界迈向人文价值化的理想天下易世界。虞翻以此进一步深化了阴阳消息语境下的礼乐文化，步荀爽与郑玄等之后尘，重铸、再造了经学的精神。

荀爽、郑玄、虞翻三大家易学的宏愿最终表达为：确立包括三才在内的万象之位，秉持三才之道，体认、守望位、序及其互动的礼乐价值内蕴，从而从人之一才出发，接通地，顺应柔刚地道，接通人，顺应仁义人道，接通天，顺应阴阳天道，接通万象，顺应消息流转之道，做阴阳消息之道下贯所成天下宏大气场中的大写人字，促成有序和谐通泰的礼乐化的人文理想天下愿景的实现。这成为他们心目中作为法天地设政教的王者之书《易》的最终旨归，也就成为王者放眼浩瀚天地宇宙，立足整体天下的王道最终归趋。这就是在象数优位的诠《易》理路下，三大易家本于阴阳消息之道所诠显的《易》的整体义理意涵。

象数优位的立场，仅仅表明了在他们那里象数对于理解《易》之意蕴的优先意义，并不意味着他们忽略了《易》之义理内涵的阐发。他们的偏

颇，是对象数重视的过度，以及具体诠释中的牵强支离，以此影响了义理的系统深入开显。王弼的出现，正是洞察了汉易一系易家的烦琐象数执泥。《周易略例·明象》中，他的“尽意莫若象”之见，坚持了《易传》由象数而义理的理路，从而与汉易一系的易家识见相通；他的“得意在忘象”之见，则超越了汉易一系易家的象数执著，明确了象数与义理一为工具、一为目标的两种不同角色，是对后者的强力转进。生逢中华民族走向伟大复兴的新时代，对于三大家易学，我们自当从敬畏学术、敬畏文化传统的角度出发，本着守正开新、光前裕后、继往开来的担当，在同情理解与批判性反省的基础上，通过切实有效的创造性转化与创新性发展，让三大家易学及整个易学焕发新的学术生机，发挥新的时代影响。

本书继承中国传统经学“以述为作”、融旧铸新、继往以开来的治学之路，重视哲学视野下的哲学解读法，借鉴哲学诠释学方法，将考据与义理相结合、传世文献研究与出土简帛文献研究相结合、历史资料与现实研究相结合。具体研究的理论即立足于此，以哲学史家、思想史家的视野，着眼于三大家易学理论的建构，挖掘其深层次的哲学性价值和思想性意义，审视、探究其各个层面的哲学文化内涵，尤其是上述最具实质性意义的总体宇宙关怀、终极人文关切方面的内涵。

本书坚持逻辑与历史相统一的原则，抓住经学的整体大语境和三大家的经学家角色意识自觉，注意他们以其天人之学的终极视域，基于强烈家国天下情怀下的时代问题意识，作为先王、先圣经典之合法诠释者而代先王、先圣立言，成为帝王平治天下、化民成俗、正定人生实际导师的期许与由此所做出的经典诠释贡献。将三大家之易学放到当时生动鲜活的社会生活与文化学术互动的总体大背景下，从在此互动中所形成的汉人的总体宇宙图景、天人关系理念以及终极人文关切出发，深入分析其形成轨迹及思想内涵。

本书不仅深入研讨了三大家易学中相关象数学说本身之所是，而且基于卦气说、乾升坤降说、阴阳升降说、爻辰说、旁通说、卦变说等象数学说和阴阳交感消息、天象物候变化等自然哲学方面理论，对于其内在深层的哲学性、思想性内涵进行了深度阐发，揭示了荀爽、郑玄、虞翻三大家易学的整体经学大语境，以及汉代经学的基本精神形成、式微和三家易学对它的重建。项目研究成果突显了三大家为代表的经学家的角色意识自觉与使命担当，深入揭示了三大家象数义理一体两面的易学理论模式，最大限度地开掘其易学的哲学文化底蕴，避免象数表层的无谓纠缠，以为改变汉代哲学文化研究难有整体深层实质性突破的局面略尽绵薄。基于文化自觉、民族复兴、和谐世界构建，对传统与当代文化语境的有机结合、融摄会通之路，做出有益探讨。

本书在研究过程中所涉及的古今中外文献数量众多，在选择文献资料时严格遵循相关性、权威性、时效性原则，以保证相关文献可以给课题研究提供良好的参考价值。线下资料收集工作主要是项目负责人和项目组成员依托国家图书馆、上海市图书馆、山东省图书馆、北京大学、复旦大学、山东大学等高校图书馆馆藏，充分收集利用文献资料尤其是重要古籍书目，为研究提供充实的文献资料。线上文献获取渠道包括：中国基本古籍库，中华经典古籍库，易学文化数据库，晚清、民国期刊全文数据库，中国期刊全文数据库（中国知网），复印报刊资料系列数据库，万方数据库等权威数据库，尽可能全面获取国内外学者的代表性研究成果。项目负责人和项目成员共查读著作550余部，文章1230余篇，对现有研究成果进行了系统的梳理，对研究现状进行分析评述，最终确定了研究的基本内容、基本观点、研究思路和研究方法。

本书作为课题的最终结项成果，内中舛谬难免，需要深入研究之处仍很多，一则有待自己今后的持续努力，再则有待学界方家的不吝赐正。

王新春

2021年12月

目录

引言:《易传》古经诠释所开启的易学走向

通行本《周易》古经展示了符号与文字一体对显的独特文本形式。《易传》各篇则直面理性与信仰、大道与筮术间的张力,以理性创造性联结、会通、转化、升华信仰与筮术,对古经作了系统诠释与阐发,将服务于筮占操作的文本之所然,推进到其内在学理底蕴之所以然,开显出象数、义理合一下阴阳之道与性命之理相贯通的易学天人之学体系,使《周易》透出道贯其中的鲜明卓荦经典品位,树立了《周易》诠释的典范,强力引领了易学发展的未来走向。由《易传》诠释所引发的易学长河,深深影响了传统哲学文化的视域与价值取向,让生活在这一传统下的人们,开显出生存论语境意义上的易眼。汉代易学,正是在其阴阳之道诠释的基础上,向前推进的。这才有了汉末荀爽、郑玄、虞翻三大家易学与经学精神的重建。

一、阴阳之道的开显与宇宙生化气场的敞开

《周易》古经由六十四卦的符号系列与卦辞爻辞的文字系列构成。其中,符号系列的基本组成为“--”“—”两种爻画。《易传》以阴阳二气解读这两种爻画符号符示的基本意涵,以二气消长解读由其叠组所形成的八

卦、六十四卦所涵摄而又为卦辞爻辞所表达的基本内容，使《易》开显出阴阳论的基本语境。顺着这一解读，阴阳二气、阴阳之道在《易》的思想世界中正式出场，宇宙整体上作为一生化气场的面目，也被正式揭开。

通行本《易传》包括《彖传》上下、《象传》上下、《系辞传》上下、《文言传》《说卦传》《序卦传》《杂卦传》七种十篇。由马王堆汉墓帛书《易传》的出土，结合相关文献，我们认为，今本《易传》各篇大致孕育于春秋，先后问世于战国中后期，而最终编定于西汉宣帝年间。廖名春教授说："阴阳思想是《周易》的精髓，但《周易》经文中虽有'⚊''⚋'的符号，却并没有以文字形式出现的阴阳范畴。"①黄庆萱先生则断言："六十四卦由'八卦'重叠而成；八卦又由阳爻、阴爻三叠而成。大概古人观察人类及生活的环境，发现人类有男有女，生活在天地之间。于是以阳爻代表男性、天，以及一切阳刚的事物；以阴爻代表女性、地，以及一切阴柔的事物。"②众所周知，就文字表达而言，古经仅在《中孚》卦(䷼)九二爻的爻辞中出现过一个"阴"字："鸣鹤在阴，其子和之"，此"阴"字谓背荫之处；此外，没有出现过"阳"字，更没有相关文字具体开示宇宙发生与构成意义上的阴阳学说。传世的《左传》《国语》中，载有 22 条春秋时人运用《周易》古经及其他相关筮书筮占、论事的案例，③内中也未见以阴阳解读、表述的文字，意味着《易》话语系统下的阴阳论思想尚未向世人开显，至少尚未清晰落实于表达层面。《易传》在诠释古经的过程中，从具体诠释到总体论析，则开始明确开示阴阳字眼与宇宙发生、构成意义上的阴阳学说。

通行本古经首卦为《乾》(䷀)，在诠释初爻之辞"潜龙，勿用"时，《文

---

① 廖名春：《〈周易〉经传十五讲》，北京：北京大学出版社，2012 年，第 238 页。

② 黄庆萱：《周易纵横谈》，台北：东大图书公司，1985 年，第 6 页。

③ 这二十二条案例，分见于《左传》的庄公二十二年一条，闵公元年、二年各一条，僖公十五年二条、二十五年一条，宣公六年、十二年各一条，成公十六年一条，襄公九年、二十五年、二十八年各一条，昭公元年、五年、七年、十二年、二十九年、三十二年各一条，哀公九年一条；《国语》的《周语》一条、《晋语》二条。《左传》共计十九条，《国语》共计三条。

言传》云:“‘潜龙,勿用’,阳气潜藏。”谓乾卦初爻符示的,就是处在潜藏状态的阳气。“气”与“阳气”的字眼明确出现了。第二卦《坤》(䷁)初爻之辞“履霜,坚冰至”,《文言传》诠释说:“履霜坚冰,阴始凝也,驯致其道,至坚冰也。”谓《坤》卦初爻符示的,乃是开始凝结的阴,是阴开始凝结,且此凝结有其渐次加深的必然之道,顺此道而令凝结得以充分实现,坚冰就会凝成。显然,这里的“阴”恰与“阳”相对,并直接呼应“阳气”而指涉“阴气”。上六爻《文言传》云:“阴疑于阳必战。”即谓阴气盛极,力量疑似、拟比于阳气,则二气间必然发生因阴不再相让而抗衡于对方下的争战。于是,“气”“阴气”“阳气”“阴”“阳”几个字眼、概念在构成《易》思想世界的基本语境意义上豁显了。

乾卦符示天,坤卦符示地,天地分别由阳气、阴气构成。针对当下世界予以追根溯源,在《易传》看来,自从天地开辟,以此开辟为言说的出发点,天地成为阴阳二气的无尽宝藏与造化大千世界的始源。《说卦传》所谓:“乾,天也,故称乎父;坤,地也,故称乎母。”父天母地的断语,指明了万物万象之所自来,宇宙发生论的语境得以确立。《咸》卦(䷞)《彖传》云:“咸,感也”,“二气感应以相与”,“天地感而万物化生”。“二气”显然指阴气与阳气,它们相互交感应和,相互依存共处。“天地感”显然指天地藉助其内含的阴阳二气彼此相互交感,万物万象即透过这一交感而得以化生。《泰》卦(䷊)乾下坤上,《否》卦(䷋)坤下乾上,分别成为天地阴阳之气一则顺利交感而畅遂、一则不能顺利交感而否隔的典型符示。《泰》卦《彖传》诠释说:泰,“则是天地交而万物通也”,“内阳而外阴”。《否》卦《彖传》说:否,“则是天地不交而万物不通也”,“内阴而外阳”。而两卦的《大象传》又分别称:“天地交,泰”与“天地不交,否”。天本在上,地本在下。今《泰》卦乾天在下、坤地在上,符示天之阳气业已并正在来而下降,地之阴气业已并正在往而上腾,二气相向而行,顺利相遇交感互融,天地顺利感通,开显了一个通天贯地的宇宙生生之闳阔气场,万物万象即在此场内得以顺利化生，是则天地交泰，宇宙通泰，万物万象通泰之象。与此形成鲜明对照，《否》卦坤地在下、乾天在上，符示地之阴气来而下降，天之阳气往而上升，彼此相背而行，渐行渐远，否隔不交，天地不再感通，开显宇宙生生之场的生生功能消歇，万物万象难以顺利化生，是则天地否隔不通，宇宙否塞不通，万物万象否塞不通之象。

二气交感则阴气通、阳气通、二气互通，阴气令阳气真正成其为阳气，阳气令阴气真正成其为阴气，引发彼此互不可取代的生化之功，使宇宙间生机勃发，生意畅遂，一通百通；二气不交则各自不通，彼此间否隔不通，因此否隔而难有生化之场的畅通，阴气难以成其为以生化之功为表征的阴气，阳气难以成其为以生化之功为表征的阳气，致使宇宙间生机萎靡，生意塞窒，处处否隔。天地正是藉助阴阳二气交感所实现的二气各自通与彼此间互通，达成天通、地通与天地间互通，进而开启宇宙间的生化之场，并藉此开显出天地创生万物万象，遍利宇宙间的一切的盛大德性品质。《系辞下传》所谓："天地之大德曰生。"《益》卦《彖传》所谓："天施地生，其益无方。"大宇宙整体上即此而构成一由天地透过其内含的阴阳二气所引发的生化之气场。天地的品质是创生，天地所含阴阳二气的根本特性是生化，生化是其根本功能，由此令生化之场有了终极生化根基与源头而一直充满生机与活力。

在此生化之场中，表面上，二气相异而相反互峙，互峙对待反又互为对方所缺而不可相互取代，于是转互峙对待为内在深层的相依互赖，相反相成，阳以此成阳显阳之用，阴以此成阴显阴之功，造化之机于焉形成、积淀，宇宙生化之场次第敞开，大化流行的过程次第展开，万物万象接续阴通阳通阴阳互通－天通地通天地互通而生化通。阴阳对待消长，交感互通，而令彼此各通，彼此间通，进而令天通地通天地间通，令生化之场通，大化流行通，万物万象通，这是阴阳由相反而相成所形成的通贯宇宙生化之场的根本法则，简称阴阳之道，《系辞上传》所谓"一阴一阳之谓道"。阴

阳之道,即此开显为发生在宇宙生化场内一切背后的基本所以然。《易传》透过对天地阴阳二气与阴阳之道的诠释,将宇宙诠显为生化无尽有机一体的闳阔气场,万物万象笼罩统摄于该场而成为该场下的存有。继之,《易传》将层层转进,先后推出生命之场、生活世界场与三才场,最终以人作为以上各场下的存有的出场,豁显《易》与易学的旨归。

二、性命本然的揭示与生命之场的构设

依《易传》之见,天地阴阳二气遵循阴阳之道促成了有机一体的闳阔宇宙生化气场,万物万象得以育成而敞开自我,敞开彼此的生化历程。生化气场的突出特色,在于赋予万物万象以鲜活感性生命,并令整个气场自身呈现出鲜明的生命性。万物万象作为鲜活生命存在,天地宇宙生化气场作为生命性之场,就使得阴阳生化转进落实为性命出现与生命生生,宇宙生化气场转进落实为精彩纷呈的宇宙生命之场。

天地交感,阴阳气通,万物万象化生。作为富有生化特性、功能的阴阳二气,下贯到万物万象之中,成为其基本构成,令其富有生气,在充满生机活力的生化气场内,开显各自的生命性气场,成为鲜活感性的生命存在。阴阳二气属于气,阳气的品性为刚健,阴气的品性为柔顺,阴阳二气在造化万物万象,成为其内在基本构成的同时,又塑造了其不同的形质。阳而刚健,阴而柔顺,落实为万物万象的刚柔之质,于是万物万象自然区分为了阳刚与阴柔两大类,它们呼应阴阳二气发挥的阳刚阴柔两大生化力量,展现着阳刚阴柔两大生命力量。天地阴阳,既是万物万象形质、形体之源,更是其性命、价值之源。就此,《乾》《坤》两卦的《彖传》分别说:“大哉乾元,万物资始,乃统天。云行雨施,品物流形。……乾道变化,各正性命,保合大和,乃利贞。”“至哉坤元,万物资生,乃顺承天。坤厚载物,德合无疆。含弘光大,品物咸亨。”“乾元”,最本始的天或天之阳气,万物

万象藉它而有了其开始,因而归根结底,万物万象皆统属于天。天透过行云降雨的方式,让丰富多样品性层级种类的事物流动成形。“乾道”即天道,它是一种至善的生道。天阳之气创始万物万象,遵循至善生道的天道,并在创始万物万象的同时,令此道下贯到万物万象之中,使其获得了终极天道的生命价值支撑。天道变化,万物万象各得以正定其性命,拥有了性命本始本然的正,以各自本然的性命之正,保障了大宇宙整体合于最大和谐之境。正如牟宗三先生所言:“‘乾道变化,各正性命’,此语字面的意思是:在乾道变化底过程中,万物(各个体)皆各得正定其性命。此语本身并不表示所正定的各个体之性命即是以理言的性命,亦可能是以气言的性命。但首先不管是以理言的性命,抑还是以气言的性命,此总是从‘乾道变化’说下来,此即是性命之本体宇宙论的说明。”①“坤元”,最本始的地或地之阴气,它顺承天、天之阳气的创始,使万物万象藉它得以生出。大地博厚,承载万物万象,它的德性合于无限而又无限合于天的德性。它涵容深弘,光显盛大,令丰富多样品性层级种类的事物皆得以亨通畅遂。地的德性也下贯到了万物万象之中。天地藉助阴阳二气,不仅赋予万物万象以形下存在,而且赋予它们以形上性命价值之正与善,使其在形下与形上皆有了来自天地的终极大宇宙根基。

天地阴阳之气与至善之德造就了充满无限生机与活力的宇宙生化气场,造化出了内含阴阳之气与刚柔之质、展示生生之生机与活力、深藏正善的性命本然的万物万象。万物万象的生生,有力透显、生动诠释了天地阴阳之气的无限造化能量与品质,昭示有气则有生生、有生命、有生命的活力;进而则深度显示了天地好生、创生之大德及其支撑下的宇宙整体生化气场的不竭生机与活力。万物万象性命本然的正善,显示了造化源头的天地又是本然正善的存在,是宇宙正善的价值之源。生生畅遂,正善畅

① 牟宗三:《心体与性体》(上),上海:上海古籍出版社,1999 年,第 28 页。

达，万物万象即会在形下与形上两个层面得到圆满实现，最大限度呈现各自独特的精彩，并进而呈现性命之谓性命、生命之谓生命的精彩，呈现大宇宙、天地的精彩。性命的出现，生命的诞生，是宇宙生化场中所发生的至为神妙奇美之事，令该场有了价值，它引人感喟叹美，促人敬畏心悦，它点亮了宇宙，赋予宇宙全新意义。

《系辞上传》在“一阴一阳之谓道”之后，继之云：“继之者善也，成之者性也。”决定宇宙生化气场的基本法则是阴阳之道，能够接续这一法则，令其顺利得以落实，人物之性即会形成，生命即会诞生，这就是善！这就是以性命、生命为目的的善！宇宙以此有了环绕生命的价值意蕴。而宇宙的奥妙，就在于天地这一合目的性的创生厚德之善，与以其为根基的阴阳之道。生命的创生，让生命能够延续，透出了相对于宇宙生命之场的天地之心。《复》卦(䷗)《彖传》说：“复，亨，刚反动而以顺行，……刚长也。复，其见天地之心乎。”复卦符示一阳来复，阳刚在阴柔息长趋盛局面下返回发动，顺此息长前行，是生机生意之源，天地好生之心于此透显无遗。言“天地之心”，无疑是从天地引发生化气场、创生生命的合目的性的角度对其大德至善的一种表述。《系辞上传》又指出，天地阴阳“显诸仁，藏诸用，鼓万物而不与圣人同忧，盛德大业至矣哉！富有之谓大业，日新之谓盛德，生生之谓易”。天地藉助阴阳之气，遵循阴阳之道，彰显自身于创生生命之仁善，隐藏自身于创生生命之功用，鼓动激活万物万象的生命活力，而无意识自然合目的性地实现了生命神圣而为目的的目标，与圣人所代表的敬畏珍视生命、以生命为目的的有意识忧患仁善担当，既有其仁善的完全相通，更有其自然的合目的性与有意识的目的性之别。这种差别，更显示了天地的圆融。创生出令人目不暇接的生命样态、类型，令其尽显生命的多样别样的气象与精彩，这是天地最大的富有，是天地的大业；天地每天都有一种新的气象，同时也令各生命性存在每天亦皆有一种新的气象，新新不已，彰显出生命之为生命的永续不竭的生机与活力，这是天地的盛德。天地德业一体的宇宙生化气场转进出的生命之场，豁显出《周易》之谓“易”的变易意蕴的实质，就是生生日新。这是生命的生生日新，是每一生命存在形下与形上两面的生生日新，是天地之德下贯气化所引动的生化之场与生命之场的生生日新，是造化之源的天地本身的生化日新。《周易》变易生生的生命语境得以确立。方东美先生在“价值与生命”的标题下精辟地指出：“《周易》的《系辞大传》中，不仅仅形成一个本体论系统，而更形成以价值为中心的本体论系统。第一是以生命为中心的哲学体系，第二是以价值为中心的哲学体系。”①

三、三才之道、性命之理与人生价值应然

在《易传》看来，诠释阴阳之道与宇宙生化气场，揭示性命本然与宇宙生命之场，目的是为了明了人置身于其中的世界，进而明了人生的意义与价值应然。依《易传》之见，有人置身其中的世界，才是《易》言说的真正出发点，而人生价值应然则是面对这一世界时最终需要解决的问题。

《易传》指出，天地阴阳消息交感，开启了宇宙生化气场，转进出宇宙生命之场，造化出包括人在内的林林总总、丰富多彩的万物万象这些生命性存在，由这些生命性存在内在其中的气象万千的大千世界，遂成为人整个生活的世界，有了生活世界场。《易》所面对的，就是这一世界场。正是针对该世界场，《易》在宇宙发生与构成，性命、生命发生与其本然的问题意识下，揭示了上述的一切。接下来，它的问题意识集中于在此世界场中的人生价值应然。

要确立这一价值应然，《易传》认为，首先要明晓三才之道与性命之理。

---

① 方东美：《原始儒家道家哲学》，北京：中华书局，2012年，第146页。

就此，《系辞下传》说："《易》之为书也，广大悉备，有天道焉，有人道焉，有地道焉。兼三材（才）而两之，故六。六者非它也，三材（才）之道也。"《易》这部书内涵广远博大，生活世界场中的一切及其法则，它都包罗具备。在此世界场中，有三种因素与力量最为关键，它们是天、人、地。天地是造化之源，各种生命性存在的赋予者，人则是各种生命性存在中最具生命自觉意识的存在。造化者造化了这一切，生活世界场的希望就进一步寄托在了置身天地间的人这一生命存在身上。天有天道，地有地道，人有人道。是以《易》符号系统中三爻之八卦，初地中人上天，符示地道人道天道；六爻之六十四卦，将内外下上两个经卦打通，从而将符示调整为初二地道，三四人道，五上天道。方东美先生说："《系辞大传》中所说：'乾'、'乾元'代表'大生之德'，'坤'、'坤元'代表'广生之德'，然后'天'的生命与'地'的生命合并起来，是一个广大悉备的天地生生之德，是一股创造的冲动向前推进，而人处在天地之间就成为天地的枢纽。……在这个宇宙中，上为'天'的生命创造过程，下为'地'的生命创造过程，中间一条线代表人对于天地，是上应天、下应地的人的创造过程，合并起来，每个人的生命就不仅仅是个人的生活了，而是要表现一个宇宙的生命。"①

三才之道是阴阳之道层层落实的结果，并使生活世界场转进为三才场。《说卦传》云："昔者圣人之作《易》也"，"观变于阴阳而立卦，发挥于刚柔而生爻，和顺于道德而理于义，穷理尽性以至于命。昔者圣人之作《易》也，将以顺性命之理，是以立天之道曰阴与阳，立地之道曰柔与刚，立人之道曰仁与义。兼三才而两之，故《易》六画而成卦"。生活世界场的本源是天地阴阳二气，二气发挥其生化能量彰显出阳刚阴柔两大生化力量，造化出阳刚阴柔两大类生命性存在，引发阳刚阴柔两大生命力量，作为生活世界场中一切之符示者的卦，就是据此设立的。阳刚阴柔两大生化、生

① 方东美：《原始儒家道家哲学》，北京：中华书局，2012 年，第 147 页。

命力量，变动不居，运行不息，皆各有其消息互动交感流转，彼此之间也有更深层的消息互动交感流转，这才有了宇宙整体生化之场、生命之场与各生命性存在生命之场间的贯通与流转日新，组成卦的两种爻，就是据此推出的。由天地再向前追溯，《系辞上传》说："《易》有太极，是生两仪。"太极当谓阴阳二气尚未分化的宇宙本然。太极发动，分化出阴阳二气，阳气升形成天，阴气降凝为地，宇宙间两个对待相匹的最大象出现，二气分别归属于了天与地。由天地阴阳二气发端的生活世界场，存在着阴阳之气，刚柔之质，禀受天地德善正的性命本然的各生命性存在，而各生命性存在以人为其杰出代表，天地气之二遂衍生为气、质、生命性存在之各二，于是气统属于了天，质统属于了地，天气地质归向于了性命，性命集中于了人。于是阴阳之道有了天道地道人道的具体分化与落实。天道展现于阴阳，地道展现于柔刚，人道展现于仁义。展现于阴阳与柔刚的天地之道，属于造化之道，而造化之道的归向是落实为性命之理，展现于仁义的人道，就是这一归向的最终体现。经卦的三爻，初地、二人、上天简约符示三才之道；别卦的六爻，则以初刚二柔三仁四义五阳上阴具体符示三才之道，并以性命之理为其最终归宿。

诠显三才之道，为的是彰明性命之理。在《易传》看来，以人为各生命性存在的代表而遵循性命之理，呼应造化之道，落实相对于生活世界场、三才场的价值应然，则有如下数端：

其一，宇宙视野、宇宙意识。放眼宇宙，审视人与人生，充分体认与人有着宇宙亲缘的各生命性存在，确立人与宇宙诸生命性存在由造化之源的父天母地而构成生存生命共同体、宇宙大家庭的显豁生命意识。

其二，礼乐文化价值意识与人文天下意识。《系辞上传》开篇即说："天尊地卑，乾坤定矣。卑高以陈，贵贱位矣。"天地阴阳造化了人在其中的生活世界场，这一世界场基于天地阴阳之二，有着本然的尊卑上下位与序的礼乐价值意蕴。通行本《周易》古经将六十四卦分为上下二篇的布局，《易传》认为更是具体开示了这一世界的礼乐价值底蕴。《序卦传》予以提纲挈领的诠释，而云："有天地然后万物生焉，盈天地之间者唯万物"；"有天地然后有万物，有万物然后有男女，有男女然后有夫妇，有夫妇然后有父子，有父子然后有君臣，有君臣然后有上下，有上下然后礼义有所错"。而在具体诠释六十四卦的经文系列时，《彖传》《象传》更是详细揭示了一别卦六爻初三五本然的阳刚之位，二四上本然的阴柔之位，初四、二五、三上位的应和，二五的中位，相临爻的下与上，与在此基础上相对于阳刚阴柔两类生化、生命力量与生命性存在的当位失位、相应失应、中正与否、阴柔顺承阳刚与逆凌阳刚，生活世界场、三才场各种情势下的礼乐底蕴及其应然，可谓和盘托出。[①]《既济》卦（䷾）六爻符示的，就是这种礼乐底蕴本然与应然的圆融统一，《彖传》遂称："刚柔正而位当也。"《家人》卦（䷤）内卦的六二爻，符示女以阴柔居二之阴柔之位与中位；外卦的九五爻，符示男以阳刚居五之阳刚之位与中位，皆中正而又彼此相应，《彖传》遂诠释道："家人，女正位乎内，男正位乎外，男女正，天地之大义也。家人有严君焉，父母之谓也。父父子子兄兄弟弟夫夫妇妇而家道正。正家而天下定矣。"男女如此正定其位，契应了天地阴阳造化这一世界的礼乐价值之本然与应然，进而以该世界整体的礼乐底蕴，照察审视家族家庭成员礼乐位分之本然与彼此互动之应然，家道即可得以正定与贯彻实施，家族家庭正序和美之境即可实现。家家如此，天下正序和美之境亦可达成。内中所透显的，无疑是一种家与天下同构，家族家庭血缘共同体与生活世界宇宙亲缘共同体相互映照、互诠对显的理解视域与方法。正是基于此，《贲》卦（䷕）《彖传》说："观乎天文以察时变，观乎人文以化成天下"。以礼乐规范陶冶天下，达到人文化成的目标，是《易传》理解的《易》人文价值

---

① 《易传》的理念是阳刚主导，阴柔顺承，二者一体相契而各有其分。就此郑吉雄教授曾有《论易道主刚》之文，作了系统阐发，略谓阳贵阴贱，刚主柔从，二者缺一不可，载《台大中文学报》第 26 期，2018 年，第 89 – 118 页。

化生活世界场、三才场的终极目标。宇宙意识得以转进为人文天下意识。《左传·昭公二年》载:“晋侯使韩宣子来聘,……观书于大史氏,见《易象》与《鲁春秋》,曰:‘周礼尽在鲁矣,吾乃今知周公之德,与周之所以王矣。’”①卜筮本属礼制、礼乐文化的重要内容之一,《易》本来就笼罩在礼乐文化的大语境下,《易传》的上述诠释,显然基于三代乃至其前礼乐文化的大传统,并在易学的语境下对这一文化予以天人之学的深化与升华。

其三,生命内在德善的自觉。礼乐文化的基本精神,发端于敬畏感恩、报本反始的生命自觉与情怀,透出生命内在的德善。《豫》卦(䷏)下坤地上震雷,《大象传》即说:“雷出地奋,豫;先王以作乐崇德,殷荐之上帝以配祖考。”在《易传》看来,这一生命内在的德善,禀受于天地,是天地之德下贯所成,成为人放眼生活世界场,立足三才格局场,挺立人之一才主体性的生命内在根基,也成为礼乐文化在人这里的生命内在根基,它之落实为礼乐制度、秩序,更要具体依赖这一根基。正是由于内含这一根基,作为三才之一的人,面对生活世界场,挺立起了人文、礼乐文化、礼乐制度与秩序上的主体性,真切体认到天地创生生命,将包括自身在内的各生命性存在带到生活世界,并令其生生日新的盛德大业,敬畏感恩珍视守望呵护这一切,并透过彼此不同的角色定位与相应礼乐节目,具体落实体现上述敬畏感恩珍视守望呵护。

其四,人之一才生命主体性的挺立,内在德善的涵养修为,成为落实价值应然题中关键之义。《易》本卜筮之书。马王堆帛书《易传》《衷》篇称:“无德而占,则《易》亦不当。”②《要》篇说:“无德则不能知《易》。”③在此基础上,《系辞下传》三陈《履》(䷉)、《谦》(䷎)、《复》(䷗)等九卦,从《易》于殷周之际成书时所示反身修德以处忧患之道的角度,举九卦而例

① [清]洪亮吉:《春秋左传诂》,北京:中华书局,1987 年,第 646 页。
② 裘锡圭主编:《长沙马王堆汉墓简帛集成》(叁),北京:中华书局,2014 年,第 108 页。
③ 裘锡圭主编:《长沙马王堆汉墓简帛集成》(叁),北京:中华书局,2014 年,第 112 页。

诸卦,诠释点示了《易》整体厚重的重视内在德善涵养修为的意旨:"《易》之兴也,其于中古乎?作《易》者,其有忧患乎?是故履,德之基也;谦,德之柄也;复,德之本也;……"顺着这一理路,《系辞下传》诠释《噬嗑》卦(䷔)初九爻辞"屦校灭趾,无咎"与上九爻辞"何校灭耳,凶"时,分别说:"小人不耻不仁,不畏不义,不见利不劝,不威不惩,小惩而大诫,此小人之福也。""善不积不足以成名,恶不积不足以灭身。小人以小善为无益而弗为也,以小恶为无伤而弗去也,故恶积而不可掩,罪大而不可解。"此皆言有无内在德善对于个体人生的影响。《文言传》在诠释坤卦初六爻辞"履霜,坚冰至"时,则说:"积善之家,必有余庆;积不善之家,必有余殃。臣弑其君,子弑其父,非一朝一夕之故,其所由来者渐矣,由辩之不早辩也。"这又将有无内在德善的影响,扩及对个人所在的家国天下。为此,《大象传》更是具体开示了各式德性涵养修为。饶宗颐先生作了很好的梳理:"《易象》的作者,在解释各卦时,屡屡以'德'为言,如《坤》象云:'厚德载物。'《蒙》象云:'以果行育德。'《小畜》象云:'以懿文德。'"①内在德善的涵养修为,以敬畏善待生命为主旨,具有了顺天地之心的宇宙生命场下的大善意义。正如戴琏璋先生所言:"(《易传》作者)对于内在德性的描述,利用刚健创生、柔顺含容这些观念,把仁智之德彼此感应相生相成的关系作了详尽的阐释。不已的创生,开拓了含容的德量;无限的含容,强化了创生的动力。这在儒家的道德哲学中是极具启发性的创见。"②

其五,接通感通的精神。《大象传》的主旨,就是导人以心灵与生命分别接通感通六十四卦所示之象,照察自己的生命与人生,基于德发现更好的自己,争取未来与卦所启示的更好的自己相遇。《易传》进而指出,生命内在的德善,是人实现彼此生命的接通感通,实现与各种生命性存在的接

① 饶宗颐:《天神观与道德思想》,《'中央'研究院历史语言研究所集刊》第49本第一分,1978年。

② 戴琏璋:《易传之形成及其思想》,台北:文津出版社,1989年,第231页。

通感通，实现与天地及整个生活世界场、三才场的接通感通，获得正善回应，形成相对于自己的德善正美的生命场，形成相对于整个生活世界场、三才场的礼乐与德善内外贯通的人文天下和谐场，最为真实可靠的凭借。因此，在诠释中孚卦九二爻辞“鸣鹤在阴，其子和之。我有好爵，吾与尔靡之”时，《系辞上传》说：“君子居其室，出其言善，则千里之外应之，况其迩者乎！居其室，出其言不善，则千里之外违之，况其迩者乎！言出乎身，加乎民；行发乎迩，见乎远。言行，君子之枢机。枢机之发，荣辱之主也。言行，君子之所以动天地也，可不慎乎！”而在诠释《泰》《否》《咸》三卦卦辞时，《彖传》则分别说：“天地交而万物通也，上下交而其志同也”；“天地不交而万物不通也，上下不交而天下无邦也”；“天地感而万物化生，圣人感人心而天下和平”。天地透过彼此气与德的感通，实现了化生人在其中的生活世界场、三才场的盛德大业。圣人、圣王接通天地，以其对生命的敬畏善待与对民众生命价值的肯定呵护，透过生命内在的德善，与天下万民进行生命的感通，也实现了德被天下而天下和平的盛德大业，令后一德业彰显着人文德善正美的光彩，而毫无逊亏地与前一德业相映并立。这也成了《易传》所理解的《易》的最高期许。《系辞上传》所谓：“《易》其至矣乎！夫《易》，圣人所以崇德而广业也。崇效天，卑法地。天地设位，而易行乎其中矣。成性存存，道义之门。”天地确立其上下之位，以生生日新为实质的变易次第展开，接续带来日新又新流转不已着的宇宙生化场、生命场与人的生活世界场、三才场，即此而不断敞开翻新着现实生活世界这部可谓永远“书写”不完的鲜活特大部头《易》书。圣人读懂了这一大部头《易》书，明了了天地的盛德大业，开显了易眼，据此撰写了文本形式的《易》书，期望藉此法天效地而增崇其德，广大其业，从自身出发，引动人之一才的效用，启迪人们藉此开显易眼，也能读懂自己身在其中的大部头《易》书，涵养生命内在的德善，成就作为与天地二才并立共在的人之一才的性并永续持存之，开启人文道义之大门，书写打上人之一才鲜明印记的现实大部头《易》书新的篇章。接通感通的精神,生命接通感通的精神,德气贯通的性命接通感通的精神,成为在古经基础上《易传》所诠显的《易》的突出精神,生化场、生命场、生活世界场、三才场的畅遂,仰仗的就是此一接通感通。《易》本卜筮之书,卜筮活动借助的就是接通感通。《系辞上传》"大衍筮法"就指明了卜筮信仰下筮占分策极数的操作瞬间超距般依次实现的与太极、天地、人、四时、万物等的接通感通,而《易传》则创造性诠释转化深化升华了卜筮语境下的接通感通,提出了上述生命语境下的接通感通。①

在接通感通的精神下,三才之道藉助于人之一才宇宙意识、天下意识下生命主体性的挺立与主体担当的确认,而有了如下的具体落实:接通感通地,契合柔刚之地道,低调谦退宽容厚重沉潜内敛,而作地人二才通而为一品味气象之人——地人;接通感通人,契合仁义之人道,居仁由义守正不苟自强忧患,而作相对于天地二才透显人之一才别样品味气象之人——人人;接通感通天,契合阴阳之天道,大气恢弘包容明睿灵通圆神,而作天人二才通而为一品味气象之人——天人。这一落实的极致,当为诠释乾卦九五爻辞"飞龙在天,利见大人"的《文言传》所表达的"大人":"夫大人者,与天地合其德,与日月合其明,与四时合其序,与鬼神合其吉凶。先天而天弗违,后天而奉天时。""合"是现实接通感通后的契合乃至相融为一。正如戴琏璋先生所言:"天地为万物父母,人的性情则可呈现天地之心。人以仁义与天地的阴阳刚柔相感应,乃可参与天地的化育工作协助万物生生不已,共同成就天地的至美、生命的至善。"②

---

① 林维杰教授论述过包括"道德的感通"与"气化的感通"在内的儒学的感通论,参见氏著《当代新儒家的感通论》,《鹅湖学志》第 59 期,2017 年,第 33 – 63 页。

② 戴琏璋,《文心与易道》,《政大中文学报》第 29 期,2018 年,第 5 – 24 页。

四、易学走向的开启

《易传》对于古经的上述诠释，开启了易学的未来走向，透显出春秋战国时期诸子百家中鲜明的儒家思想品格。

《易传》透过对“--”“一”两种爻画符号及由其叠组所形成的八卦与六十四卦系列的解读，阐发了阴阳大化，阴阳之道与大化流行下的宇宙生化气场、生命之场与人在其中的生活世界场、三才场，揭示了诸场阴阳之气、阳刚阴柔两大生化与生命力量的交感消息流转与各生命性存在的生化日新，认为卦爻符号系列所符示的，就是发生在上述场中交感消息流转、生化日新着的二气、两大生化与生命力量、各生命性存在及其所在之场，被符示的这一切，就称为卦象、爻象，由此构建起《易》思想世界中的象世界。该世界实际指向的，就是人在其中的生活世界场、三才场所发生、正在发生并将持续发生下去的一切。《系辞下传》所谓：“是故《易》者象也，象也者像也。”这是《易》独特话语系统下表达思想义理的基本凭借，开显出《易》象数含蕴义理，义理透显象数之所蕴的象数义理合一理路。

阴阳之道层层落实，而有了三才之道与性命之理。放眼整个生活世界场，在三才之道的整体宇宙意识、性命之理的生命自觉和通天贯地彻人的人文天下意识下，《易传》揭示了人之一才的宇宙主体使命担当、天下主体使命担当，和基于此契应天地的盛德大业而崇德广业，达致真正可与天地二才并立的人之一才最高境地大人、圣人的价值追求。在此基础上，《易传》构建起了接通天地宇宙，涵纳感通天、地、人、物、鬼、神，通贯古往今来，期许宇宙人生价值应然之境的视域闳阔开放，意蕴厚重深湛的易学天人之学体系。

《易传》融旧铸新的创造性诠释，打通阴阳与性命，终极预定了可通名之为易场的宇宙生化气场、生命之场、生活世界场与由人主体性挺立其中的三才场数种场层层转进之必然，从而强力影响了易学发展的未来走向。《四库全书总目易类总叙》有易学两派六宗之说，两派即象数、义理两个学派，而汉代的象数易学与宋代之后的义理易学，是这两派的典范形态。《易传》对《易》阴阳之道与阴阳大化意蕴的诠释，深深影响了以阴阳消息为立论基础的汉代象数易学与整个汉代经学，促发其消息大化宇宙气场、人文化成王道理想的易学、经学重建。[①] 于是先有《史记·太史公自序》"《易》著天地阴阳四时五行，故长于变"之说[②]，而据《三国志·吴书·虞陆张骆陆吾朱传》裴注引《翻别传》载，至汉代易学集大成者虞翻，又有针对《易》的"六经之始，莫大阴阳"之论[③]。《易传》对《易》性命之理意蕴的诠释，则强力影响了宋代之后的义理易学，影响了理学体系的建构。理学开山周敦颐提出："大哉《易》也，性命之源乎！"[④]全面开启了宋代之后以性命之理解读《易》，阐发易学天人之学底蕴的义理易学走向，开启了以性命之理解读圣经贤传并藉此构建理学体系的思想建构路径。理学由此成为以性命心性为核心，由性命心性通贯天人，以生命内在自足的性命心性价值资源为根基，倡言涵养圣贤气象、成就圣贤人生的全新儒学形态。[⑤]易学由此由前期的阴阳关切转进为阴阳性命贯通后的性命心性关怀。《易传》对后世易学走向的影响，由此可见一斑。放眼《易传》后的易学长河，不外环绕阴阳之道与性命之理两个领域进行开拓与深化。

《易传》各篇当先后问世于春秋战国时期，其阴阳刚柔思想的提出，《国语·周语》伯阳父以阴阳论地震等其他先期资源外，当受过道家老子

① 请详王新春：《易学与中国哲学》中关于经学大语境下汉代象数易学的哲学文化底蕴部分的相关论述，北京：人民出版社，2012 年，第 81－254 页。

② ［汉］司马迁：《史记》北京：中华书局，1987 年，第 3297 页。

③ ［晋］陈寿：《三国志》，北京：中华书局，1985 年，第 1322 页。

④ ［宋］周敦颐，《通书·诚上第一》，《周敦颐集》，北京：中华书局，2009 年，第 14 页。

⑤ 请详王新春：《易学与中国哲学》中关于易学与理学哲学与文化价值系统的建构部分的相关论述，北京：人民出版社，2012 年，第 285－426 页。

《道德经》的影响，但不同于其对阳刚阴柔的理解。《道德经》三十六章阐发了“柔弱胜刚强”的基本理念，《易传》则强调阳刚优先、阴柔谦退厚德而辅之，阳尊阴卑，阳性之物当刚健进取，阴性之物宜柔顺内敛，阳刚阴柔各有其角色定位与作用而依傍不离。其对天地之德、性命之理、三才之道的理解，对以礼乐之人文化成天下和以人生命内在德善的涵养修为为根基而崇德广业的价值期许，更是典型体现了儒家的思想理念特色，而与严肃反省、深度抨击礼乐仁义的负面效用，倡言生命真朴自然的道家，形成了鲜明对照。以《史记·孔子世家》《汉书·艺文志》所言为代表，传统的主流观点认为《易传》是孔子的作品，1973 年出土的湖南长沙马王堆汉墓帛书《易传》，大量记载着孔子与弟子阐发《易》的文字，有力证明了孔子与《易传》的密切关系。方东美先生说：“‘十翼’之形成是从孔子发动，再由门弟子的易学专家完成，因此这部书从春秋时代起，经历了战国，而不是成于一人，成于一代。”[①]戴琏璋先生引证帛书《周易·要》孔子晚年好《易》，“居则在席，行则在囊”，同样认为，“七种《易传》综合来看，从大处着眼仍可发现其中隐含共同意趣。各传作者都秉持孔门易学宗旨，从德、义两个面向阐发易理，指引人们在生活中体证易道”。[②] 刘大钧先生则根据帛书《易传》指出孔子的确在传《易》并与《易传》密切相关。[③]《论语·八佾》：“人而不仁如礼何？人而不仁如乐何？”透过前面的析论，我们不难发现，《易传》对古经的诠释，立足于三代及三代之前礼乐文化的人文语境，是孔子仁礼合一的文化价值体系的易学天人之学语境下的贯彻、拓展与深化。

① 方东美：《原始儒家道家哲学》，北京：中华书局，2012 年，第 143 页。

② 戴琏璋：《文心与易道》，《政大中文学报》2018 年第 29 期，第 5－24 页。

③ 参见刘大钧：《周易概论》（增补修订本），成都：巴蜀书社，2010 年，第 177－183 页。

五、汉代易学的起点

汉代易学从象数出发，正是在《易传》阴阳之道诠释的基础上，以经学的眼光，推进易学与经学的。

夏商周三代，承续积淀着久远的历史文化大传统，成为后起中华文化价值理念与价值系统的奠立期。与这一时期相先后所诞生的几部著作《易》《书》《诗》等，因其所开示的文化价值理念、价值系统与学问思想被视为揭示了宇宙人生的常理常道，而具有了范导人生的恒久经典意义，从而渐次被奉为文化源头活水的圣典。武帝以降，在大儒董仲舒等人的促动下，《春秋》《书》《诗》《礼》《易》等的经典地位，首次由天子为代表的官方予以完整明确正定，奉诸部经典为价值理念、学问思想取之不尽用之不竭的源头活水，从而文化经学化，天下平治之道经学化，个体生命安立之道经学化，成为沛然莫之能御的时代潮流。于是，文化获得了经学的语境，天下获得了经学的氛围。今人常言美眼观世界，法眼看社会，礼眼观伦序，佛眼观尘世，微眼观天下，宏眼观宇宙……说的是人们乃是借助一定眼光、视域，切入生活世界，观照、理解宇宙人生的；而不同的眼光、视域，可以引发不同的宇宙人生图景，促成人们获得对于宇宙人生的不同体认；人们正是从不同眼光、视域出发，观照理解相关领域，发现问题，理清问题，进而找到解决问题的理则、方法与途径，从而达成自己理想的价值目标的。当时主流的观念是，经典所提供的，就是人们面对宇宙人生时，何以观照理解之，何以发现理清解决其中问题的正大视域、理则、方法与途径。正因经典有此提供，所以就赢得了来自社会上下的敬畏尊崇，以至于经眼观文化，经眼观人生，经眼观天下，经眼论人道，经眼言治平，经眼议天人，成为时代心灵之归趋。

汉末的荀爽、郑玄、虞翻三大家易学接续之,重建了经学基于阴阳消息之道的经学的精神,在易学长河中树立了典范,也留下了许多值得人们批判性反省的问题。

第一章　荀爽易学与汉代经学精神的重建

《易传》对《周易》古经人文哲理的发明，极大提升了易学作为天人之学的哲学品格。在《周易》经传所承载和开拓之易道与筮术、理性与信仰、天道与人文等无比丰厚之思想资源的基础上，汉代易学又置身于史无前例的大一统帝国的政治框架和勃兴盛大的经学语境，思想空间大大开阔，易学思想创造热情高涨，易学大家和易学新作层出不穷，突出者如西汉易学家孟喜、焦赣、扬雄、京房，东汉易学家荀爽、郑玄、马融、虞翻等。受西汉东汉前后时期的政治形势和时代精神之影响，西汉易学与东汉易学关注问题和诠释特色又有区别。西汉易学在理论创造和现实指向上展现昂扬的自信，如易学上仿经造经，政治上以占筮言说灾异直接干政；而东汉易学面对政治动荡、礼崩乐坏的时代背景，残酷的生存境遇造成东汉易学家的理论创造和人生轨迹更加内敛含蓄。尖锐的时代问题更加激发天道与人文、政治理想与历史实践等矛盾，生于汉末的易学家荀爽，与郑玄、虞翻等类似，一致努力从事重兴经学精神、再造礼仪秩序的文化事业。

第一节 颍川荀氏与荀爽的生平、著述

一、汉末士族的兴起与颍川荀氏

(一)颍川荀氏

士族源于先秦的"士"阶层,早期具有一定的独立性,汉代开始与皇权结合而发展壮大;阎步克指出:"战国兴起的知识阶层入秦而衰,在汉代又依附于皇权而再度发展起来,并逐渐部分地冲破皇权的束缚,从而形成了一个文化雄厚、影响深广、以大小名士为主体的社会集团。"[①]直接受惠于武帝"独尊经术""设五经博士"等政治措施,汉代士族形成于武帝后期和宣帝、元帝时期;士族形成即"士族化"有两个来源:一是传统的政治权贵、世家豪强读经学儒,其家族转型士族化,二是士人通过儒经致仕,通过亲近皇权扩展家族的政治经济势力。余英时指出:"士族的发展似乎可以从两方面来推测:一方面是强宗大姓的士族化,另一方面是士人在政治上得势后,再转而扩张家族的财势。这二方面在多数情形下当是互为因果的社会循环。"[②]东汉后期,初具规模的士族除了具备丰厚的经济实力和政治权势等世家大族特征外,更以经学传家、通经致仕的特点在传统世族中脱颖而出,很多士族成为儒家学者辈出、经学氛围浓厚的儒学世家、经学大族。荀爽所处的颍川荀氏就是东汉后期新兴士族的典型代表。

① 阎步克:《察举制度变迁史稿》,沈阳:辽宁大学出版社,1991 年,第 82 页。

② 余英时:《士与中国文化》,上海:上海人民出版社,2003 年,第 222 页。金春峰也指出"士族化"的这两个途径,并强调依附皇权成为政治新贵的特点。参见金春峰:《汉代思想史》,北京:中国社会科学出版社,1987 年,第 338 - 339 页。

汉代颍川郡为秦灭韩地所设，因颍水名郡，治所在阳翟（今禹县），地域范围在河南中部的许昌及其周边地区。颍川本为韩国旧都，地处中原腹地，颍水交通南北。汉初韩信因其地利在此称王。《史记·韩信卢绾列传》记载："（韩信）王颍川。……所王北近巩、洛，南迫宛、叶，东有淮阳，皆天下劲兵处。"[①]汉代社会稳定，经济发展，颍川地区因为临近政治中心而经济富庶，人口众多。早在西汉时期，"文帝虽云都洛，其宫室武库多在许，即今许昌县也。"[②]东汉末年，曹操迎汉献帝由洛阳迁都颍川郡治下的许昌，在军阀混战天下普遍凋敝的形势下，颍川地区却迎来经济、政治和文化发展的鼎盛时期。东汉颍川地区人口众多密集，是经济繁盛的一个重要标志。《汉书·地理志》记载，颍川有432491户、2210973人。到东汉末年，经历连年战乱之后，颍川地区人口过了高峰有所下降，但据《后汉书·郡国志》记载统计，颍川仍有263440户、1436513人[③]；据学者劳榦统计，"每平方公里约有129.8人，人口密度居全国第五位。"[④]

颍川郡人口众多、经济繁盛的背后，是颍川地区强大的世家豪族势力。早在西汉武帝时期，著名的灌夫家族就成为颍川地区新兴的豪门大族，"家累数千万，食客日数十百人。陂池田园，宗族宾客为权利，横颍川。"[⑤]到东汉后期，颍川地区经过两汉四百年发展积淀出大量世家豪族，包括宗室权贵、开国功勋、外戚豪族和新兴家族，据王子今引日本学者鹤间和幸的统计，"汉代关中地区的豪族共计95例，其中颍川郡就有13例之多，是豪族最为集中的郡治。分别是：颍阴灌氏；阳翟薛氏、原氏、褚氏、

① [汉]司马迁：《史记》，北京：中华书局，1987年，第2632－2633页。

② [宋]乐史撰，王文楚等点校：《太平寰宇记·河南道》，北京：中华书局，2007年，第124页。

③ 参见[宋]范晔：《后汉书·郡国志》，北京：中华书局，1982年，第3421页。

④ 劳榦：《两汉郡国面积之估计及户口增减之推测》，《中研院历史语言研究所集刊论文类编·历史编·秦汉卷一》，北京：中华书局，2009年，第64页。

⑤ [汉]班固：《汉书·窦田灌韩传第二十二》，北京：中华书局，1987年，第2384页。

赵氏、李氏、郭氏；颍阳王氏、蔡氏；舞阳韩氏；长社钟氏；郏臧氏、申氏。”[1]上述对颍川豪族的统计没有列入颍川荀氏，一是这个统计不全面，二是因为荀氏家族兴起于东汉后期，属于颍川新兴士族，在当时影响未如其他豪族。

在“世族”发展为“士族”的两个“士族化”途径中，颍川荀氏的形成不同于传统政治特权家族通过读经学儒实现家族士族化，而是由经学传家、通经致仕不断促进家族势力壮大，成为对东汉魏晋政治和文化产生重大影响的士族代表。

颍川荀氏是战国后期儒学大师荀卿后裔的一支。宋人《古今姓氏书辩证》一书记载：“荀，出自姬姓。春秋时，晋大夫荀息，裔孙骓、嘉、会，皆为卿大夫，其族为大，别为三族。……（荀况）十一代孙遂，居颍川，复本姓。遂生淑，字季和，有子俭、绲、靖、焘、注、爽、肃、专，时人谓之‘八龙’。爽生彧，字文若，自有传。”[2]颍川荀氏依靠传承儒家经典学问绵延繁衍，受益于汉代尊儒崇经的国策，家族子弟通经致仕，既实现家传儒学的现实价值，又不断壮大家族的政治经济和文化势力。从东汉末年兴起经魏晋繁衍扩展至隋唐四百余年间，颍川荀氏人才辈出，“荀氏子弟见于正史记载者约有一百人，他们均在当时的历史舞台上扮演了重要角色，投身于社会潮流的变动中。荀氏子弟大部分任中央文职高官，是一个士大夫官僚世家。东汉时的荀淑是当时社会名士之一，在士人中声望颇高；以荀彧为主的谋士集团为曹操集团势力的发展与壮大做出重要贡献；荀顗和荀勖是为西晋建立的功臣；两晋之际的荀组、荀藩等人南渡拥护司马睿建立东晋政权。”[3]

荀淑是荀爽的父亲，也是颍川荀氏家族崛起壮大的关键性人物。《后

① 王子今：《秦汉区域文化研究》，成都：四川人民出版社，1998年，第185页。
② ［宋］邓名世：《古今姓氏书辩证》，王力平点校，南昌：江西人民出版社，2006年，第95页。
③ 王莉娜：《汉晋时期颍川荀氏研究》，博士论文，上海师范大学，2013年，第7页。

汉书》记载：

> 荀淑字季和，颍川颍阴人，荀卿十一世孙也。少有高行，博学而不好章句，多为俗儒所非，而州里称其知人。安帝时，征拜郎中，后再迁当涂长。去职还乡里。当世名贤李固、李膺等皆师宗之。及梁太后临朝，有日食地震之变，诏公卿举贤良方正，光禄勋杜乔、少府房植举淑对策，讥刺贵幸，为大将军梁冀所忌，出补朗陵侯相。莅事明理，称为神君。顷之，弃官归，闲居养志。产业每增，辄以赡宗族知友。年六十七，建和三年卒。李膺时为尚书，自表师丧。二县皆为立祠。有子八人：俭，绲，靖，焘，汪，爽，肃，专，并有名称，时人谓之"八龙"。初，荀氏旧里名西豪，颍阴令勃海苑康以为昔高阳氏有才子八人，今荀氏亦有八子，故改其里曰高阳里。①

《后汉书》对于荀淑的记载虽然简略内容却丰富。荀淑博学通经不拘泥于章句，侧重儒家经学在政治实践中经世致用，"征拜郎中""迁当涂长""对策讥刺贵幸""出补朗陵侯相"，积极从政入世。但荀淑所习并非沉溺于儒家经文寻章雕句之学，否则就不会"多为俗儒所非"而为州里所称了。荀淑因"莅事明理"被人称为"知人""神君"，可见荀淑是一位十分智慧又高标独行的儒家士大夫。这些都表明，荀淑作为儒者，不但具有儒者都具有的积极入世淑世情怀和现实关切，还具有从政理事的高超智慧和操作能力，这是否得益于其家传的荀子儒学，并因此异于当时主流儒学而为"俗儒所非"？荀淑的重大影响力不仅来自其博学高行和政治经历，还来自积极的社会批判活动和士人交往。荀淑秉承儒家直道而行的风格，旗

① ［宋］范晔：《后汉书·荀韩钟陈列传第五十二》，北京：中华书局，1982 年，第 2049－2050 页。

帜鲜明地反对外戚、抨击宦官，一度成为颍川士人中的领袖人物，李固、李膺以其为师，而颍阴令改荀氏旧里为高阳里，表彰荀氏儒门八子俊才，比美于古之高阳氏。

以荀淑为首，荀氏家族在颍川士人和天下士人群体中影响愈大、声望愈隆，荀氏家族的命运也与汉末士人群体的整体命运联系在一起。东汉后期，士人群体已经发展成为一支不可忽视的重要政治力量活跃于朝野。在皇权式微政治混乱黑暗的背景下，汉末士人群体基于共同的儒学价值理想和通经致用的政治诉求，互相援引共同进退，品评时事、议论朝局，激烈抨击外戚和宦官专权乱政。基于共同的理念和行动，汉末士人群体形成党人群体，作为一支重要的制约力量直接影响朝廷政治和天下舆论。

士人群体的汹汹党议遭到宦官外戚的疯狂反扑和皇权的严厉制裁，引发了东汉末年的重大事件——先后两次"党锢之祸"。"党锢之祸"对士人群体和汉末政治产生重大深刻的影响，以至于《后汉书》专辟《党锢列传》。在两次"党锢之祸"中，二十余位颍川士人被列入党人遭受禁锢，包括李膺、杜密等党人领袖，其中荀氏家族的成员有荀淑、荀淑之子荀爽和荀绲、荀淑之侄荀昱和荀昙、荀淑之孙荀悦和荀彧，而荀淑之侄荀翌则是直接被杀。[①] 其他被禁锢党人虽不是荀氏士人，但很多与荀氏家族交往密切，或是师友，或是姻亲，他们被党锢之祸，也是对颍川荀氏的沉重打击。

汉末黑暗政局和混乱，以及士人群体品评时政不屈抗争和"党锢之祸"的血腥经历，直接影响了荀氏家族的命运起伏，深刻塑造了荀爽的人生经历和学术思想。

① 参见金发根:《东汉党锢人物分析》,《中研院历史语言研究所集刊论文类编》,北京:中华书局,2009 年,第 1229、1230 页。

二、荀爽的生平和著述：经学浸润的一生及与政治的纠葛

荀爽（128 年—190 年）字慈明，又名谞，是东汉后期著名的经学硕儒、易学大家。他生值东汉桓灵二帝，这是秦汉帝国体制基本确立、汉朝盛极而衰政治腐败至极的历史时期，以皇权为核心的大一统帝国已经浮出历史水面破浪而行，各种社会政治结构性力量依然不断生成变化，各种新的社会政治问题也随之而来。荀爽一生或治学或从政，或受党锢之祸被打压，或被连续征召受重用，他所承载的经学研究、儒者事业，以及他在学术和政治中孜孜以求重建礼乐秩序的理想抱负，既与东汉后期特殊的现实政治和时代问题息息相关，又浸润于经学氛围浓厚的家学渊源。

荀爽是荀淑八子中的第六子、荀卿第十二世孙。荀淑曾“征拜郎中”、“补朗陵侯相”，家学深厚、名重一时；生子八人：荀俭、荀绲、荀靖、荀焘、荀汪、荀爽、荀肃和荀专。荀淑八子一时俊彦、并有名称。荀爽幼承家学、聪慧好学，在少年时代就因品学优异在荀氏八子中脱颖而出，为时人称道。

> 爽字慈明，一名谞。幼而好学，年十二，能通《春秋》《论语》。太尉杜乔见而称之，曰：“可为人师。”爽遂耽思经书，庆吊不行，征命不应。颍川为之语曰：“荀氏八龙，慈明无双。”①

《后汉书》还保留一则时人对荀爽和兄长荀靖进行人物品评比较的一则文字。《后汉书》引皇甫谧《高士传》曰：

① ［宋］范晔：《后汉书 · 荀韩钟陈列传第五十二》，北京：中华书局，1982 年，第 2050－2051 页。

> 靖字叔慈,少有俊才,动止以礼。靖弟爽亦以才显于当时。或问汝南许章曰:“爽与靖孰贤?”章曰:“皆玉也。慈明外朗,叔慈内润。”①

许章认为荀爽和荀靖都如同美玉,是文质彬彬的人中俊才;但二人又有气质和性格的差异,荀爽才华外显朗照,而荀靖则内敛含蓄蕴藉。如果联系荀爽和荀靖二人的人生经历予以验证,我们会发现许章对兄弟二人的人物品鉴果然十分精到:荀靖性格“动止于礼”、美材内润,其人生经历则“有至行,不仕,年五十而终,号曰玄行先生”;而荀爽性格才华无双、英气外朗,其人生经历则遭党锢、拜司空,始终置身于时代激流和政治旋涡。

荀爽“年十二,能通《春秋》、《论语》”,他学习继承的是荀氏家传的儒家经学。荀氏家族的经学传统不是寻章摘句雕虫小技的章句功夫,而是有十分强烈的现实政治关切和经世致用功能。荀爽的父亲荀淑“少有高行”,积极参与政治活动,与学者大儒交往广泛,治学务实求真、“莅事明理”,“博学而不好章句,多为俗儒所非,而州里称其知人。”荀淑举家接待大儒陈寔的盛况载入史籍,荀氏家族浓郁热烈的儒家学术氛围可以想见一二。《世说新语》记载:

> 陈太丘诣荀朗陵,贫俭无仆役,乃使元方将车,季方持杖后从,长文尚小,载著车中。既至,荀使叔慈应门,慈明行酒,余六龙下食,文若亦小,坐著膝前。于时,太史奏:“真人东行。”(《世说新语·德行》)

陈太丘即大学者陈寔(104 年—187 年),字仲躬,曾为太丘长,故称陈

① [宋]范晔:《后汉书·荀韩钟陈列传第五十二》,北京:中华书局,1982 年,第 2050 页。

太丘。陈氏与荀氏一样也是颍川大族，而陈寔可谓开创性人物。他家境贫寒，但学成大儒、德行卓著，在太丘长上德化无为，百姓安乐。虽然遭遇两次党锢之祸、隐遁二十年之久，但陈寔在政坛士林拥有崇高的威望和广泛的影响，具有举足轻重的地位。陈寔生有六子：陈纪、陈政、陈洽、陈谌、陈信、陈光，而陈纪、陈谌尤其突出，与其父并称“三君”。陈氏和荀氏都是颍川经学传家的世家大族，陈寔、荀淑二人与钟皓、韩韶并称“颍川四长”，都是当时德行学问名高望重的硕儒。这次陈寔携诸子而来，专门拜访荀淑家族，是访友也是游学，是两位大儒、两个经学家族的友谊交流和学问沟通。其中，“荀（淑）使叔慈应门，慈明行酒，余六龙下食，文若（荀彧）亦小，坐著膝前。”这里提供给我们关于荀淑家族的信息，一是荀淑与当时著名的学者关系密切交往频繁，而荀爽就生活在这样群儒往来不断、整日讨论家国天下的家庭氛围中。二是在荀氏家族接待海内大儒陈寔的活动中，“荀（淑）使叔慈应门，慈明行酒”，荀爽被父亲安排担任最重要的“行酒”职责，可见荀淑对荀爽的重视，以及荀爽本人精通礼乐仪范、擅长辞令外交的特点。

荀爽可谓才学朗显少年成名，但他绝不轻浮而是难能可贵地静心沉潜，显示荀爽不同寻常的大智慧和高远志向。在得到太尉杜乔称赞、评价“可为人师”之后，荀爽并未沾沾自喜或汲汲于仕途，而是一如既往“耽思经书，庆吊不行，征命不应”。荀爽之所以能够如此，一方面是受教于家传儒学的深厚正大，另一方面则缘于荀爽本人强大定力、高远志向，对自身抱负清醒的认识和对社会时局的清晰洞察。“庆吊不行”并非悖逆人伦礼法而是积学储才以待于大，“征命不应”并非无志于经济世务而是判断出时机未到。一旦条件具备时机成熟，自小饱受儒家经学浸润滋养的荀爽会毫不犹豫出仕参政，以实现教化民众经纶世务而利益家国天下的儒家抱负。

公元166年即汉桓帝延熹九年，38岁的荀爽接受太常赵典举荐孝廉，拜为郎中。赵典本人也是硕儒，史载他“笃行隐约，博学经书，弟子自远方至。性明达，志节清亮。”荀爽步入仕途之初，即向桓帝陈奏自己的治国理念、对时局的分析和救治策略，由崇孝到遵礼、禁非，表达了荀爽针对东汉政坛昏乱局面提出皇帝躬身作则、以礼法秩序自我约束节制的观点。[①]

然而，此时东汉朝堂的政局实在不堪，荀爽借拜为郎中之机上书桓帝，表达自己的政见之后，立刻毫不犹豫地辞官而去，史载“奏闻，即弃官去”。[②] 事实证明荀爽对政局的担忧警惕不无根据。就在荀爽上书弃官的同一年延熹九年，东汉宦官与外戚两大势力蓄积已久的矛盾冲突集中爆发，两个集团互相攻讦惨烈绞杀，士人群体夹在意识形态冲突的最前线，首当其冲地被集中整治，出现东汉著名的第一次党锢之祸。在汉桓帝时的这次党锢之祸中，陈蕃、李膺、陈寔、范滂等名臣硕儒都遭到严厉处置甚至下狱受刑，而对列入党人名录的大批士子学人终身罢黜永不叙用。第一次党锢之祸中，奋起抨击宦官集团的人物中有多位荀爽的师友和亲人。陈寔曾率众子到荀爽家族交游访问与荀氏家族交往密切，举荐荀爽以孝廉出仕的太常赵典和荀淑兄之子即荀爽堂兄荀昱并入时之“八俊”；荀昱（字伯条）和荀昙（字元智）是亲兄弟，一为沛相，一为广陵太守。二人冲锋在斗争宦官集团的最前线，在荀氏家族中受党锢之祸最烈，史载：“兄弟皆正身疾恶，志除阉宦。其支党宾客有在二郡者，纤罪必诛。昱后共大将军窦武谋诛中官，与李膺俱死。昙亦禁锢终身。”

相对而言，荀爽对政局的敏锐判断和果决退出使他得以避开政治斗争的旋涡而免于牢狱之灾杀身之祸，却依然难免党人被驱离禁锢的命运。遭受党锢之祸的荀爽先是活动于海上，后来又往南到达汉水流域，此后十余年都隐居于此，治学著述，思想和学问成熟，成为名重朝野的硕儒。关

① 荀爽对策陈便宜内容，参见［宋］范晔：《后汉书·荀韩钟陈列传第五十二》，北京：中华书局，1982 年，第 2051 – 2056 页。

② ［宋］范晔：《后汉书·荀韩钟陈列传第五十二》，北京：中华书局，1982 年，第 2056 页。

于荀爽这段经历,《后汉书》记载:“后遭党锢,隐于海上,又南遁汉滨,积十余年,以著述为事,遂称为硕儒。”①

随着朝局政治斗争的暂时缓和,十年党禁解除,作为海内硕儒的荀爽被多次举荐出仕。党禁刚一解除,“五府并辟”,司空袁逢以有道举荐荀爽,荀爽不应;而后大将军何进以公车征荀爽为从事郎中、荐为侍中,但因何进事败被杀此事半途而废;汉献帝时董卓辅政,又征举荀爽,荀爽被迫入仕,短短三四个月时间里先后拜平原相、光禄勋、司空。关于荀爽被董卓强征入仕的情节,《后汉书》记载:“献帝即立,董卓辅政,复征之。爽欲遁命,吏持之急,不得去,因复就拜平原相。行至宛陵,复追为光禄勋。视事三日,进拜司空。爽自被征命及登台司,九十五日。因从迁都长安。”②朝廷对荀爽的征辟可谓热切,既有官吏督迫又接连追封,九十五日之间“拜司空”“登台司”,显示了朝廷渴求荀爽大才的迫切,以及对荀爽再次隐遁不出的担忧。

董卓对硕儒荀爽的尊崇不可谓不高,但荀爽并未因董卓对自己个人尊荣而顺从强权,而是坚守国家纲常君臣大义,并将反对董卓、铲奸除恶的计划付诸实施。“爽见董卓忍暴滋甚,必危社稷,其所辟举皆取才略之士,将共图之,亦与司徒王允及卓长史何颙等为内谋。会病薨,年六十三。”③荀爽谋除董卓的实际措施有两方面,一是搜集网络人才、壮大倒董实力,二是直接参与司徒王允及卓长史何颙的诛董谋划。可惜天不假年,荀爽病死,没有亲眼看到权臣董卓被成功铲除。

荀爽享年六十三岁,一生经历汉桓帝、灵帝、献帝三朝,这时期皇权衰落,权臣跋扈,宦官与外戚斗争激烈,是汉代政治黑暗、朝局混乱的时期。荀爽生逢此际,自幼至老,始终浸润于经学成为硕儒,虽然始终以经世致

① [宋]范晔:《后汉书·荀韩钟陈列传第五十二》,北京:中华书局,1982年,第2056页。
② [宋]范晔:《后汉书·荀韩钟陈列传第五十二》,北京:中华书局,1982年,第2057页。
③ [宋]范晔:《后汉书·荀韩钟陈列传第五十二》,北京:中华书局,1982年,第2057页。

用为念，与政治纠葛不断，受政治斗争之波及，但荀爽基本未卷入政治旋涡的中心，其所受波及也比较有限，大部分时间从事学术活动，因而经学著述丰富。在东汉后期政局动荡、社会混乱、儒家秩序土崩瓦解的时代背景下，荀爽一方面多次被裹挟入现实政治斗争出仕为官，甚至病逝于谋诛董卓的行动中，另一方面则从事易学为主的学术活动；[①]通过保存在李鼎祚《周易集解》中包括卦气说在内的荀爽易学内容，可以看出生当乱世的荀爽以礼乐拯救世道人心、重建社会秩序的人文价值诉求。在易学传承方面，经由陈元、马融等人的间接传授，荀爽既接受了当时流行的以传解经为特征的费氏易学[②]，又受包括京房易学在内的西汉占验易学的直接影响，"形成了具有东汉特色的注经派象数易学"，汉代易学卦气说在荀爽那里也呈现新的面貌和创造。朱伯崑教授指出，荀爽易学"虽主卦气说，但不像京房和《易纬》那样，利用卦气说大讲阴阳灾变"，"这种学风，显然是受了古文经学派的影响"。[③]

荀爽著述丰赡，《后汉书》记载："著《礼》《易传》《诗传》《尚书正经》《春秋条例》，又集汉事成败可为鉴戒者，谓之《汉语》。又作《公羊问》及《辩谶》，并它所论叙，题为《新书》。凡百余篇，今多所亡缺。"[④]《隋书》和《旧唐书》《新唐书》都记载有《荀爽集》，可惜散佚。关于荀爽的易学著述，荀爽之侄也是大史学家荀悦《汉纪》总结曰："叔父故司空爽著《易传》，据爻象乘应、阴阳变化之义，以十篇之文解说经意。由是兖豫之言《易》者咸传荀氏学。"[⑤]《后汉书·儒林传》记载："荀爽作《易传》"，后世

① 《后汉书·荀韩钟陈列传第五十二》云："爽幼而好学，年十二，能通《春秋》、《论语》。太尉杜乔见而称之，曰：'可为人师'。"载[宋]范晔：北京：中华书局，1982年，第2050－2051页。

② 《后汉书·儒林传》记载："陈元、郑众皆传《费氏易》，其后马融亦为其传。融授郑玄，玄作《易注》，荀爽又作《易传》，自是费氏兴而京氏遂衰。"载[宋]范晔：北京：中华书局，1982年，第2554页。

③ 朱伯崑：《易学哲学史（一）》，北京：昆仑出版社，2009年，第224页。

④ [宋]范晔：《后汉书·荀韩钟陈列传第五十二》，北京：中华书局，1982年，第2057页。

⑤ [清]惠栋：《周易述附易汉学易例》（下册），北京：中华书局，2007年，第628页。

学者搜集整理，辑为荀爽《易传》。潘雨廷教授指出荀爽《易传》的治易特点："荀注与郑注不同处，取象不用爻辰，且重视卦爻象及卦爻变"[1]；并强调荀氏易传对汉代易学研究具有重要学术价值，"今所存尚多，于汉易中能见其大义者，此书最早，价值可见焉。"[2]今日所见，荀爽《易传》的内容主要保存于唐人李鼎祚《周易集解》，零星见于陆德明《经典释文》。清人复兴汉学搜罗散佚，孙堂《汉魏二十一家易注》有《荀爽周易注》一卷，黄爽《汉学堂经解》有《荀爽易言》一卷，马国翰《玉函山房辑佚书》有《周易荀氏注》三卷。三家辑本各有特色，都"体现了荀爽易学学主古文经、兼取今文经的学术特点"[3]。今人徐芹庭、刘玉建对荀爽著述和易学都有整理，王棋《荀爽易学研究》对荀爽生平、学术背景尤其乾升坤降为主旨的易学思想进行了全面深刻的研究。

第二节　乾升坤降卦气说的易学凸显

庄子云："《易》以道阴阳，《春秋》以道名分。"(《庄子·天下篇》)前者侧重天道的阴阳变化，后者侧重人事的名分礼义。从《周易》本身构成看，易学之所以为专门之学，关键在于《周易》一书的全部话语建立在卦爻符号体系之上，卦爻统摄卦辞、爻辞，《周易》经文乃至后世所有传文注疏围绕卦爻所展开。王弼所谓"言不尽意，立象以尽之"，揭示《周易》一书的奥秘在于"易象"，而"易象"则为六十四卦卦爻所符示、卦辞爻辞传文所诠说。《周易》以卦爻易象为基本素材，以八卦、六十四卦为主体框架，建构了一个时空一体、生生不息的易的世界，宇宙阴阳气化、天地人三才之道，

① 潘雨廷：《易学史论丛》，上海：上海古籍出版社，2007 年，第 300 页。
② 潘雨廷：《读易提要》，上海：上海古籍出版社，2006 年，第 22 页。
③ 王棋：《荀爽易学研究》，博士论文，山东大学，2009 年，第 54 页。

天地之间万事、万物、万象、万种势态的微妙情状尽在其中，所谓易道广大，无所不有、无所不包。在一卦而言，不论是经卦一卦三爻由一至三，或重卦一卦六爻由初至上，都是阴阳二爻的二维线性排列，故一卦各爻之间如何生成超乎二维之上、时空一体、变化无穷的易的世界？易卦之阴爻阳爻，并非能指与所指二分的现代意义的符号，而是同时涵摄能指与所指于一体的气化的象征，一爻之内就鼓荡流通着气之运行，潜伏着阴阳交变吉凶悔吝的微妙消息。《周易》以阴阳二爻符示阴阳二气，以乾坤二卦符示阴阳二气之纯粹正大。一卦之内由初至上，六十四卦三百八十四爻之内由乾之初九至未济之上九，皆是气化流行阴阳交变的生生鼓荡。

《易纬·乾凿度》从象数变动讲阴阳二气的变化运行："阳动而进，阴动而退。阳变七之九，阴变八之六。阳气升天，阴气欲承。"易学家荀爽治易，在《易纬》基础上将阴阳变易之道发展到新的易学高度，特别推崇阳进阴退、阴阳尊卑、乾坤统领的伟大意义，彰显主题十分鲜明的乾升坤降卦气说。清人惠栋云："荀慈明论易，以阳在二者，当上升坤五为君；阴在五者，当降居乾二为臣。盖乾升坤为坎☵，坤降乾为离☲，成既济定，则六爻得位。系辞所谓上下无常、刚柔相易，乾彖所谓各正性命、保和太和。利贞之道言九二之大夫当升坤五为君也。慈明之说合于古之占法，故仲翔注易亦与之同。"[①]张惠言亦云："荀氏之易莫大乎阳升阴降，其阳升于坤，又不主九二一爻……"（《周易荀九家易》），都揭示了荀爽易学乾升坤降之主旨。潘雨廷教授认为，荀爽乾升坤降理论价值极大，"观荀氏此例，可谓汉易之精义"[②]。朱伯崑教授也指出，荀爽解易发挥京房易学"乾坤者阴阳之根本，坎离者阴阳之性命"的理念，开辟"属于自己创见""乾升坤降卦气说"，"所以乾坤两卦爻位的升降乃八卦乃至六十四卦的基础"。[③] 关于

① ［清］惠栋：《周易述（附：易汉学·易例）》，北京：中华书局，2007年，第621页。

② 潘雨廷：《读易提要》，上海：上海古籍出版社，2006年，第22页。

③ 朱伯崑：《易学哲学史》（一），北京：昆仑出版社，2009年，第224－225页。

荀爽以乾升坤降为主旨之易学体例，大约可以从三个方面考察，一是乾坤升降所表征的阴阳消息气机变化，二是中和得失乘承比应与往来据贞等爻位关系，三是乾坤升降阴阳消息引发而来的各种卦变。

一、升降：乾升坤降与乾降坤升

（一）乾升

“乾二当升坤五”，荀爽乾升坤降说以此为核心中轴，由此将阳升阴降推广扩大为贯穿《周易》诸卦各爻的普遍原则，阳爻处一卦六爻之中，皆以居坤五成九五为理想归宿和终极目标。现存荀注中明确标明阳升坤五成九五者，有九二升坤五、初九升坤五、九三升坤五、九四升坤五等多种类型。

九二升坤五例，荀爽注《乾》卦䷀《象传》九二“见龙在田，德施普也”云：“二当升坤五。”[①]《乾》卦䷀六爻皆阳，由初至九，符示阳气由潜至现、由弱至强、盛而亢极的气化格局。但在乾䷀坤䷁对待、阴阳显隐的易学视域中，一则如京房“飞伏”说所揭示“乾下有伏坤”，六阳全显之《乾》卦䷁下面伏藏着六阴之《坤》卦䷁；二则在《乾》卦䷀六爻之中，二、四、上皆为阴位，阳气生发至此，因时位不当必生变化，其中阴阳交变至正至显者则为《乾》卦䷀九二：“二当升坤五。”《乾》卦䷀九二当升《坤》卦䷁六五之位，其所揭示之实质，在《乾》卦䷀六爻阳气息长变化的大格局中，九二在其时其位所具备之性质以及随此性质敞向未来的发展势态。“当”指九二在《乾》卦䷀格局中所具有的潜在可能性，是《乾》卦䷀阳气息长的“理所当然”；“升”是九二之“九”阳的天赋秉性，更是“九”阳处“二”之际的时位态

① ［清］李道平：《周易集解纂疏》，北京：中华书局，1994年，第39页。

势。总而言之,《乾》卦䷀九二向上息长变化到《坤》卦䷁六五的位置,由九二成长为九五,这是《乾》卦䷀九二的内在性质和发展趋势,并因此而充满生机和动力,“天行”之“健”自在其中。荀爽依此释《乾》卦䷀九二爻辞:“见龙在田”,“见”指乾阳“见”居九二之位,“田”为坤,指《乾》卦䷀伏藏《坤》卦。在乾升坤降、阴阳消息的格局中,《乾》卦䷀九二有升息至《坤》卦䷁六五之位变化为九五的态势,故曰“见龙在田”。依荀爽所见,正是在九二敞向未来、当升坤五的格局中,九二《象传》曰“见龙在田,德施普也”。荀爽注云:“大人,谓天子。见据尊位,临长群阴,德施于下,故曰‘德施普也’。”[①]九二“利见大人”,意为九二禀阳升之性升居《坤》䷁五而成九五,并止于“大人”至善之境、至尊之位成为“天子”,变九二潜在之性为现实,在“见据尊位,临长群阴”的格局中将自身德行彰显光大,普施恩惠,遍及他者群生。

九二升坤五,除《乾》卦䷀外,尚有《需》䷄、《临》䷒等卦。《需》卦䷄九二爻辞云:“虽小有言,以吉终也。”荀爽注曰:“乾虽在下,终当升上,二当居五。”“二与四同功,而三据之,故‘小有言’。”[②]荀爽所传费氏易,诠经多出《易传》,此处即是一例。《系辞上传》云:“二与四,同功而异位;其善不同,二多誉,四多惧,近也。柔之为道,不利远者,其要无咎,其用柔中也。”二、四俱为阴位,阴阳消息至此皆因其阴性而生相应的变化,故“二四同功”。所不同者,二处中宜和,故多美誉,四近五威压,故多戒惧,此为“异位”。《需》卦䷄九二阳爻处阴位,上有同性九三阳爻所据阻,故其上升坤五之势略滞,故“小有言”,即有小的牵绊纠纷。但如同《乾》卦九二当升坤五,《需》卦䷄九二当升坤五之势态亦不可阻挡,如荀爽所言“乾虽在下,终当升上,二当居五”,所以《需》卦䷄九二“虽小有言,以吉终也。”此类九二

① [清]李道平:《周易集解纂疏》,北京:中华书局,1994 年,第 39 页。
② [清]李道平:《周易集解纂疏》,北京:中华书局,1994 年,第 116 页。

升坤五，荀爽多有注解。如荀注《临》卦䷒九二小象曰：“阳感至二，当升居五”“阳当居五，阴当顺从”[①]，亦是此类。

初九当升坤五例，如荀爽注《复》卦䷗彖辞“利有攸往，刚长也”曰：“利往居五，刚道浸长也。”[②]《复》卦䷗震☳下坤☷上，为一阳息长逐渐消坤之象。在十二月消息卦中，《复》卦䷗居六爻纯阴的《坤》卦䷁之后，符示着天地间至阴盛极之后一阳来复，大自然重新开启新一轮春夏秋冬的生命周期。《复》䷗下卦为震☳，初九一阳虽然居下，却是天地阴阳转换之际呈现的新势力，蕴含无限力量和无限前景，因此《复》卦䷗一阳震动，天地消息，世界万象除旧布新，焕发勃勃生机。《复》卦䷗揭示天道变化关键处阴柔阳刚的此消彼长，更强调阴柔阳刚的此消彼长是天道变化的自然轮回，是“天地之心”的“复”之呈现。《复》卦䷗《彖传》云：“复亨。刚反，动而以顺行……。反复其道，七日来复，天行也。利有攸往，刚长也。复，其见天地之心乎？”《复》卦䷗彖辞“利有攸往，刚长也”，即指初九所符示阳刚之气息长上升，而荀注《复》卦䷗曰“利往居五，刚道浸长也”，并明确指出阳道浸长的理想归宿即居坤五而成九五。

九三当升坤五例，如荀爽注《明夷》卦䷣六四“入于左腹，获明夷之心，于出门庭”曰：“阳称左，谓九三也。腹者，谓五居坤，坤为腹也。四得位比三，应于顺首。欲上三居五，以阳为腹心也。故曰‘入于左腹，获明夷之心’，言三当出门庭，升五君位。”[③]《明夷》卦䷣离☲下坤☷上，依荀爽之见，上坤☷为腹，六四居下离☲九三与上坤☷六五之间，其爻辞“入于左腹，获明夷之心，于出门庭”揭示的是上下二爻气化之变动，意谓九三阳爻由三上升，出下离卦☲门庭；升居坤五，上卦坤☷变为坎☵，阳爻入坤☷腹，成《明夷》卦䷣之心。《素问·灵兰秘典论》云：“心者，君主之官，神明

① ［清］李道平：《周易集解纂疏》，北京：中华书局，1994 年，第 225 页。
② ［清］李道平：《周易集解纂疏》，北京：中华书局，1994 年，第 263 页。
③ ［清］李道平：《周易集解纂疏》，北京：中华书局，1994 年，第 347 页。

出焉。”荀爽所谓《明夷》䷣九三升坤五、“欲上三居五,以阳为腹心也”,一则指出在卦象上由下离☲之上爻升入上坤☷之中爻,有君王入坤腹之象,一则指出九三升坤五成就九五时位,其居下离卦☲君王之象彰显为《明夷》䷣全局之君主,由此成就《明夷》䷣一卦之神明。

九四当升坤五例,如荀爽注《小过》䷽九四“往厉必戒,勿用永贞”曰:“四往危五,戒备于三,故曰‘往厉必戒’也。勿长居四,当动上五,故‘用永贞’。”[1]《小过》䷽艮☶下震☳上,九四乾阳息长,以升坤五成九五为志,所以进危六五;而下位九三与之同志并进,同性互斥并争坤五,故又需“戒备于三”。《小过》䷽一卦整体格局态势,决定了九四当升坤五时的具体情形,“往厉必戒,勿用永贞”。荀爽注《离》卦䷝九四“突如,其来如”曰:“阳升居五,光炎宣扬,故‘突如’也。阴退居四,灰炭降坠,故‘其来如’也。”[2]此与荀注《小过》䷽九四相同。

依荀爽乾升坤降说,乾阳上升,以居坤五成九五为鹄的,这是乾天阳气的根本性质,表征于诸卦单独某一阳爻,亦表征于诸卦局部数个阳爻,如荀爽注《说卦传》“临者,大也”曰:“阳称大,谓二阳动升,故曰‘大’也”[3],即是指《临》卦䷒初九、九二两个阳爻动升。荀注三阳一体上升者多例,表征为三爻乾卦☰整体上升的态势。荀爽注《泰》卦䷊九二“用冯河,不遐遗”曰:“河出于乾,行于地中。阳性欲升,阴性欲承。冯河而上,不用舟航。自地升天,道虽辽远,三体俱上,不能止之,故曰‘不遐遗’。”[4]《泰》卦䷊乾☰下坤☷上,乾河坤地,乾阳坤阴,而阳性上升阴性秉承,所以《泰》卦䷊呈现“冯河而上”“自地升天”之象。荀爽强调《泰》卦䷊下体为乾(☰),三阳并列,一起上升,“三体俱上,不能止之”,所以在《泰》卦䷊天

① [清]李道平:《周易集解纂疏》,北京:中华书局,1994年,第525页。
② [清]李道平:《周易集解纂疏》,北京:中华书局,1994年,第309页。
③ [清]李道平:《周易集解纂疏》,北京:中华书局,1994年,第722页。
④ [清]李道平:《周易集解纂疏》,北京:中华书局,1994年,第167页。

地交泰的整体格局中，凡禀乾天阳刚健进之爻，皆能无所遗漏而各得其宜，所谓"不遐遗"也。荀爽注《需》卦䷄上六"入于穴"曰："云上升极，则降而为雨"，"云雨入地，则下三阳动而自至者也"。[①] 注"有不速之客三人来，敬之终吉"曰："三人，谓下三阳也。须时当升，非有召者，故曰'不速之客'焉。乾升在上，君位以定；坎降在下，当循臣职。故'敬之终吉'也。"《需》卦䷄乾☰下坎☵上，有"云上于天"之象（大象）。下体乾卦三阳，三爻并动上升为云，云升极则降而为雨。下体三阳，具有乾阳健进上升的禀性，三爻一体并进，"须时当升，非有召者"，既是乾阳的天性禀赋，也是其应然的理想归宿，所以虽为"不速之客"，却能"敬之终吉"。

乾阳刚健一旦升居坤五成九五，实现了其至尊时位、至善境界，往往暂时居留于此，所以荀注各卦大多呈现不升不降的状态，这也是乾坤升降说的含义之一。荀爽注《乾》卦䷀《文言》九五爻"飞龙在天，大人造也"曰："飞者，喻无所拘。天者，首事造制。大人造法，见居天位，圣人作为万物睹，是其义也。"[②]《乾》卦䷀六爻皆阳，六龙变化其时位不同，故其性质有异，乾阳健进升至九五，达到飞龙在天无所拘束的"自由"状态，亦实现其为天下造法设制的价值理想。《乾》卦䷀九五成就圣人"首事造制"，"圣人作为万物睹"，成就自我乾阳之性的同时也为成就天下万物之性提供契机。"飞龙在天，大人造也"，"造"一为造达、达至，一为造制、首创，前者为成己，后者为成人，两者一体两面，故"圣人作为万物睹"，在圣人作为造制中，万事万物之性得以发明呈现。荀爽注《否》卦䷋九五"其亡其亡，系于包桑"曰："阴欲消阳，由四及五，故曰'其亡其亡'。谓坤性顺从，不能消乾使亡。……坤体在下，系其本体，不能亡也。"[③]《否》卦䷋坤☷下乾☰上，在十二月消息卦中处《遁》卦䷠二阴消四阳与《观》卦䷓四阴消二阳之

---

① ［清］李道平：《周易集解纂疏》，北京：中华书局，1994 年，第 118 页。
② ［清］李道平：《周易集解纂疏》，北京：中华书局，1994 年，第 40 页。
③ ［清］李道平：《周易集解纂疏》，北京：中华书局，1994 年，第 177－178 页。

间，呈现三阴息长消减三阳的格局态势，故荀爽说“阴欲消阳，由四及五”，“其亡其亡”指《否》卦䷋阳气逐渐消减退缩。但在《否》卦䷋三阴消阳、阴阳交战的格局中，由于被消的上卦乾阳刚健，而息长的下卦坤阴柔顺，同时《否》卦䷋上乾☰伏坤☷，所以“坤性顺从，不能消乾”，“坤体在下，系其本体，不能亡也”。荀爽注《需》卦䷄九五“需于酒食，贞吉”曰：“云须时欲降，乾须时当升。五有刚德，处中居正。故能帅群阴，举坎以降。阳能正居其所，则吉。”[①]《需》卦䷄乾☰下坎☵上，九五为上坎中爻，坎水欲降，乾阳当升，而九五已经处于理想完美的中正时位，所以能居中统帅六四与上六“举坎以降”，而九五正居其所就可以无为而治吉祥如意。乾阳上升坤五成就九五的卦例，尚有《屯》䷂《讼》䷅《比》䷇《小畜》䷈《履》䷉《同人》䷌《随》䷐《观》䷓《无妄》䷘《坎》䷜《咸》䷞《遁》䷠《家人》䷤《蹇》䷦《益》䷩《姤》䷫等，其乾阳上升成九五大人，所以九五虽禀乾升之性，但荀注已不言其升降，而是强调其在理想时位上成人成己的自由状态和善治作为。

（二）坤降

宇宙气化，生生不息。所谓阴阳，只是相对的概念，两者不可分离。清阳上升为天，浊阴下降为地，孤阴不升，孤阳不长。只有在天地交合、阴阳消息中才能促成万物的生长变化。所以在荀爽乾坤升降的视野中，坤降与乾升、阴消与阳息，都是相辅相成，不可须臾离也。与乾升规律类似，坤降原则以六五下降居乾二成六二为核心主轴，也呈现六三、六四、六五、上六诸爻下降居乾二，甚至也有不升不降、不降反升的特例，体显了卦爻气化的丰富形态。

六五降乾二例，荀爽注《乾》卦䷀《文言》“火就燥”曰：“阴动之乾而成

① ［清］李道平：《周易集解纂疏》，北京：中华书局，1994 年，第 117 页。

离，乾者纯阳，故曰：'燥'也。"[①]"阴动之乾而成离"指《乾》卦☰下面伏藏坤卦☷，在《乾》卦☰与《坤》卦☷对待的格局下，坤阴六五降入乾二；离为火，乾纯阳，伏藏坤阴动而入乾阳成离火，即有"火就燥"之象。荀爽注《乾》卦☰《文言》九五"本乎地者亲下"曰："谓坤六五，本出于坤，故曰：'本乎地'。降居乾二，故曰'亲下'也。"[②]又注"与天地合其德"曰："与天合德，谓居五也。与地合德，谓居二也。"[③]故依荀爽之见，《乾》卦☰六阳伏藏《坤》卦☷六阴，《乾》卦☰九五伏藏《坤》卦☷六五，而六五阴爻又根本于坤、下降于乾二，故言"本乎地而亲下"，居五则与天合德，降二则与地合德。

上六降乾三例，荀爽注《需》卦䷄上六小象"不速之客来，敬之终吉。虽不当位，未大失也"曰："上降居三，虽不当位，承阳有实，故'终吉'，无'大失'矣。"[④]《需》卦䷄乾☰下坎☵上，上六坤阴欲下降居乾三，阴爻居阳位，故云"不当位"。

六五降乾四例，荀爽注《离》卦䷝九四"突如，其来如"曰："阴退居四，灰炭降坠，故'其来如'也。"[⑤]《离》卦䷝六五降至乾四成六四，卦象有离火中阴爻坠落之象。荀注《离》卦䷝六五"出涕沱若"更加明确："六五阴柔，退居于四，出离为坎，故'出涕沱若'而下，以顺阴阳也。"[⑥]荀注《离》卦䷝《彖传》"离，丽也"，又曰："阴丽于阳，相附丽也。亦为别离，以阴隔阳也。离者，火也。托于木，是其附丽也。烟焰飞升，炭灰降滞，是其别离也"。[⑦]离火本附丽于木，阴阳消息中六五降乾四，炭灰坠落木火分离，此处荀爽

① ［清］李道平：《周易集解纂疏》，北京：中华书局，1994年，第52页。
② ［清］李道平：《周易集解纂疏》，北京：中华书局，1994年，第53页。
③ ［清］李道平：《周易集解纂疏》，北京：中华书局，1994年，第64页。
④ ［清］李道平：《周易集解纂疏》，北京：中华书局，1994年，第118页。
⑤ ［清］李道平：《周易集解纂疏》，北京：中华书局，1994年，第309页。
⑥ ［清］李道平：《周易集解纂疏》，北京：中华书局，1994年，第309－310页。
⑦ ［清］李道平：《周易集解纂疏》，北京：中华书局，1994年，第305页。

以阴阳升降诠解《离》☲之卦象，将《离》卦☲经传背后卦象揭示得生动形象。荀注《丰》卦䷶《彖传》“日中则昃”曰：“丰者至盛，故‘日中’。下居四，日昃之象也。”《丰》卦䷶离☲下震☳上，丰字为礼器盛满之象，而天道盛满丰大莫过于日中，故曰“丰者至盛，故‘日中’”。[①] 而六五禀坤阴下降之性至乾四，故有盛日过中则降的“日昃之象”。

荀爽乾升坤降说描述的是阴阳气化卦爻变动的大势，其乾坤升降不是僵化绝对的；如同乾阳居五成九五不言升降，坤阴亦有据五位成六五不升不降的例子。荀注《蒙》卦䷃六五《象传》“童蒙之吉，顺以巽也”曰：“顺于上，巽于二，有似成王任用周召也。”[②]《蒙》卦䷃坎☵下艮☶上，六五阴爻顺承于上九，风化于九二，在《蒙》卦䷃的总体格局中呈现“顺以巽”的性质，荀爽以史论易，认为类似周公召公辅佐少年成王，阴阳得宜君臣和谐，所以为“童蒙之吉”。荀注《贲》卦䷕六五《象传》“六五之吉，有喜也”曰：“五为王位，体中履和，勤贤之主，尊道之君也，故曰‘贲于邱园，束帛戋戋’”，“能以中和饰上成功，故‘终吉’而‘有喜也’。”[③]《贲》卦䷕离☲下艮☶上，荀爽认为在《贲》卦䷕的格局中，六五所处为君王之位，其本身为“勤贤之主，尊道之君”，能以中和辅助上九成功，所以“终吉”“有喜”。《蒙》卦䷃六五、《贲》卦䷕六五均为出于《坤》卦䷁的阴爻，但荀爽并未言其阴沉下降之性，而是强调其处在尊位时候发挥出坤阴柔顺之性、实现“吉”“喜”境界的另一种表现。

在坤阴下降的主导趋势之外的特例，除了坤阴据五位成六五不升不降，还有个别坤阴上升的卦例。荀注《困》卦䷮《象传》“有言不信，尚口乃穷也”曰：“阴从二升上六，成兑，为有言。失中，为不信。动而乘阳，故曰

① ［清］李道平：《周易集解纂疏》，北京：中华书局，1994 年，第 481 页。
② ［清］李道平：《周易集解纂疏》，北京：中华书局，1994 年，第 111 页。
③ ［清］李道平：《周易集解纂疏》，北京：中华书局，1994 年，第 251 页。

‘尚口乃穷也’。”[①]《困》卦䷮坎☵下兑☱上，此处荀爽认为，上六为坤阴由二爻升至乾上，上六成兑为言，失中为不信，凌驾于九四、九五二阳之上，为逞口舌致灾之象，所以“尚口乃穷”。荀注《旅》卦䷷《彖传》“旅，小亨”曰：“谓阴升居五，与阳通者也。”[②]《旅》卦䷷艮☶下离☲上，坤阴由下上升，居乾五成六五。《旅》卦䷷六五以柔顺之性居上卦之中，柔顺乎三阳：上承上九、下接九四、应于九三，象传揭示出六五主导《旅》卦䷷整体性质：“柔得中乎外，而顺乎刚，止而丽乎明”，所以能“贞吉”而“小亨”。荀爽注《困》卦䷮上六、《旅》卦䷷六五，一反坤阴下降的常例，不降反升，以此阴阳消息诠释卦象、诠解经传，展现出阴阳消息的丰富形态和乾升坤降说的丰富内涵。对荀爽易学升降体例的复杂性，潘雨廷教授将其概括为三种情况并指出其重要意义：“荀氏所言之升降，谓阴阳卦象之变化，可分三义”，一是如荀注“云行”“雨施”的“爻变之正”，二是如荀注《困》卦“此本否卦，阳降为险，阴升为说”[③]的“以卦言变”，三是如荀注《升》卦“巽升坤上”的“一体俱升”；认为“凡此三者，能明辨其异同，则于荀氏易思过半矣”。[④]

（三）乾升坤降

阴阳消息、乾升坤降都是气化流行的一体两面，只是表现在卦爻变化上有隐有显，所以荀爽诠解卦爻时候也各有侧重，上面或强调“乾升”或强调“坤降”；比较全面的诠释是同时照顾到乾升坤降两方面，这方面的卦例也不少，较好呈现荀爽乾升坤降说的整体面貌。

首先，荀爽指出乾升坤降、阳升阴降是天道运行的大势。荀注《乾》卦

① ［清］李道平：《周易集解纂疏》，北京：中华书局，1994 年，第 421 页。

② ［清］李道平：《周易集解纂疏》，北京：中华书局，1994 年，第 490 页。

③ ［清］李道平：《周易集解纂疏》，北京：中华书局，1994 年，第 422 页。

④ 潘雨廷：《读易提要》，上海：上海古籍出版社，2006 年，第 23 页；潘雨廷：《易学史论丛》，上海：上海古籍出版社，2007 年，第 300－301 页。

䷀《文言》九五“以御天也”曰:“御者,行也。阳升阴降,天道行也。”①天乾阳主生发上升,坤阴主消退下降,天道变化就表现为阴阳消息的升降往来,并呈现在六十四卦三百八十四爻的阴阳交错。《乾》卦䷀《文言》云:“大哉乾乎?刚健中正,纯粹精也。六爻发挥,旁通情也。时乘六龙,以御天也。云行雨施,天下平也。”

阴阳升降成就天文地理。荀注“仰以观于天文,俯以察于地理”曰:“谓阴升之阳,则成天之文也。阳降之阴,则成地之理也。”②阴阳升降促成阴阳和谐、天下太平。荀爽又注“云行雨施,天下平也”曰:“乾升于坤,曰‘云行’。坤降于乾,曰‘雨施’。乾坤二卦,成雨既济。阴阳和均,和而其正,故曰‘天下平’。”阴阳升降成就天地通道、万物亨通,《泰》卦䷊与《既济》䷾十分典型。荀注《泰》卦䷊象曰“天地交泰”曰:“坤气上升,以成天道。乾气下降,以成地道。天地二气,若时不交,则为闭塞。今既相交,乃通泰。”荀注《既济》卦䷾《彖传》“小者亨也”曰:“天地既交,阳升阴降,故‘小者亨也’。”

(四)乾降坤升

与京房、郑玄等易学家一样,荀爽易学也在兼顾诠释《周易》经传章句和建构思想体系表达自己思想之间保持平衡;正因如此,两者有时并不完全和洽。具体到荀爽易学内容,在诠释《周易》经传文辞时候,除了乾升坤降、阳尊阴卑的易学主导思想外,还有依照诠解经传所做调整的乾降坤升的解卦体例。荀注《乾》卦《文言》“与天地合其德”曰:“与天合德,谓居五也。与地合德,谓居二也。”荀注“与日月合其明”曰:“谓坤五之乾二成离,离为日。乾二之坤五为坎䷜,坎为月。”③荀注《恒》卦䷟“利有攸往,终则

---

① [清]李道平:《周易集解纂疏》,北京:中华书局,1994年,第61页。
② [清]李道平:《周易集解纂疏》,北京:中华书局,1994年,第553页。
③ [清]李道平:《周易集解纂疏》,北京:中华书局,1994年,第64页。

有始也”曰:“谓乾气下终,始复升上居四也。坤气上终,始复降下居初者也。”[1]荀注《随》卦䷐“大亨贞,无咎”曰:“随者,震之归魂。震归从巽,故大通。动爻得正,故利贞。阳降阴升,嫌于有咎。动而得正,故‘无咎’。”[2]荀注《谦》卦䷎九三《象传》“劳谦君子,万民服也”曰:“阳光居五,自卑下众,降居下体,君有下国之意也。众阴皆欲捻阳上居五位,群阴顺阳,故‘万民服也’。”[3]荀注《升》卦䷭上六《象传》“冥升在上,消不富也”曰:“阴升失实,故‘消不富也’。”[4]荀注“险以说”曰:“此本否卦。阳降为‘险’,阴升为‘说’也。”

荀爽易学在乾升坤降为主导兼有乾降坤升的看似矛盾的现象,反应了荀爽易学诠经思想来源于荀爽本人价值追求之间的冲突。荀爽思想倾向乾升坤降、阳尊阴卑,这是十分明确而且强烈的,但其诠易传统又来自于强调阴阳交感的《易传》传统。余敦康教授从荀爽所承“以传解经”的治学理路,分析《易传》诠释阴阳交感时候既有阳升阴降也有阴升阳降,并举《泰》卦《象传》“天地交,泰”和《否》卦《象传》“天地不交,否”等案例。“《周易》本身以《传》解《经》的传统,着重于阐发阴阳相交、二气感应的义理。为了促使二者的相交感应得以完美地实现,常常强调刚来下柔、阴升阳降的一面。”[5]荀注《困》卦䷮“困而不失其所亨,其唯君子乎”曰:“谓二虽弇阴陷险,犹不失中,与正阴合,故通也。喻君子虽陷险中,不失中和之行也。”[6]荀注“动乎险中,大亨贞”曰:“物难在始生,此本坎卦䷜也。”《周易集解纂疏》按语对此解释云:“初六升二,九二降初,是刚柔始交也。交则成震,震为动也,上有坎,是动乎险中也。动则物通而得正。故曰‘动乎

---

① [清]李道平:《周易集解纂疏》,北京:中华书局,1994年,第322页。
② [清]李道平:《周易集解纂疏》,北京:中华书局,1994年,第210页。
③ [清]李道平:《周易集解纂疏》,北京:中华书局,1994年,第198页。
④ [清]李道平:《周易集解纂疏》,北京:中华书局,1994年,第420页。
⑤ 余敦康:《汉宋易学解读》,北京:华夏出版社,2006年,第101-102页。
⑥ [清]李道平:《周易集解纂疏》,北京:中华书局,1994年,第421页。

险中,大亨贞'也。"这个解释以乾降坤升的体例,符合《易传》阴阳交感的理念和机制,圆满解释了经传文辞;但对荀爽其人及其易学的整体倾向而言,这不是他强调的重点,他所殷殷关注并倡导始终的还是乾升坤降、阳尊阴卑的易学结构。

二、爻位:中和得失、乘承比应与往来据贞

荀爽易学主乾升坤降之说,或升或降无不体现为阴阳爻变。高怀民教授并未特别重视荀爽易学在汉代易学中的价值,却指出荀爽易学升降说基于阴阳爻变的三个观念:一是"阴阳爻之动以互相调和为利",二是"阴阳爻之动以当位为正",三是"特重卦中二五两爻"。①

在乾升坤降、阴阳消息的气化流行中,天道变化绵绵不绝,没有一刻的止息与停顿,每一时之刹那、每一处之毫厘,都隐藏着阴阳二气的交合生化;而每一时、每一处的阴阳气化又都绽放出宇宙间的唯一性,以及此一时、此一处有别于其他某一时某一处的区别和特异。易学作为以卦爻符号道说阴阳气化的专门之学,以易学专门形式表达这种阴阳气化的特异性和唯一性,以及不同特异性唯一性之间的复杂关系,荀爽易学就包括得位失位、乘承比应和往来据贞等多种卦爻关系和气化形态,展现出乾升坤降卦气说的丰富内涵。

(一)时位:得失中和

"同声相应,同气相求",阴阳气化到达相应时位,安居于其性所出之位置,则能顺畅其性,是为得位;反之,阴阳气化到达的时位与其属性相反相悖,则闭塞其天性,是为失位(不得位)。在一卦六爻之中,初、三、五为

① 高怀民:《两汉易学史》,桂林:广西师范大学出版社,2007年,第134-135页。

阳位，阳气生化至此则得其时位舒畅其阳刚之性，故初九、九三、九五为阳爻得位；相反，阴气生化至此，阴柔之性则受其时位阳性的反斥拘束，故初六、六三、六五为阴爻不得位或曰失位。二、四、六为阴位，阴气生化至此则得其时位舒畅其阴柔之性，故六二、六四、上六为阴爻得位；相反，阳气生化至此，阳刚之性则受其时位阴性的反斥拘束，故九二、九四、上九为阳爻不得位或曰失位。

六四得位，荀注《谦》卦䷎六四“无不利，撝谦”曰：“四得位处正，家性为谦，故‘无不利’。阴欲撝三，使上居五，故曰‘撝谦’。撝，犹举也。”[1]六四为阴爻处四之阴位，是为得位，所以荀爽言“四得位处正”。《谦》卦䷎六四坤阴柔顺处位得宜，利于舒畅发挥厚生之德，自谦下俯，助举九三阳爻上升坤五，即“阴欲撝三，使上居五”。可见，《谦》卦䷎六四因其得阴位、尽其柔性而发挥其坤德，在成就自性的基础上亦提携九三上升坤五成就其阳性至尊的九五时位。《明夷》卦䷣六四与《谦》卦䷎卦六四如出一辙，荀注《明夷》卦䷣六四“入于左腹，获明夷之心，于出门庭”曰：“四得位比三，应于顺首。欲上三居五，以阳为腹心也。故曰‘入于左腹，获明夷之心’，言三当出门庭，升五君位。”[2]

六五失位，荀注《师》卦䷆六五“田有禽，利执言，无咎”曰：“谓二帅师禽五，五利度二之命，执行其言，故‘无咎’也。”[3]《师》卦䷆坎☵下坤☷上，下坎九二为全卦之主，乾阳上升当居坤五，六五阴爻居君王之位，故九二六五之间便有臣下伐君之象。在《师》卦䷆的整体格局中，九二统帅初六、六三、六四等坤阴之众，上伐六五取而代之，而六五坤阴下降将居乾二，故荀爽说：“二帅师禽五，五利度二之命。”《周易集解纂疏》案曰：“六五居尊失位，在师之时，盖由殷纣而被武王擒于鹿台之类是也。以臣伐君，假言

① ［清］李道平：《周易集解纂疏》，北京：中华书局，1994 年，第 198 页。
② ［清］李道平：《周易集解纂疏》，北京：中华书局，1994 年，第 347 页。
③ ［清］李道平：《周易集解纂疏》，北京：中华书局，1994 年，第 134－135 页。

田猎。六五离爻，体坤，离为戈兵，田猎行师之象也。”[①]《周易集解纂疏》所案进一步揭示出在《师》卦䷆的整体格局中六五失位将被九二取代、阴阳消息变化的丰富内涵。

上九失位，荀注《损》卦䷨上九“元吉，无咎”曰：“居上据阴，故‘元吉，无咎’，以未得位，嫌于咎也。”[②]《损》卦䷨兑☱下艮☶上，上九阳爻处阴位，为不得位，所以暗含小错、“嫌于有咎”；所幸是一阳威据三阴之上，有乾阳在上、统帅群阴之势，故而上九虽“嫌于咎”而能免咎、“元吉”。此意在《损》卦䷨六五亦得以呼应。六五象曰：“六五元吉，自上佑也。”《损》卦䷨六五阴爻居上卦之中，上面九五虽然不当位，却能发挥乾阳刚健禀性，引领庇佑六五之阴，故称“六五元吉，自上佑也。”《损》卦䷨由初至上气化消息，呈现下卦阳刚逐渐损消、上卦阴柔逐渐增益的的整体格局，《损》卦《彖传》曰：“损，损下益上，其道上行。”“损刚益柔有时，损益盈虚，与时偕行。”由于《损》卦䷨阴阳消息的损消增益体现天道运行的节奏，系“损而有孚”“与时偕行”，所以虽有损益却能“元吉”、“利有攸往”。《损》卦䷨六五《象传》云：“元吉，无咎，可贞，利有攸往。损，损下益上，其道上行。”

荀注《中孚》卦䷼六三：“得敌，或鼓或罢，或泣或歌”同时兼论得位失位：“三四俱阴，故称‘得’也。四得位，有位。故鼓而歌。三失位，无实。故罢而泣之也。”[③]《中孚》卦䷼坎☵下巽☴上，中间四爻二阳二阴，九二、九五两阳各居上下两卦之中，六三、六四两阴居《中孚》卦䷼整卦之内，故《中孚》卦䷼《彖传》曰：“中孚，柔在内而刚得中”，即指二阴爻在全卦之内、二阳爻得上下之中。在全卦之内的两个阴爻因时位不同其性又异，六三阴爻处阳位是失位，六四阴爻处阴位是得位，荀爽依此诠解爻辞：“四得位，有位，故鼓而歌。三失位，无实，故罢而泣之也。”

---

① ［清］李道平：《周易集解纂疏》，北京：中华书局，1994 年，第 133 页。
② ［清］李道平：《周易集解纂疏》，北京：中华书局，1994 年，第 375 页。
③ ［清］李道平：《周易集解纂疏》，北京：中华书局，1994 年，第 518 页。

“反者道之动，弱者道之用。”卦爻的得位与失位都是阴阳消息的正常状态，宇宙气化就是在升降得失中绵绵展开。但这并不意味着时位变化杂乱无序，而是具有内在规则和终极指向，易学专门之学将之呈现为卦爻符号的高低贵贱等级秩序以及卦爻符号在时位变化上的的终极指向：时位“中和”。惠栋《易汉学》：“易道深矣，一言以蔽之曰时中。”“中者，举一爻所适之位而言之也。”[①]“时中”是“中和”的另一种说法。荀爽特别推崇卦爻时位的“中和”特征，认为这是乾升坤降卦气说中的至善境界。时位“中和”的基本要求一是得位二是处中，而荀爽尤其强调乾阳上升居坤五的健进性质，所以荀注关于时位中和的内容基本保存在六二、九二、六五、九五的相关诠解中。荀注《泰》卦䷊九二“朋亡，得尚于中行”曰：“中，谓五。坤为朋，朋亡而下，则二上居五，而行中和矣。”[②]《泰》卦䷊乾☰下坤☷上，五为上卦之中，坤阴居之；二为下卦之中，乾阳居之。在乾升坤降的阴阳消息中，六五坤阴欲下降居乾二，荀爽谓之“朋亡而下”；九二乾阳欲上升居坤五，荀爽所谓“二上居五”，在乾阳坤阴升降往来消息中，阴阳二气各得其位交合氤氲，荀爽所谓“行中和矣”。《泰》卦䷊九二《象传》曰“得尚于中行，以光大也”，即是自乾升坤降中阴阳各得其位各尽其性的中和境界。

荀注《师》卦䷆《彖传》“师，众也。贞，正也。能以众正，可以王矣”曰：“谓二有中和之德，而据群阴，上居五位，可以王也。”[③]《师》卦坎下坤上，九二乾阳居下卦之中，“有中和之德”，欲上升居五位，统领五爻坤阴成众，如《师》卦䷆《彖传》所谓“刚中而应，行险而顺，以此毒天下，而民从之”。因其时位中和，《师》卦䷆九二升五以王、统阴为众，所以“吉”而“无咎”。

---

① ［清］惠栋：《周易述附易汉学易例》（下册），北京：中华书局，2007 年，第 660 页。
② ［清］李道平：《周易集解纂疏》，北京：中华书局，1994 年，第 168 页。
③ ［清］李道平：《周易集解纂疏》，北京：中华书局，1994 年，第 129 页。

荀注《贲》卦䷕六五《象传》“六五之吉，有喜也”曰：“艮，山。震，林。失其正位，在山林之间，贲饰邱陵，以为园圃，隐士之象也。五为王位，体中履和，勤贤之主，尊道之君也。故曰‘贲于邱园，束帛戋戋’。君臣失正，故‘吝’。能以中和饰上成功，故‘终吉’而‘有喜也’。”[1]《贲》卦䷕离☲下艮☶上，六五坤阴居王位，作为“勤贤之主”和“尊道之君”，既能“体中履和”，又能辅助上九乾阳“以中和饰上成功”。

此外时位中和的例子还有不少，如荀注《恒》卦䷟九二《象传》“九二悔亡，能久中也”曰：“乾为久也。能久行中和，以阳据阴，故曰‘能久中也’。”[2]荀注《困》卦䷮《彖传》：“困而不失其所亨，其唯君子乎”曰：“谓二虽弇阴陷险，犹不失中，与正阴合，故通也。喻君子虽陷险中，不失中和之行也。”[3]荀注《巽》卦䷸九二《象传》“纷若之吉，得中也”曰：“谓二以处中和，故能变。”[4]荀注《贲》卦䷕《彖传》“贲亨，柔来而文刚，故亨。分刚上而文柔，故小利有攸往”曰：“谓阴从上来，居乾之中，文饰刚道，交于中和，故‘亨’也。”[5]

（二）乘承比应

时位中和只是气化爻变少有的理想状态，乾升坤降的阴阳消息大多时候是一种更加复杂时有偏颇的情况，比如阴压迫阳、阳统领阴、阴阳同性敌对等各种复杂关系，荀爽以乘承比应的专业易学术语称谓之。

依荀爽易注来看，坤阴乘骑凌驾于乾阳之上，谓之“乘”；这种形势下，天地翻覆、阴阳颠倒，往往造成不利凶吝的局面。荀注《屯》卦䷂六二“屯

① ［清］李道平：《周易集解纂疏》，北京：中华书局，1994 年，第 251 页。
② ［清］李道平：《周易集解纂疏》，北京：中华书局，1994 年，第 324 页。
③ ［清］李道平：《周易集解纂疏》，北京：中华书局，1994 年，第 421 页。
④ ［清］李道平：《周易集解纂疏》，北京：中华书局，1994 年，第 497 页。
⑤ ［清］李道平：《周易集解纂疏》，北京：中华书局，1994 年，第 245 页。

如邅如"曰："阳动而止，故'屯如'也。阴乘于阳，故'邅如'也。"[①]《屯》卦䷂震☳下坎☵上，六二坤阴居于下卦之中，本是坤阴处中得位；但由于下有初九乾阳震动于下，六二对初九形成威压欺凌的态势，反而造成六二自身困顿不顺，故六二《象》曰："六二之难，乘刚也。"荀注《蒙》卦䷃《象传》"再三渎，渎则不告，渎蒙也"曰："再三，谓三与四也。皆乘阳，不敬，故曰'渎'。渎不能尊阳，蒙气不除，故曰'渎蒙也'。"[②]《蒙》卦䷃坎☵下艮☶上，六三、六四俱为阴爻，前者失位后者得位。但在《蒙》卦䷃的整体格局中，六三、六四居九二之上，阻挡九二乾阳健进上升之途，三四坤阴骑乘九二乾阳，是为卑阴不敬尊阳，成亵渎蒙蔽之象。

荀注《比》卦䷇《象传》"其道穷也"曰："后夫谓上六。逆礼乘阳，不比圣王，其义当诛，故'其道穷凶'也。"[③]《比》卦䷇坤☷下坎☵上，上六坤阴得位，但骑乘九五乾阳之上，是"逆礼乘阳"。九五既是乾阳当位，又处王者之尊，更是《比》卦䷇六爻之主，因此王威浩浩不可忤逆。上六阴柔面对强势之九五，不是比附跟随而是骑乘凌驾，所以荀爽说"其义当诛"而"其道穷凶"。

荀注《困》卦䷮九二"利用享祀，征凶"曰："二升在庙，五亲奉之，故'利用享祀'。阴动而上，失中乘阳；阳下而陷，为阴所弇，故曰'征凶'。"[④]《困》卦䷮坎☵下兑☱上，在乾升坤降气化消息格局大势中，乾阳九二欲上升居坤五成乾五，但六三坤阴乘阻在前，"阴动而上，失中乘阳"；九二乾阳陷于初六、六三之间，"阳下而陷，为阴所弇"，九二乾健上升的趋势变得凶险不顺，故曰"征凶"。同是《困》卦䷮，除六三乘九二，还有上六乘九五、九四。

---

① ［清］李道平：《周易集解纂疏》，北京：中华书局，1994 年，第 99 页。
② ［清］李道平：《周易集解纂疏》，北京：中华书局，1994 年，第 107 页。
③ ［清］李道平：《周易集解纂疏》，北京：中华书局，1994 年，第 142 页。
④ ［清］李道平：《周易集解纂疏》，北京：中华书局，1994 年，第 423 页。

荀注《困》卦䷮《彖传》"有言不信，尚口乃穷也"曰："阴从二升上六，成兑，为有言。失中，为不信。动而乘阳，故曰'尚口乃穷也'。"[1]《彖传》将《困》卦䷮坤阴乘乾阳的格局一言以蔽之："困，刚掩也。"《困》卦䷮之困顿境遇及其最终"险以说，困而不失其所"的亨通发展，都源于坤阴乘乾阳以及乾阳对坤阴乘骑之势的突破。坤阴乘乾阳大都是一阴乘一阳，也有一阴乘多阳如《困》卦䷮上六乘九五、九四，还有多阴乘一阳的情况。荀注《谦》卦䷎六五"不富以其邻"曰："邻谓四与上也。自四以上乘阳，乘阳失实，故皆不富，五居中有体，故总言之。"[2]《谦》卦䷎艮☶下坤☷上，上卦为坤卦三阴，沉沉压住九三乾阳上升之势，所以上坤三阴六四、六五、上六均为"乘阳失实，故皆不富"；而六五居三阴之中，故言六五一爻代表坤卦☷三阴。

荀注坤阴乘乾阳的卦例还有不少，如荀注《离》卦䷝九四："焚如，死如"曰："阴以不正，居尊乘阳。历尽数终，天命所诛。位丧民畔，下离所害。故'焚如'也。"[3]荀注《巽》卦䷸九三《象传》"频巽之吝，志穷也"曰："乘阳无据，为阴所乘，号令不行，故'志穷也'。"[4]荀注《节》卦䷻《象传》"苦节贞凶，其道穷也曰："乘阳于上，无应于下，故'其道穷也'"。荀注《恒》卦䷟九三"不恒其德，或承之羞，贞吝"曰："与上相应，欲往承之，为阴所乘，故'或承之羞'也。"[5]

坤阴顺承于乾阳之下，谓之"承"。"承"意味着坤顺承于乾、阴顺承于阳、下顺承于上、弱顺承于强、卑顺承于尊、贱顺承于贵。荀注多处标明坤阴顺承乾阳的性质。荀注《坤》卦䷁《文言》"坤道其顺乎，承天而时行"曰："承天之施，因四时而行之也。"坤性阴柔，以顺承为美；但其阴柔顺承

---

① ［清］李道平：《周易集解纂疏》，北京：中华书局，1994 年，第 421 页。
② ［清］李道平：《周易集解纂疏》，北京：中华书局，1994 年，第 199 页。
③ ［清］李道平：《周易集解纂疏》，北京：中华书局，1994 年，第 309 页。
④ ［清］李道平：《周易集解纂疏》，北京：中华书局，1994 年，第 498 页。
⑤ ［清］李道平：《周易集解纂疏》，北京：中华书局，1994 年，第 324 页。

具有实际的内涵，一是与乾阳刚健相对待，二是以乾阳刚健为准则，具体来说，地道柔顺展现出的也是天道变化、四时消息在坤阴上的投射。在乾坤对待阴阳消息的格局下，《坤》卦䷁《文言》如此诠释坤之德性："坤至柔而动也刚，至静而德方，后得主而有常，含万物而化光。坤其道顺乎，承天而时行。"荀爽将"承天而时行"释为"承天之施，因四时而行之也"，更加具体化为天道循环的四时变化。荀注《泰》卦䷊九二曰："阳性欲升，阴性欲承。"[①]荀注《临》卦䷒九二《象传》曰："阳感至二，当升居五，群阴相承""阳当居五，阴当顺从。"[②]

坤阴顺承乾阳的情况多种多样。初六承九二，荀注《鼎》卦䷱初六《象传》"鼎颠趾，未悖也"曰："以阴承阳，故'未悖也'"[③]《鼎》卦䷱巽☴下离☲上，初六坤阴上承九二、九三，坤阴柔顺向上追慕乾阳，在《鼎》卦䷱的整体格局中，益于初六脱厄出困，所以《象传》曰："利出否，以从贵也"。

六三承九四，荀注《否》卦䷋六三《象传》"包羞，位不当也"曰："卦性为否，其义否隔。今以不正，与阳相承，为四所包，违义失正，而可羞者，以'位不当'故也。"[④]《否》卦䷋乾☰下坤☷上，六三坤阴处三失位，"违义失正"，在《否》卦䷋否隔不通的整体格局中，是"可羞者"，而上承乾阳，为九四所包容含纳，所以成"包羞"局面。

六四承九五的卦例最多。荀注《蹇》卦䷦六四《象传》"往蹇来连，当位实也"曰："蹇难之世，不安其所。欲往之三，不得承阳。故曰'往蹇'也。来还承五，则与至尊相连，故曰'来连'也。处正承阳，故曰'当位实也'。"[⑤]《蹇》卦䷦艮☶下坎☵上，六四坤阴居四得位，上承乾阳九五，"处正承阳"，时位得当，又能连接依靠尊主，所以"当位实也"。荀注《师》卦

① ［清］李道平：《周易集解纂疏》，北京：中华书局，1994 年，第 167 页。
② ［清］李道平：《周易集解纂疏》，北京：中华书局，1994 年，第 123 页。
③ ［清］李道平：《周易集解纂疏》，北京：中华书局，1994 年，第 447 页。
④ ［清］李道平：《周易集解纂疏》，北京：中华书局，1994 年，第 176 页。
⑤ ［清］李道平：《周易集解纂疏》，北京：中华书局，1994 年，第 365－366 页。

䷆六四“师左次，无咎”曰：“左谓二也，阳称左。次，舍也。二与四同功，四承五，五无阳，故呼二舍于五，四得承之，故‘无咎’。”[①]《师》卦䷆坎☵下坤☷上，在乾升坤降的消息格局下，乾阳九二上升坤五成九五，六四居下，以坤阴柔顺之德承接九五乾阳。《师》卦䷆的整体格局中，阴阳消息乾升坤降后，坤阴六四与乾阳六五各得其位，阴阳尊卑的恒常秩序井然顺畅，故而《师》卦䷆六四《象传》指出：“左次无咎，未失常也。”六四承九五的卦例还有，荀注《涣》卦䷺《象传》“风行水上，涣。先王以享于帝，立庙”曰：“阴上至四承五，为享帝。”[②]荀注《中孚》䷼初九“虞吉，有它不燕”曰：“四者承五，有它意于四，则不安，故曰‘有它不燕’也。”[③]诸如此类。

六五承上九，荀注《蛊》卦䷑六五“干父之蛊，用誉”曰：“体和应中，承阳有实，用斯干事，荣誉之道也。”[④]《蛊》卦䷑巽下艮上，六五坤阴居上卦之中，处王者之位，却能顺承上九乾阳，所以尽管《蛊》卦䷑五、上两爻阴阳均失其位，但能阴阳交合、阴顺从阳，即“体和应中，承阳有实”。在这种阴阳和谐的状况下，阴阳二气的禀性都能畅达发挥，外在的事业成就确证自身价值。

亦有间爻相承者，如六二承九四，荀注《否》卦䷋六二“包承，小人吉，大人否，亨”曰：“小人，二也。谓一爻独居，间象相承，得系于阳，故‘吉’也。”[⑤]《否》卦䷋下坤上乾，六二坤阴，间隔六三，不妨碍其上承九四，联系乾阳，同样可以“吉”“亨”。如六三承上九，荀注《涣》卦䷺六三“涣其躬，无悔”曰：“体中曰躬。谓涣三使承上，为志在外，故‘无悔’。”[⑥]《涣》卦䷺坎☵下巽☴上，六三坤阴有志“在外”，呼应顺承于上九，虽然中间隔着六

① [清]李道平：《周易集解纂疏》，北京：中华书局，1994 年，第 134 页。
② [清]李道平：《周易集解纂疏》，北京：中华书局，1994 年，第 507 页。
③ [清]李道平：《周易集解纂疏》，北京：中华书局，1994 年，第 517 页。
④ [清]李道平：《周易集解纂疏》，北京：中华书局，1994 年，第 221 页。
⑤ [清]李道平：《周易集解纂疏》，北京：中华书局，1994 年，第 176 页。
⑥ [清]李道平：《周易集解纂疏》，北京：中华书局，1994 年，第 508 页。

四、九五,可以免于悔咎。

“比”为密切相从之意,卦爻之比,指卦中一爻比附跟从于某一爻,如《比》卦䷇《象传》所言:“比,辅也,下顺从也。”与下阴“承”上阳相较,“比”为上下跟随,并不强调阴阳之别。荀注《明夷》卦䷣六四“入于左腹,获明夷之心,于出门庭”曰:“四得位比三,应于顺首。欲上三居五,以阳为腹心也。”①“四得位比三,应于顺首”,六四阴爻居阴位,六三居下密切相从。荀注《比》卦䷇初六“有孚比之,无咎”曰:“初在应外,以喻殊俗,圣王之信,光被四表。绝域殊俗,皆来亲比,故‘无咎’也。”②荀注《坎》卦䷜九二《象传》“求小得,未出中也”曰:“处中而比初三,未足为援。虽求小得,未出于险中。”

卦爻之“比”成就得友来助之乐,《说卦》谓之:“比乐”。反之,无比或比之无主,则乐去忧来。荀注《比》卦䷇上六“比之无首,凶”曰:“阳欲无首,阴以大终。阴而无首,不以大终。故‘凶’也。”③荀注《比》卦䷇《象传》“后夫凶,其道穷也”曰:“后夫谓上六。逆礼乘阳,不比圣王,其义当诛,故‘其道穷凶’也。”④

“应”指卦爻间接的联系呼应,象征阴阳气化的畅通连接,由于“孤阴不升孤阳不长”,同性相比则气大,异性相比则相生,所以有应则吉亨,无应则凶吝。在一卦六爻之中,初四相应、二五相应、三上相应;有阴阳相吸异性相应和者,亦有同性相互敌应者。

二五分别为上下卦的中爻位置,得中宜应,所以荀注二五两爻相应最多。荀注《坤》卦䷁六二“直方大”曰:“大者,阳也。二应五,五下动之,则应阳出,直布阳于四方。”⑤荀注《蒙》䷃《象传》“童蒙求我,志应也”曰:

---

① [清]李道平:《周易集解纂疏》,北京:中华书局,1994年,第347页。
② [清]李道平:《周易集解纂疏》,北京:中华书局,1994年,第142页。
③ [清]李道平:《周易集解纂疏》,北京:中华书局,1994年,第147页。
④ [清]李道平:《周易集解纂疏》,北京:中华书局,1994年,第142页。
⑤ [清]李道平:《周易集解纂疏》,北京:中华书局,1994年,第77页。

“二与五志相应也。”[1]荀注《需》卦䷄九二《象传》“需于沙，衍在中也”曰：“二应于五，水中之刚，故曰‘沙’。”[2]荀注《师》卦䷆六五《象传》“长子帅师，以中行也”曰：“长子谓九二也。五处中应二，二受任帅师，当上升五。”[3]荀爽荀注《否》卦六二“包承，小人吉，大人否，亨”曰：“二五相应，否义得通，故曰‘否，亨’矣。”[4]荀注《同人》卦䷌六二“同人于宗，吝”曰：“二与四同功，五相应，初相近，上下众阳，皆欲与二为同，故曰‘同人于宗’也。”[5]荀注《遁》卦䷠《象传》“小利贞，浸而长也”曰：“阴称小，浸而长，则将消阳，故‘利正’。居二与五相应也。”[6]荀注《家人》卦䷤六二“无攸遂，在中馈，贞吉”曰：“六二处和得正。得正有应，有应有实，阴道之至美者也。”[7]荀注《升》卦䷭“巽而顺，刚中而应，是以大亨”曰：“谓二以刚居中，而来应五，故能‘大亨’。上居尊位也。”荀注《升》卦䷭六五《象传》“贞吉升阶，大得志也”曰：“阴正居中，为阳作阶，使升居五，已下降二，与阳相应，故‘吉而得志’。”[8]

初四相应，如荀注《比》卦䷇初六爻辞“有孚比之，无咎”曰：“初在应外，以喻殊俗，圣王之信，光被四表。绝域殊俗，皆来亲比，故‘无咎’也。”[9]“初在应外”“初”指初六，“外”指外卦之六四。荀注《小过》卦䷽《象传》“小过，小者过而亨也。过以利贞，与时行也”曰：“阴称小。谓四应初，过二而去。三应上，过五而去。五处中，见过不见应。故曰‘小者过而亨也’。”[10]

---

① ［清］李道平：《周易集解纂疏》，北京：中华书局，1994 年，第 107 页。
② ［清］李道平：《周易集解纂疏》，北京：中华书局，1994 年，第 115 页。
③ ［清］李道平：《周易集解纂疏》，北京：中华书局，1994 年，第 136 页。
④ ［清］李道平：《周易集解纂疏》，北京：中华书局，1994 年，第 176 页。
⑤ ［清］李道平：《周易集解纂疏》，北京：中华书局，1994 年，第 183 页。
⑥ ［清］李道平：《周易集解纂疏》，北京：中华书局，1994 年，第 328 页。
⑦ ［清］李道平：《周易集解纂疏》，北京：中华书局，1994 年，第 352 – 353 页。
⑧ ［清］李道平：《周易集解纂疏》，北京：中华书局，1994 年，第 419 页。
⑨ ［清］李道平：《周易集解纂疏》，北京：中华书局，1994 年，第 143 页。
⑩ ［清］李道平：《周易集解纂疏》，北京：中华书局，1994 年，第 522 页。

三上相应的例子也多。如荀注《讼》卦䷅上九“终朝三拕之”曰：“鞶带，宗庙之服。三应于上，上为宗庙。故曰‘鞶带’也。”[①]荀注《临》卦䷒上六“敦临，吉，无咎”曰：“上应于三，欲因三升二，过应于阳，敦厚之意，故曰：‘敦临吉无咎’。”[②]荀注《剥》卦䷖六三“剥无咎”曰：“众皆剥阳，三独应上，无剥害意，是以‘无咎’。”[③]荀注《恒》卦䷟九三“不恒其德，或承之羞，贞吝”曰：“与上相应，欲往承之，为阴所乘，故‘或承之羞’也。”[④]荀注《夬》卦䷪九三“君子夬夬，独行遇雨”曰：“‘独行’谓一爻独上，与阴相应，为阴所施，兑为雨泽，故遇雨也。”[⑤]荀注《革》卦䷰九三“征凶，贞厉”曰：“三应于上，欲往应之，为阴所乘故曰‘征凶’。”[⑥]

卦爻之间有应则吉亨，无应则凶吝，荀注对无应的注释也不少。荀注《乾》卦上九《文言》“无辅”曰：“两阳无应，故‘无辅’。”[⑦]荀注《困》卦䷮“贞大人吉，以刚中也”曰：“谓五虽弇于阴，近无所据，远无所应。”[⑧]荀注《履》卦䷉《彖传》“履，柔履刚也”曰：“谓三履二也。二五无应，故无元。”荀注《节》卦初九“虞吉，志未变也”曰：“初位潜藏，未得变而应四也。”荀注《节》卦䷻上六《象传》“苦节贞凶，其道穷也”曰：“乘阳于上，无应于下，故‘其道穷也’”。[⑨] 荀注《比》卦䷇初六象“比之初六，有它吉也”曰：“缶者应内，以喻中国。孚既盈满中国，终来及初，非应，故曰‘它’也。《象》云：‘有它吉’者，谓信及非应，然后吉也。”[⑩]荀注《井》卦䷯《彖传》“汔至亦未繘”曰：“汔至者，阴来居初下。至汔，竟也。繘者，所以出水通井道

① ［清］李道平：《周易集解纂疏》，北京：中华书局，1994 年，第 126 页。
② ［清］李道平：《周易集解纂疏》，北京：中华书局，1994 年，第 226 页。
③ ［清］李道平：《周易集解纂疏》，北京：中华书局，1994 年，第 256 页。
④ ［清］李道平：《周易集解纂疏》，北京：中华书局，1994 年，第 324 页。
⑤ ［清］李道平：《周易集解纂疏》，北京：中华书局，1994 年，第 397 页。
⑥ ［清］李道平：《周易集解纂疏》，北京：中华书局，1994 年，第 439 页。
⑦ ［清］李道平：《周易集解纂疏》，北京：中华书局，1994 年，第 54 页。
⑧ ［清］李道平：《周易集解纂疏》，北京：中华书局，1994 年，第 421 页。
⑨ ［清］李道平：《周易集解纂疏》，北京：中华书局，1994 年，第 515 页。
⑩ ［清］李道平：《周易集解纂疏》，北京：中华书局，1994 年，第 143 页。

也。今乃在初,未得应五,故'未繘'也。"①

(三)往来据贞

《系辞上传》云:"阖户谓之坤,辟户谓之乾;一阖一辟谓之变,往来不穷谓之通。"天门地户开阖之间,阴阳二气循环无端、往来不穷,宇宙大化在永恒的变通变易中生生不息。在荀爽乾升坤降、阴阳消息的宏大易学视野中,乾阳之气勃勃上升、坤阴之气徐徐下降,乾阳坤阴互相消息,宇宙气化绵绵不绝;六十四卦卦爻符号的静态格局和动态变动就是这一宇宙气化的易学表达。荀爽将《易传》的乾坤气化具体落实为一年四时与十二月的消息变化,荀注《系辞上传》"往来不穷谓之通"曰:"谓一冬一夏,阴阳相变易也。十二消息,阴阳往来无穷已,故'通'也。"②

"往来"说法出于《井》卦䷯卦辞:"改邑不改井,无丧无得,往来井井。"《系辞》以气化"往来不穷"诠释卦气的永恒不滞,"往来"说得到理论升华。《系辞上传》云:"往者,诎也""来者,信也",以"往""来"标示气之屈伸消长。荀爽依据乾升坤降卦气说内涵,将气化"往来"具体化为阴阳二气的消息以及由此造成的万物屈伸生死,荀注"往者诎也"曰:"阴气往,则万物诎者也。"荀注"来者信也"曰:"阳气来,则万物信者也。"③

基于乾升坤降、阴阳二气消息往来的易学视野,荀爽诠注经传,但并不局限于阳气为来或阴气为往,而是呈现阴阳二气往来交互的丰富情形。

如阴阳气化之"往",荀注《蹇》卦䷦《彖传》"蹇利西南,往得中也"曰:"乾动往居坤五,故'得中也'"④,往指六四阴爻之气上升;荀注《蹇》卦䷦六四《象传》"往蹇来连,当位实也"曰:"蹇难之世,不安其所。欲往之三,

---

① [清]李道平:《周易集解纂疏》,北京:中华书局,1994年,第430页。
② [清]李道平:《周易集解纂疏》,北京:中华书局,1994年,第600页。
③ [清]李道平:《周易集解纂疏》,北京:中华书局,1994年,第637页。
④ [清]李道平:《周易集解纂疏》,北京:中华书局,1994年,第363页。

不得承阳。故曰'往蹇'也。来还承五,则与至尊相连,故曰'来连'也。处正承阳,故曰'当位实也'。"[①]荀注《解》卦䷧《彖传》"无所往"曰:"阴处尊位,阳无所往也";注"有攸往,夙吉,往有功也曰:"五位无君,二阳又卑,往居之者则吉。"[②]荀注《贲》卦䷕《彖传》"贲亨,柔来而文刚,故亨。分刚上而文柔,故小利有攸往"曰:"此本泰卦䷊。谓阴从上来,居乾之中,文饰刚道,交于中和,故'亨'也。"荀注《复》卦"利有攸往,刚长也"曰:"利往居五,刚道浸长也。"荀注《损》卦《彖传》"利有攸往"曰:"谓阳利往居上。损者,损下益上,故利往居上。"荀注《革》卦䷰九三"征凶,贞厉"曰:"三应于上,欲往应之,为阴所乘故曰'征凶'。"[③]

如阴阳气化之来,荀注《屯》卦䷂初九《象传》"以贵下贱,大得民也"曰:"阳贵而阴贱,阳从二来,是以贵下贱,所以得民也。"[④]荀注《讼》卦䷅"有孚"曰:"阳来居二,而孚于初,故曰'讼有孚'矣。"[⑤]荀注《讼》卦䷅《象传》"不利涉大川,入于渊也"曰:"阳来居二,坎在下,为渊。"[⑥]荀注《谦》卦䷎《彖传》:"天道下济而光明"曰:"乾来之坤,故'下济'。阴去为离,阳来成坎,日月之象,故'光明'也。"[⑦]荀注《谦》卦䷎六五"利用侵伐,无不利""谓阳利侵伐来上,无敢不利之者。"荀注《噬嗑》卦䷔六五《象传》"贞厉无咎,得当也"曰:"谓阴来正居,是而厉阳也。以阴厉阳,正居其处。"[⑧]荀注《贲》䷕卦《彖传》"贲亨,柔来而文刚,故亨。"曰:"此本泰卦䷊。谓阴从上来,居乾之中,文饰刚道,交于中和,故'亨'也。"[⑨]

---

① [清]李道平:《周易集解纂疏》,北京:中华书局,1994年,第365-366页。
② [清]李道平:《周易集解纂疏》,北京:中华书局,1994年,第368页。
③ [清]李道平:《周易集解纂疏》,北京:中华书局,1994年,第439页。
④ [清]李道平:《周易集解纂疏》,北京:中华书局,1994年,第99页。
⑤ [清]李道平:《周易集解纂疏》,北京:中华书局,1994年,第119页。
⑥ [清]李道平:《周易集解纂疏》,北京:中华书局,1994年,第121页。
⑦ [清]李道平:《周易集解纂疏》,北京:中华书局,1994年,第194页。
⑧ [清]李道平:《周易集解纂疏》,北京:中华书局,1994年,第243页。
⑨ [清]李道平:《周易集解纂疏》,北京:中华书局,1994年,第245页。

“据”为以高临低或低依于高之意。卦爻之“据”或阴据阳、阳据阴，阴据阴、阳据阳，据临之意不分阴阳之别只有高下之分。至于因为有“据”所造成的吉凶顺逆，因卦和爻的具体境遇而不同。荀注《乾》卦九二《文言》“见龙在田，德施普也”曰：“大人，谓天子。见据尊位，临长群阴，德施于下，故曰‘德施普也’。”[1]荀注《乾》卦九五《文言》“德博而化”曰：“处五据坤，故‘德博’。群阴顺从，故物‘化’也。”荀注《需》卦䷄九二“虽小有言，以吉终也”曰：“二与四同功，而三据之，故‘小有言’。”[2]荀注《师》卦䷆《彖传》“师，众也。能以众正，可以王矣”曰：“二有中和之德，而据群阴，上居五位，可以王也。”[3]荀注《同人》卦䷌六二“同人于宗，吝”曰：“宗者，众也。三据二阴，二与四同功，五相应，初相近，上下众阳，皆欲与二为同，故曰‘同人于宗’也。”[4]荀注《蛊》卦䷑上九《象传》“不事王侯，志可则也”曰：“据上临下，重阴累实，故志可则。”[5]荀注《离》卦䷝初九“履错然，敬之，无咎”曰：“火性炎上，故初欲履错于二。二为三所据。故‘敬之’则‘无咎’矣。”[6]荀注《恒》卦䷟九三“不恒其德”曰：“与初同象，欲据初，隔二。”[7]荀注《损》卦䷨“元吉，无咎”曰：“居上据阴，故‘元吉，无咎’。”荀注《升》卦䷭六四“王用亨于岐山，吉”曰：“巽升坤上，据三成艮。巽为歧，艮为山。王，谓五也。通有两体，位正众服，故‘吉’也。”[8]荀注《巽》卦䷸初六《象传》“进退，志疑也”曰：“风性动，进退欲承五，为二所据，故志以疑也。”荀注《噬嗑》䷔上九“何校灭耳，凶”曰：“为五所何，故曰‘何校’。据

① ［清］李道平：《周易集解纂疏》，北京：中华书局，1994 年，第 39 页。
② ［清］李道平：《周易集解纂疏》，北京：中华书局，1994 年，第 116 页。
③ ［清］李道平：《周易集解纂疏》，北京：中华书局，1994 年，第 129 页。
④ ［清］李道平：《周易集解纂疏》，北京：中华书局，1994 年，第 183 页。
⑤ ［清］李道平：《周易集解纂疏》，北京：中华书局，1994 年，第 222 页。
⑥ ［清］李道平：《周易集解纂疏》，北京：中华书局，1994 年，第 307 页。
⑦ ［清］李道平：《周易集解纂疏》，北京：中华书局，1994 年，第 324 页。
⑧ ［清］李道平：《周易集解纂疏》，北京：中华书局，1994 年，第 418 页。

五应三，欲尽灭坎。上体坎，为耳。故曰‘灭耳凶’。”①

卦爻之间有所依“据”未必吉顺，而无所依“据”或依据不正却多险阻。荀注《井》卦䷯九三“井渫不食，为我心恻”曰：“三者得正，故曰‘井渫’。不得据阴，喻不得用，故曰‘不食”’。道既不行，故‘我心恻’。”②荀注《丰》卦䷶《象传》“雷电皆至，丰”曰：“丰者，阴据不正，夺阳之位而行以丰。故‘折狱致刑’，以讨除之也。”③荀注《巽》卦䷸九三《象传》“频巽之吝，志穷也”曰：“乘阳无据，为阴所乘，号令不行，故‘志穷也’。”④荀注《困》卦䷮《象传》“贞大人吉，以刚中也”曰：“谓五虽弇于阴，近无所据，远无所应，体刚得中，正居五位。”⑤

“贞”本为《乾》卦元亨利贞四德之一。《乾》卦《文言》曰：“贞者，事之干也”，“贞固，足以干事”。在荀爽乾升坤降阴阳消息的卦气说语境中，卦爻之“贞”发挥“贞固”之意，多为不往不应，而是守贞持正、静待坚守。荀注“贞固，足以干事”曰：“阴阳正而位当，则可以干举万事。”荀注《否》卦䷋初六曰：“拔茅茹，取其相连，汇者，类也。合体同包，调坤三爻同类相连，欲在下也。贞者，正也。谓正居其所则‘吉’也。”⑥荀注《同人》卦䷌六二“同人于宗，吝”曰：“阴道贞静，从一而终，今宗同之，故‘吝’也。”⑦荀注《临》卦䷒初九《象传》“咸临贞吉，志行正也”曰：“阳始咸升，以刚临柔。得其正位而居，是吉。故曰：‘志行正’。”荀注《恒》卦䷟《象传》“恒亨，无咎，利贞，久于其道也”曰：“长男在上，长女在下，夫妇道正，故‘利贞，久于其道也’。”⑧荀注《家人》卦䷤六二“无攸遂，在中馈，贞吉”曰：“六二处和

① ［清］李道平：《周易集解纂疏》，北京：中华书局，1994 年，第 243 页。
② ［清］李道平：《周易集解纂疏》，北京：中华书局，1994 年，第 433 页。
③ ［清］李道平：《周易集解纂疏》，北京：中华书局，1994 年，第 482 页。
④ ［清］李道平：《周易集解纂疏》，北京：中华书局，1994 年，第 498 页。
⑤ ［清］李道平：《周易集解纂疏》，北京：中华书局，1994 年，第 421 页。
⑥ ［清］李道平：《周易集解纂疏》，北京：中华书局，1994 年，第 175 页。
⑦ ［清］李道平：《周易集解纂疏》，北京：中华书局，1994 年，第 183 页。
⑧ ［清］李道平：《周易集解纂疏》，北京：中华书局，1994 年，第 321 页。

得正。”“居中守正，永贞其志，则‘吉’，故曰‘贞吉’也。”[①]荀注《蹇》卦䷦《彖传》“当位贞吉，以正邦也”曰：“谓五当尊位。正居是，群阴顺从，故能‘正邦国’。”[②]

有恒贞固意味着阴阳正位、各得其所，所处人物情势则吉庆顺利；否则，如果不恒之德或阴阳失位，则会造成不贞、贞凶、贞厉或贞吝等结果。关于不恒之德造成的各种凶吝之事态，荀爽注易也多有阐发。荀注《恒》卦䷟九三“不恒其德，或承之羞，贞吝”曰：“与初同象，欲据初，隔二。与五为兑，欲悦之，隔四。意无所定，故‘不恒其德’。与上相应，欲往承之，为阴所乘，故‘或承之羞’也。贞吝者，谓正居其所，不与阴通也。无居自容，故‘贞吝’矣。”[③]荀注《遯》卦䷠《彖传》“小利贞，浸而长也”曰：“阴称小，浸而长，则将消阳，故‘利正’。居二与五相应也。”[④]荀注《革》卦䷰九三“征凶，贞厉”曰：“三应于上，欲往应之，为阴所乘故曰‘征凶’。若正居三，而据二阴，则五来危之，故曰‘贞厉’也。”此处强调不随时而变，固执于旧，故而“征凶”“贞厉”。《革》卦䷰《彖传》云：“革，水火相息，二女同居，其志不相得，曰革。”《革》卦䷰离☲下为中女、兑☱上为少女，故云“水火相息，二女同居”。在此基础上，《彖传》指出“革而当，其悔乃亡”，并以天地革变、汤武革命发明“革之时义”。荀注《巽》卦䷸上九“丧其资斧，贞凶”曰：“军罢师旋，亦告于庙，还斧于君，故‘丧齐斧’。正如其故，不执臣节，则凶。故曰‘丧其齐斧，贞凶’。”[⑤]“军罢师旋”，当随时权变，“告于庙”而“丧资斧”；此时若不知随时而变依然固执于旧把持军权，结果必然凶险。

① ［清］李道平：《周易集解纂疏》，北京：中华书局，1994 年，第 352、353 页。
② ［清］李道平：《周易集解纂疏》，北京：中华书局，1994 年，第 364 页。
③ ［清］李道平：《周易集解纂疏》，北京：中华书局，1994 年，第 324 页。
④ ［清］李道平：《周易集解纂疏》，北京：中华书局，1994 年，第 328 页。
⑤ ［清］李道平：《周易集解纂疏》，北京：中华书局，1994 年，第 501 页。

三、卦变:乾坤升降的消息表征

(一)变卦与卦变

在乾阳坤阴消息往来、升降变化中,阴阳二爻交互变化、至阳至阴的乾坤二卦交通生发,如此爻变而成卦变:或乾坤父母交通生六子卦,或乾坤至纯交通生八经卦,或乾坤阴阳消息成十二辟卦;在六子卦、八经卦和十二辟卦的基础上,宇宙气化绵绵不绝持续展开,阴阳消息乾坤交变出六子卦之外五十八卦、八经卦之外五十六卦、十二辟卦之外五十二卦;在绵绵不绝的阴阳消息乾坤交变中,《周易》展开六十四卦三百八十四爻,将宇宙间万事万物万种情势尽数涵摄。如《系辞》所谓,《周易》六十四卦"与天地相似""而知周乎万物","范围天地之化而不过,曲成万物而不遗"。基于乾坤二卦阴阳交互的根本原则,十二辟卦又升降交错成六十四卦中的其他五十二卦;或不由十二辟卦卦变,而是由和乾坤二卦关系更密切的六子卦或八经卦发生卦变,变化生成其他卦象,这就是荀爽乾升坤降生成的卦变说。

以卦变诠易,其来有自。黄宗羲直言:"荀爽曰:'谦是乾来之坤',非创论也。"[①]按照前人说法,《易》之经传释象就包含卦变之说。朱熹认为卦变之说始于孔子易传尤其《彖辞》:"略考卦变,以《彖辞》考之,说卦变者凡十九卦,盖言成卦之由。凡《彖辞》不取成卦之由,则不言所变之爻。"顾炎武更将其前推至古经之卦辞:"卦变之说不始于孔子,周公系损之六三已言之矣,曰'三人行则损一人,一人行则得其友'。是六子之变皆出于乾坤,无所谓自《复》䷗、《姤》䷫、《临》䷒、《遯》䷠而来者。"其实,"圣人设

① [清]黄宗羲:《黄宗羲全集》第九册,杭州:浙江古籍出版社,1992年,第60页。

卦观象”，“刚柔相推而生变化”，卦爻之动，爻变必然卦变。如对于《左传》记载筮占卦例的“之卦”现象，其变化既是爻变也是卦变，朱震称之为“卦之变即”“卦变”：“在《春秋传》曰：某卦之某卦者，言其变也”；“若崔子遇《困》䷮之《大过》䷛者，六三变也。庄叔遇《明夷》䷣之《谦》者，初九变也。孔成子遇《屯》䷂之《比》䷇者，初九变也。南蒯遇《坤》䷁之《比》䷇者，六五变也。”[①]《四库总目提要》认为是“爻变”：“据《春秋传》某卦之某卦例，如《乾》䷀之《姤》䷫曰‘潜龙勿用’、《乾》䷀之《坤》䷁曰‘见群龙无首，吉’之类，故名曰‘爻变’。”[②]

卦变与变卦都是基于爻变而造成卦的形态发生变化，但具体内涵并不相同。变卦又称“之卦”，指占筮中出现的由于爻变造成的变卦，如“《乾》䷀之《姤》䷫”，即六爻皆阳的《乾》卦䷀初爻阳爻变阴爻，生成初爻为阴、五爻皆阳的《姤》卦䷫。《左传》等早期文献所保留的“之卦”卦例，基本都是变卦现象。焦延寿《焦氏易林》是卦变的代表，由六十四卦生出四千零九十六卦，就是“某卦之某卦”的变卦关系。[③] 京房八宫卦，就是一种典型的卦变学说。乾☰坤☷坎☵离☲震☳艮☶兑☱巽☴八宫的每宫之内，基于本宫卦之初爻、二爻、三爻、四爻和五爻爻性的阴阳变化，本宫卦依次变为一世卦、二世卦、三世卦、四世卦、五世卦；再基于所变五世卦，下返四爻、三爻爻性阴阳变化，变为游魂卦和归魂卦。可见，所谓变卦，以阴阳爻变为枢机，由某一卦为基础，但发生阴阳爻变之后即止于所变之卦，其所呈现的是一时一地某种具体情境下的天地气化。所谓卦变，也以阴阳爻变为枢机，由某一卦为基础，连绵不绝变化生成数卦，以呈现天地气化的全局整体为宗旨。

荀爽卦变说以乾阳为最高主导、以乾坤交变为根本原则，在阴阳消

---

① [宋]朱震：《汉上易传》，上海：上海古籍出版社，1989 年，第 21 页。

② [清]永瑢等撰：《四库全书总目》卷四，北京：中华书局，1965 年，第 27 页。

③ 详见刘春雷：《试论〈焦氏易林〉的易学建构》，《湖南大学学报》（哲社版），2015 年第 5 期。

息、乾坤升降交变中生成六子卦、八经卦、十二辟卦，又基于六子卦、八经卦和十二辟卦演化出涵摄宇宙万象的整个六十四卦三百八十四爻。

王棋博士系统考察荀爽象数易学，指出荀爽卦变说基于乾体坤用、乾坤合居、乾坤终始、乾坤升降的思想，是乾坤交通而生变化的结果，其中经由六子卦、八经卦尤其是十二辟卦，以《否》䷋《泰》䷊二卦为枢纽，以阴阳二气各尽其性、阴爻阳爻中和得位的《既济》卦䷾为旨归。“荀爽的卦变说进一步贯彻了他所树立的乾坤升降的普遍法则”，“卦变说从卦之所自来的角度立论，揭示六十四卦卦与卦之间内在的普遍联系，突显乾坤二卦是八卦与六十四卦的基础。”[①]“在乾坤为体、阴阳为用的易学理念下……阐发了乾坤两卦涵摄消息卦乃至涵摄乾坤六十四卦，消息卦乃至六十四卦皆是乾坤的发用与落实。”[②]

（二）荀爽卦变的类型

从爻变卦变所呈的阴阳二爻分布来看，荀爽卦变说可以分为一阳五阴、二阳四阴、三阳三阴、四阳二阴和五阳一阴五种类型，荀注均有数量不同的例证。

一阳五阴之卦，如荀注《谦》卦䷎《彖传》“天道下济而光明”：“乾来之坤，故‘下济’。阴去为离，阳来成坎，日月之象，故‘光明’也。”[③]在乾升坤降阴阳消息的卦变视野下，乾坤消息成一阳五阴的《剥》卦䷖，一阳五阴的《剥》卦䷖气化不歇，继续消息变化：乾阳上九降居坤三，落于内卦坤卦☷之上位，此为“乾来之坤”，为天道下济；下降而来的乾阳在六二、六四之间，三爻成坎卦月象；乾阳来居坤三需使坤阴往去，故坎月之下伏藏离日，所以荀注“阴去为离，阳来成坎”，有日月光明之象。此处，《剥》䷖之《谦》

① 王棋：《荀爽易学研究》，博士论文，山东大学，2009 年，第 122 页。
② 王棋：《荀爽易学研究》，博士论文，山东大学，2009 年，第 121 页。
③ ［清］李道平：《周易集解纂疏》，北京：中华书局，1994 年，第 194 页。

䷎的卦变，从天地气化的根本和全局来看，这是“乾来之坤”“乾升坤降”的结果，而从《剥》卦䷖所符示气化内容的局部视野来看，则又是《剥》卦䷖气化生成格局所导致的必然。《剥》卦䷖为五阴上腾剥消上九一阳之势，《剥》卦䷖《彖传》云：“剥，剥也，柔变刚也。”“柔变刚”即阴消阳，即《剥》卦䷖五阴消一阳的格局，展示的是天道盈虚“天行”之一隅。荀注《剥》卦䷖彖辞“柔变刚也”曰：“谓阴外变五。五者至尊，为阴所变，故曰‘剥也’。”[1]《剥》卦䷖所符示情势之变化是多元的，其中一途即是乾阳下济、上九降三，由《剥》卦䷖变为《谦》卦䷎。在《剥》卦䷖的整体格局中，乾阳居上九亢极失位，其势当亢龙有悔、升极而降，《剥》卦䷖变《谦》卦䷎实为《剥》卦䷖内在情势发展所必然。

二阳四阴之卦，如荀注《屯》卦䷂《彖传》“动乎险中，大亨贞”曰：“物难在始生，此本坎卦也。”[2]《屯》卦䷂震☳下坎☵上，《彖传》云“屯，刚柔始交而难生”，“刚柔始交”为乾刚坤柔、天地阴阳初始交合而万物生发之际，属于天地草昧、坎坷初创之象，所以荀爽说“物难在始生”。与二阳四阴的十二消息之《临》卦䷒相比较，作为同是二阳四阴的八经卦之《坎》卦，更契合《屯》卦䷂“物难而始生”的性质，所以荀注《屯》卦䷂本于《坎》卦䷜。在荀爽乾升坤降阴阳消息的视野中，《坎》卦䷜变《屯》卦䷂具体表现如《周易集解纂疏》所按，“初六升二，九二降初，是刚柔始交也。交则成震，震为动也，上有坎，是动乎险中也。动则物通而得正”。《坎》卦䷜坎☵下坎☵上，坤阴初六升居乾二，乾阳九二降居坤初，这样阴阳交错，下卦变坎☵为震☳，呈现《屯》卦䷂震☳下坎☵上、雷动险中之象，成为天地始交、万物初生的屯聚而破的局面。荀爽此说为虞翻所袭，如虞注《屯》卦䷂云：“坎二之初，刚柔交震。”虞注《屯》卦䷂《彖传》“刚柔始交”曰：“乾刚坤柔，

① ［清］李道平：《周易集解纂疏》，北京：中华书局，1994 年，第 253 – 254 页。

② ［清］李道平：《周易集解纂疏》，北京：中华书局，1994 年，第 96 页。

坎二交初，故'始交'。"

荀注《蒙》卦䷃《彖传》"蒙亨，以亨行时中也"曰："此本艮卦䷳也。"[①]《蒙》卦䷃坎☵下艮☶上，亦是二阳四阴的格局，与十二消息卦之《观》卦䷓相同，按照荀爽阴阳消息乾升坤降说的常规理路，《蒙》卦䷃亦根源于乾坤之交、月卦之变，具体为《观》卦䷓乾阳九五降居坤二，坤下巽上变为坎下艮上。但如同《屯》卦䷂蒙难始发、亲密于经卦坎☵胜于亲密于十二月卦《临》卦䷒一样，《蒙》卦䷃上体为六子之艮☶，按照荀爽阴阳消息乾升坤降以乾坤为根本的思路，乾坤先生六子而后出十二月卦，所以荀注《蒙》卦䷃所由来，不是基于十二月之《观》卦䷓，而是基于六子之《艮》卦䷳。《周易集解纂疏》曰："二进居三，三降居二。刚柔得中，故能通。"《艮》卦䷳艮☶下艮☶上，坤阴六二上升居三，乾阳九三下降居二，艮☶下艮☶上变坎☵下艮☶上，乾阳坤阴之气交合出六子之艮☶，继而由六子之艮☶变渎蒙养正之《蒙》卦䷃。《屯》卦䷂与《蒙》卦䷃，皆为天地始交、万物初生之卦象，其卦距十二月卦较远而距八经卦、六子卦较近，所以荀爽以《坎》䷜《艮》䷳的卦变释之，不离乾坤交变阴阳消息的诠易根本。

荀注《坎》卦䷜《彖传》"水流而不盈"曰："阳动阴中，故'流'。阳陷阴中，故'不盈'也。"注"行险而不失其信"曰："谓阳来为险，而不失中。中称信也。"[②]在荀爽阴阳消息乾升坤降的视野中，乾阳为父交于坤阴为母，《坎》卦䷜坎☵下坎☵上，上下中爻皆是来自乾父、入于坤母，九二流动、坎陷于初六、六三之间，九五流动、坎陷于六四、上六之间，是"阳动阴中""阳陷阴中"。荀爽之所以言说《坎》卦卦变自乾坤之交，是因为《坎》卦为六子之一，乾坤父母之卦交合生成六子之卦天经地义；这并不否认《坎》卦卦变与十二消息卦的内在渊源，即《坎》卦与十二消息卦二阳四阴《观》卦䷓

① ［清］李道平：《周易集解纂疏》，北京：中华书局，1994 年，第 106 页。
② ［清］李道平：《周易集解纂疏》，北京：中华书局，1994 年，第 297 页。

的内在逻辑关系。此意为虞翻所揭发,其注《坎》卦一则承袭荀爽乾父坤母交生六子之《坎》☵,二则说明十二消息卦《观》卦䷓变化出《坎》:“乾二五之坤……于爻,观䷓上之二。”《观》卦䷓坤下巽上,乾阳上九降居坤二,随䷐之坤阴六二上居乾上,如此坤☷下巽☴上之《观》卦䷓变而成坎☵下坎☵上《坎》卦䷜。《观》卦䷓变《坎》卦䷜与乾☰坤☷交生《坎》卦䷜殊途同归,只是前者远而后者近,荀爽所注舍远而取近是也。

荀注《晋》卦䷢、《萃》卦䷬则揭示两卦分别由十二消息卦二阳四阴之《观》卦䷓和《否》卦䷋变化得来。荀注《晋》卦䷢《象传》“是以康侯用锡马蕃庶”曰:“阴进居五,处用事之位。阳中之阴,侯之象也;阴性安静,故曰‘康侯’。马,谓四也。五以下,群阴锡四也。坤为众,故曰‘蕃庶’矣。”[①]《观》卦䷓坤☷下巽☴上,坤阴六四升进居五,乾阳九五降退居四,卦变为坤☷下离☲上的《晋》卦䷢。如此,六五位居外卦之中,处九四、上九之间,为“阳中之阴”“阴性安静”的康侯之象。

荀注《萃》卦䷬上六《象传》“赍资涕洟,未安上也”曰:“此本否卦。上九阳爻,见灭迁移,以喻夏桀殷纣。以上六阴爻代之,若夏之后封东娄公于杞,殷之后封微子于宋,去其骨肉,臣服异姓,受人封土,未安居位,故曰‘赍资涕洟,未安上也’。”[②]荀注《否》卦䷋变《萃》卦䷬,不同于《观》卦䷓变《晋》卦䷢或十二消息卦变生其他卦象。《否》卦䷋坤☷下乾☰上,呈天地反覆之象,为阴阳颠倒、日暮途穷的极致,如此物极则反无需外求,《否》卦自身性质、格局和情势就决定了其必然生变。依荀爽之见,《否》卦䷋穷极则变,“上九阳爻,见灭迁移”,为上六坤阴所取代;卦爻之义证之史实,如夏桀殷纣暴虐至极必然王朝颠覆,如能“亢龙有悔”坤阴代阳,则能保留子孙不绝其祀,如“夏之后封东娄公于杞,殷之后封微子于宋”,虽然不安

① [清]李道平:《周易集解纂疏》,北京:中华书局,1994年,第338页。
② [清]李道平:《周易集解纂疏》,北京:中华书局,1994年,第414页。

居位，却能在天地颠倒的阴阳大转换之际，保持了一线生机。

三阳三阴之卦由十二消息卦中三阳三阴的《否》卦䷋或《泰》卦䷊卦变而来。荀注《损》卦䷨《彖传》“损而有孚”曰：“《损》䷨乾之三居上。孚，二阴也。”[①]依荀爽阴阳消息乾升坤降之见，《泰》卦䷊乾☰下坤☷上，内卦九三乾阳上升居外卦坤六，相应外卦上六坤阴下降居乾三，如此阴阳消息而成兑下艮上的《损》卦䷨。《周易集解纂疏》同时从乾坤飞伏阴阳升降的根本角度和十二消息卦之《泰》卦䷊结构诠释，其案曰：“坤之上六，下处乾三；乾之九三，上升坤六。”虞翻则越过乾坤父母之卦，从十二消息卦《泰》卦䷊结构注解《损》卦䷨云：“泰初之上”，直接由《泰》卦䷊初九乾阳上升成上九来诠释《损》卦䷨兑☱下艮☶上的结构。

荀注《困》卦䷮《彖传》“险以说”曰：“此本否卦䷋。阳降为‘险’，阴升为‘说’也。”[②]《困》卦䷮《彖传》为“困，刚掩也。险以说，困而不失其所，亨，其唯君子乎？贞大人吉，以刚中也。有言不信，尚口乃穷也。”“困而不失其所”，故先险而后悦。十二消息卦《否》卦䷋坤下乾上，按照荀爽阴阳消息乾升坤降的原则，上九乾阳降居坤二，六二坤阴升至乾六，如此内卦为坎为“险”，“阳降为险”“以刚中也”；外卦为兑为悦，“阳升为说”“尚口乃穷也”。虞翻注之曰：“否二之上”，意谓由《否》卦䷋六二升上六卦变而为《困》卦䷮，与荀注一致。

荀注《井》卦䷯《彖辞》“往来井井”曰：“此本泰卦。阳往居五，得坎为井；阴来在下，亦为井，故‘往来井井’也。”[③]《泰》卦䷊乾☰下坤☷上，依荀爽乾升坤降的原则，初九乾阳上升坤五成九五，外卦坤☷变坎☵，此即“阳往居五，得坎为井”；六五坤阴下降乾一成初六，内卦乾☰变巽☴，《井》卦䷯《彖传》曰：“巽乎水而上水，井”，此即“阴来在下，亦为井”。虞翻注

① ［清］李道平：《周易集解纂疏》，北京：中华书局，1994年，第375页。

② ［清］李道平：《周易集解纂疏》，北京：中华书局，1994年，第421页。

③ ［清］李道平：《周易集解纂疏》，北京：中华书局，1994年，第430页。

《井》卦䷯曰："泰初之五也"，意谓《泰》卦䷊初九上升九五卦变而来，与荀注一致。

荀注《旅》卦䷷《彖传》"旅小亨"曰："谓阴升居五，与阳通者也。"[①]《否》卦䷋六三坤阴上升乾五成六五，相应九五乾阳下降居三成九三，如此坤☷下乾☰上《否》卦䷋变成艮☶下离☲上《旅》卦䷷。虞翻注曰："否三之五"，意谓《否》卦䷋六三升成六五而成《旅》卦䷷。姚信称之为"三五互易"，姚信注曰："此本否卦䷋，三五交易，去其本体，故曰客旅。""三五互易"的表达较荀爽"阴升居五"、虞翻"否三之五"都明朗全面，其内涵基本一致。

荀注《贲》䷕《彖传》"贲亨，柔来而文刚，故亨。分刚上而文柔，故小利有攸往"曰："此本泰卦。谓阴从上来，居乾之中，文饰刚道，交于中和，故'亨'也。分乾之二，居坤之上，上饰柔道，兼据二阴，故'小利有攸往'矣。"[②]依荀爽之见，《贲》卦䷕由《泰》卦䷊爻变卦变而来：《泰》卦䷊上六坤阴下降居二成六二，坤阴一爻居初九九三之间，是为"阴从上来，居乾之中"；相应地，《泰》卦䷊九二上升居上成上九，乾阳一爻据六四、六五之上，此为"分乾之二，居坤之上，上饰柔道，兼据二阴"，《泰》卦䷊二上交易，内卦乾☰变成离☲火，外卦坤☷变为艮☶山，整体卦变生成离☲下艮☶上《贲》卦䷕。

荀注《既济》䷾《彖传》"既济亨，小者亨也"曰："天地既交，阳升阴降，故'小者亨也'。"[③]《泰》卦䷊乾☰下坤☷上，呈现"天地既交"的整体格局，在荀爽阴阳消息乾升坤降的原则下，六五坤阴下降居坤二成六二，九二乾阳升居乾五成九五，此为"阳升阴降"各得中和的局面。虞翻亦以《泰》卦䷊爻变释卦变，其注曰："泰五之二"，意谓《泰》卦六五降为六二，乾☰下坤

---

① ［清］李道平：《周易集解纂疏》，北京：中华书局，1994 年，第 490 页。
② ［清］李道平：《周易集解纂疏》，北京：中华书局，1994 年，第 245 页。
③ ［清］李道平：《周易集解纂疏》，北京：中华书局，1994 年，第 528 页。

☷上《泰》卦䷊变为坎☵下离☲上《既济》䷾。侯果之注如同姚信更明朗具体，其注曰："此本泰卦，六五降二，九二升五，是刚柔正当位也。""六五降二，九二升五"明确彰显出荀爽阴阳消息乾升坤降的卦气说内涵。

荀注《未济》䷿《彖传》"未济亨，柔得中也"曰："柔上居五，与阳合同，故'亨'也。"[①]《否》卦䷋六二坤阴上升居五成六五，坤阴居外卦之中，外卦乾☰变离☲火，此为"柔上居五""柔得中也"；相应九五乾阳下降居坤二，坤阴居内卦之中，内卦坤☷变坎☵水，《否》卦䷋整体卦变为《未济》卦䷿。虞翻注曰："否二之五也"，意思与荀爽一脉相承。

此外，荀注《咸》卦《彖传》"天地感而万物化生"曰："乾下感坤，故万物化生于山泽"[②]，揭示艮☶下兑☱上之《咸》卦由十二消息卦之《否》卦䷋"乾下感坤"卦变而来；荀注《恒》卦䷟"利有攸往，终则有始也"曰："谓乾气下终，始复升上居四也。坤气上终，始复降下居初者也"[③]，揭示巽☴下震上之《恒》卦䷟由十二消息卦之《泰》卦䷊"乾气下终，始复升上居四"卦变而来；荀注《涣》卦䷺《彖传》"涣亨，刚来而不穷，柔得位乎外而上同"曰："谓阳来居二，在坤之中，为立庙。假，大也。言受命之王，居五大位，上体之中，上享天帝，下立宗庙也"[④]，揭示坎☵下巽☴上之《涣》卦䷺由十二消息卦之《否》卦䷋经"阳来居二，在坤之中"、六二上升"居五大位，上体之中"卦变而来。

荀注四阳二阴和五阳一阴的卦例很少，所见各有一例，前者为十二消息之《遯》卦䷠爻变卦变出《讼》卦䷅，后者为十二消息之《夬》卦䷪爻变卦变出《同人》卦䷌。四阳二阴之卦，如荀注《讼》卦䷅ "有孚"曰："阳来居二，而孚于初，故曰'讼有孚'矣。"[⑤]十二消息之《遯》卦䷠艮☶下乾☰上，

① ［清］李道平：《周易集解纂疏》，北京：中华书局，1994 年，第 535。
② ［清］李道平：《周易集解纂疏》，北京：中华书局，1994 年，第 315 页。
③ ［清］李道平：《周易集解纂疏》，北京：中华书局，1994 年，第 322 页。
④ ［清］李道平：《周易集解纂疏》，北京：中华书局，1994 年，第 507 页。
⑤ ［清］李道平：《周易集解纂疏》，北京：中华书局，1994 年，第 119 页。

九三乾阳下降居而为九二,六二坤阴上升为六三;如此内卦为坎,九二居初、三两个阴爻之中而引领初六,所以说“阳来居二,而孚于初”。五阳一阴之卦,如荀注《同人》卦䷌《象传》“天与火,同人”曰:“乾舍于离,相与同居,故曰‘同人’也。”[①]在乾升坤降阴阳消息的卦变视野下,乾坤消息成五阳一阴的《夬》卦䷪,五阳一阴的《夬》卦䷪气化不歇,继续消息变化:坤阴上六降居坤二,乾阳九二升居上位,如此内卦为离☲火外卦为乾☰天,乾☰天寓居于离☲火之上,乾阳九五、坤阴六二各得中和,整体呈刚健文明、利涉大川之象。

(三)荀爽卦变说的影响与实质

荀爽的卦变说深刻影响了后世易学尤其是虞翻易学,卦变说至虞翻而体系大备,成为虞翻易学的一大特色。徐芹庭认为:“本升降之理,荀氏演为卦变之说。其后虞氏本之阐卦变之理,多本之荀氏。”[②]刘玉建教授指出:“汉代易学家全面揭示《易传》中的卦变说,始自荀爽,完备于虞翻。”[③]根据卦变内部规则尤其卦变逻辑归宿,王棋将两家卦变说概括为荀爽“成既济”卦变说和虞翻“成既济定”卦变说,并指出两者区别:

> 荀爽的成既济说是基于乾坤为《易》之门户,乾坤两卦总领余六十二卦来说乾坤两卦生出两个既济卦的。具而言之,他认为,乾坤两个卦透过阴阳交升降互易的方式生出两个既济卦,即《乾》卦䷀中不当位之爻与《坤》卦䷁当中和其相应之爻,升降互易而当位得正,《坤》卦䷁中不当位之爻与《乾》卦䷀当中和其相应之爻,升降互易而当位得正,这样纯阳纯阴的乾坤两个别卦变成三阴三阳的两个《既济》卦

① [清]李道平:《周易集解纂疏》,北京:中华书局,1994 年,第 182 页。
② 徐芹庭:《汉易阐微》(下),北京:中国书店,2010 年,第 443 页。
③ 刘玉建:《两汉象数易学研究》,南宁:广西教育出版社,1996 年,第 567 页。

䷾,阴阳当位而均布,平衡而和谐。荀爽易学成既济说中还有泰卦成既济卦之说,其突显的是乾坤效法天地,乾九二爻之阳与坤六五爻之阴升降交易,当位得正。……而虞翻的成既济定说认为六十四卦皆有成既济卦之义,每卦当中凡不当位之爻皆透过爻变的方式而当位得正,或通过与其他爻的相互易位而达到当位得正的目的,或在本爻位上阳爻变成阴爻、阴爻变成阳爻,即爻性变动而当位得正,是为之正说。虞翻的成既济定说中透过升降互易而当位得正的方法近于荀爽,但虞翻突出的是爻性变动而当位得正。为能达此目的,虞翻提出之正说,令不当位之爻动之正,整个卦变成既济卦。①

卦变为阴阳消息乾坤升降的具体细化。张惠言总结荀爽卦变规律,指出荀爽卦变说以乾坤交变为根本原则:“一阴一阳二阴二阳之卦,皆乾䷀坤䷁相之,观于蹇䷦解䷧可见。屯䷂蒙䷃讼䷅晋䷢虽自坎䷜艮䷳遯䷠观䷓,实亦乾䷀之二三、坤䷁之二四耳。泰䷊否䷋乾䷀坤䷁也,故成卦独多,萃䷬象乾䷀灭,其例大畜䷙当配之,注阙不可知也。”如《恒》卦䷟《彖传》云:“利有攸往,终则有始也。”张惠言说:“恒注云:乾气下终,始复升上,居四;坤气上终,始复降下,居初,已知卦变之例皆升降,以求六十四卦皆得通之矣。”“是荀氏之卦变,虽或以六子、十二消息为说,然皆以乾坤为总枢纽也。”“卦变之例皆升降”,可谓是对荀爽卦变说一针见血的评论。徐芹庭也指出:“荀氏之卦变,乃以乾坤为枢纽,泰否为运用,泰否亦由乾坤而来,是荀氏卦变之说,盖以乾坤为总枢纽也。推而论之,则由升降而推得者也。”②“荀爽卦变思想的终极理论基础是,乾坤为《易》之门户,诸

① 王棋:《荀爽易学研究》,博士论文,山东大学,2009 年,第 94 页。

② 徐芹庭:《汉易阐微》(下),北京:中国书店,2010 年,第 443 页

卦之爻皆本于乾☰而成于坤☷。”①

总而观之，荀爽易学诸种卦例，皆是浑然一体相互通达，绝非一些僵死的规则。不论是八卦、六子、十二消息抑或六十四卦之间的交通变化，都体现为诸卦内部或诸卦之间爻位的中和得失乘承比应与往来据贞；而诸卦内外的交通变化和一卦爻位的诸种变化关联，又都根源于乾☰坤☷二卦所符示阴阳气机的升降消息。荀爽易学就是以乾升坤降为主轴、以坎☵离☲二卦为关键，以八卦、十二消息卦和六十四卦等易学图式来揭示宇宙间生生不息气化流行，以及宇宙气化落实于人文所生成的礼乐文明礼法秩序，表达生于汉末乱世的经学大家深沉的宇宙关怀和人文关切。

第三节　乾坤为体、阴阳为用的宇宙大化

汉代易学以其在象数之学方面的突出成就而著称于易学发展之长河，从而使得汉代成为一个象数易学大发其皇并主导易学发展主流方向的时代。以往学界每每仅看到这一时代象数之学本身烦琐牵强的一面，却常常忽视同情理解其内在深层的哲学性、思想性意涵，尤其是内中更具根本性意义的易学家之独特总体宇宙关怀与终极人文关切，有者乃至将此象数之学与筮占之术简单画等号，或至少断言此象数之学的主要功用在于筮占，以致此一领域的研究迟迟难有实质性突破。当然，这种状况正在慢慢发生改观。作为与郑玄、虞翻并称为汉末象数易学三大流派之一，荀爽易学以乾升坤降卦气说阐发“一阴一阳之谓道”的“阴阳”之义，在乾坤二卦为体、阴阳两仪为用的根本之上，熔铸八卦卦气说、十二消息卦气

① 王新春：《也论虞氏易学的卦变说》，刘大钧主编：《象数易学研究》（第三辑），2003年，第129页。

说和六十四卦卦气说，成就宇宙气化流行、生生不息之宏大宇宙图式，内蕴着深挚的总体宇宙关怀。

一、卦气说以易学形式符示气化宇宙

易学卦气说的基本要素，一则是“气”，一则是“卦”；而“气分阴阳”是气论的核心内容，“卦”又以乾坤为根本，因此，“乾坤为体、阴阳为用”可以说是易学卦气说理论机制的精当概况。周立升教授从易学和阴阳学说思想流变的角度，指出荀爽易学“继承了京房象数易的阴阳说，而剔除了其中有关灾变的成分，进一步阐明了乾坤为体、阴阳为用的思想”[①]。王棋深入考察荀爽“乾坤为体、阴阳为用”的易学内涵，并将其分析为“乾坤合居”“乾坤终始”“乾坤交通”和“乾坤升降”的内容。[②]

阴阳二气升降的思想伴随天地创始观念一并产生。《黄帝内经》直言：“清阳为天，浊阴为地。”（《黄帝内经·素问》）《礼记·月令》则云：“（孟春之月）天气下降，地气上腾。”阴阳升降作为气论的基本内容，呈现出在阴阳二气作用下宇宙大化生生不息的内在机制。落实到卦气说，以阴阳二爻符示，并借助卦爻的时位不同、变化，展现出宇宙大化阴阳气变更加丰富、深刻的情状；而乾坤二卦作为至正至显的六爻纯阳之卦和六爻纯阴之卦，处于特殊而重要的地位。荀爽易学乾升坤降卦气说，就是基于乾坤为体、阴阳为用的根本原则，在阴阳升降和乾坤二卦的基础上，深化卦气说，在诠《易》过程中所创发的一个重要象数学说。

荀爽易学乾升坤降卦气说，基于乾坤为《易》之“门户”这一《周易》经传中《易传》所已显发之观念。卦气说中乾天之阳气息长、坤地之阴气消

① 周立升：《荀爽易学通论》，刘大钧主编：《大易集要》，济南：齐鲁书社，1994 年，第 109 页。
② 参见王棋：《荀爽易学研究》，博士论文，山东大学，2009 年，第 64－98 页。

死，可以说阴阳二气升降思想的发展；这在《易传》得到理论升华。乾坤二卦的《彖传》揭示了乾元、坤元与天地、万物的关系，《乾卦·彖传》云："大哉乾元，万物资始，乃统天。"[①]《坤卦·彖传》云："至哉坤元，万物资生，乃顺承天。"而《系辞》进一步概括了乾、坤二卦对于《易》的核心、统摄意义，如《系辞上传》称乾、坤二卦为"《易》之蕴"："乾坤其《易》之缊邪！乾坤成列，而《易》立乎其中矣。乾坤毁，则无以见《易》。《易》不可见，则乾坤或几乎息矣。"[②]《乾》卦䷀作为至正至显得纯阳之卦、《坤》卦䷁作为至正至显得纯阴之卦，二者共同构成"《易》以道阴阳"的思想内核，成为易学体系的核心标志，而乾坤阴阳之道亦唯有借《易》得以展现。又《系辞下传》称乾、坤二卦为"《易》之门户"："乾坤其《易》之门邪！乾，阳物也；坤，阴物也。阴阳合德而刚柔有体，以体天地之撰，以通神明之德。"[③]此处明确指出，乾坤作为纯阴纯阳的象征，体现了天地之道、阴阳之道、刚柔之道，其间乾坤阴阳变化消息，是敞开广大易道世界的必由门户。"乾坤其《易》之门邪"，可谓是《易传》从阴阳消息角度对乾坤二卦伟大意义的精当概括。《易传》上述诸论阐明了，究极而言，大宇宙中万物的创生者和成就者乃是天与地，天地是万物的"总父母"；表征天和符示地的乾坤两卦，其在"与天地准"[④]而囊括了宇宙人生之万象及其理则的《易》中，自然就充任起一个"门户"的显要角色。

据此，在诠释上引《乾》䷀、《坤》䷁两卦《彖传》之文时，荀注云："谓分为六十四卦、万一千五百二十册，皆受始于乾也。册取始于乾，犹万物之生本于天"[⑤]；"谓万一千五百二十册，皆受始于乾，由坤而生也。册生于

① ［清］李道平：《周易集解纂疏》，北京：中华书局，1994 年，第 35－36 页。
② ［清］李道平：《周易集解纂疏》，北京：中华书局，1994 年，第 601－611 页。
③ ［清］李道平：《周易集解纂疏》，北京：中华书局，1994 年，第 656－657 页。
④ ［清］李道平：《周易集解纂疏》，北京：中华书局，1994 年，第 553 页。
⑤ ［清］李道平：《周易集解纂疏》，北京：中华书局，1994 年，第 35 页。

坤,由万物成形出乎地也”[①]。“册”即策,谓利用大衍筮法行占时的蓍草之策。六十四卦共有384爻,阴阳爻均平,皆为192爻。《周易》因动而占,《易》中与爻辞相对应的爻都是动变之爻(即九、六之爻,而非七、八之爻),阳爻代表9揲36策蓍草之数,阴爻代表6揲24策蓍草之数[②],则192阳爻与192阴爻所代表的蓍草总策数,即为11520策,蕴示与万物之数的契合相当。荀爽此论,实际开示了一如天地之为万物的“总父母”,万物本于天而成于地,作为《易》之门户的乾坤两卦,也为诸卦之“总父母”,诸卦所代表的蓍草策数皆本于乾而成于坤,其诸爻亦皆本于乾而成于坤,从而各卦凡阳爻皆出于乾、阴爻皆出于坤。由是,荀爽立论,遂以并立的乾坤两卦为逻辑起点,以此两卦之相互对待为终极视野,观照、剖析易学话语系统下的各种学理。在此视野下,乾升坤降说得以开显。

乾升坤降说的基本象数学内涵是,立足于乾坤之相互对待,自应然之角度立言,《乾》卦䷀的九二爻之阳,宜升居《坤》卦䷁的五爻之位,相应地,《坤》卦䷁的六五爻之阴,则宜降居《乾》卦䷀的二爻之位。

据此,在诠释《乾》卦䷀九二爻《象传》“‘见龙在田’,德施普也”时,荀注言:“二当升坤五。”[③]而在诠释该卦九五爻《文言》“本乎天者亲上,本乎地者亲下”时,荀注又言:“谓乾九二本出于乾,故曰‘本乎天’;而居坤五,故曰‘亲上’。谓坤六五本出于坤,故曰‘本乎地’;降居乾二,故曰‘亲下’也。”[④]

乾二与坤五的这种此升彼降,依据的首先是《易传》所开示的得应、失应(敌应)的象数义例。诸卦中,初爻与四爻、二爻与五爻、三爻与上爻因分属上下两个经卦的初、中、上爻,而具有爻位上的应和关系;处于相应关

---

① [清]李道平:《周易集解纂疏》,北京:中华书局,1994年,第71页。

② 《系辞上传》“乾之册二百一十有六,坤之册百四十有四”荀注即云:“阳爻之册三十有六”,“阴爻之册二十有四”,李道平:《周易集解纂疏》,北京:中华书局,1994年,第584页。

③ [清]李道平:《周易集解纂疏》,北京:中华书局,1994年,第39页。

④ [清]李道平:《周易集解纂疏》,北京:中华书局,1994年,第53页。

系爻位上的一对爻，如其爻性相反，即系互应关系，反之则为敌应关系。具有互应关系的一对爻，可彼往此处、此往彼处以应和对方。荀爽则进一步将此义例延伸至相互对待的两卦之间，当然，仅仅延伸至作为诸卦“总父母”而相互对待的乾坤两卦之间，视乾初与坤四、乾二与坤五、乾三与坤上、乾四与坤初、乾五与坤二、乾上与坤三分别互应而可各自彼往此处、此往彼处以应和对方。

显然，此一乾升坤降说，其所着眼的，是乾坤两卦二、五两爻之位上的阴阳，突显出乾二之阳宜升而处五爻之位、坤五之阴宜降而居二爻之位之旨。在荀爽看来，“阳道乐进”[①]，阴道宜退。“阳性欲升，阴性欲承”[②]。刚健跃升为阳之品格，柔顺退降为阴之所宜。乾坤两卦二、五两爻阴阳的此等升降，即从本原处开示了这一方向。而且不惟开示了这一方向，同时还进一步开示了跃升与退降的终极归宿。

而究极言之，乾坤之外的其他诸卦，凡其二爻之位上的阳，亦皆出于乾而属乾阳；凡其五爻之位上的阴，亦皆出于坤而属坤阴。由此进一步推展开去，荀爽乃由乾坤之相互对待，显立起为这种对待所笼罩、统摄下的阴阳之相互对待，认为，其他诸卦，凡是居于二爻之位上的阳，同样皆宜升居本卦的五爻之位；相应地，凡是居于五爻之位上的阴，则皆宜降居本卦的二爻之位。是以在诠释《升》卦䷭六五爻《象传》“‘贞吉，升阶’，大得志也”时，荀注说：“阴正居中，为阳作阶，使升居五，己下降二，与阳相应，故‘吉’而‘得志’。”[③]《升》卦䷭六五爻之阴与九二爻之阳阴阳相反而互应，彼此一降一升之后，阳居五、阴居二，而仍相互应和。

不仅如此，诸卦中凡阳皆出于乾而属乾阳，凡阴皆出于坤而属坤阴，

① ［清］李道平：《周易集解纂疏》《乾卦》九四爻《象传》荀注，北京：中华书局，1994 年，第 39 页。

② ［清］李道平：《周易集解纂疏》《泰卦》九二爻辞“用冯河，不遐遗”荀注，北京：中华书局，1994 年，第 167 页。

③ ［清］李道平：《周易集解纂疏》，北京：中华书局，1994 年，第 419 页。

是以诸卦内部，包括二爻之阳在内的所有五爻以下的阳，皆宜升居五爻之位；而与之相对待的各爻位上的阴，则皆可以二爻之位为其归宿处。只是出于突显尊阳理念之需要，诠《易》中，荀爽着重阐发了各卦中诸五爻以下之阳之宜升居五爻之位之旨。故其在诠释《复》卦䷗《象传》"'利有攸往'，刚长也"时，云："利往居五，刚道浸长也。"[①]此言初爻之阳利于升居五爻之位。其在诠释《谦》卦䷎九三爻《象传》"'劳谦君子'，万民服也"时，有云："阳当居五……上居五位，群阴顺阳，故'万民服也'。"[②]此言三爻之阳应当升居五爻之位。其在诠释《乾卦》䷀九四爻《象传》"'或跃在渊'，进'无咎'也"时，有云："四者阴位，故上跃居五……阳道乐进，故曰'进无咎也'。"[③]此言四爻之阳应当升居五爻之位。其他二爻之阳应当升居五爻之位之例，还见于今存《需》卦䷄、《师》卦䷆、《临》卦䷒、《解卦》䷧荀注[④]；三爻之阳应当升居五爻之位之例，还见于今存《明夷》卦䷣荀注[⑤]；四爻之阳应当升居五爻之位之例，还见于今存《离》卦䷝、《小过》䷽荀注[⑥]，篇幅所限，不再赘述。

不难看出，包括以上诸引申义在内的荀爽之乾升坤降说（当然，广义的荀氏之阴阳升降说还有其他内涵，本文不予涉及），由突显乾二之阳宜升处五爻之位、坤五之阴宜降居二爻之位之旨，最终开示出阳宜升而居五、阴宜降而居二之旨。

何以如此？答案乃在《系辞上传》"天下之理得，而易成位乎其中矣"荀注中："阳位成于五，五为上中；阴位成于二，二为下中。故'易成位乎其

① ［清］李道平：《周易集解纂疏》，北京：中华书局，1994年，第263页。
② ［清］李道平：《周易集解纂疏》，北京：中华书局，1994年，第198页。
③ ［清］李道平：《周易集解纂疏》，北京：中华书局，1994年，第39页。
④ 参见［清］李道平：《周易集解纂疏》，北京：中华书局，1994年，第116、129、133、225－226、368页。
⑤ 参见［清］李道平：《周易集解纂疏》，北京：中华书局，1994年，第347页。
⑥ 参见［清］李道平：《周易集解纂疏》，北京：中华书局，1994年，第309、525页。

中’也。”[①]别卦中，初、三、五爻分别属阳位，二、四、上爻分别属阴位。阳爻居于阳位，阴爻居于阴位，则为当位得正；反之，则为失位失正。二、五两爻之位，又分属下卦与上卦之中位，阴爻居于二爻之位，阳爻居于五爻之位，则阴阳不仅当位得正，而且得中，既正且中，处于中和平正、不偏不倚的理想圆妙之境。因此，二、五两爻之位，分属阴阳所宜居的最佳之位，阳居五、阴居二，则其位得以圆成，其自身得以终极而圆满的安顿。

而从阴阳相互对待之角度进一步言之，则阳居五，阴居二，阴与阳不仅其位各得以圆成而令自身分别得到终极安顿，而且彼此又构成相互应和之关系而各以中正之道谐和互动、感通，如此，“阴阳相和，各得其宜，然后利矣”[②]。

二、乾坤父母开出阴阳万类

易学，就其形式言，是一种具备自身特有话语系统的专门之学；就其内容言，是一种具有高度哲学性的天人之学。适应这种天人之学的需要，它的任何一种象数义例，象数学说，既有其表层的象数本身之所是，更有其内在深层的所以是。后者即实质性地表征易学之所以为易学的天人之学方面的意涵。前者以符号化的形式蕴示后者，并因蕴示后者方有其存在之价值；后者则以目标、归宿的角色彰显前者，使前者作为载体、媒介、手段、工具角色的价值得以实现。二者相依互显，共同构成易学象数、义理（易理）合一之有机架构的一体之两面。荀爽的上述乾升坤降说，作为一种独特的象数学说，自也不能例外。前所析者，大致属于此一学说表层象数本身之所是的范畴；至于其内在深层的所以是，则具体体现为荀爽透

① ［清］李道平：《周易集解纂疏》，北京：中华书局，1994 年，第 547 页。

② ［清］李道平：《周易集解纂疏》《乾卦·文言传》“利者，义之和也”荀注，北京：中华书局，1994 年，第 41 页。

过象数的特定话语，所实质性地表达展示了他的独特总体宇宙关怀与终极人文关切。

我们将会看到，借助乾升坤降说，荀爽首先表达了他的总体宇宙关怀。汉代的儒者，每每具有一种清晰明确而又完整的总体宇宙视野，和全幅收摄整个宇宙的全方位敞亮、开放的大宇宙心灵，有着一种颇为执着的根植于现实感性生命深处的宇宙人生息息相通之意识与情结，下而自感性的经验层，上而至只可神会的超验之域，无一例外地视天人一体而难隔，认定人与宇宙万象构成一宏大之有机系统，构成一有机生存共同体，有机生命共同体，因而常能以同大宇宙亲和无间之深挚情怀，立足于大宇宙这一终极视界，对包括人在内的宇宙万有，作出在他们看来的终极性观照、理解与定位。作为跻身汉儒佼佼者之列的荀爽，同样不能例外。依荀爽之见，在由父天母地所造化出的大宇宙这一有机大系统、有机生存共同体、有机生命共同体之中，万有皆当有其终极而适切之定位；这种位得以确定之后，大宇宙才会达致一井然有序而和谐有致的理想之境。

达致此一理想之境，首要的是作为万有终极本原的父天母地之位的正定。《系辞下传》称："《易》之为书也，广大悉备，有天道焉，有人道焉，有地道焉。兼三才而两之，故六。六者非它也，三才之道也。"①在《易传》的理解视野下，《易》所涵蕴、开示的核心内容是天地人三才之道。依《易传》所开显的爻位义例，一别卦中，初爻、二爻表征地之位，三爻、四爻符示人之位，五爻、上爻表征天之位。天阳而地阴。阳位圆成于五，阴位圆成于二。是以，荀爽之乾升坤降说，其乾二之阳当升居《坤》卦䷁五爻之位，坤五之阴宜降居《乾》卦䷀二爻之位，所蕴示的首层识见即是，天之位圆成而终极正定于五爻所表征之位，地之位圆成而终极正定于二爻所符示之位。阳与阴，各以刚健、柔顺为其性之本然之正。天居五之既正且中之位，地

① ［清］李道平：《周易集解纂疏》，北京：中华书局，1994 年，第 675 页。

居二之既正且中之位，各中正而圆融通透地豁显其或刚健或柔顺的本然正性，各处天阳之所以为天阳、地阴之所以为地阴、父天之所以为父天、母地之所以为母地之至境，各行与其性、位相契的中正之达道，且又互应而密相感，终成天地高下有序，良性互动，和谐有致而通泰之格局与境地。

天地之位的正定，终成上述格局与境地，这就为万有的顺利化生，大宇宙的生生不息，新新不已，奠定了坚实的基础，也为大宇宙的有序、和谐与通泰，开启了无限之机。

本于天的阳气与原于地的阴气，消息盈虚，交感变化，具体造就出宇宙万物万象万变。由是乾升坤降说所蕴示的再一层识见即为，阳气唯有透过升，阴气唯有透过降，才可畅显各自或刚健进取、或柔顺谦退的本然正性，而唯有或升居五爻所表征之位，或降居二爻所符示之位后，此等畅显才会圆成而达其极致，同时一则各终极地正定其位，再则各至自身之所以为自身的中正圆境，三则各行与其性、位相契的中正之达道，且又互应而密相感，终成阴阳高下有序，良性互动，和谐有致而通泰之格局与境地。

天地、阴阳二气造化出了宇宙万物，万物亦相应地从它们那里分别禀受了或阴或阳，或柔或刚之性，而具体归属于了阴阳两大类别。与父天母地一样，万物亦当在大宇宙之总体背景下，于大宇宙这一有机大系统、有机生存共同体、有机生命共同体之中，有其终极而适切之定位。

故而，乾升坤降说所蕴示的再一层识见即是，分别归属于阴阳两性、阴阳两个大的类别的事物，同样唯有或透过升，或透过降，才可畅显各自或刚健进取、或柔顺谦退的本然正性，而唯有或升居五爻所表征之位，或降居二爻所符示之位，此等畅显才会圆成而达其极致，同时一则各终极地正定其位，再则各至自身之所以为自身的中正圆境，三则各行与其性、位相契的中正之达道，且又互应而密相感，终成万物井然有序，良性互动，和谐有致而通泰之格局与境地。

当然，欲令大宇宙中的阴阳二气与万物之位皆圆成于二、五两爻所符示的中正之位，毕竟过于理想化。是以，荀爽的乾升坤降说，又将价值理念的理想化与现实关怀的理性化有机结合起来，以位之中正圆成而得终极正定为其极致，以位之得正无失为其初步正定，认定位之初步正定亦当得到充分肯定，同时还宜敞开而不是障蔽、遏绝位之通往中正圆成之机。

正是秉此识见和顺此理路，在诠释乾卦《文言》“云行雨施，天下平也”时，荀注说：“乾升于坤曰‘云行’，坤降于乾曰‘雨施’，乾坤二卦成两既济，阴阳和均而得其正，故曰‘天下平’。”①乾交于坤、坤交于乾而成两个《泰》卦䷊，依据乾坤相对待、阴阳相对待基础上的乾升坤降、阳升阴降之应然之理，《泰》卦䷊九二之阳升居五爻之位，相应地，六五之阴降居二爻之位，《泰》卦䷊遂变而为《既济》卦䷾，上体成坎表征云，二至四爻互体亦为坎而符示雨，所谓“云行雨施”。两个《既济》卦䷾，皆成三阳而三阴的阴阳均衡格局，且初与四、二与五、三与上阴阳皆得其正（二、五则既正且中）又复互应，蕴示天地宇宙间，天地圆成其位，而阴阳二气，阴阳两大势力，阴阳两大类事物，则力量均衡，位得正定（居二、五所符示之位，为位之终极正定；处其他四爻所表征之位，则为位之初步正定），和谐相应，良性互动，有序而通泰。这种格局与境地，在荀爽看来，可谓宇宙这一大系统、这一有机生存共同体、有机生命共同体，所可达致的最具现实性的理想格局与境地。

三、天下处在八卦卦气易场之中

在卜筮的语境下，《周易》古经六十四卦的符号系列符示了人与其所置身其中的生活世界相关因素间的密切关联及彼此间的感通。经过《易传》的创造性诠释转化，上述符号系列成为复杂多样、流转无穷的天地人

① ［清］李道平：《周易集解纂疏》，北京：中华书局，1994 年，第 61 页。

三才并立共在、互动感通、冲撞消长格局与态势的涵摄符示者，以三才之道为核心的易学专门之学的学术品格得以开显，以人之恒常在场为突出标志的三才的并立共在，成为这一专门之学的基本语境，三才格局下的宇宙，呈现为一流转日新、生生不息的宏廓易场，人即置身于这一易场之中，并以之为其整个生活的世界。易场的本然、实然与价值应然，成为《易》的重要关切。汉末易学三大家之一的荀爽，在经学的大语境下重构了这一易场。

自汉武帝接纳大儒董仲舒经学导政治世理念开始，时代得以遥接三代乃至其前的久远历史大传统，经学渐次拥有了压倒性话语权，发挥起触处可及的现实影响力。借此机缘，经典与现实得以接通，体与用一体两面全方位焕发着旺盛生命力、彰显着鲜明时代气息的经学，出现在世人面前。经典借此验证成就了其为经典，并进而令自身获得了厚重的时代新底蕴。涵纳天地人物，通贯往古来今，挺显整体天下意识，直面整个生活世界，本天道成人事，彰教化致盛世，开启王道沛然畅行而令天下归往的永续有序和谐的通泰之局之势，成为该时代经学的鲜明旨归。这才有了《汉书·儒林传》的如下论断："《六艺》者，王教之典籍，先圣所以明天道，正人伦，致至治之成法也。"[①]整体而言，经学体用兼赅的高度哲学性天人之学品格于焉确立。这一品格，当是经学之一的易学天人之学品格在整个经学领域延伸拓展促动点化升华的结果。《易》与易学最终跃升经典与经学之首的显赫地位。

荀爽有着厚重的经学素养与直面现实的深沉经学、易学天人之学视域。基于时代经学的语境，他将经典、历史与现实有机结合会通，重新诠释了《易》，与郑玄、虞翻相先后跻身汉末易学三大家之列。借易学之眼观天下，荀爽指出，天下就处在一个宏大开放的八卦卦气易场之中。

① ［汉］班固：《汉书·儒林传》，北京：中华书局，1987 年，第 3589 页。

针对万物的生化,《易传》中的《说卦传》称:“雷以动之,风以散之,雨以润之,日以烜之,艮以止之,兑以说之,乾以君之,坤以藏之。”“之”谓万物。震☳雷,巽☴风,坎☵雨,离☲日,艮☶山,兑☱泽,乾☰天,坤☷地。此言万物的生化,皆受到八卦所涵摄符示的雷风等八种宇宙力量的作用。就此,荀氏作出如下的注解:

“雷以动之”注云:“谓建卯之月,震卦用事,天地和合,万物萌动也。”

“风以散之”注云:“谓建巳之月,万物上达,布散田野。”

“雨以润之”注云:“谓建子之月,含育萌芽也。”

“日以烜之”注云:“谓建午之月,太阳欲长者也。”

“艮以止之”注云:“谓建丑之月,消息毕止也。”

“兑以说之”注云:“谓建酉之月,万物成熟也。”

“乾以君之”注云:“谓建亥之月,乾坤合居,君臣位得也。”①

而于“坤以藏之”,荀注不传,与之观点相近乃至一致的《九家易》则云:“谓建申之月,坤在乾下,包藏万物也。”②上述注解,是对天下、对人及万物所处八卦卦气易场的简约诠说。言“建卯之月,震卦用事”,则类而推之,“建巳之月,巽卦用事”,“建子之月,坎卦用事”,“建午之月,离卦用事”,“建丑之月,艮卦用事”,“建酉之月,兑卦用事”,“建亥之月,乾卦用事”,“建申之月,坤卦用事”在其中矣。于是,震☳卯正东而正春,巽☴巳东南而孟夏,离☲午正南而正夏,坤☷申西南而孟秋,兑☱酉正西而正秋,乾☰亥西北而孟冬,坎☵子正北而正冬,艮☶丑东北而季冬,一幅以地支

---

① [清]李道平:《周易集解纂疏》,北京:中华书局,1994年,第693-694页。

② [清]李道平:《周易集解纂疏》,北京:中华书局,1994年,第694页。

涵纳时空,以八卦符示的宇宙力量显用于相应地支所示时空之域的八卦卦气易场图式,跃然呈现。

荀爽之见,基于《易传》所开示的易学视域,本于《说卦传》所诠显的八卦方位图式及汉代卦气易学语境下的八卦卦气说而来。类乎佛眼观尘世、礼眼看社会、美眼观世界,《易传》首度诠显了一种独特的易学大视域以便人们易眼观天人。以易眼而观,《易传》开示,人所置身于其中的,就是一个有机一体生生不息的易世界。

作为易学史上首部对《周易》古经做出系统诠释阐发的著作,《易传》对于《易》之为《易》与易学之为易学具有清晰明确的问题意识自觉,指出,自包牺(伏羲)以来,圣人创作了《易》这部经典。该经典着眼天地造化所成生生日新的大千世界与以此汇成的大化洪流,基于人的生命意识自觉,本着对宇宙大化之妙、万物性命之奥的契会,从敬畏造化之本的天地出发,归于对生命存在内在价值的肯定、对其价值应然的守望和对此应然实现的执着推进。于是有了三才之道的学说构想:"昔者圣人之作《易》也,将以顺性命之理,是以立天之道,曰阴与阳;立地之道,曰柔与刚;立人之道,曰仁与义。兼三才而两之,故《易》六画而成卦。"(《说卦传》)万物之中,对于大化之妙、性命之奥及宇宙人生价值应然有着生命层面的真切自觉的,非人莫属。于是,天地之外,人的地位豁显,成为可与天地并立而决定宇宙人生未来的三种核心力量之一,遂有了所谓"三才"。三才并立共在的格局形成。挺立人之为人的生命主体性,明确人之作为三才之一的宇宙角色定位,有效引动三才良性互动的格局,以推进宇宙人生美好愿景的实现,成为《易》的终极关切。三才各有表征并实现自身的道。天道展现于阴阳,地道展现于刚柔,而接通天地、接续天地阴阳刚柔的生化之道,落实于性命之域的人道,则展现于仁义。三才互动过程中,三才之道有了正反各种不同的落实情形,于是就出现了动态流转着的复杂多样的三才格局与态势及基于此的生活世界场景。作《易》圣人就以八卦、六十四卦的符号系列涵摄符示这一切，又以卦爻辞的文字系列诠释这一切的底蕴之所在，于是有了符号与文字互诠对显的《易》这部经典。借易眼观天人，从《易》的视域出发观照审视体认发生在生活世界中的一切，那么人们不难发现，整个生活世界以持续进行时态所展示的，就是一部以三才动态互动流转格局、态势与历程下的一切为活生生符号文字的本然之《易》。《易》之为书所揭示的一切，恰恰正是生活世界所业已发生、正在发生与即将发生的一切，前者是文本形式的《易》，后者则是生动鲜活的现实感性形态的易。易不再仅仅是那部书，更是贯穿昭示着阴阳之道、性命之理、三才之道的生动鲜活的现实。现实生活的世界，就是一持续发生实现着的易的场域。这才是人们应当借圣人之《易》切入解读理会的一部无限宏大、无限开放、无尽绵延的活生生《易》书。故而可言："夫易广矣大矣。以言乎远则不御，以言乎迩则静而正，以言乎天地之间则备矣。"（《系辞上传》）"天地设位，而易行乎其中矣。……乾坤成列，而易立乎其中矣。"（《系辞上传》）自从天地确立其上下之位，大化流行的过程就次第展开，人与万物就生化于其中，天而乾☰、地而坤☷、雷而震☳、风而巽☴、日而离☲、月而坎☵、通而泰䷊、塞而否䷋等的鲜活八卦与六十四卦次第登场，活生生的生活世界易的语境与场域渐次确立，一部活生生的大《易》书接续生成，呈现其一页又一页的丰富内容。

《说卦传》进而具体开示了一由八卦所涵摄符示的时空合一的动态流转型立体宇宙图式。这一图式晓谕人们，整个生活的世界，就处在一个八卦易场之中：

帝出乎震，齐乎巽，相见乎离，致役乎坤，说言乎兑，战乎乾，劳乎坎，成言乎艮。万物出乎震；震，东方也。齐乎巽；巽，东南也。齐也者，言万物之洁齐也。离也者，明也，万物皆相见，南方之卦也；圣人南面而听天，向明而治，盖取诸此也。坤也者，地也，万物皆致养焉，

> 故曰:“致役乎坤。”兑,正秋也,万物之所说也,故曰:“说言乎兑。”“战乎乾”,乾,西北之卦也,言阴阳相薄也。坎者,水也,正北方之卦也,劳卦也,万物之所归也,故曰:“劳乎坎。”艮,东北之卦也,万物之所成终而所成始也,故曰:“成言乎艮。”(《说卦传》)

八卦涵摄符示八种宇宙力量。这些力量显用于特定的时空之位,贯通一体,决定着万物终而复始的生化。具言之,涵摄符示着相应力量的震☳,位在正东而显用于正春,万物生机开始勃发,处处春意盎然;巽☴,位在东南而显用于春夏之交;离☲,位在正南而显用于正夏;坤☷,位在西南而显用于夏秋之交;兑☱,位在正西而显用于正秋;乾☰,位在西北而显用于秋冬之交;坎☵,位在正北而显用于正冬;艮☶,位在东北而显用于冬春之交,这是万物上一轮生命历程的终点和新一轮生命历程的始点。伴随着时空的流转,八种力量交替显用,引发万物春生夏长秋收冬藏形式下的生生日新之化,动态流转而通贯一体的八卦易场由此形成而开显。生生日新之化,成为易场“易”字的实质蕴含之所在,而易场之名为易场就在于它是引动并实现着生生日新之化的场域。这才有《系辞上传》“生生之谓易”著名论断的出现。

天地创化了这一易场,万物置身于这一易场,与天地并立为三才的人置身于这一易场。深切体认该易场,遂成为人正定自己生存场域、优化生活世界的根据。从此,易学语境下,立足该易场,植根阴阳之道、性命之理,通贯天地人物,会通天文人文,涵摄大化的已然与将然,中华确立起穿越时空、底蕴厚重、格调典范的独特生态观、生态布局构想,并在此基础上实施了具体的生态布局实践。亦正因此,其后的中华生态观、生态布局构想与具体得以落实的生态布局,每每涵具着立足八卦易场的厚重易学底蕴。不仅如此,人的鲜活感性生命本身,也构成一个有机一体、生化日新的八卦易场:“乾为首,坤为腹,震为足,巽为股,坎为耳,离为目,艮为手,兑为口。”(《说卦传》)两个易场一大一小,相互涵摄,可彼此接通、感通乃至通而为一。

“一阴一阳之谓道,继之者善也,成之者性也。”(《系辞上传》)《易传》将生生日新之化的所以然归结为阴阳之道与性命之理,并将二者打通,这也成了《易》的神髓之所在。汉代易学从二者中的前者切入,将《易》突显为一种阴阳之《易》。这与北宋中叶之后的易学从二者中的后者切入,将《易》突显为一种性命之《易》,形成了鲜明的对照。在此阴阳之《易》的视域下,上述八卦易场,开显为一八卦卦气易场。

天道超越在上,终极规约着人道人事,这是汉代经学的基本信条。经学认为,作为人道以立人事以成根据的天道,彰显于气化之域,落实于气化流行的过程中。气分而为阴阳,阴阳交感消长而成木火土金水之气,引发春夏秋冬四时,促成万物的生长收藏,赋予万物阴阳之气与五行刚柔之质,这是经学天道观宇宙发生、构成论与天人一体同构的天人合一说的基本内容。在此基础上,宣帝以降,学者从阴阳之道切入,据阴阳消息、物候节气时序更迭、万事万物生化以言《易》,卦气易学的语境确立。这一易学语境,突显了一个“气”字,此字指涉气化流行、阴阳消息之气,指涉作为气化消长五种展现形式的五行之气以及由此所引发的时令物候节气。在此语境下,《易》之八卦、六十四卦,以卦而示此“气”字之底蕴,成了阴阳之道支撑笼罩下的阴阳二气消息、物候节气时序更迭、万事万物生化的涵摄符示者;而上述八卦易场,落实为一八卦卦气易场。传世文献中,较早称述这一易场的,要数宣帝时担任丞相职务的魏相:

> 臣闻《易》曰:“天地以顺动,故日月不过,四时不忒;圣王以顺动,故刑罚清而民服。”天地变化,必繇阴阳,阴阳之分,以日为纪。日冬夏至,则八风之序立,万物之性成,各有常职,不得相干。东方之神太昊,乘震执规司春;南方之神炎帝,乘离执衡司夏;西方之神少昊,乘

兑执矩司秋；北方之神颛顼，乘坎执权司冬；中央之神黄帝，乘坤艮执绳司下土。兹五帝所司，各有时也。东方之卦不可以治西方，南方之卦不可以治北方。春兴兑治则饥，秋兴震治则华，冬兴离治则泄，夏兴坎治则雹。①

其后的《易纬·乾凿度》卷上，进一步诠显了这一八卦卦气易场：

天地有春秋冬夏之节，故生四时。四时各有阴阳刚柔之分，故生八卦。八卦成列，天地之道立，雷风水火山泽之象定矣。其布散用事也，震生物于东方，位在二月；巽散之于东南，位在四月；离长之于南方，位在五月；坤养之于西南方，位在六月；兑收之于西方，位在八月；乾剥之于西北方，位在十月；坎藏之于北方，位在十一月；艮终始之于东北方，位在十二月。八卦之气终，则四正四维之分明，生长收藏之道备，阴阳之体定，神明之德通，而万物各以其类成矣。……岁三百六十日而天气周，八卦用事，各四十五日方备岁焉。故艮渐正月，巽渐三月，坤渐七月，乾渐九月。②

夏历建寅，孟春正月寅，仲春二月卯，季春三月辰；孟夏四月巳，仲夏五月午，季夏六月未；孟秋七月申，仲秋八月酉，季秋九月戌；孟冬十月亥，仲冬十一月子，季冬十二月丑。《说卦传》所言春夏秋冬之正与春夏秋冬之交得到具体落实：正春、正夏、正秋、正冬之谓正，系因四时之象至正最显，它们分别在四仲的卯、午、酉、子之月；春夏之交，即辰巳之月；夏秋之交，即未申之月；秋冬之交，即戌亥之月；冬春之交，即丑寅之月。卯、午、

① ［汉］班固：《汉书》，北京：中华书局，1987 年，第 3139 页。
② 赵在翰辑：《七纬》，北京：中华书局，2012 年，第 32 页。

酉、子，于时为春、夏、秋、冬之正，于位为东、南、西、北之正；辰巳、未申、戌亥、丑寅，于时为春夏、夏秋、秋冬、冬春之交，于位为东南、西南、西北、东北之维。维即隅，角落之谓。震☳、离☲、兑☱、坎☵遂定位为四正卦，巽☴、坤☷、乾☰、艮☶则定位为四维卦。均而言之，四正卦与四维卦于一岁各显用四十五日，实则四正卦集中显用于四仲之月，四维卦显用于四时交替的两季、孟之月。于是涵摄符示着相应力量的震☳，位在正东而显用于正春卯月；巽☴，位在东南而显用于春夏之交辰巳之月；离☲，位在正南而显用于正夏午月；坤☷，位在西南而显用于夏秋之交未申之月；兑☱，位在正西而显用于正秋酉月；乾☰，位在西北而显用于秋冬之交戌亥之月；坎☵，位在正北而显用于正冬子月；艮☶，位在东北而显用于冬春之交丑寅之月。四正四维之卦涵摄符示的主体力量，为流转中的持续发生着能量大小与隐显转化的阴阳五行之气，正是它们引发了物候节气四时的更替。正常情势下，阴阳五行之气流转到八卦所值时位的状态，即为八卦卦气震气、巽气、离气、坤气、兑气、乾气、坎气、艮气基本意涵之所在。年复一年的阴阳五行之气的大化流转，最终牢固确立起这一八卦卦气易场。该易场成为先在的万物生化之场与人的生存生活之场。作为有着有机生命八卦小易场的三才之一的人，在确立其生活场域，进行生态布局与生活世界优化时，契应该易场，成为其应然选择。于是《易纬·乾坤凿度》进一步开示了“立乾☰坤☷巽☴艮☶四门”，“立坎☵离☲震☳兑☱四正”之说：“乾☰为天门”，“坤☷为人门”，“巽☴为风门，亦为地户”，“艮☶为鬼冥门”；“月，坎☵也，水魄”，“日，离☲，火宫”，“雷木，震☳。日月出入门，日出震，月入震”，“泽金水，兑☱。日月往来门，月出泽，日入于泽”。[①] 此说持续丰富了八卦卦气易场的内涵，有力充实了易学语境下的中华生态观、生态布局理念。

---

① 赵在翰辑:《七纬》，北京：中华书局，2012 年，第 7－9 页。

正是在以上相关识见积淀所成的厚重易学语境的基础上,荀爽对《说卦传》"雷以动之"云云作出了前述注解。不难看出,荀爽显然基于《易传》以来的学术资源,立足汉代卦气易学的语境,将此所及八卦解读为构成一八卦卦气易场,将八卦所涵摄符示的对万物生化施以不同具体作用的八种宇宙力量,解读为显用于这一有机易场之中。卯月正春,震气显用,阳气上达,春雷声声,天地阴阳交感,万物苏醒萌动,大地生机一片,宇宙的生生之意开始大显;巳月孟夏,巽气显用,和风吹拂,万物昌茂,遍满田野,随风起伏;午月正夏,离气显用,日为阳精,晒烤万物,各得盛长,通体舒展;申月孟秋,坤气显用,阴气息显,否局形成,生机闭结,坤下乾上,地下天上,地藏万物;酉月正秋,兑气显用,泽润物壮,万物成熟,无不欣悦;亥月孟冬,乾气显用,阴气大盛,盛显坤阴,与乾合居,乾君坤臣,乾君居位,坤臣俯就;子月正冬,坎气显用,雨滋万物,触动生机,转枯孕荣;丑月季冬,艮气显用,终止一岁阴阳消息的过程,令万物有所止。当然也昭示着下一轮阴阳消息过程的开始。

四维之卦,显用只言其一,不言者实在其中:言巽气显用于巳月孟夏,显用辰月季春在其中;言坤气显用于申月孟秋,显用未月季夏在其中;言乾气显用亥月孟冬,显用戌月季秋在其中;言艮气显用于丑月季冬,显用寅月孟春在其中。这才完整呈现四维之卦显用于四时之交的具体情形。至于乾气显用时"乾坤合居,君臣位得",坤气显用时"坤在乾下,包藏万物",则将是发生在八卦卦气易场中的阴阳消息所涉及的内容。

四、易场中的阴阳消息与万物生化

在卦气易学的大语境下,依荀爽之见,阴阳二气就消息于八卦卦气易场之中,万物就基于此阴阳之消息而生化于这一易场。针对《系辞上传》"往来不穷谓之通",荀注云:"谓一冬一夏,阴阳相变易也。十二消息,阴阳往来无穷已，故通也。”①这是对发生在八卦卦气易场中的往复循环的阴阳二气之消息的高度概括。卦气说，具体而言，有八卦卦气说与六十四卦卦气说两种基本类型。在以卦涵摄符示阴阳五行之气的流转、物候节气时序的更替、万事万物的生化方面，它们是相通乃至相同的；在卦所涵摄符示的气方面，则有差异。八卦卦气说即如前述。六十四卦卦气说，据传世文献记载，则由宣帝年间东海兰陵人孟喜“得《易》家候阴阳灾变书”后显发。② 在此卦气说中，十二个阴阳爻排列有序规整的卦，即复䷗、临䷒、泰䷊、大壮䷡、夬䷪、乾䷀，姤䷫、遯䷠、否䷋、观䷓、剥䷖、坤䷁，被称为十二辟卦或十二消息卦，涵摄符示着从子月至亥月各月中气的次候，并进而成为各月阴阳二气消息所成常态格局的符示者。这就有了十二消息说。荀爽在据前一卦气说构设正定整体天地宇宙与生活世界存于一宏廓八卦卦气易场的同时，又据后一卦气说中的十二消息说，开示了发生于该易场的阴阳消息终而复始的过程。

在他看来，子月冬至一阳生，阳息阴消的过程开始，历丑、寅、卯、辰、巳诸月，复䷗、临䷒、泰䷊、大壮䷡、夬䷪、乾䷀所示的一阳五阴、二阳四阴、三阳三阴、四阳二阴、五阳一阴、六阳全显的六种阴阳消息格局依次形成；午月夏至一阴生，与阳息阴消相对待的阴息阳消的过程开始，历未、申、酉、戌、亥诸月，姤䷫、遯䷠、否䷋、观䷓、剥䷖、坤䷁所示的一阴五阳、二阴四阳、三阴三阳、四阴二阳、五阴一阳、六阴全显的六种阴阳消息格局也依次形成。这就有了十二个月阴阳二气的消息及十二种消息常态基本格局的出现。阳息则阴消，阴息则阳消。阳息则阳来，显用而转化阴，令阴变易往去；阴息则阴来，显用而转化阳，令阳变易往去。阴阳的消息皆存在一个限域，达致这个限域的极点，阳息而阴消、阴息而阳消的过程就会结

① ［清］李道平：《周易集解纂疏》，北京：中华书局，1994 年，第 600 页。

② ［汉］班固：《汉书》，北京：中华书局，1987 年，第 3599 页。参见王新春：《哲学视野下的汉易卦气说》，《周易研究》2002 年第 6 期。

束。结束,并不意味着阴阳的消息往来走到了绝境,不再可以接续下去。恰恰相反,阳极则阴来,阴极则阳来。阳息阴消达到限域的极点,阴息阳消的过程遂之即时启动;同样,阴息阳消达到限域的极点,阳息阴消的过程也就遂之即时启动。于是阴阳一息一消,相互转化,屈伸往来,往复流转,环环相扣,绵延通贯,不止不歇,无有终穷。这是阴阳对待交感,宇宙生生日新,万物生化无尽,人生生生相续,生活世界生生连绵的基本所以然。

荀爽认为,阴阳二气的消息,就发生在八卦卦气易场之中,相应地,十二种消息格局,就出现于该易场的特定时空场位上。复䷗出现于坎所值子位,临䷒出现于艮所值丑位,泰䷊出现于艮所值寅位,大壮䷡出现于震所值卯位,夬䷪出现于巽所值辰位,乾䷀出现于巽所值巳位,姤䷫出现于离所值午位,遯䷠出现于坤所值未位,否䷋出现于坤所值申位,观䷓出现于兑所值酉位,剥䷖出现于乾所值戌位,坤䷁出现于乾所值亥位。否䷋出现于坤所值申位,坤地阴在乾天阳之下,阴阳不交,天地否隔,易场生机闭结,坤地包藏万物,所以《九家易》注解《说卦传》“坤以藏之”有云:坤气显用时,“坤在乾下,包藏万物”。

阳气来自于天,阴气来自于地。发生于八卦卦气易场中的阴阳二气的消息,实际上就是天之阳气与地之阴气的消息。乾䷀之六阳与坤䷁之六阴,分别符示天之阳气与地之阴气的全部。复䷗、临䷒、泰䷊、大壮䷡、夬䷪、乾䷀,阳息渐显,由一而二而三而四而五而六,实系乾阳渐息渐显,符示的是天之阳气渐息而至全显的过程;姤䷫、遯䷠、否䷋、观䷓、剥䷖、坤䷁,阴息渐显,由一而二而三而四而五而六,实系坤阴渐息渐显,符示的是地之阴气渐息而至全显的过程。复䷗之一阳即乾之一阳,临䷒之二阳即乾之二阳,泰䷊之三阳即乾之三阳,……夬䷪之五阳即乾之五阳,乾䷀之六阳则为全幅得显之乾阳;姤䷫之一阴即坤之一阴,遯䷠之二阴即坤之二阴,否䷋之三阴即坤之三阴,……剥䷖之五阴即坤之五阴,坤䷁之六阴则为全幅得显之坤阴。就此，在诠释坤卦䷁卦辞“西南得朋，东北丧朋”时，荀爽说：“阴起于午，至申三阴，得坤一体，故曰“西南得朋”。阳起于子，至寅三阳，丧坤一体，故‘东北丧朋’。”[①]在阳气盛显成六阳乾䷀局于八卦卦气易场巽☴所值东南巳位的基础上，阴气起始于易场离☲所值正南午位，至坤☷所值西南申位，成三阴一坤消三阳一乾的否䷋局，是为坤“西南得朋”。在阴气盛显成六阴坤䷁局于易场乾☰所值西北亥位的基础上，阳气起始于易场坎☵所值正北子位，至艮☶所值东北寅位，成三阳一乾消三阴一坤的泰䷊局，是为坤“东北丧朋”。

在揭示宇宙为一八卦卦气易场、阴阳消息于其中、万物生化于其中方面，荀爽有其独到易学慧识；在体认分析阴阳消息过程中阴阳之合居而不孤处方面，较之虞翻旁通说视域下的体认分析，荀爽则要逊其几筹。依虞翻之见，同位之爻爻性均相反的一对卦，构成旁通关系；旁通卦间，静态上一显一隐，相互涵摄，动态上流转互通。乾坤相旁通。乾阳坤阴的一息一消，令动态上一方最终通向了另一方：乾阳息，最终令坤通向了乾；坤阴息，最终令乾通向了坤。但在消息所成的复䷗、临䷒、泰䷊、大壮䷡、夬䷪、乾䷀与姤䷫、遯䷠、否䷋、观䷓、剥䷖、坤䷁十二种格局下，静态上乾阳坤阴无一例外保持一显一隐、相互涵摄之关系，于是复䷗与姤䷫、临䷒与遯䷠、泰䷊与否䷋、大壮䷡与观䷓、夬䷪与剥䷖、乾䷀与坤䷁，六对格局，一显一隐，相互涵摄，阴阳的共在合居之局，曾未被打破。即令在乾阳息成全显而坤阴全消之际，六阳之乾，当下即涵摄着六阴之坤，乾阳坤阴一显一隐，合居同在；即令坤阴息成全显而乾阳全消之际，六阴之坤，当下即涵摄着六阳之乾，坤阴乾阳一显一隐，合居同在。[②]

---

① ［清］李道平：《周易集解纂疏》，北京：中华书局，1994 年，第 74 页。

② 参见王新春：《虞翻易学十二消息说语境下的宇宙大化》，《中国哲学史》2011 年第 2 期。

五、离坎为乾坤阴阳之枢纽

在诠释乾卦䷀《象传》“大明终始”时，荀爽称：

> 乾起坎而终于离，坤起于离而终于坎。离坎者，乾坤之家而阴阳之府，故曰“大明终始”也。①

乾天之阳起始于八卦卦气易场坎☵所值子位，成一阳之复䷗局；息成于巽☴所值巳位，显六阳之乾䷀局。在此过程中，从易场的子位至巳位，六个场位都是由此阳作主角息长亮相。与之相映照的，坤地之阴起始于八卦卦气易场离☲所值午位，成一阴之姤䷫局；息成于乾☰所值亥位，显六阴之坤䷁局。在此过程中，从易场的午位至亥位，六个场位都是由此阴作主角息长亮相。《九家易》诠释泰卦䷊《象传》：“君子道长，小人道消也”所谓：“阳称息者，长也，起复䷗成巽☴，万物盛长也。阴言消者，起姤䷫终乾☰，万物成熟。”②

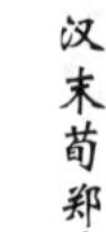

显然，易场离☲所值午位与坎☵所值子位，成了两个主角转换更替的界点。达此界点，一方的主角身份退场，转换给另一方，退出者的息长历程也就宣布暂时正式终结，而新主角的息长亮相历程则同时宣告开始。乾天之阳息长的历程正式终结于易场离☲所值午位，遂以午位上的离☲为其家宅而舍居于此；坤地之阴息长的历程正式终结于易场坎☵所值子位，遂以子位上的坎☵为其府邸而舍居于此。离成了乾阳之家，坎成了坤阴之府。离日而坎月，日月为明，所谓“悬象著名莫大乎日月”（《系辞上

① ［清］李道平：《周易集解纂疏》，北京：中华书局，1994 年，第 36 页。
② ［清］李道平：《周易集解纂疏》，北京：中华书局，1994 年，第 165 页。

传》)。成就大明的日月,成为乾天之阳与坤地之阴息长的终始之处与盛极转衰关节点的寄寓家府。离☲、坎☵分别为乾☰天之阳与坤☷地之阴寄寓的家府,荀爽诠释《系辞上传》"阴阳之义配日月"所谓:"乾舍于离,配日而居;坤舍于坎,配月而居之义是也。"[①]乾☰天之阳盛极于巽☴所值巳位,转而寓居于午位之离☲日,攸关此阳性命存亡的时刻到来:此阳即此由盛转消而去。坤☷地之阴盛极于乾☰所值亥位,转而寓居于子位之坎☵月,攸关此阴性命存亡的时刻到来:此阴亦即此由盛转消而去。

荀爽的这一思想,还深受过京房、《易纬》等思想的影响。京房曾说:"乾坤者,阴阳之根本;坎离者,阴阳之性命。"[②]乾天坤地是阴阳二气的根源与归依,所谓"阴阳之根本"。在八宫纳甲体系中,乾☰游魂、归魂于离☲,以游魂卦晋䷢与归魂卦大有䷍为攸关乾性命存亡之所系;坤☷游魂、归魂于坎☵,以游魂卦需䷄与归魂卦比䷇为攸关坤性命存亡之所系。《易纬·乾凿度》则称:"乾坤者,阴阳之根本,万物之祖宗也。为上篇之始者,尊之也。离为日,坎为月,日月之道,阴阳之经,所以终始万物,故以坎离为终。"[③]天阳地阴为阴阳之源、造化之本;日为阳精,月为阴精,日月升降,则显阴阳周转之常,引发昼夜的更替,四时的流转,万物的生化。因此通行本《周易》六十四卦的经文系列,上经始于乾䷀、坤䷁,而终于坎䷜、离䷝。

八卦卦气易场的离☲、坎☵,既是乾☰天之阳与坤☷地之阴息长的终始之处,也是它们的相遇之处。对姤卦䷫《彖传》"天地相遇,品物咸章",荀注说:"谓乾成于巽而舍于离,坤出于离,与乾相遇,南方夏位,万物章明也。"《九家易》进一步诠释道:"谓阳起子,运行至四月,六爻成乾,巽位在巳,故言'乾成于巽'。既成,转舍于离,万物皆盛大,坤从离出,与乾相遇,

---

① [清]李道平:《周易集解纂疏》,北京:中华书局,1994年,第565页。

② [汉]京房:《京氏易传》卷下,《文渊阁四库全书》(第808册),台北:台湾商务印书馆,1983年,第465页。

③ 赵在翰辑:《七纬》,北京:中华书局,2012年,第35页。

故言‘天地遇’也。”[①]与此形成鲜明对照，复卦䷗当云：坤☷成于亥而舍于坎☵，乾☰出于坎☵，与坤☷相遇，北方冬位，万物所始。荀爽对复卦䷗《彖传》“复其见天地之心乎”注云：“复者䷗，冬至之卦，阳起初九为天地心，万物所始，吉凶之先，故曰‘见天地之心’矣。”[②]乾☰天之阳全显于易场巽☴所值巳位，息长终结而寓居午位离☲家之际，恰遇开始息长亮相的坤☷地之阴：天遇地，阳遇阴。坤☷地之阴全显于易场乾☰所值亥位，息长终结而寓居子位坎☵府之际，恰遇开始息长亮相的乾天之阳：地遇天，阴遇阳。阳气是一种生气，阴气是一种杀气。子位坎☵府地遇天，阴遇阳，一阳来复而成复卦䷗所示的生机孕育的消息格局，“天地之大德曰生”（《系辞下传》），最值万类景仰敬畏感恩无尽的天地的好生盛德，不会令生机消失的本然之性，豁然透出。这是宇宙生机不竭，万物生化日新，人的生命日新又新，生活世界新新不已的最大秘密之所在。

乾☰天之阳与坤☷地之阴终始、相遇于离☲家坎☵府。之前，乾☰天之阳、坤☷地之阴分别全显于易场巳位、亥位，阳而无阴、阴而无阳之局似乎令宇宙陷入生化绝续的最大困局。这一困局是否存在？荀爽以全显之阳、全显之阴分别与八卦卦气易场显用之卦的相遇，作出了回答。

坤卦☷上六“龙战于野，其血玄黄”，荀注：“消息之位，坤在于亥，下有伏乾。为其兼于阳，故称‘龙’也。”《九家易》言：“玄黄，天地之杂，言乾坤合居也。”[③]该爻《文言》“为其兼于阳也，故称‘龙’焉。……夫玄黄者，天地之杂也”。荀注：“消息之卦，坤位在亥，下有伏乾，阴阳相和，故言‘天地之杂也’。”《九家易》则说：“阴阳合居，故曰‘兼阳’。谓上六坤行之亥，下有伏乾，阳者变化，以喻龙焉。”[④]

① ［清］李道平：《周易集解纂疏》，北京：中华书局，1994 年，第 402 页。
② ［清］李道平：《周易集解纂疏》，北京：中华书局，1994 年，第 263 页。
③ ［清］李道平：《周易集解纂疏》，北京：中华书局，1994 年，第 84 页。
④ ［清］李道平：《周易集解纂疏》，北京：中华书局，1994 年，第 93 – 94 页。

《系辞上传》“乐天知命故不忧”，荀爽对此注解说：“坤建于亥，乾立于巳，阴阳孤绝，其法宜忧。坤下有伏乾为‘乐天’，乾下有伏巽为‘知命’，阴阳合居，故‘不忧’。”①

乾䷀一阳之息，与易场子位显用之坎☵相遇；二阳、三阳、四阳、五阳之息，分别与易场丑、寅、卯、辰位显用之艮☶、艮☶、震☳、巽☴相遇；六阳之息，达致全显之境，跻于全显之位，当曰“消息之位，乾在于巳”，与易场巳位显用之巽☴相遇。与之相对待，坤一阴之息，与易场午位显用之离☲相遇；二阴、三阴、四阴、五阴之息，分别与易场未、申、酉、戌位显用之坤☷、坤☷、兑☱、乾☰相遇；六阴之息，达致全显之境，跻于全显之位，所谓“消息之位，坤在于亥”，“消息之卦，坤位在亥”，与易场亥位显用之乾☰相遇。乾䷀阳之息乃息于坤䷁阴之上，坤䷁阴之息乃息于乾䷀阳之上。乾䷀阳息而消坤䷁阴，坤䷁阴息而消乾䷀阳。乾䷀阳息其一则消坤䷁阴之一，乾䷀阳息其二则消坤阴䷁之二，……反之亦然。在阴阳消息的历程中，从乾䷀阳息其一而消坤䷁阴之一于八卦卦气易场坎☵所值子位起，乾阳登场显用而与坤阴相遇，至乾阳息其五而消坤阴之五于该易场巽☴所值辰位止，乾䷀阳坤䷁阴一直在一息一消的张力推进中既互峙冲荡又相感互依，未尝出现过乾阳孤在而无坤阴的情形。及息至巽☴所值巳位，乾阳全显而坤阴全消，乾阳孤在而无阴的情势似乎到来。但乾阳之息乃息于八卦卦气易场之中，息而全显的乾䷀阳，显于易场值巳位的巽☴之上，乾䷀上巽☴下，乾䷀显巽☴隐，乾䷀下就伏着易场中的巽☴，所以借用引延京房八宫纳甲的飞伏说，可称乾䷀飞巽☴伏。乾䷀阳巽☴阴，仍成阴阳合居相依互感之势。同样，从坤阴息其一而消乾阳之一于八卦卦气易场离所值午位起，坤阴登场显用而与乾阳相遇，至坤阴息其五而消乾阳之五于该易场乾☰所值戌位止，坤阴与乾阳也一直在一息一消的张力推进中

① ［清］李道平：《周易集解纂疏》，北京：中华书局，1994 年，第 556 页。

既互峙冲荡又相感互依,未尝出现过坤阴孤在而无乾阳的情形。及息至乾☰所值亥位,坤阴全显而乾阳全消,坤阴孤在而无阳的情势似乎亦到来。但坤阴之息亦是息于八卦卦气易场之中,息而全显的坤☷阴,显于易场值亥位的乾☰之上,坤☷上乾☰下,坤☷显乾☰隐,坤☷下就伏着易场中的乾☰,所以借用引延京房八宫纳甲的飞伏说,可称坤☷飞乾☰伏,坤阴兼含乾阳,龙阳之象在其中。坤阴乾阳,仍成阴阳合居相依互感之势。前引荀爽注解《说卦传》"乾以君之"时所云乾天显用时,"乾坤合居,君臣位得",其意涵遂得清晰起来。阴阳孤在则难存,更难显其唯有借对方才能施展的生化之用,宇宙的生生之机将有灭息之虞,实属堪忧。但现实的情形是,坤阴息成全显而乾阳全消之际,坤☷与八卦卦气易场之乾☰相遇;乾阳息成全显而坤阴全消之际,乾☰与八卦卦气易场之巽☴相遇;阴阳合居,合而依感得存,并保障了生化之功的存续与宇宙生生之机的绵延,遂使忧去喜来。乾天而巽命,则有乐天而知命之象显焉。于是"阴阳相亲,杂而不厌,故'可久'也;万物生息,种类繁滋,故'可大'也"[①]:此方是《系辞上传》"有亲则可久,有功则可大"的真意所在。

荀爽揭示坎离二卦为"乾坤之家而阴阳之府",彰显卦气运行中的枢纽作用,在理论上是对八卦卦气说与六十四卦卦气说的沟通、熔铸。

汉易卦气说的基本形态如八卦卦气说、六十四卦卦气说、十二消息卦卦气说等在孟喜、焦赣、京房和《易纬》呈现为全面丰富的面貌:首现于《易传》的八卦卦气说、孟喜以十二消息卦统摄六十卦的六十四卦卦气说、焦延寿以六十四卦为基本格局的"焦林值日"卦气说、京房以六十四卦为基本格局又不同于焦延寿的"八宫纳甲"卦气说、《易纬》出现的八卦卦气说、六十四卦卦气说以及独立于六十卦之外的十二消息卦卦气说等。值得注意的是,除了六十四卦卦气说中十二消息卦说与六十卦的关系有交叉,八

① [清]李道平:《周易集解纂疏》,北京:中华书局,1994年,第546页。

卦卦气说与六十四卦卦气说呈现为各自独立的两个系统。而荀爽在诠释《周易》经传时却将八卦卦气说与六十四卦卦气说两个系统进行沟通、互诠，熔铸出汉易卦气说的新面貌。

由于荀爽将八卦卦气说与六十四卦卦气说沟通交叉使用，为方便理解荀爽的思路，先将八卦卦气说与六十四卦卦气说两个系统分别图示如下：

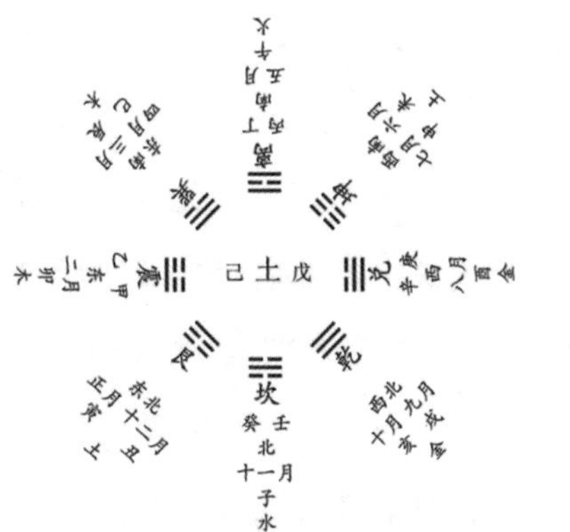

图1－1　八卦卦气说图示

图1－2　六十四卦卦气说之十二消息卦图示

上面八卦卦气说图示，除了坎☵、艮☶、震☳、巽☴、离☲、坤☷、兑☱、乾☰八个三爻卦，还标识出八卦所符示涵摄的水、木、火、金、土五行，甲、乙、丙、丁、戊、己、庚、辛、壬、癸十天干，子、丑、寅、卯、辰、巳、午、未、申、酉、戌、亥十二地支（月），比较全面展示八卦卦气说的丰富内涵。按照八卦卦气说，“帝出乎震，齐乎巽，相见乎离，至役乎坤，言曰乎兑，战乎乾，劳乎坎，止乎艮”，时空一体、生生流变的天地宇宙，分别由乾☰、坤☷、坎☵、离☲、震☳、兑☱、艮☶、巽☴八卦符示象征。具体来说，震☳位于卯，为东为春；巽☴位于巳而又近辰，为东南为季春；离☲位于午，为南为夏；坤☷位于申而又近未，为东南为季夏；兑☱位于酉，为西为秋；乾☰位于亥而又近戌，为西北为季秋；坎☵位于子，为北为冬；艮☶位于寅而又近丑，为东北为季冬。

在典型的六十四卦卦气说，时空一体、生生流变的天地宇宙由六十四卦符示涵摄，其中又以十二个六爻消息卦即十二月卦构成统摄之主干：复䷗位于子、临䷒位于丑、泰䷊位于寅、大壮䷡位于卯、夬䷪位于辰、乾䷀位于巳、姤䷫位于午、遁䷠位于未、否䷋位于申、观䷓位于酉、剥䷖位于戌、坤䷁位于亥。

荀爽诠释《周易》经传，即是将八卦卦气说与六十四卦卦气说两个系统进行沟通，以八经卦与十二消息卦互相诠解，借此诠说经传，并进一步揭示卦气说深层的宇宙图景。汉代易学卦气说的基本精神，乃是以卦爻符号符示涵摄阴阳二气的变化消息，以及由此促成的宇宙大化的动态流转。“乾起于坎而终于离”意谓：六十四卦卦气说中乾卦䷀（位于巳）所符示之乾阳之气，由八卦卦气说中坎卦☵（位于子）处生发息长，在八卦卦气说中巽卦☴（位于巳）处全面彰显，并在六十四卦卦气说中以六爻纯阳的乾卦䷀予以符示象征；阳气盛极则阴气始生，故而乾阳之气在八卦卦气说中的离卦☲（位于午）处终止，并由一阴始生的姤卦䷫予以符示象征。

“坤起于离而终于坎”意谓：六十四卦卦气说中坤卦䷁（位于亥）所符示之坤阴之气，由八卦卦气说中离卦☲（位于午）处生发息长，在八卦卦气说中乾卦☰（位于亥）处全面彰显，并在六十四卦卦气说中以六爻纯阴的坤卦䷁予以符示象征；阴气盛极则阴阳始生，故而坤阴之气在八卦卦气说中的坎卦☵（位于子）处终止，并由一阳始生复卦䷗予以符示象征。另外，荀爽诠注《姤》卦䷫《彖传》“天地相遇，品物咸章也”云：“乾成于巽，而舍于离，坤出于离，与乾相遇”[①]亦是此意。

由此可见，荀爽所谓“乾起于坎而终于离，坤起于离而终于坎”，乃是以八卦卦气说系统诠解六十四卦卦气说系统，尤其揭示两个系统的枢纽

① ［清］李道平：《周易集解纂疏》，北京：中华书局，1994 年，第 402 页。

坎☵、离☲二卦与乾☰、坤☷二卦的特殊关系，“离坎者，乾坤之家而阴阳之府”可谓是荀爽卦气说一重要关键。关于坎离二卦作为“乾坤之家”“阴阳之府”在整个卦气系统中的关键作用，荀爽有进一步申论：如关于乾坤与阴阳，荀爽诠注《系辞上传》“乐天知命故不忧”云：“坤建于亥，乾立于巳，阴阳孤绝，其法宜忧。坤下有伏乾，为乐天；乾下有伏巽，为知命；阴阳合居，故不忧。”[①]通过八卦卦气说与六十四卦卦气说的沟通互诠，荀爽指出乾坤二卦作为纯阳之体与纯阴之体，仍然是阴阳合居、“乾下有伏巽”“坤下有伏乾”。关于坎离与日月，荀爽诠注《系辞上传》“阴阳之义配日月”云：“谓乾舍于离，配日而居；坤舍于坎，配月而居之义是也。”[②]一方面指出“阴阳之义配日月”，指出天地之间乾阳之气源于日，坤阴之气源于月；另一方面则通过“乾舍于离”揭示离为日、为乾阳之气的归宿（舍），通过“坤舍于坎”揭示坎为月、为坤阴之气的归宿（舍）。

高怀民教授认为，《乾卦·彖传》“离坎者，乾坤之家而阴阳之府”，这句话是“荀爽注所有六十四卦的总思想路线”[③]；换言之，荀爽易学熔铸八卦卦气说与六十四卦卦气说于一体，以坎离二卦为枢纽、以乾升坤降为主轴，描摹出卦爻森罗、阴阳消息的生生大化的宇宙图景。荀爽易学凸显坎☵离☲二卦在整个卦气系统中的关键作用，与《参同契》是否互相影响不得而知，但两者之间在凸显坎离方面确实有相同之处。《参同契》开宗明义：“乾坤者，易之门户，众卦之父母。坎离匡郭，运毂正轴。牝牡四卦，以为橐籥，覆冒阴阳之道。”朱伯崑教授将其概括为“坎离为易说”[④]。在乾坤为体、阴阳为用的根本框架和乾坤升降为主体、凸显坎☵离☲二卦的枢机作用上，荀爽易学与《参同契》是一致的。在诠注《周易》经传中，荀爽沟

---

① ［清］李道平：《周易集解纂疏》，北京：中华书局，1994 年，第 556 页。
② ［清］李道平：《周易集解纂疏》，北京：中华书局，1994 年，第 565 页。
③ 高怀民：《两汉易学史》，桂林：广西师范大学出版社，2007 年，第 135 页。
④ 朱伯崑：《易学哲学史》（一），北京：昆仑出版社，2009 年，第 248 页。

通八卦卦气说与六十四卦卦气说两个系统，借用八经卦与十二消息卦互相诠解，尤其突出八卦卦气说中坎离二卦的日月之义及其对乾阳之气、坤阴之气乃至整个宇宙的关键作用，这无疑大大深化了汉易卦气说的内涵。

第四节　乾坤统御下礼义秩序的重整

荀爽作为荀子十二代孙，生于儒学氛围浓厚的经学世家，他深受荀子经学尤其礼学思想之影响，此自不待言。荀子接续孔子开辟的儒学传统又开拓创新，不同于孟子一系侧重心性，荀子一系侧重礼法，这也是荀子儒学开出法家一脉而为后世儒者所诟病的一个原因。然而，在经历两千余年历史发展，回首检讨孔孟儒学占主导的儒学历史之得失，尤其体察每每社会混乱礼乐崩塌的历史经验教训，荀子侧重礼法和制度建设的儒学内容愈发显出其宝贵价值。荀子"化性起伪"的实质，在于通过圣王经学教化，以礼法秩序疏导、养育并节制规范人情欲望，这就是人文之礼的重大意义。针对东汉后期礼乐崩坏政治混乱不堪的现实弊病，荀爽主张通过经学教化重整礼义秩序，"宜略依古礼尊卑之差，及董仲舒制度之别，严督有司，必行其命。此则禁乱善俗足用之要"①，其中尤以重新申明君臣夫妇之道、恢复君臣夫妇礼义为关键。

一、礼义秩序：天道秩序的人文化

（一）乾升坤降与礼乐尊卑

荀爽通过其易学思想尤其乾升坤降说，揭示天道运行的阴阳气化以

① ［宋］范晔：《后汉书·荀韩钟陈列传第五十二》，北京：中华书局，1982年，第2056页。

及天道落实于人文世界成礼法秩序的机制，表达了生逢乱世的经学大儒对总体宇宙之关怀和对人文世界之关切。

确立总体宇宙关怀，既有其自身相对独立的意义，同时更是为正大人生应然之道的确立提供根基的。在本天道以立人道、法天道以开人文的基本社会人生理念下，天道、人道相通贯，总体宇宙关怀，最终关联着人文之关切，从而前者必然要落实为后者。这种人文关切，遂具有了终极的意义。大宇宙是人的终极生存家园，人与之一体难隔而息息相通；社会人生之整体则为与人直接相关的生存家园，正大人生应然之道最终要显立、实现于此，人的生命、生活历程最终要推展于此，人的生命价值、人生意义抑或富有价值与意义的生命、人生最终要寻得、圆成于此。是以，荀爽的乾升坤降说，必然要在人文关切方面作出它的回答。余敦康教授曾经比较荀爽易学与郑玄易学的异同，指出荀爽易学的更加浓厚的人文主义特征："荀爽的乾升坤降与郑玄的爻辰虽然都是从卦气图式中提炼出的象数体例，但是荀爽的易学与郑玄相比却蕴含更多的人文主义的内容。这是因为郑玄的爻辰多与天象相参，而荀爽的乾升坤降所树立的中和目标本身就是从人文主义的义理出发的。"①

在荀爽的视野下，社会人生同样为一相对独立的大系统，同样为一有机生存共同体，有机生命共同体。在这一大系统，在这一共同体之中，人人亦皆宜有其适切之定位。这种位得以正定之后，作为整体的社会人生，也才会达致一井然有序而和谐有致的理想之境。

不难看出，依照儒家洋溢着人文精神的人文价值之视野而对人人皆宜有其适切定位的理解，这种位，实际上主要体现为一种人文之礼的分位。承续西周以来的礼乐文化，儒家心目中的理想社会，首要的是一种人文秩序化的社会。在这种社会中，人文的精神深入人心，每个人皆有其特

① 余敦康：《汉宋易学解读》，北京：华夏出版社，2006 年，第 100 页。

定的人文之礼的分位，彼此各安其分位，各尽其职分，谐和相通，从而构成一层位分明，尊卑有序的有机整体。《易传》所开显的当位、失位的象数义例，落实到社会人生领域，其所内蕴的基本精神，就是这种人文之礼的精神，昭示着对正定自己人文礼之分位，安于此分位者的肯定，和对悖逆此分位，心存各种非分之思，作出各种非分之举，抑或有辱于此分位之神圣与庄严者的否定。

在儒学发展史上，生当春秋末叶的孔子，既疏通了礼乐文化之统，又给这一文化之统从人自身那里找到了内在的价值根基，即“仁远乎哉？我欲仁，斯仁至矣”（《论语·述而》）的仁。时值战国中期的孟子，则继续在这一内在价值根基领域大做文章。延及战国晚期，荀子则又着力弘扬了礼乐文化，提出“明分使群”（《荀子·富国》）[①]、“隆礼尊贤而王”（《荀子·大略》）[②]的王道主张。汉武帝采纳大儒董仲舒“罢黜百家，独尊经术”建议之后的两汉，礼乐文化，更现实地逐步成为时代的主旋律。今人王葆玹研究员，于所著《今古文经学新论》[③]一书中，即详细剖析了这一时代礼乐文化发达之盛况，并给予了积极的评价。生当汉末，作为竭力推崇并弘扬礼乐文化的一代儒学大师荀子之十二世孙的荀爽，在观照、理解社会人生时，自然更是顺理成章地确立起基于礼乐文化的人文价值之视野。且，尤有进者，问世于战国晚期的儒家作品《礼记·经解》，曾以孔子之名义，析论过礼乐文化氛围下的以六经为学术文化资源的礼乐教化之成效，称：“入其国，其教可知也：其为人也，温柔敦厚，《诗》教也；疏通知远，《书》教也；广博易良，《乐》教也；洁静精微，《易》教也；恭俭庄敬，《礼》教也；属辞比事，《春秋》教也。”[④]而在经学成为官方所大力褒奖之学术，礼

① ［清］王先谦：《荀子集解》，北京：中华书局，1988 年，第 176 页。
② ［清］王先谦：《荀子集解》，北京：中华书局，1988 年，第 291－485 页。
③ 王葆玹：《今古文经学新论》，北京：中国社会科学出版社，1997 年。
④ ［清］孙希旦：《礼记集解》，北京：中华书局，1989 年。

乐教化畅行天下的时代大背景之下，班固于《汉书·艺文志》中更称："六艺之文，《乐》以和神，仁之表也；《诗》以正言，义之用也；《礼》以明体，明者著见，故无训也；《书》以广听，知之术也；《春秋》以断事，信之符也。五者，盖五常之道，相须而备，而《易》为之原。故曰：'《易》不可见，则乾坤或几乎息矣。'言与天地为终始也。"[①]《周易》被推上诸经之首、其他诸经所内蕴的展示礼乐文化深层意涵的仁义礼智信五常之道所自来的终极本原、而与天地同其悠久无疆的无以复加的神圣地位。以上识见，必然深深影响过荀爽，促发他以《周易》为礼乐文化本原处的资源宝藏而予以高度重视，借以丰富深化而终极正定上述他在观照、理解社会人生时所确立起的人文价值之视野。故而，荀爽即倾其莫大之学术心力，以礼乐文化为一重要视角，切入《易》中，解读其内在深层的此方面的丰赡底蕴。这才有了接续并弘扬《易传》当位、失位说所内蕴的人文之礼的基本精神的荀爽之对《易》之爻位人文礼之分位意涵的基本理解，也才有了基于这一基本理解的他之乾升坤降说人文关切方面的实质性意涵。

在荀爽看来，"昔者圣人建天地之中而谓之礼，礼者，所以兴福祥之本，而止祸乱之源也"[②]，而"礼者，尊卑之差，上下之制也"[③]，具言之，即"有夫妇然后有父子，有父子然后有君臣，有君臣然后有上下，有上下然后有礼义。礼义备，则人知所厝矣"[④]，是以在圣人所作之《易》中，其爻位人文礼之分位方面的意涵，首要地就突显于君臣、君民之位方面。

在《易传》那里，卦之五爻表征天位，也符示君位；阳爻表征男性、君子、圣人，阴爻符示女性、小人。西汉后期易学家京房，在其传世的《京氏

① ［汉］班固：《汉书·艺文志》，北京：中华书局，1987 年。
② ［宋］范晔：《后汉书·荀韩钟陈列传第五十二》，北京：中华书局，1982 年，第 2054 页。
③ ［宋］范晔：《后汉书·荀韩钟陈列传第五十二》，北京：中华书局，1982 年，第 2056 页。
④ ［宋］范晔：《后汉书·荀韩钟陈列传第五十二》，北京：中华书局，1982 年，第 2052 页。

易传》[1]中,又显发过一种人事贵贱爻位说,视《易》卦之六爻自下而上分别符示元士、大夫、三公、诸侯、天子、宗庙之位。此说为《易纬·乾凿度》所认同,而有"初为元士,二为大夫,三为三公,四为诸侯,五为天子,上为宗庙"[2]的明确论述。于是,五爻符示君位或天子之位,成为定论。二爻本表征人位,与其具有爻位应和关系的五爻既然符示君位或天子之位,则二爻必相应地又表征臣民之位。由是,荀爽乾升坤降说的人文意蕴,首先是阳爻所表征的君子、圣人、男性圣者,宜升居五爻所符示的尊贵天子之位,以终极地圆成、正定自身充任天子的这一应然人文礼之分位;相应地,阴爻所表征的小人、女性,则宜降居二爻所符示的臣民之位,以终极地圆成、正定自身作为臣民的应然人文礼之分位。如此,天子而为理想的圣明之天子,臣民而为理想的恭顺之臣民。君子、圣人跃升而显达,成此圣明之天子,畅显其刚健进取的本然正性,经世济民的卓荦德才,刚健中正而无私;小人、女性谦卑而自抑,成此恭顺之臣民,畅显其柔顺谦退的本然正性,安分承君的应然品质,柔顺中正而不佞。如此,君子、圣人与小人、女性,各至自身之所以为自身的中正圆境,各行与其性、位相契的中正之达道,且又互应而密相感,下情畅然上达,上情畅然下达,终成君臣、君民尊卑井然有序,良性互动,同心同德,和谐有致而通泰之理想社会人生格局与境地。

这里必须指出的是,正如余敦康先生所言:"《周易》本身以《传》解《经》的传统,着重于阐发阴阳相交、二气感应的义理。为了促使二者的相交感应得以完美地实现,常常强调刚来下柔、阴升阳降的一面。"[3]如泰卦蕴示,天之阳气自上而业已降下,地之阴气自下而业已升上,二气业已顺

① [汉]京房:《京氏易传》,《影印文渊阁四库全书》(第808册),台北:台湾商务印书馆,1983年。

② [日]安居香山、中村璋八辑:《纬书集成》,石家庄:河北人民出版社,1994年,第20-21页。

③ 余敦康:《内圣外王的贯通》,上海:学林出版社,1997年,第488页。

利地进行交感，万物终得顺利化生，而成天地通泰，万物通泰，宇宙通泰之理想格局与境地；泰卦又蕴示，君王屈尊而下于臣民，下情上达，上情下达，君臣、君民同心相感，志趣相同，而成君臣通泰，君民通泰，社会人生通泰之理想格局与境地。因而《泰卦·彖传》称："天地交而万物通也，上下交而其志同也。"[①]《谦卦·彖传》亦称："天道下济而光明，地道卑而上行。"[②]荀爽则以阳升阴降、刚上柔下为达致宇宙通泰、社会人生通泰之理想格局与境地的应然通衢。此有其深层的社会历史现实背景在。荀爽生活的时代，礼乐文化发达之盛况已成过去，礼崩乐坏成为士大夫层所目不忍睹的严峻、残酷之现实，在上而先后是昏庸无道的桓、灵二帝（桓帝公元147年至167年在位，灵帝公元168年至189年在位），在下而相继是谄佞凶残的各位当道宦竖，朝纲大坏，社会秩序混乱不堪，所谓"逮桓、灵之间，主荒政缪，国命委于阉寺，士子羞与为伍，故匹夫抗愤，处士横议"[③]。以致先后发生残酷迫害正直士大夫层的党锢之祸。君而非君，臣而非臣。在此现实历史背景下，荀爽于延熹九年（166年）即曾在因被举为郎中对策桓帝时痛陈："臣窃闻后宫采女五六千人，从官侍使复在其外"，"空赋不辜之民，以供无用之女，百姓穷苦于外，阴阳隔塞于内"；[④]"今臣僭君服，下食上珍，所谓害于而家，凶于而国者也"[⑤]。君而逆君道，臣而行僭越。因而建言桓帝"宜略依古礼尊卑之差，及董仲舒制度之别，严督有司，必行其命。此则禁乱善俗足用之要"[⑥]。不难看出，他之推出乾升坤降说，突显阳之宜升、阴之宜降之旨，其良苦用心乃在于，出于对社会人生深沉而理性的忧患，希冀未来的君臣格局，应是君而为圣明不昏不系桓、灵之类之君，

① ［清］李道平：《周易集解纂疏》，北京：中华书局，1994年，第164页。
② ［清］李道平：《周易集解纂疏》，北京：中华书局，1994年，第194页。
③ ［宋］范晔：《后汉书·荀韩钟陈列传第五十二》，北京：中华书局，1982年，第2185页。
④ ［宋］范晔：《后汉书·荀韩钟陈列传第五十二》，北京：中华书局，1982年，第2055页。
⑤ ［宋］范晔：《后汉书·荀韩钟陈列传第五十二》，北京：中华书局，1982年，第2056页。
⑥ ［汉］范晔：《后汉书·荀韩钟陈列传第五十二》，北京：中华书局，1982年，第2056页。

臣而为柔顺不佞不系宦竖之流之臣，君臣各以自身应然之为君、为臣之中正达道，同心为天下，协力为万民，以正定君臣应然之人文名分，恢复神圣庄严而又和谐有致的社会人文礼之秩序。这无疑充分体现了作为一个站在时代前列的儒家学者深挚的社会良知，亟亟的现实关切，正大的人生担当。他之借诠《易》的形式，透过易学所特有的话语系统，表达上述之一切，意在告诉人们，他之所言，非一己之狭隘私见，乃作《易》圣人所本有之正见，因而宜为社会人生所普遍信奉并真正落到实处。

当然，就社会人文礼之分位而言，乾升坤降说中阳宜升而居五，阴宜降而居二，所指涉的主要是君与臣之位的圆成与正定。这也是荀爽此一象数学说所最欲挺显之识见。至于万民之位，欲令其皆圆成于二爻所符示的柔顺中正之位，同样毕竟过于理想化。是以，荀爽又将理想与现实理性地有机结合起来，以万民位之中正圆成于二爻所符示之位而得终极正定为其极致，以万民位之得正无失为其初步正定，认定位之初步正定亦当得到充分肯定，同时还宜敞开而不是障蔽、遏绝万民位之通往中正圆成之机。此即其所言"阴阳正而位当，则可以干举万事"[①]的实意之所在。也是他所认定的六爻皆当位得正而互应的《既济》卦䷾所符示的君臣、君民人文礼之分位正定的最具现实性的理想格局与境地。达此格局与境地，也就意味着社会人生这一大系统，这一有机生存共同体，有机生命共同体，达致了的最具现实性的理想格局与境地。

荀爽乾升坤降说所深蕴的他之上述宇宙关怀与人文关切，经历了1800余年的历史洗礼之后，无疑仍彰显着正大的天人关系慧见，闪耀着发人深思的人文价值光辉，颇值今人玩味和开掘，并予以创造性的现代转化。

---

① [清]李道平：《周易集解纂疏》，北京：中华书局，1994年，第42页。

（二）八卦定位与人伦五常

在荀爽看来，揭示八卦卦气易场，指明发生于该易场的阴阳消息、万物生化的大化流行过程，目的在于人能据之明确生活世界之所然与所以然，进而确立三才之一的人的宇宙角色定位和面对天下的角色应然承当。

天下一统的政局下，天下意识深入人心，礼乐文化的精神成了经学的基本精神，也成了时代文化心灵之归向。以礼乐接通天地、天道，正定上至治国平天下、下至修身齐家的政道治道与安身立命之道，成为经学接通经典、历史与现实前提下所标举的通贯天人、面向未来的一以贯之的强烈浓郁深沉现实关切。跻身经学之首的易学更是如此。

在卦气易学的语境下，汉代易学开示，表现为阴阳之道，落实于阴阳消息的大化流行过程的天道，借助阴阳消息盈虚、交感变化所成木火土金水之气，引发八卦卦气易场中万物的春生夏长秋收冬藏，彰显出仁义礼智信五种神圣宇宙价值，赋予人而成为人宜据之接通天道的五种崇高人文价值，五种人文常理常道。代表性的表述见于《易纬·乾凿度》卷上：

> 八卦之序成立，则五气变形。故人生而应八卦之体，得五气以为五常，仁义礼智信是也。夫万物始出于震，震东方之卦也，阳气始生，受形之道也，故东方为仁。成于离，离南方之卦也，阳得正于上，阴得正于下，尊卑之象定，礼之序也，故南方为礼。入于兑，兑西方之卦也，阴用事而万物得其宜，义之理也，故西方为义。渐于坎，坎北方之卦也，阴气形盛，阳气含闭，信之类也，故北方为信。夫四方之义，皆统于中央，故乾坤艮巽位在四维，中央所以绳四方行也，智之决也，故中央为智。故道兴于仁，立于礼，理于义，定于信，成于智。五者道德

之分，天人之际也。圣人所以通天意，理人伦，而明至道也。①

天道首要地展现为阴阳之道；而在阴阳之道落实，引发万物春生夏长秋收冬藏的生化过程中，又进而展现为五种神圣崇高价值与五常之道。而五种价值与五常之道，恰恰是经学礼乐文化精神接通天道与天地，治国安邦、化民成俗、呵护生灵、通泰天人的核心基石之所在。于是经学的整体底蕴，借此八卦卦气易场，得到具体而微的呈现；同时，八卦卦气易场的底蕴，也由此得以通体彰显。正是在此历史文化语境下，成文于《别录》《七略》而为班固采纳于《汉书・艺文志》的刘向、刘歆父子的如下见解终于问世，成为其后汉唐经学最具影响力的见解：

六艺之文：《乐》以和神，仁之表也；《诗》以正言，义之用也；《礼》以明体，明者著见，故无训也；《书》以广听，知之术也；《春秋》以断事，信之符也。五者，盖五常之道，相须而备，而《易》为之原。②

借此反向解读，经典《易》所开示的宏廓流转的八卦卦气易场，正是六艺（六经）底蕴呈现的场域：易场震☳所值卯位，呈现着《乐》的底蕴，彰显着仁之价值与仁之道；离☲所值午位，呈现着《礼》的底蕴，彰显着礼之价值与礼之道；兑☱所值酉位，呈现着《诗》的底蕴，彰显着义之价值与义之道；坎☵所值子位，呈现着《春秋》的底蕴，彰显着信之价值与信之道；中央而统摄乾☰坤☷艮☶巽☴四维之位，呈现着《书》的底蕴，彰显着智之价值与智之道。《易》为六经之首、为自身而外的五经所涵摄的五常之道源头的观点，借八卦卦气易场得到了最佳的注脚。

① 赵在翰辑：《七纬》，北京：中华书局，2012 年，第 33 页。
② ［汉］班固：《汉书・艺文志》，北京：中华书局，1987 年，第 1723 页。

身为三才之一，置身八卦卦气大易场，以流贯阴阳五行、禀受五常之鲜活生命八卦小易场，接通感通该大易场，接通该易场所呈现的六经底蕴，从而契应大化，准依五常挺立人的生命价值意识自觉，立身行事，养成礼乐化的典范生命存在方式，成就礼乐化的典范人生，成为易场对人的深层呼唤。他说：

> 昔者圣人建天地之中而谓之礼，礼者，所以兴福祥之本，而止祸乱之源也。人能枉欲从礼者，则福归之；顺情废礼者，则祸归之。推祸福之所应，知兴废之所由来也。……夫寒热晦明，所以为岁；尊卑奢俭，所以为礼：故以晦明寒暑之气，尊卑侈约之礼为其节也。……宜略依古礼尊卑之差，及董仲舒制度之别，严督有司，必行其命。此则禁乱善俗足用之要。①

为此定位人己物我、确立应然角色承当成为关键环节。依荀爽之见，乾天之阳与坤地之阴相对待，消息、交感于八卦卦气易场，化生出万物大千世界。万物相应地归为阴阳两大类。乾六阳之位与坤六阴之位，成为事物定位自身的十二种可能选择。“阳位成于五”，“阴位成于二”。② 阳性事物之位圆成于五爻所示中正天位，阴性事物之位圆成于二爻所示中正地位。从价值应然着眼，阳性之物皆宜以此天位为己之最高期许，阴性之物皆宜以此地位为己之最高期许。结合价值应然与就现实可能性，位初之阳本天，当位得正，应乎位四本地而同样当位得正之阴，就应然可以跻五为最高期许，就现实际遇可安于本位而与位四之阴相往来；位二之阳本天，失位得中，应乎位五本地而同样失位得中之阴，就应然与现实可能，

① ［宋］范晔：《后汉书·荀韩锺陈列传第五十二》，北京：中华书局，1982 年，第 2054－2056 页。

② ［清］李道平：《周易集解纂疏》，北京：中华书局，1994 年，第 547 页。

此阳与此阴宜一升一降，阳升坤之五位而阴降乾之二位，阴阳皆得中正圆成；位三之阳本天，当位得正，应乎位上本地而同样当位得正之阴，就应然可以跻五为最高期许，就现实际遇可安于本位而与位上之阴相往来；位四之阳本天，失位失正，应乎位初本地而同样失位失正之阴，就应然可以跻五为最高期许，结合现实，又可与此阴一往一来，互作升降，如此皆当位得正；位五之阳本天，中正圆成，应乎位二本地而同样中正圆成之阴，二者可正定于本位相互往来；位上之阳本天，亢极失位，应乎位三本地而失位之阴，本以在五为最理想，从现实出发，可与此阴一往一来，互作升降，如此皆当位得正。位初之阴本地，失位失正，应乎位四本天而同样失位失正之阳，就应然可以居二为最高期许，结合现实，又可与此阳一往一来，互作升降，如此皆当位得正；位二之阴本地，中正圆成，应乎位五本天而同样中正圆成之阳，二者可正定于本位相互往来；位三之阴本地，失位失正，应乎位上本天而同样失位失正之阳，本以居二为最佳，结合现实，又可与此阳一往一来，互作升降，如此皆当位得正；位四之阴本地，当位得正，应乎位初本天而同样当位得正之阳，本以居二为最佳，基于现实，可安于本位而与此阳相往来；位五之阴本地，失位得中，应乎位二本天而同样失位得中之阳，就应然与现实可能，此阴与此阳宜一往一来，如此皆得中正圆成；位上之阴本地，当位得正，应乎位三本天而同样当位得正之阳，本以居二为最佳，基于现实，可安于本位而与此阳相往来。于是阳性之物与阴性之物既确立圆成于五与二的最高价值期许，又立足现实，基于六阳六阴彼此初与四、二与五、三与上、四与初、五与二、上与三的应和往来升降，达致每一时下的合宜选择，这就营造起八卦卦气易场下天地人物汇成的生活世界两个圆满《既济》䷾格局。是为“乾坤二卦成两《既济》䷾，阴阳和均而得其正，故曰天下平”①。人应立足于三才之一的生命主体意识自觉，积极促成

① ［清］李道平：《周易集解纂疏》，北京：中华书局，1994年，第61页。

两个《既济》䷾格局的形成。如此,《既济》䷾格局即由人呼应五种神圣崇高宇宙、人文价值,契应五常之道,赋予了正定礼乐角色分位与生命主体承当的鲜明人文礼乐文化的内在厚重意涵。这既深化重建了汉代经学的基本精神,又呼应转进了其祖荀子乃至孔子、三代与三代之前的礼乐文化大传统。因应汉末皇权式微政治混乱、外戚与宦官交替乱政的尖锐政治问题和复杂社会乱象,荀爽要重整复兴的儒家礼义秩序,最重要的莫过于重申君臣之分和夫妇之义。

二、重申君臣之道、恢复君臣之礼

(一)君臣之道的经学依据

在儒家天人之学的视野中,自然天道之所以能落实开显出人文的意义世界,圣王(圣人)起到沟通天人、创造人文的关键性作用。随着以皇权为核心大一统帝国的建立和巩固,秦汉之前的圣王传统已经转变为大一统帝国君临万方的集权皇帝,新型的君臣职分、君臣之道在各种现实政治力量和历史文化传统的博弈中逐渐形成。

圣王传统中的君臣之道,直接体现出乾坤并建、乾升坤降。《易传》称理想君主为"圣人",《系辞》云:"其唯圣人乎! 知进退存亡而不失其正者,其唯圣人乎!"荀爽在乾升坤降的易学视域中揭示一卦六爻之中的君主时位二爻与五爻,荀爽注曰:"进谓居五。退谓居二。存谓五,为阳位。亡谓上,为阴位也。再出圣人者,上圣人谓五,下圣人谓二也。"《周易集解纂疏》指出《周易》经传"圣人"之说的内在意蕴,其案云:

> 此则乾元用九,天下治也。言大宝圣君,若能用九天德者,垂拱无为,刍狗万物,生而不有,功成不居,百姓日用而不知,岂荷生成之

> 德者也。此则三皇五帝，乃圣乃神，保合太和，而天下自治矣。今夫子《文言》再称圣人者，叹美用九之君，能知进退存亡，而不失其正，故得“大明终始，万国咸宁，时乘六龙，以御天也”。斯即有始有卒者，其唯圣人乎！是其义也。①

作为贯通三才之道的王者之书，《周易》在阴阳辩证、乾坤共建中展示人文之道中的君臣之道尤其是圣王品格。“圣王”为“乾元”，“万物资始，乃统天”；臣属为“坤元”，“万物资生，乃顺承天”。《易传》展示“圣王”贯通天地人三才之道、顺畅沟通天地日月四时鬼神的修为和境界。易卦六爻之五爻代表君王之时位，《乾》卦䷀九五典型体现圣王即儒家君王的完美品格：“夫大人者，与天地合其德，与日月合其明，与四时合其序，与鬼神合其吉凶。先天下而天弗违，后天而奉天时。天且弗违，而况于人乎？况于鬼神乎？”“大人”即“圣王”，他既生长于人群之中，又超乎群伦通乎天道，成为天道在人间的代言人。圣王最大限度地实现天道的生生之德及其赋予人的禀赋，“天命之谓性”成就自身，又“率性之谓教”成就群伦，实现世间万民天地万物各得其命、各尽其性，在行事上“知进退存亡，而不失其正”。《易传》也展示圣王效法天地养万物而“养贤以及万民”创制器物利益天下的伟业。“备物致用，立成器以为天下利，莫大乎圣人；天地之大德曰生，圣人之大宝曰位。何以守位曰仁。何以聚人曰财。理财正辞，禁民为非曰义。”在圣王伏羲画八卦、肇人文的基础上，“神农依益卦䷩作耒耨以利天下、依噬嗑卦䷔作市交易使民物各得其所，又是圣王依涣卦䷺作舟楫之利以济不通，依随䷐卦服牛乘马引重致远，依豫䷏卦重门击柝以待暴客，依小过卦䷽成臼杵之利，依睽卦䷥成弧矢之威，依大壮卦䷡作宫室以遮风雨，依大过䷛作棺椁送死无憾，依夬卦䷪作书契以代结绳……总而言

① ［清］李道平：《周易集解纂疏》，北京：中华书局，1994 年，第 67 页。

之，圣人借助易之变辞象占“极深而研几”“崇德而广业”。同时，与天下万民人心相感通，“天地感而万物化生，圣人感人心而天下和平”，在此基础上降天之神道落实于人文之礼，教化民众，成己成人：“圣人以神道设教，而天下服矣”。圣人效法易卦乾坤尊卑刚柔治理天下：“黄帝、尧、舜，垂衣裳而天下治，盖取诸乾坤。”效法圣人效法离卦光明向南而治：“离也者，明也，万物皆相见，南方之卦也，圣人南面而听天下，向明而治，盖取诸此也。”效法坤卦☷厚德载物养育万物：“坤也者地也，万物皆致养焉，故曰致役乎坤。”

《周易》在展示圣王效法《乾》卦☰而创生、主导、刚健品格的同时，也展示圣王之臣属民众效法《坤》卦☷保生、辅助、顺承的品格。《坤》卦☷《文言》有一段经典论述：“坤至柔而动也刚，至静而德方，后得主而有常，含万物而化光。坤其道顺乎？承天而时行。积善之家，必有余庆；积不善之家，必有余殃。臣弑其君，子弑其父，非一朝一夕之故，其所由来者渐矣，由辩之不早辩也。易曰：‘履霜坚冰至。’盖言顺也。阴虽有美，含之；以从王事，弗敢成也。地道也，妻道也，臣道也。地道无成，而代有终也。”此外，《蹇》卦䷦六二曰“六二：王臣蹇蹇，匪躬之故。”王臣“匪躬”则艰难险阻，这在反面说明君臣之道中臣属柔和顺承的必要性和重要性。

随着大一统的秦汉帝国的建立，历史上第一次出现高度集权的皇帝，在以法术统御天下的同时，也需要接续圣王传统、承继圣王品格以论证其政治合法性和神圣性。这一点在先秦大儒荀子那里已经明显显现，而汉武帝、董仲舒大张君权神授和皇帝的权威性神圣性。汉武帝采纳董仲舒“天人三策”，将儒家经学上升为官方意识形态，以“天人感应”为基础的君权神授理论、对大一统帝国中央集权皇帝品格以及君臣尊卑之道，全面深刻地塑造汉朝帝国的政治和文化，这成为荀爽经学思想的一个直接来源。

（二）荀爽对君臣之道、君臣之礼的重申

汉末皇权式微礼崩乐坏，君臣之间关系晦暗。《后汉书·礼仪制》从君臣之礼崩塌造成社会大乱的角度强调重申君臣之道、恢复君臣之礼的重要性和迫切性，具有强烈的时代针对性："若君亡君之威，臣亡臣之仪，上替下陵，此谓大乱。大乱作，则群生受其殃，可不慎哉！"[①]针对汉末"臣僭君服，下食上珍，所谓害于而家，凶于而国者也"等礼乐崩塌君权式微的尖锐现实，荀爽承续儒家圣王传统，汲取前贤尤其先祖荀子和汉儒董仲舒的经学思想，以易学天人视野对儒家君臣之道进行重新申明，强调礼义体系中君臣之际、君尊臣卑的名分和君刚坤柔的德性。荀子有两篇专论"君道"和"臣道"，其中云："请问为人君？曰：以礼分施，均遍而不偏。请问为人臣？曰：以礼待君，忠顺而不懈。"（《荀子·君道》）荀子对君臣之道的界定深刻影响荀爽。

"天尊地卑，乾坤定矣。卑高以陈，贵贱位矣。"君臣之道在阴阳则君为阳、臣为阴，在乾坤则君为乾、臣为坤，在尊卑则君为尊、臣为卑，在主从则君为主、臣为从。荀爽注"刚柔者，昼夜之象也"曰："刚谓乾，柔谓坤。乾为昼，坤为夜。昼以喻君，夜以喻臣也。"乾坤所符示，自然之象的天高地厚、昼明夜暗、日主月从，在阴阳之道乃至气化上都与人际的君臣之分相一致；君臣之道也即天地之道、乾坤之道在人伦之际的展现。荀爽注《乾》卦☰九三"君子终日乾乾，夕惕，若厉，无咎"，指出"日以喻君""夕以喻臣"，其注曰："日以喻君。谓三居下体之终，而为之君，承乾行乾，故曰'乾乾'。夕惕以喻臣。谓三臣于五，则疾修柔顺，危去阳行，故曰'无咎'。"日所喻君处下卦之终，不得其位所以要乾乾上进；而三位之阳上有九五之君，其时位决定其行臣道，所以"疾修柔顺，危去阳行"。

① ［宋］范晔：《后汉书·礼仪上志第四》，北京：中华书局，1982年，第3101页。

荀爽以日喻君主，又如荀注《离》卦☲九三爻辞“日昃之离”曰：“初为日出，三为日昃，以喻君道衰也。”[①]荀注《革》卦☱六二爻辞“已日乃革之”曰：“日以喻君也。谓五已居位为君。二乃革意去三应五。故曰‘已日乃革之’。”[②]荀注《乾》卦☰九四与之类似，以九四阳爻与其所在《乾》卦☰的关系说明九四之性，彰显乾健坤顺的君臣之道。荀注“或跃在渊，无咎，何谓也？子曰：上下无常，非为邪也”曰：“乾者，君卦。四者，臣位也。故欲上跃。居五下者，当下居坤初，得阳正位。故曰：‘上下无常，非为邪也’。”另荀注《需》卦上六“有不速之客三人来，敬之终吉”曰：“三人，谓下三阳也。须时当升，非有召者，故曰‘不速之客’焉。乾升在上，君位以定；坎降在下，当循臣职。故‘敬之终吉’也。”[③]乾刚阳爻上升五爻，定其君位、尽其天性，坤柔阴爻下降二爻，柔顺在下，遵循臣职，也展示出乾健坤顺、君主臣从的君臣之道。

在一卦六爻之中，下卦之二与上卦之五得中正时位，荀爽认为都是王者之位，上卦之中五爻为“上圣人”，下卦之中二爻为“下圣人”。荀注《乾》卦☰《文言》“其唯圣人乎！知进退存亡而不失其正者，其唯圣人乎”曰：“进谓居五。退谓居二。存谓五，为阳位。亡谓上，为阴位也。再出圣人者，上圣人谓五，下圣人谓二也。”[④]荀注《临》卦☷六五曰：“知临，大君之宜，吉。《象》曰：大君之宜，行中之谓也”曰：“五者，帝位。大君，谓二也。宜升上居五位，吉。故曰‘知临，大君之宜’也。二者处中，行升居五，五亦处中，故曰‘行中之谓也’。”[⑤]

对于乾阳而言，更禀阳升之性上升上卦之五，成就九五之尊。荀爽注“云从龙”曰：“龙，喻王者。谓乾二之坤五为坎也。”荀爽注“风从虎”曰：

① ［清］李道平：《周易集解纂疏》，北京：中华书局，1994年，第307－308页。

② ［清］李道平：《周易集解纂疏》，北京：中华书局，1994年，第439页。

③ ［清］李道平：《周易集解纂疏》，北京：中华书局，1994年，第118页。

④ ［清］李道平：《周易集解纂疏》，北京：中华书局，1994年，第67页。

⑤ ［清］李道平：《周易集解纂疏》，北京：中华书局，1994年，第226页。

"虎,喻国君。谓坤五之乾二为巽,而从三也。三者,下体之君,故以喻国君。"[①]龙虎之象,代表人世间的君王,以君王为中心风云际会,乾升九五,彰显君王的德性、实现君王的时位。荀爽注《师》卦䷆《象传》"师,众也。贞,正也。能以众正,可以王矣"云:"谓二有中和之德,而据群阴,上居五位,可以王也。"[②]人口众多,而能制定礼法规范群体、以自身贞正帅众人以正的,就是君王。荀子认为,礼义之起源,就在于人员众多、欲求不得,所以圣王制礼义确定度量分界,养人欲求:"人生而有欲,欲而不得,则不能无求。求而无度量分界,则不能不争;争则乱,乱则穷。先王恶其乱也,故制礼义以分之,以养人之欲,给人之求。"(《荀子·礼论》)荀子所谓礼义之起源,亦是君王之产生,荀子此论与《师》卦䷆"王以正众"的观点一致,不排除前者受后者的影响。而荀爽所谓"谓二有中和之德,而据群阴,上居五位,可以王也",则在乾阳升五的角度说明君王以自身贞正规范群体"以众正""可以王"的职能。荀爽将君王的创生刚健主导德性称为"阳德"。荀注《师》卦䷆九二爻辞"王三锡命,怀万邦也"曰:"王谓二也。三者,阳德成也。德纯道盛,故能上居王位,而行锡命,群阴归之。故曰'王三锡命,怀万邦也'。"[③]关于"王三锡命",《周礼》云:"一命受职,再命受服,三命受位,是其义也。"(《周礼·春官宗伯》)连续三次所受表示君主最终成就阳德,自身所载之道所禀之德纯正盛大,足以就王位而"怀万邦"。荀爽推崇具备阳德之性的君主,称之为"尊道之君"。荀注《贲》卦䷕六五《象传》"六五之吉,有喜也"曰:"五为王位,体中履和,勤贤之主,尊道之君也。故曰'贲于邱园,束帛戋戋'。"[④]六五阴爻处王位,在上卦之中,呈柔顺之性,故曰"体中履和";五之时位为王为尊,禀乾阳不息之性,

① [清]李道平:《周易集解纂疏》,北京:中华书局,1994年,第52页。
② [清]李道平:《周易集解纂疏》,北京:中华书局,1994年,第129页。
③ [清]李道平:《周易集解纂疏》,北京:中华书局,1994年,第133页。
④ [清]李道平:《周易集解纂疏》,北京:中华书局,1994年,第251页。

故曰“勤贤之主”;柔顺阴爻居乾阳王位,故曰“尊道之君”。如此,六五之象,有尊位而柔顺,以中和之德辅助君主成功,自然吉庆有喜。

君臣尊卑之道,很重要一个方面是君主的权威和力量。《礼记·王制》记载王有“四诛”,展现君主行使王权时候的杀伐决断:“析言破律,乱名改作,执左道以乱政,杀。作淫声、异服、奇技、奇器以疑众,杀。行伪而坚、言伪而辨、学非而博、顺非而泽以疑众,杀。假于鬼神、时日、卜筮以疑众,杀。此四诛者,不以听。”(《礼记·王制》)荀子列《王制》专篇,比较全面论述君主治理天下的规章制度。针对汉末君权式微政治混乱的现实弊病,荀爽特别强调君权的权威和尊严,及其对不道惑乱的正义诛杀。荀注《复》卦“用行师,终有大败,以其国君凶”曰:“坤为众,故‘用行师’也。谓上行师,而距于初。阳息上升,必消群阴,故‘终有大败’。国君,谓初也。受命复道,当从下升。今上六行师,王诛必加。故‘以其国君凶’也。”[①]在乾升坤降、阴阳消息的卦气格局中,展现出君王至高无上的权威及其对不道之臣的制约惩戒:“上六行师,王诛必加”。

荀注《讼》卦䷅“终朝三拕之”,在复杂的爻际关系中,揭示君权顺畅运行、纾解政治纠纷的君明道盛之上善局面。《讼》卦䷅上九爻辞云:“或锡之鞶带,终朝三拕之”,荀爽其注曰:“二四争三,三本下体,取之有缘。或者,疑之辞也。以三锡二,于义疑矣。竞争之世,分理未明,故或以锡二。终朝者,君道明。三者,阳成功也。君明道盛,则夺二与四,故曰‘终朝三拖之’也。鞶带,宗庙之服。三应于上,上为宗庙。故曰‘鞶带’也。”[②]《讼》卦䷅坎下乾上,坤阴六三居下卦之终而应乎上,尤其它处乾阳九二与九四之间,所以在内卦外卦之格局与阴阳刚柔之性质的双重作用下,三者呈现乾阳九二与乾阳九四争夺坤阴六三即“二四争三”的状况。

① [清]李道平:《周易集解纂疏》,北京:中华书局,1994年,第267页。
② [清]李道平:《周易集解纂疏》,北京:中华书局,1994年,第126页。

荀爽由此卦爻之象读出“分理未明”的“竞争之世”。荀爽继续以卦爻之象数释爻辞指出，三为阳数之成功，乾阳成功圆满意味着“君明道盛”，自然夺取九二与九四毫不费力，“终朝三拕之”，并与上九宗庙相呼应，被鞶带宗庙之服。

谦恭亲下也是君道的美德。依君臣之道，君主处于支配性尊位，并不是高高在上而是要以尊临卑、以阳俯阴，这样才能天地通泰、阴阳交合。《谦》卦䷎《象传》云：“劳谦君子，万民服也。”荀爽注曰：“阳当居五，自卑下众，降居下体，君有下国之意也。众阴皆欲捻阳上居五位，群阴顺阳，故‘万民服也’。”[①]正因为居于上位、全卦至尊的阳刚乾五能够卑身下俯，则上下之间、阴阳之间、君臣之间交流顺畅，九五乾阳之德受到群阴信服和顺从，是谓“群阴顺阳”“万民服也”。

教化是君主成己成人、实现生生之德的重要途径。荀子认为，人之异于禽兽而有人文意义，就在于后天之学习与教化，“生而同声，长而异俗，教使之然也”，故其书以《劝学》开篇。并引《诗经·小明》曰：“嗟尔君子，无恒安息。靖共尔位，好是正直。神之听之，介尔景福。”指出君子朝乾夕惕自强不息，在日积月累自修学习中潜移默化，自然受神福佑。荀子同时强调君主的教化责任重大，君师一体，与天地、先祖共为礼之三本：“礼有三本：天地者，生之本也；先祖者，类之本也；君师者，治之本也。”对人而言，天地主生发，先祖主生育，而君师主教化。礼义的作用就在于“上事天，下事地，尊先祖，而隆君师”。（《荀子·礼论》）荀爽重视君主教化职责，其注《涣》卦䷺指出君王居其位则要布其德政教化“涣王居，无咎”，荀爽注曰：“布其德教，王居其所，故‘无咎’矣。《象》曰：王居无咎，正位也。”君主德政教化的内容就是各正其位的礼义之教，将君王德惠散布遍及四方，如此则位正而无咎。这如同荀子所强调，君主身教品德对臣民所

① ［清］李道平：《周易集解纂疏》，北京：中华书局，1994 年，第 198 页。

具有的榜样和规范意义“君者,民之源也,源清则流清,源浊则流浊。”(《荀子·君道》)

“君明道盛”是理想情形,现实君主往往失去礼义规范的制约而偏离为君之道,因此导致各种情形的祸乱。如君主骄盈过度导致事败,荀注“知得而不知丧”曰:“得谓阳,丧谓阴。”《周易集解纂疏》案曰:“此论人君骄盈过亢,必有丧亡。若殷纣招牧野之灾,太康遘洛水之怨,即其类矣。”[1]高明的君主体天合道,对自身所处境遇以及处事应对的策略有足够清醒的自觉,所谓知阴知阳知得知丧,“知进退存亡而不失其正”。但是如果对事态盲目乐观、对自身过度高估,就会明于阳性之得而昧于阴性之丧,如同商纣王因骄傲自大导致牧野惨败、启子因骄盈轻敌为羿所逐而失邦国。又如君主身负天道所赋予的正义天职,不能为满足自身欲望追逐世俗利益。荀注《遁》卦䷠九三“畜臣妾吉,不可大事也”曰:“大事谓与五同任天下之政。潜遁之世,但可居家畜养臣妾,不可治国之大事。”[2]君主在礼法中的职责,是襄助上天生生化育之德,因此有主持人间正义的天职,从事的是“治国之大事”;“居家畜养臣妾”是满足自身欲望的世俗逐利行为,是百姓生民所从事的“小事”。如荀注《睽》卦䷥“是以小事吉”曰:“小事者,臣事也。百官异体,四民殊业,故睽而不同。刚者,君也。柔得其中,而应于君,故言‘小事吉也’。”[3]满足和放纵欲望的世俗逐利“小事”与遵从礼法主持正义“治国之大事”是不可兼得的,君主不可以任情废礼弃大从小。否则必然导致国政祸乱。

荀爽在给桓帝的上书中,指出世人沉溺放纵物欲俗情不能自拔以至于成丧身之祸:“后世之人,好福不务其本,恶祸不易其轨。传曰:‘截趾适履,孰云其愚?何与斯人,追欲丧躯?’诚可痛也。适犹从也。言丧身之

---

① [清]李道平:《周易集解纂疏》,北京:中华书局,1994年,第67页。
② [清]李道平:《周易集解纂疏》,北京:中华书局,1994年,第331页。
③ [清]李道平:《周易集解纂疏》,北京:中华书局,1994年,第356页。

患，甚于截趾也。”[①]常人放纵物欲俗情造成的祸患不过其一身一家，而君主放纵物欲俗情则会造成整个礼义制度的破坏失效，是整个社会失序混乱的源头，“夫失礼之源，自上而始。”荀爽更尖锐指出桓帝本人纵情而废礼的行为：“臣窃闻后宫采女五六千人，从官侍使复在其外。冬夏衣服，朝夕禀粮，耗费缣帛，空竭府藏，征调增倍，十而税一，空赋不辜之民，以供无用之女，百姓穷困于外，阴阳隔塞于内。故感动和气，灾异屡臻。”[②]桓帝“后宫采女五六千人”的实质是君主放纵个人欲望破坏礼法，既违背君权神授的天道之义，也造成诸多现实祸患，“百姓穷困于外，阴阳隔塞于内”。荀爽的救治之策十分简单，就是君王依照礼法所要求，端正自身、节制欲望，“诸非礼聘未曾幸御者，一皆遣出，使成妃合。”

有道君主自然拥有合法的政治权威，但如果君主与道背离堕落到一定程度，就丧失政治合法性。荀注《师》卦䷆六五“田有禽，利执言，无咎”曰：“田，猎也。谓二帅师禽五，五利度二之命，执行其言，故‘无咎’也。”[③]《师》卦䷆九二乾阳居中，统帅众爻，上应六五，荀爽读之为“二帅师禽五”之象；而六五虽居王位但坤阴顺承，所以“利度二之命，执行其言”。《周易集解纂疏》对此诠解，其案云：“六五居尊失位，在师之时，盖由殷纣而被武王擒于鹿台之类是也。以臣伐君，假言田猎。六五离爻，体坤，离为戈兵，田猎行师之象也。”李氏以武王擒殷纣于鹿台的史事证荀爽“乾二帅师禽坤五”之易象，并在乾坤阴阳的尊卑秩序中证明了武王伐纣、“以臣伐君”的合法性。与《师》卦䷆类似，《萃》卦在内外卦之间揭示君道悖乱被臣所灭之理。荀注《萃》卦上六象传“赍资涕洟，未安上也”曰：“此本否卦䷋。上九阳爻，见灭迁移，以喻夏桀殷纣。以上六阴爻代之，若夏之后封东娄公于杞，殷之后封微子于宋，去其骨肉，臣服异姓，受人封土，未安居位，故

① ［宋］范晔：《后汉书·荀韩锺陈列传第五十二》，北京：中华书局，1982 年，第 2055 页。
② ［宋］范晔：《后汉书·荀韩锺陈列传第五十二》，北京：中华书局，1982 年，第 2055 页。
③ ［清］李道平：《周易集解纂疏》，北京：中华书局，1994 年，第 134 – 135 页。

曰‘赍资涕洟，未安上’。”[①]在《萃》卦整体格局中，乾阳上九盛极而衰，为坤阴上六所取代，如昏聩暴虐之君夏桀殷纣，本人身死国灭，而其后裔也不得安位“赍资涕洟”。荀爽此说，显然保留儒家天命转移之说，试图在道义上实现天道对君权的约束。

君道与臣道是君臣之道的一体两面，如同君道效法乾健天德主创生资始，臣道则效法坤顺地德主辅生资生。《荀子·臣道》篇将人臣分为四类：

> 人臣之论：有态臣者，有篡臣者，有功臣者，有圣臣者。内不足使一民，外不足使距难；百姓不亲，诸侯不信；然而巧敏佞说，善取宠乎上，是态臣者也；上不忠乎君，下善取誉乎民，不恤公道通义，朋党比周，以环主图私为务，是篡臣者也；内足使以一民，外足使以距难，民亲之，士信之，上忠乎君，下爱百姓而不倦，是功臣者也；上则能尊君，下则能爱民，政令教化，刑下如影，应卒遇变，齐给如响，推类接誉，以待无方，曲成制象，是圣臣者也。
>
> 故用圣臣者王，用功臣者强，用篡臣者危，用态臣者亡。态臣用则必死，篡臣用则必危，功臣用则必荣，圣臣用则必尊。故齐之苏秦、楚之州侯、秦之张仪，可谓态臣者也。韩之张去疾、赵之奉阳、齐之孟尝，可谓篡臣也。齐之管仲、晋之咎犯、楚之孙叔敖，可谓功臣矣。殷之伊尹、周之太公，可谓圣臣矣。是人臣之论也，吉凶贤不肖之极也，必谨志之而慎自为择取焉，足以稽矣。（《荀子·臣道》）

查荀爽易注，可见“日以喻君，夕以喻臣”“昼以喻君，夜以喻臣”，在乾刚健进坤柔顺承的君臣之道中表达对臣德的要求，有类似于荀子所谓功臣与圣臣。在礼法规范下君臣之道的臣道在于“忠顺不懈”。荀子云：“请问

① ［清］李道平：《周易集解纂疏》，北京：中华书局，1994年，第414页。

为人臣？曰：以礼待君，忠顺不懈。”荀爽十分强调臣道的“忠顺”之德。如荀爽诠注《坤》卦䷁，在坤阴之爻与《坤》卦䷁伏藏之《乾》卦䷀之间，诠释阴阳交变的君臣之道以及坤阴之爻的臣道。荀注《坤卦》䷁“阴虽有美，含之，以从王事，弗敢成也”曰：“六三阳位，下有伏阳。坤阴卦也。虽有伏阳，含藏不显。以从王事，要待乾命，不敢自成也。”①《坤》卦䷁六爻坤阴，下有伏藏《乾》卦䷀六爻乾阳；六三阴爻居阳位，但在《坤》卦䷁总体格局下，六三之生发变化，不可以自作主张，而是要等待并遵从乾阳命令，才可以行变化而成王事。荀爽又在乾坤对待中揭示臣顺君命之义。《坤》卦䷁云：“履霜，坚冰至，盖言顺也。”荀爽注曰：“霜者，乾之命令。坤下有伏乾，履霜坚冰，盖言顺也。乾气加之，性而坚，象臣顺君命而成之。”②同样在“坤下有伏乾”的格局中，荀爽将霜雪之象读为乾气所化，遵乾之命令而成坚性，如同臣子遵从君主命令；履霜知坚冰，是见微知著，如见落叶而知秋也。

荀爽亦从一卦各爻之间的阴阳对待诠解君臣之道以及君道柔顺之德。荀注《小畜》卦䷈六四象辞“有孚惕出，上合志也”曰：“血以喻阴。四阴，臣象。惕，疾也。四当去初，疾出从五，故曰‘上合志也’。”③爻辞血象为阴，六四阴爻居阴位，是臣下之象。六四上承九五乾阳，理当“有信顺五”，即六四忠顺于九五；另外，上卦之四爻应于下卦之初爻，从全卦各爻的总体格局看，六四呈现逃离初爻、迅速跟随九五而“上合志”的情形。荀爽注《蒙》卦䷃六五爻象“童蒙之吉，顺以巽也”曰：“顺于上，巽于二，有似成王任用周召也。”④《蒙》卦坎下艮上，六五阴爻居上中，顺承于乾阳上九，呼应于乾阳九二，即“顺于上，巽于二”，荀爽以成王任用周召二公之史事证六五与上九、九二之关系。

---

① ［清］李道平：《周易集解纂疏》，北京：中华书局，1994 年，第 90 页。
② ［清］李道平：《周易集解纂疏》，北京：中华书局，1994 年，第 89 页。
③ ［清］李道平：《周易集解纂疏》，北京：中华书局，1994 年，第 152 页。
④ ［清］李道平：《周易集解纂疏》，北京：中华书局，1994 年，第 111 页。

臣道的“忠顺不懈”，除了待君以礼、忠顺柔和，还要勤勉不懈助君理政治国，从儒家经学看来，这些实务性内容虽然重要，但与礼义载道的“大事”相比，这些都是“小事”。荀爽注《睽》卦䷥“小事吉”曰：“小事者，臣事也。百官异体，四民殊业，故睽而不同。刚者，君也。柔得其中，而应于君，故言‘小事吉也’。”[①]“百官异体，四民殊业”天下臣民所从事，包括臣子百官等国家管理者和士农工商等社会各种行业，是作为三才之一之人的世俗生活形态，也是天道生生之德所展现，而这些世俗生活的人文意义又根源服从于天道以及依天道人文化的礼义秩序。从这个意义上说，儒家固然强调君臣之道所涉及礼义“治国大事”与世俗生活“小事”之间的分野，但同时也意味着，天下臣民所从事世俗生活“小事”和君主所从事礼义“治国大事”同样是不可或缺。这与儒家重视世俗的人文主义精神是内在一致的。

对荀爽而言，现实政治臣道的悖礼混乱经验远远大于“忠顺不懈”的臣道理想，多处提到由于君权式微政治混乱中臣道悖乱祸国殃民的易例。汉末政局之患，权臣篡政与皇权式微一体两面，不论是功勋后裔、外戚集团、宦官集团，还是暴虐军阀，都体现为政治官僚系统的紊乱，在臣道悖乱擅权祸国的范畴，不出荀子所谓态臣和篡臣两类。

荀爽以经学著述和易学诠释的形式揭示臣道悖乱祸国殃民的现象。从臣道角度看，坏礼悖君的篡乱权臣理应受诛。荀注《比》卦“其道穷也”曰：“后夫谓上六。逆礼乘阳，不比圣王，其义当诛，故‘其道穷凶’也。”上六以阴乘阳，逆礼悖君，是典型的擅权篡臣，其结果必然“其道穷凶”，造成篡臣本人败亡国家祸患。荀注《明夷》卦䷣“内文明而外柔顺，以蒙大难”曰：“明在地下，为坤所蔽，大难之象。大难，文王君臣相事，故言大难

① ［清］李道平：《周易集解纂疏》，北京：中华书局，1994 年，第 356 页。

也。"[①]《明夷》卦䷣离下坤上,呈现"明在地下,为坤所蔽"大难之象,荀爽以文王受难于纣王的史事证之。

军事权力是君权的事实核心,权臣破坏礼法、篡夺君权的关键环节,往往是对军事力量的非分篡夺,荀爽注易有两处提到。荀注《巽》卦䷸九二爻辞"用史巫纷若,吉,无咎"曰:"史以书勋,巫以告庙。纷,变。若,顺也。谓二以阳应阳,君所不臣,军师之象。征伐既毕,书勋告庙。当变而且顺五则吉。故曰'用史巫纷若,吉无咎'矣。"[②]荀注《巽》卦䷸上九"丧其齐斧,贞凶"曰:"军罢师旋,亦告于庙,还斧于君,故'丧齐斧'。正如其故,不执臣节,则凶。故曰'丧其齐斧,贞凶'。"[③]文臣武将遵君主命令、征讨叛逆,这是在遵守臣道职能本分;其军事权力是君权所赋予,待征伐结束、军队凯旋,就要及时把军事权力交还给君主"军罢师旋""还斧于君";否则就是"不执臣节"意图不轨,造成个人和国家的祸患。

董卓篡汉是东汉标志性事件,既是皇权式微权臣擅政的顶峰。在一片军阀连年混战中,天下荼毒,东汉王朝也最终亡于天下三分,可谓其来有自。贤者见微知著,履霜而知坚冰至,"积善之家,必有余庆;积不善之家,必有余殃。臣弑其君,子弑其父,非一朝一夕之故,其所由来者渐矣。由辩之不早辩也。"(《坤卦·文言》)荀爽重申君臣之道,恢复君臣礼义,可谓苦心积虑、用心深远。

三、再倡夫妇之义、针砭政治时弊

(一)荀爽奏疏以夫妇之义为核心

男女夫妇之义为人伦之首,是家庭、社会乃至君臣之分的基础,在东

① [清]李道平:《周易集解纂疏》,北京:中华书局,1994年,第343页。
② [清]李道平:《周易集解纂疏》,北京:中华书局,1994年,第497页。
③ [清]李道平:《周易集解纂疏》,北京:中华书局,1994年,第501页。

汉外戚专权乱政积弊重重的时代背景下，重新申明儒家夫妇之义具有特殊意义，成为荀爽经学和易学思想中的重要内容。荀爽在桓帝时期被举荐为郎中，这是他政治生涯最从容的一次出仕经历，但在给皇帝上了一封书后荀爽便激流而退抽身而出，迅速辞官离开政治旋涡。儒者家国天下的政治理想，只有亲近皇权上达天听才有可能被采纳，进而付诸实施，实现儒者经纶天下价值。易学大家京房政治斗争失败被贬外放，在外放赴任途中接连四次上书皇帝，其中他表达的最大焦虑就是远离政治中枢失去了和皇帝直接对话的机会。[①] 因此，荀爽这次短暂的从政，是他晋身朝廷中枢亲近最高皇权的宝贵时机，荀爽得以与最高皇权进行难能可贵的对话，进而借机表达自己的政治见解和救治社会弊病的药方。在这异常宝贵的时机，荀爽只上了一封疏，便辞官离开，由此可见这一封奏疏意义非凡。这是荀爽深思熟虑之举，奏疏十分集中也比较全面体现荀爽的经学思想和政治思想。奏疏的主旨一如既往的是荀爽以重建经学精神恢复礼义秩序救治社会弊病，但颇有趣味的是，奏疏中荀爽重建礼义秩序落实于男女夫妇的人伦关系，重申男女夫妇之义，成为荀爽重建经学精神恢复礼义秩序进而救治政治乱象的关键所在，也构成荀爽奏疏论述的出发点和落脚点。荀爽奏疏云：

> 臣闻有夫妇然后有父子，有父子然后有君臣，有君臣然后有上下，有上下然后有礼义。礼义备，则人知所厝矣。夫妇人伦之始，王化之端，故文王作《易》，上经首《乾》《坤》，下经首《咸》《恒》。孔子曰："天尊地卑，乾坤定矣。"夫妇之道，所谓顺也。《尧典》曰："厘降二女于妫汭，嫔于虞。"降者下也，嫔者妇也。言虽帝尧之女，下嫁于

① 参见［汉］班固：《汉书·眭两夏侯京翼李传第四十五》，北京：中华书局，1987 年，第 3164－3166 页。

虞，犹屈体降下，勤修妇道。《易》曰："帝乙归妹，以祉元吉。"妇人谓嫁曰归，言汤以娶礼归其妹于诸侯也。《春秋》之义，王姬嫁齐，使鲁主之，不以天子之尊加于诸侯也。今汉承秦法，设尚主之仪，以妻制夫，以卑临尊，违乾坤之道，失阳唱之义。孔子曰："昔圣人之作《易》也，仰则观象于天，俯则察法于地，睹鸟兽之文，与地之宜。近取诸身，远取诸物，以通神明之德，以类万物之情。"今观法于天，则北极至尊，四星妃后。察法于地，则昆山象夫，卑泽象妻。睹鸟兽之文，鸟则雄者鸣鸲，雌能顺服；兽则牡为唱导，牝乃相从。近取诸身，则乾为人首，坤为人腹。远取诸物，则木实属天，根荄属地。阳尊阴卑，盖乃天性。且《诗》初篇实首《关雎》；《礼》始《冠》《婚》，先正夫妇。天地《六经》，其旨一揆。宜改尚主之制，以称乾坤之性。遵法尧、汤，式是周、孔。合之天地而不谬，质之鬼神而不疑。人事如此，则嘉瑞降天，吉符出地，五韪咸备，各以其叙矣。

昔者圣人建天地之中而谓之礼，礼者，所以兴福祥之本，而止祸乱之源也。人能枉欲从礼者，则福归之；顺情废礼者，则祸归之。推祸福之所应，知兴废之所由来也。众礼之中，婚礼为首。故天子娶十二，天之数也；诸侯以下各有等差，事之降也。阳性纯而能施，阴体顺而能化，以礼济乐，节宣其气。故能丰子孙之祥，致老寿之福。及三代之季，淫而无节。瑶台、倾宫，陈妾数百。阳竭于上，阴隔于下。故周公之戒曰："不知稼穑之艰难，不闻小人之劳，惟耽乐之从，时亦罔或克寿。"是其明戒。后世之人，好福不务其本，恶祸不易其轨。传曰："截趾适屦，孰云其愚？何与斯人，追欲丧躯？"诚可痛也。臣窃闻后宫采女五六千人，从官侍使复在其外。冬夏衣服，朝夕禀粮，耗费缣帛，空竭府藏，征调增倍，十而税一，空赋不辜之民，以供无用之女，百姓穷困于外，阴阳隔塞于内。故感动和气，灾异屡臻。臣愚以为诸非礼聘未曾幸御者，一皆遣出，使成妃合。一曰通怨旷，和阴阳。二曰省财用，实府藏。三曰修礼制，绥眉寿。四曰配阳施，祈螽斯。五曰宽役赋，安黎民。此诚国家之弘利，天人之大福也。①

（二）夫妇之义的经学依据与荀爽的学术主张

天地阴阳二气的交感化生，首先落实于人道者莫大于男女，孔子云："食色，性也。"人作为立乎天地之间，感通天、地、人、物、鬼、神的三才之一和宇宙开阖的枢机，参赞天地万物的化生化育，"天地氤氲，万物化醇；男女构精，万物化生。"因此，经学视域中的宇宙是气化运行生生不息的宇宙，也是感通于人心人道的人文化宇宙。人之男女不同于禽兽之雌雄牝牡，在于其充满人文礼乐内涵的夫妇之道，并成为人文礼义世界所由出的发端。《系辞》"有天地，然后有万物；有万物，然后有男女；有男女，然后有夫妇；有夫妇，然后有父子；有父子，然后有君臣；有君臣，然后有上下；有上下，然后礼仪有所错。"《恒》卦䷟曰："夫妇之道，不可以不久也，故受之以恒；恒者久也"，指出夫妇之道是政教王化的基础，对于人文礼乐世界的永恒有重大意义。

夫妇之道，体现的是乾坤阴阳的尊卑之道、交感之道。《周易》六十四卦，《上经》开篇于《乾》《坤》，至纯至正的六爻全阳之卦与六爻全阴之卦，彰显乾元资始于前、坤元资生于后，乾坤交而万物生的宇宙格局。"天尊地卑，乾坤定矣"，侧重确立的是上下尊卑的分位秩序。《家人》卦䷤阐发"利女贞"的"家人"之义，其核心就是确立夫妇之道的分位，《彖传》曰："家人，女正位乎内，男正位乎外，男女正，天地之大义也。"男女尊卑内外的分位确立，为家庭分位乃至国家天下分位奠定基础，男女夫妇之道为核

① ［宋］范晔：《后汉书·荀韩锺陈列传第五十二》，北京：中华书局，1982年，第2055-2056页。

心的家道成为王道政教的根基，“父父，子子，兄兄，弟弟，夫夫，妇妇，而家道正；正家而天下定矣。”《下经》开篇于《咸》䷞《恒》䷟，侧重阴阳二气交互感化，《咸》卦䷞艮下兑上，“亨，利贞，取女吉”，发挥少年少女男女相悦感通之意，豁显天地万物感通之情。《咸》卦䷞《彖传》曰：“咸，感也。柔上而刚下，二气感应以相与，止而说，男下女，是以亨利贞，取女吉也。天地感而万物化生，圣人感人心而天下和平；观其所感，而天地万物之情可见矣！”

荀爽云：“夫妇之道，所谓顺也”，指出在乾天坤地阴阳尊卑的宇宙秩序中，作为人道之始的夫妇之道，其要义在于兼有阴阳感通和分位明确的女子之“顺”。关于男女夫妇的阴阳交感，荀注“乾道成男，坤道成女”曰：“男谓乾，初适坤为震；二适坤为坎；三适坤为艮，以成三男也。女谓坤，初适乾为巽；二适乾为离；三适乾为兑，以成三女也。”[①]乾卦☰初九阳爻往适坤卦☷成震卦☳，为长男；乾卦☰九二阳爻往适坤卦☷成坎卦☵，为中男；乾卦☰九三阳爻往适坤卦☷成艮卦☶，为少男；坤卦☷初六阴爻往适乾卦☰成巽卦☴，为长女；坤卦☷六二阴爻往适乾卦☰成离卦☲，为中女；坤卦☷初六阴爻往适乾卦☰成兑卦☱，为少女。荀爽从乾坤交易生六子角度，论述乾阳坤阴交感生化，在人伦世界由夫妇男女繁衍子息，构成从乾父坤母到三男、三女的家庭人伦。荀注《说卦传》“恒䷟，杂而不厌”曰：“夫妇虽错居，不厌之道也。”夫妇错居而不厌，原因在于男女相处阴阳二气交感，男女夫妇之道体现天地生生之道，故能不厌而恒久。

相对于夫妇之道的男女感通之义，荀爽更加强调夫妇之道的男女分位之别，尤其女子的顺承美德。荀注《家人》卦䷤《彖传》“家人有严君焉，父母之谓也”曰：“离巽之中有乾坤，故曰‘父母之谓也’。”[②]《家人》卦䷤离

① ［清］李道平：《周易集解纂疏》，北京：中华书局，1994 年，第 544 页。
② ［清］李道平：《周易集解纂疏》，北京：中华书局，1994 年，第 350 页。

下巽上，按照乾坤生六子之说，离巽中女长女为乾父坤母交感而生，先天意义上由乾父坤母所主宰；这意味荀爽所要表达，父母严君对一家之意义，与乾天坤地对万事万物的统帅一致。这种统帅权威表现为生命赋予，也表现为秩序的确立。《家人》卦䷤《彖传》全面而准确表达了女子对夫妇、夫妇对家庭、家庭对天下的主导意义：“家人，女正位乎内，男正位乎外。男女正，天地之大义也。家人有严君焉，父母之谓也。父父，子子，兄兄，弟弟，夫夫，妇妇，而家道正。正家，而天下定矣。”端正男女分位、彰明夫妇之道，成为修齐治平的关键环节。荀注《家人》卦䷤“正家而天下定矣”在一卦爻位上说明一家分位之别及其正位之义，其注曰：“父谓五，子谓四，兄谓三，弟谓初，夫谓五，妇谓二也。各得其正，故‘天下定矣’。”父子相对而言，父尊子卑，五为父处尊位，下面帅初爻、三爻、四爻为三男；夫妇相对而言，夫尊妇卑，夫谓五，妇谓二，各爻所符示一家夫妇父子各得其正位。

荀注《恒》卦䷟《彖传》“恒亨，无咎，利贞，久于其道也”曰：“恒，震世也，巽来乘之，阴阳合会，故‘通无咎’。长男在上，长女在下，夫妇道正，故‘利贞，久于其道也’。”[①]此处荀爽采京房八宫说。在京房八宫易学体系中，震宫八卦分别为《震》䷲《豫》䷏《解》䷧《恒》䷟《升》䷭《井》䷯《大过》䷛《随》䷐，《恒》卦䷟为震宫三世卦。《恒》卦䷟巽下震上，巽变于震下，阴阳会和，所以感应畅通。上卦震为长男，下卦巽为长女，男上女下，这是可以长久贞固的夫妇正道。荀注《损》卦䷨“可贞”亦是此意：“少男在上，少女虽年尚幼，必当相承，故曰‘可贞’。”[②]《损》卦䷨兑下艮上，上卦艮为少男，下卦兑为少女，呈现男阳统帅于上、女阴顺承于下的格局；与《恒》卦䷟巽下震上长男长男更近成人相比，少男少男仍带幼稚，但下体兑卦“少女

① ［清］李道平：《周易集解纂疏》，北京：中华书局，1994 年，第 321 页。
② ［清］李道平：《周易集解纂疏》，北京：中华书局，1994 年，第 375 页。

虽年尚幼，必当相承”，亦是合乎男女之义，故而“可贞”。

荀爽对《泰》卦䷊“帝乙归妹”的诠释最能体现其强调夫妇之道男女分位之别，特别是妇顺于夫的主张。《泰》卦䷊六五爻辞曰：“帝乙归妹，以祉元吉。”荀爽以此佐证《尧典》所述帝尧二女下嫁于虞的故事。王弼注解“帝乙归妹”，侧重夫妇之道的阴阳交通之意。王弼注云：“妇人谓嫁曰归。《泰》䷊者，阴阳交通之时，女处尊位，履中居顺，降身应二，帝乙归妹，诚合斯义也。”荀爽却强调“帝乙归妹”合乎男女婚嫁娶礼归礼的一面，“妇人谓嫁曰归，言汤以娶礼归其妹于诸侯也。《春秋》之义，王姬嫁齐，使鲁主之，不以天子之尊加于诸侯也”①。在荀爽看来，依照先王礼法和《春秋》大义，女子虽出于尊位，但在婚嫁之时，也要遵从乾阳坤阴夫尊妇卑的礼法制度，所以“帝乙归妹”犹能“屈体降下，勤修妇道”，“王姬嫁齐”“不以天子之尊加于诸侯也”，这才是符合夫妇之义的礼法正道，也是“帝乙归妹，以祉元吉”的根源所在。

王者立后的后妃制度，始备于《周礼》，荀爽所倡的夫妇之义，当以《周礼》为典范。《毛诗序》发明《诗经》圣王教化的经学内涵，将其中许多篇章的主旨都阐发为夫妇之义和后妃之德。对《诗经》开篇《关雎》，《毛诗序》曰：“《关雎》，后妃之德也，风之始也，所以风天下而正夫妇也。故用之乡人焉，用之邦国焉。风，风也，教也，风以动之，教以化之。”（《毛诗序》）“《关雎》乐得淑女，以配君子，忧在进贤，不淫其色；哀窈窕，思贤才，而无伤善之心焉。是《关雎》之义也。”此外如：“《葛覃》，后妃之本也。后妃在父母家，则志在于女工之事，躬俭节用，服浣灌之衣，尊敬师傅，则可以归安父母，化天下以妇道也。”“《卷耳》，后妃之志也，又当辅佐君子，求贤审官，知臣下之勤劳。内有进贤之志，而无险诐私谒之心，朝夕思念，至于忧勤也。”“《樛木》，后妃逮下也，言能逮下而无嫉妒之心焉。”（《毛诗序》）匡

① ［清］李道平：《周易集解纂疏》，北京：中华书局，1994 年，第 171 页。

衡是早于荀爽的西汉时期的学者，他将《诗经》以《关雎》开篇的经学深意揭示得十分透彻：

> 妃匹之际，生民之始，万福之原。婚姻之礼正，然后品物遂而天命全。孔子论《诗》以《关雎》为始，言太上者民之父母，后夫人之行不侔乎天地，则无以奉神灵之统而理万物之宜。故《诗》曰："窈窕淑女，君子好逑。"言能致其贞淑，不贰其操，情欲之感无介乎容仪，宴私之意不形乎动静，夫然后可以配至尊而为宗庙主。此纲纪之首，王教之端也，自上世以来，三代兴废，未有不由此者也。（《汉书·匡张孔马传第五十一》）①

与荀爽一致，匡衡高度推崇妃匹婚姻之礼具有伟大意义。妃匹婚姻之礼因为承载生生之道而促成生民繁衍和世俗生活的展开，成全人情事物的天性天命，故而男女夫妇之义成为礼义纲纪之首、圣王教化之端，以及礼乐文明成败兴亡的关键。

（三）外戚乱政的积弊

夫妇之道沦丧、男女尊卑悖乱，这是礼乐崩坏、政治秩序紊乱的一个重要原因。秦始皇"破六国，写放其宫室，作之咸阳北阪上，南临渭水……殿屋复道，周阁相属，所得诸侯美人，钟鼓以充入之。"（《史记·始皇本纪》）②秦汉交易，君主溺于女色而夫妇之道乃至君臣之道沦丧的状况一直延续。"秦并天下，多自骄大，宫备七国，爵列八品。……自武、元之后，世增淫费，至乃掖庭三千，增级十四。……妖幸毁政之符，外姻乱邦之迹，前

① ［汉］班固：《汉书·匡张孔马传第五十一》，北京：中华书局，1987年，第3342页。
② ［汉］司马迁：《史纪·秦始皇本纪第六》，北京：中华书局，1982年，第278页。

史载之详矣。"(《后汉书·皇后纪第十上》)[①]秦汉交替,《后汉书》勾勒出由从秦朝夫妇之道沦丧到汉代外戚专权乱政的历史轨迹。到了荀爽时期,皇权式微伴随外戚与宦官交替干政,夫妇之义以及根基于此的礼义秩序混乱到不堪的地步,"妖幸毁政之符,外姻乱邦之迹"成为汉末政治的主流特征。荀爽纵观历史,一针见血地指出时代弊病和政治乱象的症结所在:"今汉承秦法,设尚主之仪,以妻制夫,以卑临尊,违乾坤之道,失阳唱之义。"(《后汉书·荀爽传》)[②]

"以妻制夫,以卑临尊"的夫妇之道丧乱成祸,这在《周易》经传已有相关内容,戒之殷殷。《困》卦䷮六三曰:"困于石,据于蒺藜,入于其宫,不见其妻,凶。"妻子为主持家室之主,"入于其宫,不见其妻"意味着阴阳不和、夫妇之道不全,礼义秩序就无从建立,必然导致祸乱。《小畜》卦䷈九三曰:"舆说辐,夫妻反目。"《象传》曰:"夫妻反目,不能正室也。"《恒》卦䷟六五:"恒其德,贞,妇人吉,夫子凶。"其《象传》曰:"妇人贞吉,从一而终也。夫子制义,从妇凶也。"荀爽注《未济》卦䷿六三"未济,征凶,利涉大川"曰:"未济者,未成也。女在外,男在内,婚姻未成。征上从四则凶。利下从坎,故'利涉大川'矣。"[③]

《姤》卦䷫"女壮,勿用取女",是坤阴侵凌乾阳、夫妇之道沦丧的最形象表达了。《姤》卦䷫巽下乾上,初爻坤阴起于下,呈现阴气息长、阳气消退的一阴消五阳格局。《彖传》曰:"姤,遇也,柔遇刚也。"即阴气上升遇到刚而消刚。从人道而言,《姤》卦䷫呈现坤阴逐渐壮大而乾阳逐渐衰弱的"女壮"男弱之象。这对乾刚坤柔、阳尊阴卑的夫妇之道而言无疑是颠覆,所以不可不戒:"勿用取女,不可与长也"。

《姤》卦䷫"女壮"致乱,颇能象征两汉尤其是东汉时期女权外戚干政

① [宋]范晔:《后汉书·皇后纪第十上》,北京:中华书局,1982年,第399页。
② [宋]范晔:《后汉书·荀韩锺陈列传第五十二》,北京:中华书局,1982年,第2055页。
③ [清]李道平:《周易集解纂疏》,北京:中华书局,1994年,第537页。

乱国的时代特征。《后汉书》首次专列《皇后纪》为皇后作传、重申后妃制度，这固然是汉代礼乐制度复兴的标志，也是汉代女权突出深刻影响汉代政治的表现。[①]《皇后纪》记载各位皇后皇妃，高度表彰贤良淑德的皇后，如光武帝时光烈皇后阴丽华、明帝时候明德马皇后，但更多的还是记录层出不穷的内宫干政祸国乱民的历史教训。《皇后纪》有一段对东汉后期“女壮”乱国历史的精当概括：

> 汉仍其谬，知患莫改。东京皇统屡绝，权归女主，外立者四帝，临朝者六后，莫不定策帷帝，委事父兄，贪孩童以久其政，抑明贤以专其威。任重道悠，利深祸速。身犯雾露于云台之上，家婴缧绁于圄犴之下。湮灭连踵，倾辀继路。而赴蹈不息，燋烂为期，终于陵夷大运，沦亡神宝。[②]

秦始皇中央高度集权统一帝国的建立，使在春秋战国已经江河日下的周代礼乐秩序彻底瓦解崩溃，集权帝国新型的君臣关系、夫妇关系并未随着帝国的建立而马上确立。秦始皇“宫备七国”、汉武帝“掖庭三千”，随着历代君主较少限制的最高权力和骄奢淫逸，夫妇之道悖乱所引发的外戚问题及其政治后果日益严重。“外立者四帝”指由外戚势力操纵扶植的安帝、质帝、桓帝和灵帝，“临朝者六后”指明确走向政治前台临朝听政的章帝窦太后、和熹邓太后、安思阎太后、顺烈梁太后、桓思窦太后和灵思何太后。外戚专政政治现象主要包括这样几个特点：第一是国家大政由公开皇权转为外戚私家，第二是重臣任用依靠父兄血缘，第三是排斥贤臣垄

---

① 《后汉书》首辟《列女传》，载鲍宣妻等 17 位淑德女性。《后妃纪》与《列女传》的开辟，表明女权在东汉礼乐文化兴盛和政治文化生活中占有重要地位，以及汉代经学背景中对夫妇之道和女性美德的塑造。

② ［宋］范晔：《后汉书·皇后纪第十上》，北京：中华书局，1982 年，第 401 页。

断权力，第四也是最恶劣的则是扶植操控无知幼童即位窃取最高皇权。常年历代的外戚专权造成严重恶劣的政治后果，在于皇权争夺中还促使宦官势力坐大，造成东汉后期外戚与宦官围绕皇权或苟且或争斗。常年混乱无序的政治斗争没有一个政治势力能够取得永恒的胜利，东汉朝廷成了运转不停的绞肉机，各大外戚家族接连败亡倾覆，"湮灭连踵，倾辀继路"；而东汉王朝也在各种政治势力的互相绞杀中一步步走入历史。

外戚势力与宦官集团或勾结或争斗中，进一步加剧皇权式微和政治动荡。摘录《后汉书》所载连续几位皇帝即位情况，可见当时政局混乱一斑：

> 孝和皇帝讳肇，……即皇帝位，年十岁。尊皇后曰皇太后，太后临朝。①
>
> 孝殇皇帝讳隆，……即皇帝位，时诞育百余日。尊皇后曰皇太后，太后临朝。②
>
> 孝安皇帝讳祜，……即皇帝位，年十三。太后犹临朝。③
>
> 孝顺皇帝讳保，……即皇帝位，年十一。④
>
> 孝冲皇帝讳炳，……即皇帝位，年二岁。尊皇后曰皇太后。太后临朝。⑤
>
> 孝质皇帝讳缵，……即皇帝位，年八岁。……闰月甲申，大将军梁冀潜行鸩弑，帝崩于玉堂前殿，年九岁。⑥
>
> 孝桓皇帝讳志，肃宗曾孙也。……会质帝崩，太后遂与兄大将军

---

① [宋]范晔：《后汉书·孝和孝殇帝纪第四》，北京：中华书局，1982 年，第 165 页。
② [宋]范晔：《后汉书·孝和孝殇帝纪第四》，北京：中华书局，1982 年，第 195 页。
③ [宋]范晔：《后汉书·孝安帝纪第五》，北京：中华书局，1982 年，第 203 页。
④ [宋]范晔：《后汉书·孝顺孝冲孝质帝纪第六》，北京：中华书局，1982 年，第 245 页。
⑤ [宋]范晔：《后汉书·孝顺孝冲孝质帝纪第六》，北京：中华书局，1982 年，第 275 页。
⑥ [宋]范晔：《后汉书·孝顺孝冲孝质帝纪第六》，北京：中华书局，1982 年，第 276 页。

冀定策禁中,闰月庚寅,使冀持节,以王青盖车迎帝入南宫,其日即皇帝位,时年十五。太后犹临朝政。①

孝灵皇帝讳宏,……桓帝崩,无子,皇太后与父城门校尉窦武定策禁中,……即皇帝位,年十二。②

皇子辩即皇帝位,年十七。尊皇后曰皇太后,太后临朝。……九月甲戌,董卓废帝为弘农王。③

这九位载入史册的皇帝名号勾勒出东汉后期细若游丝的皇权脉络。《易》曰:“负且乘,致寇至。”皇帝以幼童小子乘君王重器,这既是外戚宦官交替专政之因,也是外戚宦官交替专政之果,背后则是此起彼伏的政治搏杀和血腥争斗,是一个个世家大族其兴也忽其亡也忽,以及天下无数黎民百姓身陷水火。

(四)再倡夫妇大义恢复礼义秩序的政治吁求

早在东汉光武立国之初,经过西汉两百余年层层积累的外戚问题已经成为国家一大病患,英明的光武帝对此高度警惕,对襄助复兴汉室后又依附自身的新兴外戚予以制约。《东观记》记载:“光武闵伤前代权臣太盛,外戚与政,上浊明主,下危臣子,后族阴、郭之家不过九卿,亲属荣位不能及许、史、王氏之半耳。”光武中兴,得力于众多世家大族的支持,其中就有阴皇后家族和郭皇后家族的全力支持,但光武分封其家族“不过九卿”,连带受益亲属荣位也远远少于许、史和王氏等前代外戚家族,借限制阴、郭家族等新兴外戚对东汉整个外戚集团予以约束。

汉明帝是光武帝的第四个儿子,母亲就是著名的阴皇后。他“十岁能

① [宋]范晔:《后汉书·孝桓帝纪第七》,北京:中华书局,1982年,第287页。
② [宋]范晔:《后汉书·孝灵帝纪第八》,北京:中华书局,1982年,第327－328页。
③ [宋]范晔:《后汉书·孝灵帝纪第八》,北京:中华书局,1982年,第357－359页。

通《春秋》”,后又“师事博士桓荣,学通《尚书》”,自幼受儒家经学熏陶,具备良好的君德修养。与东汉多数皇帝昏庸无知不同,汉明帝是位通经明哲的君主,他也清醒认识到汉代外戚干政的政治弊病并态度明确地严防杜绝,明确提出“后宫之家,不得封侯与政”。明帝下诏书表明光武帝是“受命中兴”而自己是“奉承圣业”,重申皇帝权威和君臣之分,要求臣僚尽辅助的臣属职责:“圣恩遗戒,顾重天下,以元元为首。公卿百僚,将何以辅朕不逮?”[①]这就为遵奉光武制度、限制外戚势力坐大干政提供政治依据。

因此,在馆陶公主为她孩子求封郎官的时候,汉明帝“赐钱千万”予以婉拒。他明确宣告群臣:“郎官上应列宿,出宰百里,有非其人,则民受其殃,是以难之。”[②]馆陶公主是光武帝之女、汉明帝之姐,她为子求官却被明确拒绝并宣之于朝廷,这显然是明帝对整个朝野尤其外戚势力表明了立场。明帝限制外戚的做法取得明显成效,大大约束了外戚势力对各级行政的干涉,使皇权治下政令畅通,“吏称其官,民安其业”,取得“远近肃服,户口滋殖”的良好政治效果。《后汉书》高度评价汉明帝明确礼义秩序、君臣之分,尤其限制外戚的做法,其论曰:“明帝善刑理,法令分明。日晏坐朝,幽枉必达。内外无幸曲之私,在上无矜大之色。断狱得情,号居前代十二。故后之言事者,莫不先建武、永平之政。”[③]其赞语更加透彻点明明帝治国成功的关键:“显宗丕承,业业兢兢。危心恭德,政察奸胜。备章朝物,省薄坟陵。永怀废典,下身遵道。登台观云,临雍拜老。懋惟帝绩,增光文考。”[④]“危心恭德,政察奸胜”,实质就是对外戚集团干政祸国的高度警惕和严格约束;“永怀废典,下身遵道”则是约束制约外戚集团的有效措

① [宋]范晔:《后汉书·显宗孝明帝纪第二》,北京:中华书局,1982年,第96页。
② [宋]范晔:《后汉书·显宗孝明帝纪第二》,北京:中华书局,1982年,第124页。
③ [宋]范晔:《后汉书·显宗孝明帝纪第二》,北京:中华书局,1982年,第124页。
④ [宋]范晔:《后汉书·显宗孝明帝纪第二》,北京:中华书局,1982年,第125页。

施。“废典谓明堂、辟雍之礼，历汉不行”，明帝治国在理想上依经学礼法，尤其追慕“明堂、辟雍”等圣王大礼；在实际理政则“下身遵道”，“下身谓进爵授绥之类”。总之，汉明帝通过彰明礼义秩序制度，明确夫妇君臣之分，严格限制外戚，维护君权权威和官僚体系正常运行。汉明帝以礼义制度为根本、以限制外戚为核心的治国策略成效显著，其政绍续光武帝业并增添光彩，“懋惟帝绩，增光文考”，“故后之言事者，莫不先建武、永平之政”。

东汉时期光武帝光烈阴皇后、明帝明德马皇后就是后妃之德、母仪天下的典范。阴皇后即著名历史典故“娶妻当娶阴丽华”的主角。阴皇后“雅性宽仁”，她与其家族陪光武帝起事创业，顾全大局包容谦让，固辞皇后封号让于郭氏，相夫教子仁孝矜慈，深得光武帝与明帝信赖倚重和臣民敬仰爱戴。马皇后是伏波将军马援的小女儿，与光武阴皇后一样，她也是与丈夫琴瑟和谐感情甚笃，同样相夫教子谦柔恭顺贤良淑德，同样坚辞皇帝对其家族的封赏、明确防范自家作为外戚势力的膨胀。更难能可贵的是，马皇后出于经学世家，熟读经史深明礼义，“常与帝旦夕言道政事，及教授诸小王，论议经书，述作到叙平生，雍和终日。”尤其章帝即位她成太后，屡次坚辞皇帝封赏，从太后角度分析外戚问题，这些言论存于史册，历经千年依然闪耀光辉。

第一次，章帝提出并朝臣奏请要给马太后兄弟封爵，并以大旱为征兆、旧典为依据。马太后予以拒绝，专门下诏曰：

> 凡言事者皆欲媚朕以要福耳。昔王氏五侯同日俱封，其时黄雾四塞，不闻澍雨之应。又田蚡、窦婴，宠贵横恣，倾覆之祸，为世所传。故先帝防慎舅氏，不令在枢机之位。诸子之封，裁令半楚、淮阳诸国，常谓‘我子不当与先帝子等’。今有司奈何欲以马氏比阴氏乎！吾为天下母，而身服大练，食不求甘，左右但著帛布，无香熏之饰者，欲身率下也。以为外亲见之，当伤心自来，但笑言太后素好俭。前过濯龙

门上，见外家问起居者，车如流水，马如游龙，仓头衣绿褠，领袖正白，顾视御者，不及远矣。故不加谴怒，但绝岁用而已，冀以默愧其心，而犹懈怠，无忧国忘家之虑。知臣莫若君，况亲属乎？吾岂可上负先帝之旨，下亏先人之德，重袭西京败亡之祸哉！①

第二次，章帝以巩固皇权和军政所需为由，重新请求给舅氏封爵。太后报曰：

吾反复念之，思令两善。岂徒欲获谦让之名，而使帝受不外施之嫌哉！昔窦太后欲封王皇后之兄，丞相条侯言受高祖约，无军功，非刘氏不侯。今马氏无功于国，岂得与阴、郭中兴之后等邪？常观富贵之家，禄位重叠，犹再实之木，其根必伤。且人所以愿封侯者，欲上奉祭祀，下求温饱耳。今祭祀则受四方之珍，衣食则蒙御府余资，斯岂不足，而必当得一县乎？吾计之孰矣，勿有疑也。夫至孝之行，安亲为上。今数遭变异，谷价数倍，忧惶昼夜，不安坐卧，而欲先营外封，违慈母之拳拳乎！吾素刚急，有匈中气，不可不顺也。若阴阳调和，边境清静，然后行子之志。吾但当含饴弄孙，不能复关政矣。②

第三次，在“天下丰稔，方垂无事”情况下，章帝封马太后三个兄弟为列侯。太后再一次拒绝，三人不得已“受封爵而退位归第”，放弃军事实权。马太后曰：

圣人设教，各有其方，知人情性莫能齐也。吾少壮时，但慕竹帛，

① ［宋］范晔：《后汉书·皇后纪第十上》，北京：中华书局，1982年，第411页。
② ［宋］范晔：《后汉书·皇后纪第十上》，北京：中华书局，1982年，第412页。

志不顾命。今虽已老，而复‘戒之在得’，故日夜惕厉，思自降损。居不求安，食不念饱。冀乘此道，不负先帝。所以化导兄弟，共同斯志，欲令瞑目之日，无所复恨。何意老志复不从哉，万年之日长恨矣！①

马太后的三次论说所体现，除了她高尚的后妃之德外，还有高超的经学修养和明哲的政治智慧。三次论说，都紧紧围绕辞让皇帝封赏、限制自家外戚的主旨。马太后驳斥以阴阳灾异论说分封外戚的谬论，指出“先帝防慎舅氏，不令在枢机之位”“受高祖约，无军功，非刘氏不侯”的朝廷制度，同时历数西汉外戚王氏、田氏、窦氏、霍氏等家族“宠贵横恣，倾覆之祸”的历史教训，最后马皇后都落实到拒绝分封、限制家族势力上，不与阴氏、郭氏攀比。她敏锐洞察汉朝外戚势力坐大威胁皇权的政治弊病，是造成西汉覆灭“西京败亡之祸”的原因；深刻分析外戚家族权力膨胀宠贵横恣对皇权、国家最终对自身造成的致命伤害，立场坚定态度鲜明地彰明夫妇之义、君臣之道，“吾但当含饴弄孙，不能复关政矣”，“所以化导兄弟，共同斯志，欲令瞑目之日，无所复恨”。在遵守夫妇之义、君臣之道和朝廷礼仪制度上，马太后所言与所行完全一致。她与明帝琴瑟和谐，相夫“言道政事”，教子“教授诸小王，论议经书”。对马氏家族严格管理奖罚分明：“其外亲有谦素义行者，辄假借温言，赏以财位。如有纤介，则先见严恪之色，然后加谴。”作为直接利益的当局者，马太后以皇后、太后身份对限制外戚势力、彰明夫妇君臣礼义身体力行；她对汉朝外戚干政现象的分析与荀爽给桓帝的奏议内容一致，只是二人身份不同、角度有异而已。

马太后的身份和地位决定她可以不加避讳地直言外戚专权之弊，作为臣属士大夫的荀爽就比较委婉曲折暗示这一问题并提供解决方案。荀爽主张，根本之策在于重建礼义制度：“宜改尚主之制，以称乾坤之性。遵

① ［宋］范晔：《后汉书·皇后纪第十上》，北京：中华书局，1982年，第413－414页。

法尧汤,式是周孔”,直接措施是“诸非礼聘未曾幸御者,一皆遣出”。荀爽批评的直接问题是桓帝混乱夫妇之义、“后宫采女五六千人”的悖礼现象,并未直接挑明积弊、挑战外戚整体。这种含蓄批评既是荀爽不得已,也是他的明智策略。对于桓帝是否采纳自己进言整顿外戚势力、根治汉朝数百年政治积弊,估计荀爽也没有抱太大希望。荀爽曾写信给同是党人的李膺,表明生于乱世明哲保身的意思:

> 久废过庭,不闻善诱,陟岵瞻望,惟日为岁。知以直道不容于时,悦山乐水,家于阳城。道近路夷,当即聘问,无状婴疾,阙于所仰,顷闻上帝震怒,贬黜鼎臣,人鬼同诛,以为天子当贞观二五,利见大人,不谓夷之初旦,明而未融,虹蜺扬辉,弃和取同。方今天地气闭,大人休否,智者见险,投以远害。虽匮人望,内合私愿。想甚欣然,不为恨也。愿怡神无事,偃息衡门,任其飞沈,与时抑扬。①

这表明荀爽既有儒者对现实政治天下疾苦的深切关怀,亦有易学大家洞察时势知进知退的高明智慧。荀爽也明白,外戚专权乱政祸国问题不在外戚本身,而在于高度集权的帝国礼义秩序的失效紊乱,这其中关键就在于最高皇权。乾天坤地、阴阳男女和君臣夫妇的理想状态也是正常状态,“天子当贞观二五,利见大人”,而现实则“夷之初旦,明而未融,虹蜺扬辉,弃和取同”。荀爽清醒地意识到,“天地气闭,大人休否”,智者的做法就是明哲保身、“投以远害”。荀爽恳切劝说李膺“与时抑扬”急流勇退,他本人在上书桓帝之后迅速抽身离开朝廷。

① [宋]范晔:《后汉书·党锢列传第五十七》,北京:中华书局,1982年,第2195–2196页。

四、拯救现实疾苦的淑世情怀与重建礼乐秩序的价值理想

（一）东汉的政治格局与士族崛起

"汉承秦制"，在建立以皇权为中心的大一统帝国方面，四百余年的汉朝与十五年而亡的秦朝是一脉相承的。汉高祖亡秦灭楚建立大汉，他所接受的秦朝政治遗产，除了广袤的疆土、统一的帝国，还有秦朝开创的如"郡县制"等一系列政治制度。文帝、景帝以"黄老"治国，一方面是皇帝无为而治、与民休息；另一方面则是依照秦制建立的行政运作体系及其"法治"。汉武帝通过推恩削藩、开疆拓土，进一步加强了中央集权和帝国影响力，尤其"罢黜百家，独尊经术"、重用儒生推崇经学，在究天人之际的高度实现意识形态的大一统，持续论证并不断开拓以皇权为核心大一统帝国的政治合法性，由此以经学为主体的汉朝文化成为中华文明的标志性高峰。

以皇权为核心的大一统帝国的建立，标志着自春秋战国以来600余年"周秦之变"的历史性完成。同样基于血缘关系，周王室通过分封建制和宗亲礼法约束各诸侯国，周王室和诸侯国均保持一定的独立性，两者之间的关系相对松散；而秦汉建立的大一统帝国则以皇权为核心、以郡县制度为联络，中央与地方的关系更加紧密，相应冲突也更加频繁。在这一次真正意义上的结构性社会转型中，各个社会阶层、政治力量围绕新的最高政治权威——皇权展开此起彼伏的竞争和演化。

在以血缘为纽带、家庭为单元的宗法社会环境里，皇权的建立与维系必须依托于世家大族和宗族势力，否则皇权就会孤立无援不能长久。班固总结秦汉更迭的历史经验指出，秦朝集权过度所以失去各种政治势力的支持，而这些政治势力又转而成为秦朝的反对者，促成了汉朝的勃兴。

《汉书·异姓诸侯王表第一》云：

> 秦既称帝，患周之败，以为起于处士横议，诸侯力争，四夷交侵，以弱见夺。于是削去五等，堕城销刃，箝语烧书，内锄雄俊，外攘胡粤，用壹威权，为万世安。然十余年间，猛敌横发乎不虞，适戍强于五伯，闾阎逼于戎狄，响应于谤议，奋臂威于甲兵。乡秦之禁，适所以资豪杰而速自毙也。是以汉亡尺土之阶，繇一剑之任，五载而成帝业。书传所记，未尝有焉。何则？古世相革，皆承圣王之烈，今汉独收孤秦之弊。镌金石者难为功，摧枯朽者易为力，其势然也。①

"乡秦之禁，适所以资豪杰而速自毙也"，指秦朝皇帝高度集权对地方政治势力和权力的禁锢，这造成"资豪杰而速自毙"的反对力量。高祖刘邦自身"亡尺土之阶"，却能够"五载而成帝业"，就是充分借助被秦皇过度集权打压的各种势力，"收孤秦之弊"，成不世之功。

汉朝初年朝廷内部的政治格局中，首先是基于血缘关系的刘姓诸王，其次是辅助刘邦开国创业的文武功臣，再次是还处于隐而未露的吕姓外戚。汉朝立国伊始，按照血缘亲疏和开国功勋分封王侯，一是分封同姓诸王，"高祖末年，非刘氏而王者，若无功上所不置而侯者，天下共诛之。高祖子弟同姓为王者九国，唯独长沙异姓"，这显然借鉴周朝王室衰微而灭于诸侯王国和秦朝中央集权过度缺少宗室藩王辅助的历史教训。二是分封创立汉朝的开国功臣，"功臣侯者百有余人"，这既是"赏功"的道义之举，也是基于现实政治的考量："天下初定，骨肉同姓少，故广强庶孽，以镇抚四海，用承卫天子也。"②

---

① ［汉］班固：《汉书·异姓诸侯王表第一》，北京：中华书局，1987 年，第 364 页。
② ［汉］司马迁：《史记·汉兴以来诸侯王年表第五》，北京：中华书局，1987 年，第 802 页。

汉初朝廷内部皇室宗亲、开国功臣的政治格局是在历史流变中形成，亦在历史流变中演进。皇室宗亲中的同姓藩王就经历盛极坐大继而被削除国。“汉定百年之间，亲属益疏，诸侯或骄奢，忕邪臣计谋为淫乱，大者叛逆，小者不轨于法，以危其命，殒身亡国。”[①]这一过程在汉武帝时期最为明显，其目的就是加强中央集权、持续巩固皇权，“强本干弱枝叶之势，尊卑明而万事各得其所矣”[②]。

开国功臣中既有秦朝旧部、战国贵族后裔，也有秦汉之际新兴的地方势力；汉初受封功臣往往发展成新的豪门大族，而随着汉朝国势日益增强和政治变迁，这些豪门大族也随之浮沉变化。“天下初定，故大城名都散亡，户口可得而数者十二三，是以大侯不过万家，小者五六百户。后数世，民咸归乡里，户益息，萧、曹、绛、灌之属或至四万，小侯自倍，富厚如之。子孙骄溢，忘其先，淫嬖。”至武帝太初年间，开国受封的百余诸侯已经是“见侯五，余皆坐法陨命亡国，耗矣。”而至于东汉哀平之际，这些开国权贵的后裔已经丧失政治特权，“皆继体苗裔，亲属疏远，生于帷墙之中，不为士民所尊，势与富室亡异”[③]。

经过两汉嬗变、光武中兴，东汉的政治生态远较西汉初年错综复杂；到了荀爽所处的东汉后期，政治腐败、社会动荡，皇权式微、宗室衰落、外戚专权、宦官干政、世家竞起……以皇权为核心的大一统帝国经历首次辉煌后陷入政治泥潭。

东汉政局的剧烈动荡，发端于东汉皇权衰弱，而这与皇权的肉身所系——皇帝的寿命短促直接关联。东汉章帝之后的百余年时间，先后经历和帝至献帝 11 位皇帝，大多都是幼年即位，其中殇帝、婴帝和冲帝不到 1 岁就被扶上皇位然后匆匆废黜。东汉皇权频繁更迭、主少国疑的状况，

① ［汉］司马迁：《史记・汉兴以来诸侯王年表第五》，北京：中华书局，1987 年，第 802 页。
② ［汉］司马迁：《史记・汉兴以来诸侯王年表第五》，北京：中华书局，1987 年，第 803 页。
③ ［汉］司马迁：《史记・高祖功臣侯者年表第六》，北京：中华书局，1987 年，第 879 页。

既由于皇室系统子息较弱,也缘于外戚或宦官立幼童以擅政;自和帝以降,东汉政局陷入皇室、外戚与宦官围绕皇权展开的激烈争夺和绞杀,社会随之更加动荡混乱。

东汉皇权式微、政治动荡的背后是世家大族的纠葛斗争,朝堂的胜负往往决定宗族的兴衰,而宗族的势力又反过来影响朝堂的较量,刘姓皇室、开国功勋、历代外戚、地方豪族,在两汉四百年间盘根错节、此起彼伏。在汉朝复杂的政治生态尤其在崇经尊儒的国策影响下,士族从世家大族中脱胎而出,成为东汉后期一个重大社会现象,对中国政治和社会历史影响极其深远。

表 1 – 1　东汉帝后外戚、宦官简表

皇帝/即位年龄/寿数			外戚	宦官
光武帝	25	63	阴丽华为后,阴氏家族	
明帝	30	48	马皇后家族	
章帝	19	31	窦皇后家族	
和帝	10	27	窦太后、窦宪等窦氏外戚 立阴氏为后,纳邓绥入宫	
殇帝	1	1	邓绥邓骘等邓氏外戚	
安帝	13	32	邓太后邓氏外戚、耿贵人 兄弟耿宝、阎皇后兄弟	
婴帝	1	1	太后阎姬、阎氏外戚	
顺帝	11	30		以孙程为首 19 名 宦官(中黄门)
冲帝	1	3		
质帝	8	9	梁太后、大将军梁翼	
桓帝	15	36		
灵帝	12	33		十常侍
少帝	15	15		
献帝	9	53		

（二）荀爽的淑世情怀和价值理想

荀爽生长于儒学传家的经学世家，积学成为一代硕儒，将荀氏家学发扬光大。儒学的价值期许并非书斋里的寻章摘句，而是以贯通天人的学问经世致用，通过重整礼乐政教秩序安顿好家国天下中每个人的天性与角色。荀爽生逢汉王朝礼乐崩坏、秩序颠倾的桓灵二帝时期，朝政糜烂不可为，时缓时急的政治绞杀甚至预示着更加剧烈的政治动荡。现实政治压迫的切肤之痛对荀爽的影响是双面的，一方面朝政糜烂不可为，荀爽清醒地意识到现实政治宦官外戚强权乱政，没有礼乐政教的现实条件；另一方面这更加激发着荀爽对天下深沉的忧患意识和作为士人儒者强烈的使命担当。纵观荀爽一生，孜孜以求朝乾夕惕，始终浸润于儒家经学怀抱拯救乱政重整礼乐的热切理想，又始终行走在政治的边缘，虽然避开政治绞杀免于刑戮，却终究没有机会实现自己整顿礼乐秩序安顿天下黎民的儒者夙愿。这是混乱时势裹挟与荀爽主动选择的共同结果，很难说这是幸运抑或不幸。通过有限的历史文献，梳理荀爽家世渊源、人生经历和治学内容，剖析荀爽以乾升坤降卦气说为核心的易学思想、宇宙意识，以及重申君臣夫妇之义、再倡人文礼仪秩序的经学内涵，我们对荀爽思想倾向就会有比较深刻的了解。

一是荀爽身上体现出对东汉后期时局动荡、家国倾危的深切忧患意识和热烈关切情怀，以及拯救天下危亡为己任的强烈的儒者担当。

自孔子以降，不论是孟子仁政王道还是荀子礼制法术，不论是孔门后学还是汉代儒生，儒家传统都注目于社会现实人伦秩序，以尊崇圣王建设礼乐制度、安置君臣各得其位解民于倒悬为理想，所以儒者都具有关切现实政治和黎民疾苦的浓烈情怀，并积极以入仕干政为要务。汉代易学家中，焦赣学以致仕任小黄令，以易道治民理政，京房在朝中与权臣争斗被贬，仍然屡屡上书以至卫道丧身。荀爽出身经学世家，由荀子到荀爽，儒学传家十二世，礼乐经学积淀深厚，儒家淑世情怀浓烈。然而遗憾的是，荀爽生当桓灵之际，大汉王朝早已盛极而衰，社会政治混乱腐败到不可救药的地步，与汉代政治相表里的汉代经学儒业也相应由繁盛高峰坠落到支离散乱。如此，满腔圣王理想、入世抱负的荀爽可谓生不逢时。荀爽作为学贯天人的经学硕儒和易学大家，对桓灵之际的现实政治和历史时势自然拥有清醒的研判，但浓厚的淑世情怀和儒者担当又令他难以完全遁世不顾，所以在被动裹挟和主动选择之中，荀爽多次与中央权力发生关系，在党锢解禁之后至少三次被征选入朝。荀爽或辞或就，尤其是最后一次被董卓征召，到京就职，以至于被人诟病，以为荀爽犹疑于仕隐之间，不能免于一己名利之累。然而，当事者的具体情境，未必是旁观清议者所能了解，荀爽屈从董卓的期间时势复杂事态多变，《荀爽传》的作者范晔深有理解，为荀爽人生后期的政治行为作了同情性辩护。《后汉书·荀爽传》论曰：

> 荀爽、郑玄、申屠蟠俱以儒行为处士，累征并谢病不诣。及董卓当朝，复备礼召之。蟠、玄竟不屈以全其高。爽已黄发矣，独至焉，未十旬而取卿相。意者疑其乖趣舍，余窃商其情，以为出处君子之大致也，平运则弘道以求志，陵夷则濡迹以匡时。荀公之急急自励，其濡迹乎？不然，何为违贞吉而履虎尾焉？观其逊言迁都之议，以救杨、黄之祸。及后潜图董氏，几振国命，所谓“大直若屈”，道固逶迤也。[1]

面对的虽是最高权力却并不符合儒家正义的朝廷和董卓征召，郑玄和申屠蟠“谢病不诣”“不屈以全其高”，表现出儒者处士一以贯之的操守，

① ［宋］范晔：《后汉书·荀韩钟陈列传第五十二》，北京：中华书局，1982年，第2057－2058页。

而荀爽在拒绝朝廷征召之后，却被董卓征召，重用为卿相，这是否是荀爽前后乖离、有悖操守呢？历史的真相往往并不在于笼统的表面而是在于具体的细节，对荀爽被董卓征召、重用的情形，《后汉书》的记述简略却十分清晰：

> 献帝即立，董卓辅政，复征之（荀爽）。爽欲遁命，吏持之急，不得去，因复就拜平原相。行至宛陵，复追为光禄勋。视事三日，进拜司空。爽自被征命及登台司，九十五日。因从迁都长安。①

荀爽屈从于董卓，其中有两个细节值得注意：一是被征召出于被强迫无奈。面对董卓的征召，荀爽的第一反应是拒绝逃走“遁命”，但“吏持之急，不得去”，被迫“因复就拜平原相”；至于后面“追为光禄勋”“进拜司空”，亦是在短短九十五日内被连续任命的。这一方面表明在紧急变化的情形中荀爽被迫屈从为官，另一方面也表明董卓对荀爽的高度认可与看重。当然，董卓作为汉末军阀，其凶残暴虐和破坏性毋庸置疑，可其对一些名士的尊重与礼遇也不可否认。如大学问家蔡邕卷入汉末残酷的政治纷争而被十常侍陷害，亡命海滨十年；后来就是受到董卓的赏识和提拔：“卓重邕才学，厚相遇待，每集谟，辄令邕鼓琴赞事，邕亦每存匡益。”②“卓为太尉，辟为掾，以高第为侍御史治书，三日中遂至尚书。后迁巴东太守，卓上留拜侍中，至长安为左中郎将。卓重其才，厚遇之。每有朝廷事，常令邕具草。”《后汉书》蔡邕本传记载，蔡邕“三日之间，周历三台”③。《三国志·董卓传》注引张璠《汉纪》，记述“卓为太尉，辟为掾，以高第为侍御

---

① ［宋］范晔：《后汉书·荀韩钟陈列传第五十二》，北京：中华书局，1982 年，第 2057 页。
② ［宋］范晔：《后汉书·蔡邕列传第五十下》，北京：中华书局，1982 年，第 2006 页。
③ ［宋］范晔：《后汉书·蔡邕列传第五十下》，北京：中华书局，1982 年，第 2005 页。

史、治书，三日中遂至尚书。”①荀爽九十五日内“及登台司”，与蔡邕“三日之间，周历三台”“遂至尚书”何其相似，不论是爱惜人才还是借助名望，这不能不说是大军阀董卓对天下名士的超擢重用。

然而，荀爽与蔡邕又有不同。蔡邕受董卓知遇之恩，发动乎私情，“及卓被诛，邕在司徒王允坐，不意言之而叹，有动于色”，以至于被王允收监入狱、死于狱中；《三国演义》更加演绎出蔡邕在董卓死后抚尸而哭的桥段。荀爽对当时政治生态、对董卓其人及其对自己的恩遇有更加冷峻和清醒的认识：“爽见董卓忍暴滋甚，必危社稷”。在被迫从政、不能脱身的情势下，荀爽顺势而为、见机行事，利用自身所处地位予以经营，试图铲除奸雄、恢复朝政：“其所辟举皆取才略之士，将共图之，亦与司徒王允及卓长史何颙等为内谋。会病薨，年六十三。”②荀爽一方面积极引荐辟举有志于复兴汉室的才略之士，一方面与王允何颙等人图谋诛杀董卓，可惜天不假年，病逝于董卓被诛之前。

细细追究荀爽屈从于董卓的具体情况，可以看出黄发荀爽委曲以求全、事董而图远，这就是《后汉书》所谓“濡迹以匡时”。在范晔看来，士人君子“平运则弘道以求志，陵夷则濡迹以匡时”，身处桓灵之际军阀混战之时，荀爽屈从董卓既置身于凶险之地又污损自身名节，无疑是“违贞吉而履虎尾”；而之所以如此，源于坚守儒者志向而又随时应变，宁可委屈自己，间接从事铲除奸恶解天下倒悬的儒者事业。

范晔与荀爽相去不远，对东汉末年混乱政局都有切身体会，身处乱世，儒者会心，范晔评价晚年荀爽屈从董卓之举为儒者忍辱负重之行，“大直若屈，道固逶迤”，可谓知音之论也。清人秦笃辉《平书·人事篇上》曾云：“荀淑正言于梁氏用事之日，子爽濡迹于董卓专命之朝。”短短两句话，

---

① ［晋］陈寿：《三国志·魏书·董二袁刘传》，北京：中华书局，1985年，第180页。

② ［宋］范晔：《后汉书·荀韩钟陈列传第五十二》，北京：中华书局，1982年，第2057页。

概括荀淑荀爽父子一则在梁氏专权仗义执言一则在董卓暴政屈身匡时，重重推崇了经学世家荀爽父子在汉末乱世担当兴亡、淑世干政的大仁大勇。

二是基于对现实的关切和儒者担当，作为时代大儒和经学家的荀爽除了上书言政，更以学术著述传承经学开创新篇，以易学和儒家经学的学术创造表达再造重整东汉礼乐精神、政治规范和社会秩序的理想。在延熹九年荀爽拜郎中后的对策条陈中，荀爽从“汉为火德”的汉朝立国的国运根本出发，依次提出尊崇孝道重视丧礼、明确夫妇端正人伦的措施，系统表达重整汉朝政治秩序、重建礼乐文明秩序的治国救世主张。

首先，崇孝道，重丧礼。荀爽借师传之言指出，根据天命推移、五行终始之说，汉为火德。火为木子，在南方四时之夏位，木至夏而茂盛壮大，火王温养百木，为火对木之孝。“臣闻之于师曰：‘汉为火德，火生于木，木盛于火，故其德为孝，其象在《周易》之《离》。’夫在地为火，在天为日。在天者用其精，在地者用其形。夏则火王，其精在天，温暖之气，养生百木，是其孝也。冬时则废，其形在地，酷烈之气，焚烧山林，是其不孝也。”[①] 在五行终始的天道法则和宇宙论基础上，汉朝法天道设政教，依天道国运之火德而崇尚人伦之孝德，推广《孝经》、选举孝廉，作为治国理政的重要措施。而孝德之终结，在于双亲之丧礼，所以需要重视丧礼仪式，改文帝劳谦简陋的丧礼形式，恢复到守丧三年的旧制，如此“增崇孝道而克称火德”、崇国厚俗笃化之道。孔子云：“慎终追远，民德归厚矣。”荀爽指出：“夫失礼之源，自上而始。古者大丧三年不呼其门，所以崇国厚俗笃化之道也。事失宜正。过勿惮改。天下通丧，可如旧礼。”[②]由崇孝道而重丧礼，宗旨就在于由上而下、由远及近地教化人心、纠正民俗，以此作为重整礼乐文明

① [宋]范晔：《后汉书·荀韩钟陈列传第五十二》，北京：中华书局，1982年，第2051页。
② [宋]范晔：《后汉书·荀韩钟陈列传第五十二》，北京：中华书局，1982年，第2051页。

政治秩序的基本出发点。

其次，明夫妇，正人伦。《周易》以天道人事相推用，《系辞·序卦》云："有天地而后有男女，有男女而后有夫妇，有夫妇而后有父子，有父子而后有君臣。"从自然天道到人文伦理，人文世界中人际的伦理秩序、礼仪规范由此生发演绎；而"夫妇人伦之始"，居于承载天道、启发人道的关键位置，阴阳相合、天地交泰、乾健坤顺，包涵礼仪诸种要素，是"王化之端"，为生人所看重。面对汉末礼乐崩塌天下陵夷的混乱局面，荀爽特别强调，明确夫妇身份、彰显乾健坤顺、阳尊阴卑对是重建社会规范人伦秩序的关键。所以荀爽一再引经据典、引证史实，说明女性柔顺之德的重大意义。"夫妇之道，所谓顺也。""鸟则雄者鸣鸲，雌能顺服；兽则牡为唱导，牝乃相从。""阳尊阴卑，盖乃天性。"[①]帝尧嫁女，勤修妇道，所以"以祉元吉"；王姬嫁齐，不加天子之尊。《诗经》初篇《关雎》，先正夫妇；《仪礼》则《士冠礼》为始而《士婚礼》次之，天地《六经》，其旨皆以夫妇之义为人伦发端。荀爽认为，汉朝夫妇之道淡薄，"今汉承秦法，设尚主之仪，以妻制夫，以卑临尊，违乾坤之道，失阳唱之义"。[②] 他并未直接揭发汉末一系列外戚干政的悖逆混乱事实，而是含蓄地将其推溯到汉文帝时代崇尚简朴，但其观点十分明确，"宜改尚主之制，以称乾坤之性"，明夫妇、正人伦，以重新明确夫妇之义作为整顿社会乱象、重整礼乐明秩序的首要任务。

三是荀爽以渊源深厚的气论尤其是卦气说作为构建其思想的哲学基础，彰显出阴阳气论构成荀爽易学有别于他家易学的重要特色，而荀爽易学卦气说成为东汉易学卦气说的重要代表。

昔者圣人建天地之中而谓之礼，礼者，所以兴福祥之本，而止祸

① ［宋］范晔：《后汉书·荀韩钟陈列传第五十二》，北京：中华书局，1982 年，第 2052 页。
② ［宋］范晔：《后汉书·荀韩钟陈列传第五十二》，北京：中华书局，1982 年，第 2052 页。

乱之源也。……阳性纯而能施，阴体顺而能化，以礼济乐，节宣其气。故能丰子孙之祥，致老寿之福。……夫寒热晦明，所以为岁；尊卑奢俭，所以为礼；故以晦明寒暑之气，尊卑侈约之礼为其节也。曰："天地节而四时成。"《春秋传》曰："唯器与名不可以假人。"《孝经》曰："安上治民，莫善于礼。"礼者，尊卑之差，上下之制也。昔季氏八佾舞于庭，非有伤害困于人物，而孔子犹曰"是可忍也，孰不可忍"。《洪范》曰："惟辟作威，惟辟作福，惟辟玉食。"凡此三者，君所独行而臣不得同也。①

气与礼贯通天道与人道。荀爽首先对"礼"予以界定："圣人建天地之中而谓之礼"，既指出礼的内涵本质为圣人效法天地之中和而确立的人文价值，又以"天地"之道和"圣人"暗示出"礼"的神圣性和崇高性。在荀爽看来，礼义确立的等级秩序，源于自然天道的气化节律，如同一岁之内寒热晦明是天气变化的张弛有度，而礼义的尊卑奢俭则是人文世界的疏导和节制："夫寒热晦明，所以为岁；尊卑奢俭，所以为礼；故以晦明寒暑之气，尊卑侈约之礼为其节也。"礼义的节制之义，不是僵化的钳制，而是有序的生成；不是一次性终结而是持续性成就。《节》卦卦辞云："天地节而四时成。"天地之气的流行变化，因为有了节制才有高低起伏寒热晦明，才能促成春生夏长秋收冬藏而成一岁四时。正因礼义法天道设政教的重大性质，所以对人文世界的祸福存亡具有休戚相关的重大意义；人事遵循礼义则福祥吉庆，人事纵欲悖礼则灾害祸乱。荀爽直接断言："礼者，所以兴福祥之本，而止祸乱之源也。人能枉欲从礼者，则福归之；顺情废礼者，则祸归之。推祸福之所应，知兴废之所由来也。"

① ［宋］范晔：《后汉书·荀韩钟陈列传第五十二》，北京：中华书局，1982 年，第 2054 - 2056 页。

在确定人文之礼天地气化的宇宙论来源基础上，荀爽又以阴阳二气、五行之气来解释人文礼义尤其丧礼和婚礼的丰富内涵。他以五德终始说确认“汉为火德”，再以五行生克“火生于木，木盛于火”推论出“其德为孝”，以此作为自己尊崇孝道、重视丧礼的立论基础。荀爽又以阴阳气化节制论说夫妇之礼义：“阳性纯而能施，阴体顺而能化，以礼济乐，节宣其气。故能丰子孙之祥，致老寿之福。”阳气乾健主动，阴气柔顺化成，在乾健坤顺、阳尊阴卑、夫主妇从的格局下，夫妇尽男女人伦，但又节制生理欲望，“以礼济乐，节宣其气”，就能够实现夫妇人伦之道的最大价值和世俗生活的最大幸福，“丰子孙之祥，致老寿之福”。《左传》记载医和为晋侯诊病，讨论夫妇相处之道，指出“天有六气，过则为灾”，而男女之事过度则“疾如蛊，非鬼非食，惑以丧志”。恰当的做法是以先王制定的人文礼乐予以节制疏导，促成夫妇之义。但是，人的生理欲望往往拒斥礼仪制度的约束节制，荀爽指出：“及三代之季，淫而无节。瑶台、倾宫，陈妾数百”，其实质则是“阳竭于上，阴隔于下”。当然，荀爽的批判具有鲜明的现实针对性：“臣窃闻后宫采女五六千人，从官侍使复在其外。”并据此提出明确的救弊措施：“诸非礼聘未曾幸御者，一皆遣出”。荀爽认为，君主采取这一措施，是重建礼乐文明、恢复正常社会秩序的关键，这样能使各方面都受益，带来多种政治利益，是“国家之弘利，天人之大福也”。

余敦康教授曾指出：“荀爽是一位游移于政治与学术之间的知识分子……他的政治观点不仅是前后一贯，一脉相承，带有强烈的现实的针对性，而且在理论上进行了升华，凝结成了一个以中和为基本观念的政治理想了。”[①]荀爽上书后立马抽身离开朝廷，可随后不久又身陷政治的旋涡，淑世救民，至死方休。以荀爽为代表的儒家士大夫群体，即使面对大道凌夷黑暗不堪的政局和社会，一直纠葛于“人望”与“私愿”、理想与现实、常

① 余敦康：《汉宋易学解读》，北京：华夏出版社，2006年，第95页。

道与权变、出仕与隐退、使命责任与自身生存之间，始终未得解脱。然而，荀爽解救乱世生民于倒悬的淑世情怀大悲大愿、“虽千万人吾往矣”孜孜于政治践履和学术著述的大仁大勇，以及沟通天人之际、依法天道设立人文礼仪秩序的智慧，虽然时隔千年，仍然散发着人性的温度、闪耀着人文的光辉。

第二章　郑氏易视野中王道理想的新诠释

中国史上有两个历时绵长、声势宏大、影响深远的文化时期：一为汉代经学，一为宋明理学。前者历时三百余年，后者首尾六百余载。其历时之长久，影响之深刻皆是古今中外文化发展历史上不可复制的。对于一个完整的文化时代而言，前有开山宗祖，后有关门总结的大师，方才称得上是一个完整而完美的时代。即此而言，经学时代幸于理学时代，因为经学时代有一个承当经学总结大任的大师——郑玄，而理学末期则未有如此鲜明、卓越的标志性总结人物。

西汉中后期以后，经学的基本语境逐渐确立并日益巩固。在此语境之下，经学家对于学术实践中的总体的宇宙关怀和经学语境中终极的人文关切的思考也日益深化起来。两汉时期的硕学、大儒层出不穷。在《易》为众经之首，大道本原的时代氛围中，易学家不论在当时，还是在后世，都是最为引人瞩目的学术群体。其中，东汉的郑玄和荀爽、虞翻一道成为东汉中期以后典型的注经派象数易学大师。三人在易学领域均独树一帜、各具特色，取得彪炳历史的学术成就。

第一节　郑玄其人其学概述

郑玄(127 年—200 年)，字康成，东汉中后期北海郡人。他怀抱“但念述先圣之元义，思整百家之不齐”的学术宗旨，汇总、会通两汉诸家诸派学术，遍注当时的群经纬侯、旁及诸子百家，所注内容包括天文、历算、地理、算学、谶说、图书等等。在两汉今古文经学长久分流对立背景下，同时也是在通经大儒人才辈出的文化盛世的时代中，康成以遍注群典，求同存异的方式，不仅弥纶今古文经学的对立，更是在经学大格局中为百家诸派学术追溯经学源头。是以，郑氏学术流行后，两汉诸家学术逐渐退隐，所谓“‘施、孟、梁丘、京之《易》不行矣’‘欧阳、大小夏侯之《书》不行矣’‘鲁、齐、韩之《诗》不行矣’‘大小戴之《礼》不行矣’‘齐、鲁《论语》不行矣’”[①]。清人皮锡瑞干脆称郑玄使得经学进入“小统一”时代[②]，可见郑氏学术影响力之大。

郑玄以其高超的学术才华在当时即赢得了社会士人的赞誉。郑玄在 20 岁之前，即得到北海相杜密在学业上的大力提携和帮助，使其顺利地捐弃貌似前途无量的仕途，而走上艰险未卜的游学求知之路。孔融为先师孔子后人，幼时即以神童名世，才高气傲，为名震天下的名士，却感佩于康成之学术与人品，据称在任北海相期间“屣履造门”，令高密县特意为郑氏而设“郑公乡”，建“通德门”，[③]以表彰郑氏学术人品。因为其经学上的巨

① [清]皮锡瑞:《经学历史》,北京:中华书局,1959,第 194 页。

② 皮锡瑞曰:“今古之学若无郑注,学者欲治汉学,更无从措手矣！此功过得失互见而不可概论者也。郑君从党遍天下,即经学论,可谓小统一时代。传云:‘齐、鲁间宗之’;非但齐、鲁间宗之,传列郗虑等五人,《郑志》、《郑记》有赵商等十六人。”载[清]皮锡瑞:《经学通论》,北京:中华书局,1954 年,第 151 页。

③ [宋]范晔:《后汉书・郑玄传》,北京:中华书局,1982 年,第 1208 页。

大成就和影响,时人称其为“经神”。[①] 魏代华歆称赞他为当时学术之冠,以及后世学者效法的“儒宗”。[②] 理学大家朱熹对康成也多有赞誉。[③] 迨清代汉学研究复盛,郑氏学术研究也兴盛起来,尤其是《四库全书》中对郑玄地位的评价更是高于前代。伴随着易学日新又新的发展,郑玄及其学术声誉日隆,地位也日益巩固。

本节内容所要论述的问题主要是:郑氏作为两汉经学时代的总结者,其所面临的时代问题,还有个人的个体问题。在当时众多的经师个体中,为何独有康成成长为荷担经学继往开来重任的那一位?同时,郑玄需要面对和完成的学术重任有哪些?

一、儒门正宗的身份认同

郑玄作为儒门正宗之所然与所以然,应该通过郑氏本人的实践以及当时、后世学界对他的评价两个方面进行论述。下面将结合上述两个基本面进行论述。

参阅世传郑玄家世谱系,可以感受到郑家后人所营造的浓厚的宗奉孔子先圣的儒家气息,乃至于围绕郑玄的族谱亦仿照孔子而造作。稍加分析便可以发现,郑氏家谱中有着人为修造的痕迹,恰恰是这些人为的痕迹,说明了后人对郑玄儒门正宗色彩的特意强调。根据谱系内容,其先祖最早载于典册者是孔子弟子郑邦。《孔子家语》记载,郑国(避刘邦讳称国)位跻孔门七十二贤之列,为精通六艺大儒。这是郑氏族谱记载第一世

---

① [晋]王嘉撰,[梁]萧绮録,齐志平校注:《拾遗记》,北京:中华书局,1981 年,第 155 页。

② 华歆《请叙郑小同表》,[清]严可均辑:《全上古三代秦汉三国六朝文·全三国文》,北京:中华书局,1995 年,第 1169 页。

③ 朱熹曰:“郑康成是个好人,考礼名数大有功,事事都理会得。如汉律令亦皆有注,尽有许多精力。东汉诸儒煞好。卢植也好。义刚录云:‘康成也可谓大儒’”。载[宋]黎靖德编:《朱子语类》卷八十七,北京:中华书局,1986 年,第 2226 页。

祖。第二世祖郑恕,隐居不仕。第三世祖郑昌,初为吴令,项羽封为韩王以拒汉军(见《项羽本纪》,一说为汉宣帝时期,太原、涿郡太守亦郑昌)。[①]第四世祖郑吉,史载郑吉曾征伐匈奴日逐王有功,威震西域,被封安远侯,死后谥缪侯。[②] 第五世祖郑光,嗣安远侯。第六世祖郑宾,曾任御史。[③] 第七世祖郑崇,西汉哀帝时任尚书仆射之职。按《后汉书·郑玄传》中记载郑崇则为八世祖,之所以有此差异,盖因郑玄为郑氏族谱之第十五世,以玄为基点逆溯之,则郑崇为八世祖。若正推则为第七世。第八世祖为郑好古,系儒生。第九世祖郑苌臣,举孝廉。第十世祖郑敬为清志高士。据《后汉书·郅恽传》载,郅恽为逃避王莽迫害,曾与郑敬一同远遁苍梧。刘秀登基后,郑敬数为光武帝征召,不至,终隐民间。[④] 第十一世祖郑缵成,第十二世祖郑音,第十三世祖郑明,此三代祖皆籍籍无名。第十四世为玄父郑谨。郑玄为第十五世。

从郑邦第一世到郑玄第十五世的谱系结构,与从微子第一世到孔子第十五世的谱系结构之间有着高度类同的机构。虽然郑氏谱系的修造痕迹极大地削弱其可信性,但是不可否认的是,人们对郑氏谱系并未大加质疑,甚至给予宽容。盖后世学人认为,郑氏较为忠实地绍述了源于孔子经学的学统,族谱为后人所造,其小疵无妨郑氏学术之大醇,因而也反映出对于郑玄学术地位的一种变相的认可。

(一)浸润于汉代经学语境中的通经大儒

作为一个对中国历史文化产生了巨大而久远影响的学术大家,其成

---

① 三世祖之记载颇不足信。初祖郑国为孔子高足,其卒年当在公元前5世纪中期前后,即便取项羽所封韩王郑昌为三世祖,案楚汉相争在前2世纪初,则三祖与初祖之间相距二三百年,悖于常理。汉宣帝之期则更不可信。

② 参见[汉]班固:《汉书·傅常郑甘陈段传》,北京:中华书局,1987年,第3005–3006页。

③ 参见耿天琴主编:《郑玄志》,济南,山东人民出版社,2003年,第14页。

④ 参见王利器:《郑康成年谱》,济南:齐鲁书社,1983年,第9–16页。

就的取得必须置于历史文化语境之中方能得以清晰体认。是故,欲评价郑玄学术,必先辨识郑玄其人;欲辨识郑氏,必对汉代经学文化语境的本末源流加以考证梳理。

汉初由乱及治的历史转进以及士人政府的政治转换,是值得认真研究的。抛开封建制与郡县制道德价值判断而不论,仅以历史转进规律而言,以战国时期即具雏形而最终确立于秦代的郡县制代替周代分封建国的封建制,是符合历史进化潮流的。一个重大的历史转换的完成,必然需要经历一定的历史时段加以稀释矛盾,形成惯性。然而,秦祚寿短,于是,消化这一历史转进的任务即由西汉承担了。这一历史转换伴随着由乱及治的转变过程。此过程又在社会、文化、政治三个维度上同频共振地展现出来。春秋以降,尤其是战国时期社会层面的变动与混乱,其背后的根源在于文化的失统与混乱,这种混乱集中地通过政治舞台演示出来。于是,强大的具有集权功能的中央政府成为维持并保证社会统一安定的必然需求,而郡县制的政治体制恰恰可以适应这一需求。因而,延及秦汉时期,中央集权政府的建立是适应社会稳定之需求,适应历史发展潮流的。

在社会历史和政治层面上看,先秦时期的封建制度与建立在血缘基础上的嫡长继承制是相一致的。分封制造成了社会贵族集团的存在。伴随着封建制度解体,贵族集团解体。贵族解体伴随着一是社会混乱,二是平民阶层崛起,战国末年崛起的游侠和商贾成为贵族解体后权力、利益真空的补充者,前者接管原本属于贵族的部分权力,后者接管原本属于贵族的部分财富。自战国末年至西汉立祚期间,社会混乱是依赖战争武力最终解决的。战争又使得军功阶层崛起。汉代政权"马上得之",军功与功名紧密关联,据《史记·绛侯周勃世家》载,高祖立有"非刘氏不得王,非有功不得侯"①的规矩,此"有功"即是军功。汉代王、侯虽不同于先秦之王、

① [汉]司马迁:《史记》,北京:中华书局,1987年,第2077页。

侯,但毕竟是封建制的沿袭及其余孽。武力军功与社会安定之间有着正面促进关系,是以西汉又在很大程度上容忍了王侯的存在。

进入汉代以后,需要集中权力的中央政权一面首先需要解决局部封建对中央集权的威胁,另一面则需要清理游侠、商贾对中央集权的威胁。平定"七王之乱"、清理游侠、限制商贾等发生在西汉的系列历史事件皆是为了集权而扫清障碍的政治需要。

然而,周代王官之学的统一与失统之于周代政治的统一与社会混乱之间的关系说明,巩固社会层面的中央集权最终应该依赖文化思想上的统一。相对于游侠、商贾外在的游离阶层,文化层面还存在着游士阶层,游士阶层鱼龙混杂,所秉持的是百家之术,称为社会思想多元的重要来源。同时,西汉初年的封建制残余为游士提供了存身之所。像《淮南鸿烈》等著作与游士有着密切关系。文化思想的统一成为汉代统治者的政治需求。统一文化思想的重任就落到经学及其研习者——经生身上。

随着社会的逐步安定,军功特权首先被以公孙弘登上丞相大位为标志的事件所打破。因为汉代初年政治惯例是,非军功不得封侯,非封侯者不得为相。公孙弘以春秋公羊学传人的儒者身份,而非以侯者身份任相,打破了军功阶层的特权。另一位春秋公羊学大儒董仲舒则以《天人三策》的对策深深打动了汉武帝,并促使刘彻走上复古更化的道路,士人开始参与并影响现实政治。其具体表现有三个方面:一是尊经崇儒,设立五经博士,罢黜他家博士。专经博士开始出现,故经学地位明显高出于方术、旁门杂流等诸家学术之上。二是隶属于太常的博士虽不任实际官职,但其研习的经学成为正统官学,其所研习的内容皆与政治历史相关联,并进而对现实政治产生重要而深远的影响。通经致用的风尚自设立五经博士之时即已经确立起来。三是博士弟子员制度与汉代选举制的结合,打开了士人参政的通道。博士及其弟子员制度的设立,形成了汉代颇具规模的太学。按照钱穆先生的研究,太学毕业生经考核分甲、乙二科,甲科留在中央，隶属光禄勋，充任担任皇宫侍卫的郎官，郎官自然成为官员后备力量；乙科回归原生源地而任地方官署的掾吏。掾吏照理远离了“官”途，然而汉代实行“举贤良”“举孝廉”两种重要地方人才选举制，对地方官员的选举责任规定甚为严苛。相较于地方各种人才，经过太学培养的“吏”有着太多优势，因此，又有很多地方掾吏被推选至中央。于是，太学培养的人才大多数留在中央而成为参政的重要力量。自武帝以后，士人对政府的影响逐渐超越并取代了汉初宗亲、军功、商人的影响。[①] 至此，汉代经学语境形成的社会环境和政治环境都已经具备。配合以上两个维度，汉代经学语境才臻至规模具备的程度。

（二）通经致用风气中士人阶层的责任承当意识

具体说来，汉代经学语境的奠基者是春秋公羊学传人，大儒董仲舒。春秋公羊学首先是经学，其次又兼受其传人及流传地域文化之影响。公羊学传人及其传播之地皆以齐国为主，是以公羊学深受齐学学术，尤其是阴阳家五行学说的影响。因而公羊学以天命授受、五德终始、天降符瑞、圣人受命为主要特征。这些特征也使得经学与谶纬之间有了剪不断理还乱的关系，也开启了两汉纬书、谶说、图书等学说的繁衍与兴盛。同时，作为经学，兴礼乐举教化成为其最为基本的主张。礼乐塑造人们所存身的基本理想秩序，教化并营造人们生活的可持续的文化环境，而天命授受和天降符瑞则激励天子和政府要尽力营建并保证这一理想的秩序和环境的运行。两方面内容合起来即表现为汉代经学天人一体同构为基本特征的宇宙论和人生价值论。

在通经致用的时代氛围中，在文人参政并影响政治的现实中，汉代政治内部存在着两种政治势力的合作与对立。丞相原本来自天子的家

① 参见钱穆：《中国历代政治得失》，台北：台湾联经出版事业公司，1998 年，第 20－23 页。

臣——宰，至秦汉郡县制时代，相对于天子为皇室至尊，丞相则成为政府首脑，故西汉时期的丞相权力极大。皇室、政府之间有权力对立的紧张之势。武帝雄才大略而刚愎自用，故始重用皇室宦官。元帝时期石显、弘恭等皆是宦官得势的典型。延至东汉，不设丞相而代之以太傅、司徒、司空等官职，重用宦官的传统保留下来，兼后汉皇帝大多短寿，少帝登基成为常态，为宦官外戚交替专权提供良机。政府与皇室间的矛盾某种程度上成为宦官与士人参政的政府间的矛盾，这最终导致了东汉中后期的党锢之祸的发生。

相对于西汉在国势、政治上呈现出的阳刚、光大的色调而言，东汉则相对阴柔与暗弱。在士人阶层逐渐壮大背景下，在通经致用风气中，士人阶层自然怀抱着以天下兴亡为己任的情怀。这些都成为郑玄作为经师而怀抱"但念述先圣之元义，思整百家之不齐"宏深学术宗旨的原因。

（三）以天下学术传承为己任的自我承当意识

从其家世记载来看，郑玄出身于典型的平民阶层。在汉代通经致用风气中，士人成长为一个独立阶层，成为实质的精神贵族。在当时成长为一个名士，当是莫大的人生荣耀。郑玄依靠自己的努力成长为大儒的远大志向在幼年时候即已明确树立，这似乎与孔子"十有五志于学"的经历高度相似。据说他八岁能下历算，好学书数，按照《郑玄别传》记载：郑玄少时即显现出与平常少年不同的志向。① 十几岁时能诵读五经，对各种术数之学已经有所学习。郑玄十八岁时，被选为乡啬夫，走上州郡掾吏的仕途。但是康成仍然念念不忘学业。在业余"常诣学官"，父禁而不能止之。又据说他十七岁时以风角占而准确预测出县里的火灾。郑玄二十岁前所

① 《郑玄别传》曰："玄年十一二，随母还家，正蜡会同列十数人，皆美服盛饰，语言闲通，玄独默然如不及，母私督数之，乃曰：'此非我志，不在所愿。'"载［宋］范晔：《后汉书·郑玄传》，北京：中华书局，1982 年，第 1208 页。

学多与术数相关，这明显是受当时的社会风气的影响。

才华横溢的郑玄很快引起上级官吏的注意，据《太平御览》记载：县里出现了当时被视为祥瑞的异本同实的嘉禾嘉瓜，郑氏修改润色的表奏州府的奏章，以及所附的两篇辞赋，经表奏以后打动了州府侯相。侯相亲自为郑玄行了加冠之礼。随后郑玄又受到时任太山郡守和北海相杜密的赏识，在杜密帮助下，郑玄得以进入太学求学。

根据《郑玄传》以及《戒子益恩书》的记述，郑玄求学分为三个阶段：第一是在师从第五元先和张恭祖的太学求学时期，时间大概两年左右，所学大多为官方认定的学术；第二是往来于幽州、并州、兖州、豫州等地的游学时期，这是网络众家，从民间博采兼取、广览群说、"时睹纬秘之奥"的阶段，前后大概十年左右。第三是师从当世大儒马融的时期。马氏号称古文经学传人，经学通人。这一时期前后大约七年左右。康成作为马氏入室弟子的时间大概有四年，最终得到马融古文经学真传，学成东归。据说，东归之际，马氏有"吾道东矣"之叹。

自东归后，郑氏旋即客耕东莱，开馆授业，但因为很快就卷入党锢之祸，所以其授学受到很大限制，于是潜心闭门修学治经。先注纬侯之书，主要是《易》纬、《书》纬、《礼》纬、《诗》纬和《尚书中候》，再注《礼记》《周礼》和《仪礼》。其间还展开了与今文经学代表，当时被京师人称为"学海"的名士何休之间的"郑何论战"，[①]最后以郑玄胜利告终。当时，相对

① 何休字邵公，少郑玄两岁，少府何豹之子，师从春秋公羊学博士羊弼，"精研六经，冠绝世儒，覃思时学，善于历算，不与守文同说。"因曾被太傅陈蕃征辟，故其时亦处党锢中。何休为人为学乃皆与郑玄有颇多相似特点。何休深得公羊学之三昧，乃作《春秋公羊解诂》；又与其师羊弼一起，在东汉今文经学大家李育《难左氏义》的基础上，作《公羊墨守》《左氏膏肓》和《谷梁废疾》，意为公羊学之义理如墨子之守城般缜密难破，而左氏春秋和谷梁春秋如同病入膏肓、不可救药的病人一般，不堪一击，意在树立公羊学在《春秋》经学中的正统地位，放大并贬抑左氏学与谷梁学不足之处。针对何休的学术本位偏见，郑玄乃以会通今古文经学的宏阔视野，著《发墨守》《箴膏肓》《起废疾》，在春秋大义精神观照下，运用今古文春秋学论据逐条批驳何休文中的错误论点。何休睹玄文叹曰："康成入吾室，操吾戈，以伐我乎！"

于今文经有着严格家法、师说的壁垒而言，古文经一派则没有家法、师说之弊，古文经学者因而比今文学者更容易兼通众经。郑玄为通经学者，是大儒马融所传费氏易正统传人，因而被视为古文经传人的代表人物；何休虽亦通数经且最精春秋公羊学，但立场上属于墨守今文经的名儒。郑玄的胜利，代表着熟习古文经学的通经学者已经强势崛起，一定程度上代表了古文经学强势发展的潮流。论战之后，郑玄除了对《古文尚书》作注外，还对《毛诗》《孝经》《尚书大传》《论语》《中候》等作注。后来还跟随刘洪学习当时象征最新天文历法成果的《乾象历》，并为该历法作注。在他尚不满六十岁时，康成已经遍注除《周易》之外的群典。后来，袁绍曹操相对峙于官渡，袁绍为彰显声望，遣子袁谭胁迫名士郑玄至官渡。途中，郑氏病于元城不得行，预见将不久于人世，在二三月间匆匆注完《周易》而撒手人寰。在注疏群经众典之外，他又著《六艺论》《天文七政论》《鲁礼禘祫义》《毛诗谱》《驳许慎五经异义》《答临孝存周礼难》等。郑玄学术成就之所以被认为学术正宗，除了当世即已受到广泛赞誉而为一代学宗外，还有两个因素值得关注：一是从内在志向而言，康成以述先圣元义，整百家不齐为学术旨归。志者，气之帅也，气者，体之充也。以其崇高之志而有毕生高尚之行；二是从外在社会氛围而言，郑玄得到了作为孔子苗裔，同时又早负神童盛誉，亦以学养、道德和政治地位深孚众望的孔融的推崇，这在社会声势上得到了孔门传人的认可，亦是在推崇经学的语境中极大地提升了康成作为圣人学脉传人的形象感和既视感。

综观郑玄学术一生，其自我承当、舍我其谁的学术自觉意识，成为支撑他一生学术实践的力量源泉。这一意识的养成大概有两个方面的原因：一是时代风气的感染与浸润，这在前文已经论及；二是先圣先儒的启示与召唤。自周公至孔子，自孔子至董仲舒、司马迁，每隔四五百年之间，都存在着一种前后传递的，形成链条状的文化传统自我承当意识，而郑玄正是在这一链条上重要的一环。他在临终前梦见孔子的召唤,[①]并用合谶之法预知自己将离开人世的记载,即是表明了郑氏追随先师孔子道统的人生学术信念。

郑玄亲身经历了桓灵二帝衰世之政治动乱,黄巾军起义开启的社会动荡、党锢之祸对己身的冲击,董卓死后的军阀混战,眼见到汉代的衰落加剧,预见到汉代灭亡的不可挽回。文运、国运密切关联,故郑氏深知经学(包括秘纬)作为汉代的主流学术,必将伴随时代的灭亡而走向衰落。在这样的危急关头,需要有儒者承当大任,总结两汉学术,最大限度地挽救两汉学术之没落。是以,他抱定“但念述先圣之元义,思整百家之不齐”的学术宗旨,针对今文经学流弊深重,积重难返,成为阻碍学术发展重要障碍之现状,以先圣之元意折中今古文经学,使今古文经之鸿沟得以弥补,又遍览群书,取其精华,以先圣元意为准绳调和诸家之说,乃遍注群经群纬、谶说、图书、术数,最大限度地保留了两汉经学之精华,两汉经学进入“小统一”时代(皮锡瑞语)。

二、经学时代的总结者和注经派象数学大师的学术定位

在易学史上,郑玄与荀爽、虞翻一道被视为注经派象数学大师。作为经学总结者,康成需要回应西汉经学奠基时代董仲舒等人提出的汉代经学基本命题,总结两汉期间经学家们对经学基本问题的回应和构建,还要对于前代学人应该建构而实则史上阙如的问题进行补足。而这些一众基本问题还要尽量落实到郑氏易学的建构之中。在两汉经学总结的这一重大文化工程中,郑氏易承当着核心的角色。不能不说郑氏易学角色之重

① (献帝)五年春,梦孔子告之曰:“起,起,今年岁在辰,明年岁在巳。”载[宋]范晔:《后汉书·郑玄传》,北京:中华书局,1982年,第1211页。

要性，之关键性，之基础性是迥异寻常的。这大概也是郑氏晚年对于《周易》的注诠，等待近二十年而迟迟不能动笔的原因。

(一)巨大的经学成就，深远的学术影响

虽然郑康成被视为古文经学的传人，但他实则今古文兼修，是地地道道的通经大儒。据其本传记载，他当世即被目为“纯儒”，并被齐鲁之间学者共同尊为经学正宗。[①] 郑氏学术在魏晋时期即屡受冲击。王肃亦曾遍注群经，注经大多与康成针锋相对。因为王氏为晋武帝外祖父，故王肃在晋代学术立于学官，郑氏学术遭到官方的排斥与打击，只能流传于民间。魏人王弼所作《周易》注在唐代立为官学，使得郑氏易学在唐代迅速衰微，并最终亡失于两宋之间。即便如此，由于郑氏学术的巨大影响力，今日所传十三经注疏中，除去唐明皇所注《孝经》外，汉人与魏人、晋人各占六席；在汉人所注六经中，仅郑氏所注经就有“三礼”郑氏注和《毛诗》郑氏笺。可见郑玄经学成就之大，影响之深远。虽然历史上郑氏学术地位及其传播历经起伏，但他在经学上的影响轨迹是显而易见的。尤其是进入清代以后，汉代经学研究又重新获得学人的青睐，郑玄学术研究，包括其易学又引起当时儒者的重视。惠栋、张惠言等大家都对郑氏学术尤其是其易学进行专门的深入整理、挖掘和研究，尤其是乾隆时代《四库全书》的编纂，正式以官方的名义对郑氏学术和易学做出定位，并附以崇高的评价。《四库全书》的《易部》把《周易郑康成注》置于仅次于《子夏易传》之后的位置上，并认为郑氏易学“实为传易之正脉”。[②] 自此之后，郑氏易学获得更为崇高的学术地位。

---

① “玄质于辞训……至于经传洽孰，称为纯儒，齐鲁之间宗之。”载[宋]范晔:《后汉书·郑玄传》，北京:中华书局，1982 年，第 1212 页。

② 《四库全书》编者认为郑玄“初从第五元先受京氏易，又从马融受费氏易，故其学出入于两家。然要其大旨，费义居多，实为传易之正脉。”载《四库全书总目·经部·易类》，《文渊阁四库全书》第 1 册，台北:台湾商务印书馆，1983 年，第 56 页。

（二）独特的郑氏易学

相较于西汉名垂青史的诸位易学家，诸如孟喜、焦赣、京房等人而言，汉末三大易学名家有着相异的特质。西汉易学名家皆有着明确的门派师承，学术形态上大体归于今文易学一侧；同时他们更关注于易学自身，在他们看来，易学更多是易学本身；东汉末年三大家中，他们注经派易学家的身份决定了他们更重注经学大语境的影响；其中郑玄、荀爽在接受易学今文经影响之外，更是受了费氏古文易的影响，虞翻深受孟氏易影响，但他们三人都是把易学置于经学背景之下，在他们看来，易学首先是经学，易学诠释必须通达于经学。如果说西汉易家注重传承，则汉末三大易家则凭借其注经通经的方式实现了更大程度的学术创新。三人之中，以郑玄成就为最大。

郑玄具有宏阔的汉代经学诠释学的视野，他以经学注释方式对《易》做了既合乎于汉代经学精神，又体现原创精神的哲学诠释意义上的创作，从而形成独具特色而又能被誉为“传易正脉”的周易郑氏学。在康成学术体系中，易学不仅被视为经学体系的有机组成部分，而且有着最为崇高的经学地位。他在遍注群经之后，独阙《周易》之注，达十五年以上之久。原因何在呢？在《戒子益恩书》中，能够找到一定的启示。郑玄于其中曰：“入此岁来，已七十矣……今我告尔以老，归尔以事，将闲居以安性，覃思以终业。”[①]郑玄一生以时代学术的传承为自己担负的大任，故其所云“终业”之业，非学术大业而何？考其遍注群典而独阙注《周易》的现状，其所言未终之“业”即是《周易》之注。所以迟迟不能动手作注者，按照他的说法即是“性”有未安，故有闲居安性之说。可见郑玄对《易》的注释是何等重视，何等谨慎之至！

① ［宋］范晔：《后汉书·郑玄传》，北京：中华书局，1982 年，第 1210 页。

郑氏易学被称为易学传承的“正脉”，这一崇高评价原因何在？郑玄去世前草草完成的《周易》郑氏注文，惜乎在两宋之间即已亡佚。所幸南宋儒者王应麟及时从其他典籍，尤其是郑氏他经注文中裒辑残留片段，成为今日所见《周易郑康成注》的基本部分。然而，所存内容应该不会超过郑氏原来周易注文的十分之一。不幸中亦有万幸：郑玄最为核心，最具特色，最能体现郑氏易学成就的郑氏爻辰说这一体例还是较为完整地保留了下来。大体上看，郑玄易不仅与西汉易家学说有着显著差别，即便与同时代的荀爽易学以及稍晚的虞翻易学相比，相互间也有着明显不同，因而周易郑氏学是具有郑氏特色的创造性的诠释。郑氏学之所以被誉为正脉，即在于他的易注不仅体现了汉代经学精神，而且以易学阐释学的方式对汉代经学精神进行了重建。他把易学置于汉代经学的时代语境之中，援礼注易，礼易会通，把《易》从卜筮之学、术数之学的队列中进一步提升出来。他上承董氏春秋公羊学建构天人合一大宇宙意识以及汉代经学基本大语境，在汉易卦气说背景下，继承了京房融合阴阳五行学说而构建的京氏爻辰说并予以独具郑氏特色的创新和发展，他援引以《礼》为主的其他经学以注《易》，并以《易》（尤其是其爻辰说易例）统摄其他经学的基本内容，从而实现了《易》对其他经学的涵摄，不仅使得易学与其他经学相融而为一体，也进一步诠释并确立了《易》之所以为群经之首、大道之原的所然和所以然，也彰显了《周易》天人之学的哲学意涵。经过郑氏学术实践的推动，作为汉代经学中最重要的一部经典，《易》的法天道设政教的王者之书的品格得到全体的彰显。

第二节　汉代经学语境之确立及郑氏易学的回应

汉代经学以其天人合一语境而独具特色，大宇宙的本体关怀和终极人文关切有机统一在一起，并成为其基本的哲学文化意蕴。这一语境的肇端者和确立者是西汉大儒董仲舒。提及董氏，就会提到“罢黜百家，独尊经术”之野文臆说，此说与历史事实有出入，极易给人以只有儒家学说才能流传的印象。其实，史载董氏对武帝提出的是“推明孔氏，抑黜百家”之主张，班固又表述为“罢黜百家，表彰六经”。揆之历史，只是百家学术不再作为官方倡导之学术而已，并未取缔甚或禁止百家学术之流传与生存。相关学者对此已有论述。①

历史人物是生存在历史文化语境中的人物，没有人能够脱离这一语境。作为经师大儒的郑玄亦是如此，他的学术体系是基于汉代的经学语境而构建起来的。但是郑玄之所以为名垂学术青史，影响后世近两千年之久的大学者，在于他不仅对汉代历史文化语境做了充分的顺应，而且其以自己的努力，回应时代文化语境做出高于大众、超越同侪的学术承当。他以先知先觉者之姿态而承当起启发后人、启迪后学的文化传承大任。把个人的价值应然统一到汉代文化的价值应然，乃至于圣贤道统的价值应然之中，冀以实现人生价值的最大化。

一、汉代经学语境之确立

董仲舒是汉代经学语境得以确立的开山者。董子及其学说的出现与历史发展潮流之间形成同频共振之势，因而董仲舒的登场及其学说之得以确立并非历史偶然。换言之，汉代经学语境的确立，岂其偶然哉？良有其以也！

① 其中代表作有，孙景坛：《“汉武帝罢黜百家独尊经术子虚乌有”新探——兼答管怀伦和晋文（张进）教授》，《南京社会科学》，2009 年第 4 期。

(一)大一统思想与现实政治之共振

董仲舒在其《春秋繁露》中,吸收齐学阴阳五行学说,以天命授受、天命符应等为基本内容,构建起天人同构、相互感应的宇宙图景,这在他与武帝相互往来的对策(史称《天人三策》)中已经做了基本表述。其中,王者以其德行而与天命授受相互符应,天道基于五行运转之理而实现轮转与更替。于是在董氏学说的诠说下,天命授受有了"常"与"变"的统一性:天命依据五行之理流转,此为变;天命之受,唯有德者承之,此为常。这一学说鼓励在位之天子必须黾勉施行仁政,才能延长和保有自己和后代子孙的在位时间。同时,董氏借助春秋公羊学话语体系,接续先圣孔子之道统,形成了"大一统"的政治思想。所以有学者认为,董仲舒的理论为天子受命以及儒家伦理找到了天道的根据。[①] 董氏学术思想不仅与客观维度上的历史发展潮流,西汉当时社会现实之间,还是当朝执政的帝王主观思想意识之间,都产生了共振,有效互动以及积极回应。可以说,在时代需要董仲舒式理论的时候,董氏及时登上历史文化的舞台。自董仲舒之后,经学成为指导现实政治的准绳,或者重要的参照坐标。借着董氏春秋公羊学的东风,汉代今文经学紧紧扭住政治总纲,具有了"经世致用"的鲜明时代品格。

为说明大一统思想与时代之共振,今从三个方面进行说明:

第一,大一统思想适应于从封建制到郡县制的政治体制的转换后的统治需求。战国中后期,郡县制已经在很多国家出现。按照《春秋》(僖公二十五年)所载,晋国文公时期最早已有"县"制,至于晋顷公时,县制已经普遍出现,三家分晋后的魏、赵、韩三国成为最早出现郡县的国家,楚国也

① 张文智教授认为,董氏的理论架构"为儒家的伦常之理找到了天道上的根据……极大地促进了'灾异'说的形成与发展。"载张文智:《孟、焦、京易学新探》,济南:齐鲁书社,2013 年,第 24 – 25 页。

是较早出现郡县的国家。郡县首长由中央政府任命,行政效率大大提升。秦国自卫鞅变法后,大力推行郡县制。郡县制的实质是结束了贵族集团基于血缘谱系而建立的宗法继承制度。原来贵族采地形成的独立政权为郡县取代,先前各级贵族所掌握的税金贡赋成为中央政府直接支配的财力物力,国家力量大大提升。是以,秦国虽然作为贵族后裔,但结束了贵族设计的封建体系,导致与贵族世袭相一致的封建体系基本崩塌无余。史书上影射嬴政为吕不韦私生子之说法,意味着嬴政被排除到贵族传承谱系之外。抛开这一史实真伪不论,单就这一现象深层文化原因,尤其是社会文化心理深层原因而言,这一现象大概与嬴政统一六国,终结封建制,实行郡县制,并自称"皇帝"有着内在联系。嬴政被视为"私生子"也就含有历史隐喻的意味了。

第二,大一统之思想与社会精英阶层的转换密切相关。封建制的结束即是贵族作为社会独立阶层的终结。今日所见《周礼》之来源及其内容真实性是成疑的,但其体现的文化精神却是大致不差的。参照《周礼》所载,以中央王国而言,自周天子一人以下,三公、九卿、二十七大夫、八十一元士的层级制度是等级分明的。公、侯、伯、子、男五等爵位的封建制参照这一层级,在自己的国家/采地建立起各有等差的制度,实行分封建国。在各个阶层中,士是贵族集团的基础。在封建制渐次崩塌的过程中,最先受到冲击并最早变质的也是士的阶层。余英时先生认为,士阶层身份的急遽变化显然是与封建制度的崩坏密切关联的,且这一时期"显然发生在春秋的晚期"。[①] 随着原有士阶层的沉沦与下层平民地位之上升,平民与贵族之间开始形成犬牙交错之局面,在成书较晚的《春秋谷梁传》(成公元年)中,已经有"士民"并称的现象。于是由失去采地的旧的士与新的地位上升的平民组成的"游士"阶层开始大量出现,在战国诸子百家竞相争鸣

① 余英时:《士与中国文化》,上海:上海人民出版社,2003 年,第 11 页。

之时，游士成为重要力量。战国时期，军功阶层的出现更是加速了原本就已经脆弱的贵族阶层的瓦解。

在精神层面，随着孔子及其弟子以经学为主干所建构起的人文理性的学术体系之形成，人文德性的日益得到彰显。自孔子所在的春秋晚期开始，君子与“士”已经不再是旧贵族专有的称呼，君子及“士”日益变为具有德性者的称呼。士作为贵族最底层与平民之间的界限已经基本消除。秦朝短命，二世即亡。从汉代开始，从帝王到政府皆实现了从贵族到平民的转换。汉家虽终得“秦鹿”而不能无失“鹿”之恐：在郡县制体制下，如何避免秦朝覆辙而长久兴盛？秦短命而亡的真正原因何在，自己如何找到一条有效的长治久安的统治途径？作为平民阶层而统治天下，汉家面临着全新的、严峻的政治、文化课题。新的政体需要新的政治理论体系来加以支撑，董仲舒大一统思想恰逢其时。

虽然上述课题是不可回避的，但是在汉代立祚初期还有更加重要的任务需要应对。此时，国家存续的首要任务是发展生产，恢复社会的元气。在休养生息、施行黄老学术半个世纪后，西汉的社会生产已经达到了欣欣向荣的程度。据《平准书》载，当时出现了“京师之钱累巨万，贯朽而不可校。太仓之粟陈陈相因……至腐败不可食”的富裕程度。此时，爱好经学的汉武帝登基6年后，好黄老之学的窦太后驾崩，刘彻终于可以施行他尊经而崇儒的文化政策。于是“三年不窥园”的董氏应时而出，以其春秋公羊学的宏大宇宙视野，辅之以终极的人文关切，应和了武帝的内在文化喜好和外在统治需求，为当朝执政合法性找到合理天道依据，找到终极合法性源头。相对于三代贵族而言，社会底层的新兴士阶层以至于刘氏皇族，其身份皆是平民，至董仲舒春秋公羊学传人董仲舒天人相应的“大一统”学说出现之际，已经标志着刚刚登上政治舞台的平民（或者说是新贵族）已经开始适应于社会转换的巨变，能够很好地在政治、文化的思想层面完成转换和进步了。

第三，新贵族的合法性问题。大一统思想在文化道统层面，有力地诠释了从三代贵族到平民阶层出身的新贵族的合法性，何以可能的问题。三代贵族，从天子到各个诸侯国国君，乃至大夫和士，都有明晰的贵族传承谱系，都流淌着源自人文始祖黄帝的高贵血液。虽然西汉眭孟、后汉贾逵等人都曾论证刘邦为尧之后代，但其真实性又有几何？刘邦起于草根布衣却是有史实可考可证的事实。不仅皇家如此，政府及其掌握文化道统话语权的文人也基本上不脱平民布衣的群体。朝代更迭，气象大变，但是社会思想文化道统流传中，固有的社会文化心理却基本未变。刘家是真正的天命承受者吗？在叔孙通征鲁国儒生参与朝仪大礼制定之际，“鲁两生”坚决不参与其中，且曰：“礼乐所由起，百年积德而后可兴也。吾不忍为公所为。公所为不合古，吾不行。公往矣，毋污我！”[①]鲁两生的质疑直击刘氏皇族心理中最为脆弱的环节——这正是刘家高度自卑和自我怀疑之处。董仲舒的学说为汉家证明了他们是受命之天选，又为刘彻提供了奋发图强的理由，迎合了他“内多欲而外仁义”（汲黯语）以及好大喜功的特质。董子学说以符应、天命授受（五德终始）等内容提供了天命赋予有德之人的缘由，并为汉家提供了种种证明的路径和证据；同时，董子还以其一生之实践证明了先圣所传之道统，正在被他这样的大儒所传承着，并以自身为典范而感召着后来的儒者予以效法。总之，董子之学说证明了当下的天命正在被以刘氏皇家为主，以习经业儒生为重要参与者的群体所共同承当着。

（二）汉代经学语境及其精神的确立

以董仲舒春秋公羊学为底蕴所建构起的，以大一统为核心的学说被汉武帝所采纳，由此确立起汉代经学的基本语境。这是一个在历史上具

① ［汉］班固：《汉书·郦陆朱刘叔孙传第十三》，北京：中华书局，1987 年，第 2126 页。

有划时代意义，决定当世并深远地影响了其后中华文化两千余年发展的重大事件。其背后具有深刻的历史底蕴和现实根据。

在历史维度来看，进入战国以后，诸子之学蓬勃发展，其影响社会势力较大者为儒、墨、道、法、(刑)名、阴阳、纵横、兵等众家，儒家自孔子辞世之后，按照《韩非子》记载"一分为八"，势力大衰，从战国起"儒家几经磨难，先困于墨，次厄于法，再厄于黄老"。[①] 然而，儒家凭借圣人奠定的渊深、广博的底蕴，使得后来学者，尤其是汉代学者感受着先儒精神之召唤，终能以坚忍不拔之毅力和宽博的学术胸怀吸收了其他学派的学养，使得儒学成为日新又新的经世致用之学。至此，儒学走出书斋，有了现实的政治和文化的影响力。自《老子》构建"道"的哲学最高范畴起，尤其是战国之后，关于宇宙的学说，尤其是宇宙发生论的研究呈现出越来越热的局面：先是《易传》以"太极"为世界本原，以阴阳消长循环之学术主张对世界的存在，万物的生长、发展和变化做出《易》视阈的诠释；其次，战国时期又出现了专门研究星体运动的专著《星经》(今称《甘石星经》)，天文学获得相对独立的发展；战国末年的《吕氏春秋》中已经在十二月令格局之下，对天道(天时、地理)人文(政治、文化)进行学术探讨。西汉初年大体与董仲舒同期的刘安所编纂的《淮南鸿烈》中明确提出"元气"范畴，对宇宙本原及其发生做了探讨。以上宇宙发生学说大多与阴阳对待、五行流转循环的学说联系起来。《礼记》作为汉代今文经中极其重要的经典，其中对于天地与阴阳四时之发生则归之于太一之源头。董仲舒在《春秋繁露》中也提出了"元气"范畴，其隐然以之为世界本原之意是可以揆知的。但是，董子学说并非以论述宇宙本原为主，他把前人及当时发生重要影响的宇宙发生论学说吸纳到自己学术构建体系中，创建其自己"大一统"为核心的董氏春秋公羊学。董氏之学中，人道一本于天道，既有以符应说为特征的

① 王永祥：《董仲舒评传》，南京：南京大学出版社，1995 年，第 46 页。

天人感应之说,又有三纲五常的伦理观和法天道立政教的王道,更有在“五德终始”基础上改造的“三统”说。他依托先圣学术“仁义”之核心,主治并立足春秋公羊学,综合了西汉以前的各家学说,建立起宏大的、系统的天人一体同构的新的天人合一之说。

董仲舒对汉代经学的又一个巨大学术贡献,即是通过说服武帝以尊敬崇儒的方式,把治经与选贤任能有机结合起来。经学法天道设政教的内涵便得到正定和彰显,同时汉代经学经世致用的特质便真正落到了实处。

二、郑氏易学对汉代经学语境的回应

如果说董仲舒是汉代经学时代以及经学语境的开山者和确立者,那么郑玄即是汉代经学及经学语境的收官者和总结者。不同的是,前者的开山行为何其轰轰烈烈,何其优雅从容,后者的收官行为何其穷困窘迫,何其仓促无奈!盖人皆存身于时代之中,先汉盛世之时与后汉崩颓之际,大势迥然相异,覆巢之下岂有完卵!董氏郑氏之不同,乃时势所致。

(一)郑氏对易学的特别重视

首先,易学在郑玄学术生涯中占据有重要的地位。这一地位的形成既有客观的条件,又有主观的因素。汉代开始确立尊经崇儒的时代风气之时,易学之地位在经学中非但不突出,更被视为术数之学。比如,在秦代焚书之际,官方认定《周易》为筮书而得免火难,即是代表了社会上对《易》一般的印象。自焚书至武帝登基不过六七十年,这一印象虽有所变化,但没有本质的改变。《易》地位首先是跟着众经一起水涨船高得到了普遍提升;其次是《易》相对于《诗》《书》《礼》《乐》,在经学行列中又有所提升。后者的提升是在施、孟、梁邱三家《易》立为学官博士,尤其是孟喜易学的卦气说的提出作为最显著标志，因为孟氏卦气说在学术界尤其是易学界产生了轰动性影响。卦气说以其博大包容的品质，显示了可以融通、涵纳其他经学基本内容的品格。西汉末年，扬雄仿照《易》而作《太玄》，也起到了进一步高推《易》的崇高地位的作用。刘向父子领校秘书，作《七略》，以《易》来统论众经，正式以官方形式给予《易》无上崇高的地位。于是，《易》在西汉中后期逐渐跃居经学前列，成为经学之首、大道本原。

时至东汉，易学最为崇高的经学地位在正统和神秘两个维度上，得到持续的酝酿和强化。在上至朝堂的官方，《易》有着正统的学术地位；在下至民间的底层，《易》则更偏重于以神秘术数之学形式继续流传。郑玄起于民间底层，据说他"八九岁，能下算乘除"[①]，"十三(岁)，诵《五经》，好天文、占候、风角、隐术……则玄所好者，俱为五行占验之术"[②]，十七岁时，见风而占而知未来火灾，并诣县而告所占结果，后来果然。这些事例都证明了少年康成对于《易》的各种术数形态是非常喜欢和熟悉的。少年康成喜欢术数，与谶纬之学风行，以及今文经学好言灾异的卦气语境以及这一语境对社会风气的影响是相关的。后来郑玄在游学时对于时睹纬、秘之奥秘引以为豪。

康成系统学习作为经学的《易》是在进入太学之后。他开始师从第五元先系统学习《京氏易》。京氏易属于今文经，有着严格的师承，其学术以八宫卦为格局，纳天干地支于每卦六爻，以此建立起一个天道循环、阴阳消息的宇宙发生的诠释模型。三十三岁以后又师从马融学习费氏古文易。古文易经无章句，重在以十翼解《周易》，但据《儒林传》记载，费直同时也"长于卦筮"。[③] 可见，汉代古文易并非纯为书斋之学，"卦筮"之术显

① 王利器:《郑康成年谱》，济南:齐鲁书社，1983 年，第 30 页。
② 王利器:《郑康成年谱》，济南:齐鲁书社，1983 年，第 31 页。
③ 《汉书·儒林传第五十八》。

然擅长筮占功能，同样能够以此功能发挥经世致用的功效。在《易》为经学之首、大道本原的语境中，郑氏先修京氏今文易，后习费氏古文易，作为今古文《易》兼修的大家，他对于《易》之为经学中最崇高的经典也是深信不疑的。因而他以“易道周普，无所不备”[①]来为《易》进行学术定位。与两汉大多数学人一样，郑康成把《易》源出于伏羲且“人更三圣，世历三古”作为坚定的学术信仰。从时间维度而言，《易》远早于以尧舜为源头的《书》，早于以文王为起点的《诗》，更早于主要记载周代礼制的《礼》，乃至记录五帝三王之风的《乐》。是以，郑玄把《易》不仅视为天道之征，而且视为人文之本——这在他的《六艺论》中有所论述。康成的这些观点在1300余年后的王阳明和章学诚等人又产生了应和。阳明先生与章氏都曾发出“（诸）经皆史”之论。[②] 可见，这样的学术信仰可以延绵数千年之久。

综合考察之，康成幼年即最先接触术数之学，好《易》数；游学之时，最先习京氏今文易，游学最后阶段学习费氏古文易；治学之初先注《易纬》，人生即将辞世之际，注完《周易》经文。《易》作为一条红线，贯穿了康成学术一生之始终，乃至每个学习、治经阶段的始终。可见《易》在汉代的学术地位，与在郑氏学术体系中的地位高度一致，都具有最为独特、最为崇高的位置。

（二）在经学语境中诠释《易》的经学本质

《易》之被视为卜筮之书，在社会和民间的社会心理意识中得到固化，历时久矣。自孔子及其后学以《易传》十篇，先后对《易》的人文理性和哲学品格反复阐发以后，方才在部分传人中以严格师承的方式，在极少数精

① ［汉］郑玄撰：《易赞·易论》，［汉］郑玄著，［宋］王应麟辑，丁杰等校订：《周易郑注·易解附录（附后语）》，商务印书馆，1936年，第140页。

② 阳明曰：“以事言（六经）谓之史，以道言（六经）谓之经，事即道，道即事……《易》是包犠氏之史，《书》是尧、舜以下史，《礼》、《乐》是三代史。”载［明］王守仁：《王阳明全集》，上海：上海古籍出版社，2011年，第11页。

英阶层中流传下来。在秦代前后，其传承一度不绝如缕。李斯为荀子弟子，韩非同门，其学不谓不正宗，不谓不渊博，且亲自向秦始皇提出焚书建议，也为焚书行动主要参与者，然而，《易》终被视为筮书而得免。籍此可以推理，当时学人中非易学正宗传人则不能懂《易》之人文理性及其哲理。汉代《易》搭上尊经之便车，地位得以迅速提升，但在武帝时期，《易》的传人在政治舞台上的活跃热度不高，在官学博士及其弟子员设置上也泯然乃至弱化于众经。在前汉末年才正定起"大道之原"的地位。扬雄、向歆父子的学术实践推高了《易》的地位，但对于《易》何以为众经之首和大道本原的所以然的诠释性实践却是基本上付诸阙如的。两汉之交，伴随古文经学崛起，今古文经学开始由分庭抗礼之势，逐渐演化到古文经逐渐上扬，今文经渐趋式微的状态。由于古文经无章句，无师说、家法的严格限制，使得通经之学成为可能。在古文经取得上风态势下，东汉通经大儒才人频出。"贾马许郑"成为后世对通才硕学的固定称呼。郑玄作为成就最大的一位通经大儒，自觉承当起了《易》之所以为"大道本原"的学术诠释，承担了这一两汉学人几百年间未曾完成的学术重任。

《易》何以成为经学之首，大道本原，这是康成在其易注中必须解决的根本问题。郑玄对这一重要问题的解决方式主要有两个途径：一是通过证明《易》通融于众经而证明《易》之经学本质；二是建立起独具特色的郑氏爻辰说。爻辰说这一易例以乾坤十二爻辰为阴阳对待、循环流行的模型，既体现了其以《周易》为三代易学的集成，且宗《周易》的学术立场，又通过对这一易例的建构，涵纳了汉代天人一体同构、相互感应的宇宙发生论，也体现出《易》法天道设政教的人文品格。郑氏易爻辰说很大程度上担纲了诠释《易》"大道本原"所以然的重任。

"兴于诗，立于礼，成于乐"是孔子对王道政治发展规律的一种生动诠释，[①]也确立起了《诗》《礼》《乐》相通融相涵摄而内自一体的体系。《书》是先圣先王言动之记载，除去其版本可靠以及内容真伪的缺点不论，则其经学地位自不必多言。相对而言，《易》经学地位的正定则是颇费周章的。在论证《易》是经学之实践中，康成所用的方式主要是援礼注易以证明《礼》《易》互通；引诗注易以证明《诗》《易》互通；援古史入易以证明《书》《易》互通等等。郑氏所用的方式是极其高明的——他以互诠互显的方式，证明了《易》不仅仅是卜筮之书，在卜筮之书的面目之外，其本原是与众经相互融通和涵摄的。他的这一观点并非一家之言，一孔之见，而是有着充分的根据。据《左传》昭公二年记载，韩宣子聘于鲁，其目的是"为政而来见礼"，于是"观《书》于太史氏，见《易象》与《鲁春秋》，曰：'《周礼》尽在鲁矣'。"[②]可见，作为春秋末年贵族精英的韩宣子视《易象》为周礼重要内容(之一)，或者说，在《礼》的视角中，《易》与《书》《春秋》皆通于《礼》。这一观点以及论据也为近人刘师培及尚秉和等学者所秉持，刘师培则直接得出了"《周易》为'周礼'之一"的论断。[③] 同时，《周礼》的规制中，掌管卜筮的太卜等职官本身即是周礼序列中的重要一环，也说明《易》以其卜筮功能而参与礼乐等政治大事。郑玄以礼注易是其证明《易》的经学品质的最主要方式。他证明《易》《礼》互通时各有着一个总的评价作为纲领：他论《易》曰："易道周普，无所不备"，论《礼》则曰："以礼周流，无所不遍也"。[④] 两个论点的结构和逻辑上高度相似，如同克隆的产物。不能

① 孔子之意：王者之兴因于《诗》，《诗》言志，观诗而之民心所向，王者之渐由于此也；王者之业立于《礼》，无《礼》则无规矩方圆，王业无以确立；王业告成，必作乐以上禀于天，下示于天下百姓。

② ［晋］杜预注，［唐］孔颖达正义：《春秋左传正义》，北京：北京大学出版社，2000 年，第 1348 页。

③ 参见刘师培撰：《群经大义相通论》，宁武南氏校印刻本，1934 年，第 36 页。

④ ［汉］郑玄注：《礼记·仲尼燕居》，《十三经古注》，北京：中华书局，2014 年，第 1067 页。

不说在康成心目中，礼学与易学的确是可以相通相摄的。

如果是郑玄援礼注易的学术实践提升并正定了《易》作为经学之品格和地位，那么他在《礼》《易》互注的同时也在努力证明《易》是《礼》的根基根据。其中他所用的方式主要有以下几种：

一是主要通过爻辰说易例的建构，把《礼》的天道层面的诠释一准于《易》。依据《易传》观点，《易》起于圣人开物成务之创作；依据《易纬》的《乾凿度》等篇章，阴阳天地之始生，三才之分化都是《易》在宇宙之间的开演，万物之生生不息，礼仪政刑制度之创设无不仿于《易》而得以进行和完成。按照古礼，政治礼法之大者莫过于律历，年初、月初的颁历授时是明堂政治的首要内容。郑氏易学的爻辰说即是以乾坤两卦对待生成十二爻，纳入十二辰，十二律吕，上应太一、七政、二十八宿的星空分野，下应十二(三)州的行政区划。郑氏易目前流传下来的爻辰说的示例中，很多是来自于郑氏礼注。康成显然是把《易》视为《礼》的天道依据之诠释来源。

二是康成正定了卜筮在古代政治生活中的重要地位和作用。伴随后世人文理性的开化，后人往往视卜筮为低级落后的迷信活动，但是康成以其严谨的学识，以正定卜筮在古代重要作用的方式，证明《易》本来具有重要的学术地位。他在《周易》开篇的《乾》注中，即运用《周礼》中太卜“掌三《易》之法”的职能与《乾》注文相接通。《乾》为《周易》六十四卦之首，代表《周易》之元首及其基本精神。康成开篇即言卜筮，这与《易》之首要基本功能即为卜筮是相应的。千年后的理学集大成者，朱熹先生以极其严肃的学术态度又对《易》的这一功能再次进行了确认。20世纪初期以来的甲骨文新发现，使得学界得以按照西方标准，以文字形式确定了殷商文明的真实存在。甲骨文记载显示，殷商贵族有遇事即求之占卜的习惯，郭沫若对此有所结论。[①] 另据《春秋左氏传》成公十三年记载:"国之大事,在祀与戎"。[②] 祭祀与军事都是古礼中的政治大事,祭祀则必须占卜,故古史中常有"卜郊"之记载,作为四时大祭的郊祀属于褅礼重要形式,是帝王大礼,可见国之大事,天下大事必须以卜筮为先。同样,《礼记》则认为卜筮是先王教化民众,治理天下国家的重要手段,[③]不仅如此,《学记》篇还有"未卜禘,不视学"之说,可见对于越是严肃,越是重要的政治事件,卜筮也就越是在其中扮演不可替代的角色。

(三)汉易卦气说的学术转进及其与经学之融合

郑玄的另一值得关注的成就,在于他促进了汉易卦气说的转进,使得来历不明的卦气说成为汉代经学中不可分割的学术存在。很明显的是,卦气说是汉代易学最具显著特色的学术存在,甚至可以说,抛开卦气说,则汉易不成其为汉易。但是,卦气说的出现是充满了学术争议乃至于政治纷争的。《汉书》记载孟喜"好自称誉,得《易》家候阴阳灾变书,诈言师田生且死时枕喜膝,独传喜",且认为"好小数书"之蜀人赵宾之学,即是与孟喜之术同源。[④] 这即是后来产生重要影响的卦气说之由来。与孟氏同门且当时贵为少府的梁丘贺则仗势证明孟氏之论有误,孟氏易因而长期不能立于学官博士。《汉书》记于东汉班固,斯时之班氏尚且认为卦气说来自《易》的纬侯之书,属于"小数书",当然是来历不明的术数之学。可见卦气说的出身长久时间里没有得到正名,且在两汉正统的学术界中遭受

---

① 郭沫若曰:"殷人最为迷信,无论什么大小的事情都要卜,一卜总是要连问多次。"载郭沫若:《青铜时代》,北京:中国人民大学出版社,2009年,第2页。

② [汉]杜预注:《春秋经传集解》,载[汉]郑玄等注:《十三经古注》,北京:中华书局,2014年,第1319页。

③ 参见[汉]郑玄注:《礼记·曲礼》,载[汉]郑玄等注:《十三经古注》,北京:中华书局,2014年,第891页。

④ 参见[汉]班固:《汉书·儒林传》,北京:中华书局,1987年,第3599页。

了长久的“白眼”和排挤。

郑玄游学之初，开始系统接受京氏易培训。京氏易源自焦赣易，焦赣自称其学来自孟喜。郑氏卦气说传承其学有自。八卦纳甲为京氏易最显著特征，与卦气说息息相关；同时，京氏易之纳甲法中最主要实质内容在于爻而纳辰。康成借鉴京氏八宫格局下的爻辰而独创郑氏乾坤十二爻的爻辰之法，完成了对京氏卦气说的转进。尤其需要强调的是，郑氏爻辰遵“乾坤，易之门户”“乾坤，易之蕴邪”的宗旨，以乾坤两卦十二爻的架构吸纳和涵摄了汉易卦气说，尤其是十二消息卦（又称十二辟卦）等相关内容。至此，汉易卦气说便水乳交融地进入郑氏爻辰说中，成为汉代易学乃至汉代经学的有机组成部分。康成的贡献主要表现在两个层面：一则在内容层面上，对卦气说，尤其是京氏易卦气说相关内容融铸到郑氏爻辰说中，完成了对卦气说的学术转进；二则在学术合法性上，借着郑氏传易正脉、经学大师等称誉和显赫身份，借着爻辰说之作为郑氏易最显著特色的标志性学术地位，卦气说成为汉代易学乃至于汉代经学中不可割裂的有机组成部分。

第三节　费氏易的光大与郑氏易的建构

探讨郑氏易学建构之所然与所以然，在近两千载后的今天，仍然具有极其重大的学术价值及学术史意义。欲探讨这一问题，必须还原历史，探讨费氏古文易在郑氏易学建构中所扮演的角色和意义。

一、费氏古文易学的光大

在后人看来，郑玄之所以成为易学正宗，正是依靠费氏古文易；同时，费氏古文易之所以能够光大和传承,郑玄功绩不可抹杀。可以说,没有东汉费氏易学的持续传播与光大,就没有东汉注经派易学家令人瞩目的成就。汉末三大易家中,仅费氏易正宗传人就有郑、荀两家,研究郑氏易必须以讨论费氏易为先。

两汉易学家之众,若夜空之繁星,何以后世独以费氏易最为正宗?在后世学人中,宋儒吕祖谦所论比较有代表性,他说:“东京马融、郑玄,皆为费氏学,其书始盛行,今学官所立王弼易,虽宗庄老,其书固郑氏书也。费氏易在汉诸家中最近古,最见排摈,千载之后,岿然独存,岂非天哉?”[①]吕氏以为,以人事而言,费氏易之流传则充满偶然,只能归结为天意了。然而仔细考辨,又可以见到在历史的偶然中还是有着些许必然的规律可以探寻的。

(一)独立不倚的费氏易

史书对汉代易家传承做了详细的记载,各位易学名家基本上都可以在本原于孔子的易学传承链条上予以定位,而费直易学传承则颇为独特。这种独特性表现在两个方面。一是虽然学术正宗,但学术授受的来源不明。鉴于费氏易已经失传,其学术正宗性只能参照郑氏易之特点,以及后世学者对费氏易以及郑氏易的评价来予以确认。学术正宗证明其学术源自儒门圣学道统,只是因为长时间流传于民间而未能引起学界的注意,致使史书对其传承无法记载而付诸阙如。二是费氏以齐人而传承易学古义。因为吕望为齐国封地之祖,还有被后人目为法家的管仲助齐桓公称霸,更有稷下学宫的历史文化传统之故,齐学最易受诸子学说的熏染和影响。在此背景下,经学一入齐地便与鲁地传承发生转向和变化。齐地方

① [宋]吕祖谦:《东莱集 · 书所定古周易十二篇后》,《文渊阁四库全书》(第1150册),台北:台湾商务印书馆,1983年,第65-66页。

术盛行，东莱更是靠近蓬瀛，在方术神仙学说盛行之地，费直以东莱人而能忠实传承易学古义，而避免接受齐学历史文化传统，尤其是神仙方术之学的过分熏染，殊为不易，令人感叹。

社会现实所形成的风气对学术影响最大，汉武帝及其以后各代帝王尊经并广立经学博士，崇儒而崇尚更化，六艺之学遂由最初的尊经而渐渐转至重家法师说之末流。费氏古文易之所以能够保持易学传承之正宗性，最主要原因盖在于未立于学官。据史载，博士最早见于鲁谬公时的鲁国。后来产生更大规模影响的则是稷下学宫，稷下博士不称博士而称为“稷下生”（案：《郑志》中郑玄称稷下生为“棘下生”），武帝时立五经博士，设立太学，后又设立并扩充博士弟子员。官学博士所授弟子成为选举取士的主要来源，攻治一经成为博士弟子也就成为干政食禄的主要方式。于是立于学官博士的诸家学术便与巨大的政治利益紧密关联起来。官学博士及其弟子，当时太学的设立，以及汉代选举制度，都与今文经学息息相关。在这一制度风气之下，攻治今文经学的学人阶层迅速成长壮大起来。于是，西汉时开始萌芽，东汉时终于成长起来的新的势力集团——士族出现，开始发挥巨大政治和文化作用。当学术有了现实功利目的，则学术或多或少失去学术的独立与自由便成为理所当然。费氏学不立学官博士，从保持学术独立性以及学术原貌视角来看，恰好适得其所。而费氏易之所以始终不立学官的原因何在？在我们看来，最主要的还是由于其学术所授来源不明的原因。（案：据高怀民先生揣测分析，费氏之学大概是田何弟子周王孙学术一脉的传人①，丁宽曾经跟随师兄周王孙学习《易》古义）在师法家法非常严格的两汉经学时代，师承关系的正宗性成为决定学术地位，尤其是政治地位高低的关键要素。此外，也可以想见费直本人也是一位淡泊名利的隐逸之士，故能安贫乐道，终老民间。

① 参见高怀民：《两汉易学史·两汉易学传承表》，南宁：广西师范大学出版社，2007 年。

综之,汉代尊经崇儒,在各家各派经学势力不甘承受贫苦寂寞,纷纷登台展示,哗众邀资的时代,费氏易能够隐藏民间,最大限度保留了《周易》古义之学术风貌,不得不说是一个学术史上值得关注并予以探讨的奇迹。

(二)费氏易与东汉学术自由风气的时代共振

费氏易属于古文易,这是无异议的。费氏学之所以为古文之学其重要而明显的证据可以从两个方面来看。首先,刘向领校秘书时,曾经依据《中古文易》校准诸家易学,唯有《费氏易》与古文同。其次,今古文之学的一大差别在于是否长期列为官学博士。清代以来学者对于今古文的分野有着很多分歧。钱穆先生认为清儒所作汉代今古文经学的研究,实则有夸大今古文对立之嫌疑。据钱先生观点,《史记》中最早使用"古文"字眼,实际是指称《六艺》之学,是与诸子家言相对列的。虽然《汉书》《后汉书》中有个别经典,如《古文尚书》使用了"古文"字眼,那是因为有了伏胜口述晁错记录的今文本《尚书》而对言的。所谓古文经、今文经的差别实质上取决于其是否具有严格家法、师说,而这一差别之根源即在于五经官学博士制度造成的。因而,钱先生认为今古文之争的本质是利禄之争。① 钱先生之论颇有启发意义。《杜林传》记载被称为"通儒"的杜林以《古文尚书》示郑兴、卫宏以"古文虽不合时务,然愿诸生无悔所学"的议论。② 揆诸原文,杜林意谓:古文之学虽然不能以之求取功名利禄,但其学术价值更在现实功利之上,所以勉励郑、卫二生勤勉修习之。杜林之论对于钱穆先生观点是有力的佐证。

① 参见钱穆:《两汉经学今古文平议》中《史记中的古文》、《齐学与鲁学》《家法与章句》等诸章,北京:商务印书馆,2005 年,第 202 - 205,220 - 223,223 - 231 页。

② 参见[宋]范晔:《后汉书 · 宣张二王杜郭吴承郑赵列传》,北京:中华书局,1982 年,第 936 页。

今古文经的明显差别就体现在家法师说上。在经学官学博士设立并以此而为干政之资时，那么立为官学博士的诸家师说、家法也就具有了严格专门性和垄断性。严格的师说、家法的遵守和传承也就势所必然了。当习经者以晋身为目的时，则遵守家法师说成为比习经本身更加重要的急务。于是，守老师所授的传——章句师说，比守经更加重要。这就导致了经与老师所授的"传"之间的乖离，以致出现了"幼童而守一艺，白首而后能言；安其所习，毁所不见，终以自蔽"[①]的桎梏学术健康发展的局面。与立于学官的今文经固守家法师说特点相比较，长期流传于民间古文经则一般无章句，无严格的师法家法的限定，大体上保留了传统的学术风气。《艺文志》记载古代学者之风的大概曰："古之学者耕且养，三年而通一艺，存其大体，玩经文而已，是故用日少而畜德多，三十而五经立也。"[②]汉代古文经学者的一个重要特点即是通达诸经，之所以如此，就是因为保留着古学风气的缘故：数年通一经，存其最为重点的经学大体，而尽量不耗费精力于次要的章句和师说、家法，故能通经。东汉时期，学者对于今文经师说家法的突破逐渐成势，不习章句之学的学者日多，于是通经大儒层出不穷，呈现日渐增多的喜人趋势。

在这样的潮流中，在《易》已经坐稳经学首要位置的东汉时代，费氏易作为古文易学，其所受的关注、瞩目乃至于大受欢迎是可以想见的。仅仅是历史上有明确记载的作为费氏易传人的大儒就有东汉初年的陈元、郑众，中期的马融，中后期的郑玄、荀爽等人。东汉传费氏学的上述学者同时也都是通经大师。通经的现象在东汉成为学人的风尚，史载东汉学者专守一家之学的现象已经较前汉大大减少。很多今文经传人也成为通经大儒，比如，与郑玄论战的何休，即是正宗春秋公羊学传人，但他同时也通

① ［汉］班固：《汉书·艺文志》，北京：中华书局，1987年，第1746页。

② ［汉］班固：《汉书·艺文志》，北京：中华书局，1987年，第1746页。

达众经,是以能被当时京师学人称为“学海”。可见,费氏易在东汉的勃兴是与东汉追求学术自由的风气是同频共振的,极大地影响乃至塑造了东汉的学术风气的形成。

二、今古文易学并重的郑氏易

按照后代学界对汉代经学今古文分立的标准看,郑氏易学的师承来源有二:一是属于今文易学,主要是京氏易;二是属于古文易学,即费直古文易。郑玄在进行易学建构之时,实则是今古文并重且择善而从,兼收并取的。在今日所能见到的郑氏易残篇中,除非是专门研究者特意区分的话,今古文易学在其易注中并没有特别明显的界限,也感受不到今文与古文在其中的冲突。因而可以得出一个结论,郑氏主观上对今文易与古文易并未有所偏好。但是后代界定郑氏易时,却特意强调其费氏古文易传人的身份,于是极易给人一种误解:郑氏好古文易而轻今文易。然而事实并非如此。

(一)对今文易的继承发展

幼年时期的郑玄就已经接触算学、天文、风角等当时流行的术数,20岁后甫入太学即先系统学习《京氏易》,而系统接触古文易则是在33岁(实则36岁)接触马融学术以后的事情了。[①] 郑玄受今文易浸润和影响之时间,远长于古文易,且年幼之学对一生影响更加深远,成人尤其是中年以后所学相较于前者对人影响毕竟肤浅得多,除非是幡然醒悟,抑或是痛改前非与过去决裂。这一规律同样适用于郑玄,考察郑氏易学实践可知,他非但没有抛弃今文易,反而忠实继承乃至认真推进了自己所学今文易

① 郑玄入马融师门七年,然而不得见马氏者达三年之久。故亲见马氏时当已36岁之后了。

学内容的发展,比如前文所论对卦气说的学术转进和学术地位的提升。

郑玄学术一生的各个阶段,大致遵循着先今文后古文的轨迹。一如他求学时先学京氏今文易,他治学阶段也先是主要以所学今文易内容注解了属于今文易学形态的《易纬》诸篇。《易纬》相传有《乾凿度》《乾坤凿度》《稽览图》《辨终备》《通卦验》《是类谋》《坤灵图》等篇。今日所见均为后世所辑残篇,郑氏注文相对完整且最显可靠的有《乾凿度》郑氏注,较为可靠的有《稽览图》《通卦验》郑氏注,有重要参考价值的则是《乾坤凿度》郑氏注。参考以上诸篇可见,郑氏在以上篇章的易注中,非常重视对汉易卦气说的应用和诠释。他的注文在很多方面都忠实地贯彻了京氏易学的精神,乃至于直接引用京氏易说内容,具有浓重的京氏易的色彩。当然,如果仅限于照搬照抄,则郑氏易不能卓然别成一家;郑氏易之所以为郑氏易,在于他有自己很多独到的创见。

首先,他的《易纬》诸篇的注文中,以卦气说为框架,以周易古经的八卦体系为基础,提出了具有郑氏易特色的"气"的学说。相对于京氏易以乾父坤母统领六子卦的八宫体系而言,郑氏则以《周易》古经八卦布列的顺序:以乾代天,以坤代地,把天地、阴阳以及五行之气,统摄在基于八卦成列的卦气体系中。郑玄遵循了《说卦传》的学术观点,态度鲜明地坚持八卦卦气说的学术立场。这成为郑氏《易纬》注文中的基本前提。[①] 因此,宇宙间的气化,包括万物的生灭循环,便在以八卦为规模的易的卦气场域中流行。[②] 某种程度上,康成把卦气的流动运转视为《周易》之为《周易》的特点之一。他认为,《周易》曰九曰六以效法爻之变动,因而以变为占,

① 《乾凿度》云:"皆《易》之所包也,至矣哉《易》之德也。孔子曰:岁三百六十五日,而天气周,八卦用事,各四十五日,方备岁焉。"载[日]安居香山,中村璋八辑:《纬书集成·乾凿度》,石家庄:河北人民出版社,1994年,第8页。

② 康成注曰:"万物,是八卦之象,定其位,则不迁其性,不淫其德矣,故各得自成者也。"载[日]安居香山,中村璋八辑:《纬书集成·乾凿度》,石家庄:河北人民出版社,1994年,第7-8页。

这是与《连山》《归藏》用七用八而以象为占相对的。[①]“效其流动”者即是卦气流转。

其次，他还擅长运用五行学说注释《易纬》。关于这一点，朱伯崑先生有着明确的学术论断，认为最能体现郑氏易特点的不是爻辰说，而在于郑氏易的五行学说。虽然朱先生的说法是值得商榷的，但是他认为郑氏易擅长运用来源于先秦的五行学说注易也是不争的事实。非止于此，康成以五行学说注《易》时，其五行学说也往往与卦气说结合在一起。他在注《乾凿度》“太一下行九宫”时，他以一、二分别对应天、地，又以七、八、九、六分别对应南方火、东方木、西方金和北方水。因为有九宫之中宫作为基本前提，则四方、五行的架构都在其中。[②] 是以郑氏乃注曰：

> 系辞：天一，地二，天三，地四，天五，地六，天七，地八，天九，地十，奇者为阳，偶者为阴，奇者得阳而合，偶者得阴而居，言数相偶乃为道也。孔子于易系，著此天地之数。[③]

郑氏重视以五行说注《易》的做法不仅体现在《易纬》注中，也延及到他临终时作的《周易》经传注释中。在《系辞》“大衍之数”章的注文中，他把五行视为一气周流的无形之气，同时把五十五数分列于四方五行的结构

① 康成注曰：“九六，爻之变动者。系曰：‘爻，效天下之动也。’然则连山归藏占象，本其质性也。周易占变者，效其流动也。”载［日］安居香山，中村璋八辑：《纬书集成·乾凿度》，石家庄：河北人民出版社，1994 年，第 14 页。

② 康成说：“一变而为七，是今阳爻之象，七变而为九，是今阳爻之变。二变为六，是今阴爻之变，六变而为八，是今阴爻之象。七在南方象火，九在西方象金，六在北方象水，八在东方象木。自太易至太素，气也，形也。既成四象，爻备于是，轻清上而为天，重浊下而为地，于是而开合也。”载［日］安居香山，中村璋八辑：《纬书集成·乾凿度》，石家庄：河北人民出版社，1994 年，第 30 – 31 页。

③ ［日］安居香山，中村璋八辑：《纬书集成·乾凿度》，石家庄：河北人民出版社，1994 年，第 30 页。

中。[①] 针对《系辞》关于天地之数各有五，“五位相得而各有合”的论述，郑氏注曰：“天地之气各有五。五行之次，一曰水，天数也；二曰火，地数也；三曰木，天数也；四曰金，地数也；五曰土，天数也。此五者，阴无匹，阳无偶，故又合之。地六为天一匹也；天七为地二偶也；地八为天三匹也；天九为地四偶也；地十为天五匹也。二五阴阳各有合，然后气相得，施化行也。”[②]对于此处注文，林忠军先生针对郑氏善用五行的特点，在其专著《周易郑氏学阐微》中进行相关论述，认为郑氏用“五行之数”来解说“天地之数”，自成一家之言。[③]

再次，郑氏还采用以纬注经的方式来对今文经进行继承发展。这不仅是对《易纬》诸篇学术地位的肯定，也是对今文易的继承、融汇和发展。康成在《周易》注文中采用了很多的纬义与纬辞。其中《泰》注文通于《乾凿度》，《复》注文通于《稽览图》，《损》注文通于《乾凿度》；《系辞》“易有太极”注文曰“极中之道，淳合未分之气也”，通于《乾凿度》“有形生于无形”章；《说卦传》“帝出乎震”章郑注亦兼采《乾凿度》“八卦成列，天地之道立”章之义。《讼》九二郑注“小国之下大夫”则采用《乾凿度》“初为元士，二为大夫，三为三公，四为诸侯，五为天子，上为宗庙”之说。其他尚有类似例子，限于篇幅，不再一一胪列。郑氏注经注重纬文，对今文易兼收并取，择善而从，并无固定门户之见，展示其宏阔的视野与博大的学术胸襟。

---

① 郑注曰：“天地之数五十有五，以五行气通，凡五行减五。大衍又减一，故四十九也。天一生水于北，地二生火于南，天三生木于东，地四生金于西，天五生土于中。阳无偶，阴无配，未得相成。地六成水于北，与天一并；天七成火于南，与地二并；地八成木于东，与天三并；天九成金于西，与地四并；地十成土于中，与天五并。大衍之数五十有五，五行各气并，气并而减五，惟有五十。以五十之数，不可以为七八九六卜筮之占以用之。故更减一，故四十有九也。”载［汉］郑玄著，［宋］王应麟辑，丁杰等校订：《周易郑注·易解附录（附后语）》，商务印书馆，1936 年（据湖海楼丛书本）版，第 89－90 页。

② ［汉］郑玄著，［宋］王应麟辑，丁杰等校订：《周易郑注·易解附录（附后语）》，商务印书馆，1936 年（据湖海楼丛书本）版，第 90 页。

③ 参见林忠军：《周易郑氏学阐微》，上海：上海古籍出版社，2005 年，第 111－114 页。

（二）会通今古文，融铸郑氏易

郑氏易之融通今古文易学是其治学习惯所决定的。郑玄治经，颇具折中调和之功，岂唯《易》哉？康成号为通儒，非后世赋予之虚誉，乃是当时当世经学通人辈出的东汉时代的共识。融通今古文是其治学一贯之风格。他注古文《尚书》，即兼采今文尚书之说；他在笺《毛诗》之时，则对齐诗、鲁诗、韩诗各有采择。当时，“守文之徒，滞固所禀，异端纷纭，相互诡激”①，可以想见，郑玄之做法在重视师法传承，各守藩篱畛域的时代无疑是颇受争议乃至指摘的。从学界指摘到“齐鲁之间宗之”式的服膺，没有坚实学术实力恐怕是无法完成的。

郑氏对于今义、古义之学并无成见，以二者之学对于郑氏学术皆有重要作用。根据《汉书》《后汉书》记载，参照钱穆先生《两汉经学今古文平议》论述，可知今文经与古文经之对立差别，多为后世学者，尤其是清儒对汉代学术研究转盛后，出于学术研究之目的，人为总结当时情形的结果。准确地说，两汉时期有其今古文差别的事实，但并无“今文经”“古文经”之对立性名词。大致来说，立于学官博士的，除去个别特殊时期，比如新莽时期以及东汉初年的《周官》，以及其他时期个别经，如武帝时申公《鲁诗》（案：《鲁诗》系古文经）之外，其他都属于今文经。郑玄出身于平民，天生好学而已。一生转益多师而不固守当时家法师说，故能会通诸家学术而成郑氏之学。所以，当郑氏求学之时，并未持功利之见而对今文、古文有所区别；不仅对今古文经学没有差别之见，而且对于经学与纬学、谶说之见亦无贵贱之别。这在他 70 岁时所作的《戒子益恩书》中已经表达得非常明白了。

① ［宋］范晔：《后汉书·郑玄传》，北京：中华书局，1982 年，第 1212 – 1213 页。

刘师培先生认为："今文多属齐学，古文多属鲁学。"[①]这一说法很有参考意义。郑玄求学及其治学时，对于齐学、鲁学乃至先秦各国各地学术的差别有着清醒的认知，因为他对自己游学之分期主要就是依据游学之地域来划分的。其次，在极其重视师承关系的汉代而言，郑氏对于学术之来源与师承也是理应非常关注的。那么对于郑玄易学中的今义与古义又是如何考辨与认识呢？兹分两点予以论述。

首先，结合对汉代易学流传之考察，可知今文易与古文易之间在汉代初期是并无明晰界限的。依照《史记》《汉书》所载，自孔子至于西汉初期的易学传承脉络是极为清晰的。汉易皆承于田何，其传人立于学官者皆属今文易，那么是否就可以说田何所受（承）所授（传）就是今文易呢？如果是，那么就意味着孔子所传就是今文易。这显然经不起历史和事实双重逻辑的推考，更不符合后世学者之观点。若非如此，那么事实只能是汉易在流传过程中出现了分化而已。正如钱穆先生所言："一时代之学术，即必其有一时代之共同潮流与其共同精神。此皆出于时代之需要，而莫能自外"[②]，汉代一个最为突出的时代风气（精神）即是"经世致用"。在这一风气氛围之拣择、熏染之下，学术必然随着时代而有所侧重，有所异化。易学必须被改造，使其"经世致用"的一面亦凸显之后，方能回应时代风气之吁求。是以，只有在孟氏易卦气说对学界产生强烈冲击以后，易学地位始强势崛起，其标志就是施、孟、梁邱三家易立为博士后，《易》官学地位自此日益巩固，《周易》始从众经中强势脱颖而出，逐渐超越众经而确立"大道之原"的首经地位。

按《汉书》所记的蛛丝马迹，还能窥探到汉代今古文易学的离合异同之处。先论离中有合。据说，丁宽受易于田何，而丁宽本为师从田何学易

① 刘师培：《经学教科书・序例》，宁武南氏校印刻本，1934年，第1页。
② 钱穆：《两汉经学今古文平议・自序》，北京：商务印书馆，2005年，第4页。

的梁项生之侍从(按即小书童),年龄当小于梁项生,以聪颖精敏而被田何收为弟子。依据常理,丁宽当为田何弟子中年轻者。丁宽后又从田何弟子,也即自己的老师兄周王孙学《易》古义。依据当时易学授受的途径选择性很小的现实,周王孙所学《易》古义最有可能还是来自老师田何。同时,周王孙教授师弟学习易古义,盖田何年老,精力有限,周王孙代师授易而已,理论上是经过老师认肯的,这如同郑玄初为马融弟子,三年不得见师面,卢植代师授郑氏艺一般。如此,则田何所授有古义亦有今义。丁宽学成后曾作《易说》三万言,其学无章句,“训故举大谊”而已,东汉班固著《汉书》时称其为《小章句》。丁宽之学符合后世定义的古文经之特点,其学为前汉末季高相所传承,故高相易与费直易颇有相似处。按照汉易今古文离中有合的特点,则可以说今古文皆来自儒学内部传承。关于这一点,刘大钧先生曾经作专文进行讨论。[1]

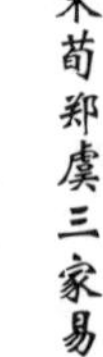

次论合中有离。盖《周易》古义今义本为一体,在时代风气作用下,尤其是官学博士设置体制之下,所谓的“今义”被凸显出来,刘大钧先生称此为“德性优先的人文关怀”,所谓其“古义”,刘先生称此为“阴阳灾变”思想。[2] 按照这种分析,则《周易》古义今义本来一体,其德行优先的人文关怀明显是肇端于《易传》,汉代离《易传》十篇的成篇年代非常切近,故称为“今义”;而《周易》作为筮书则传承于传说中的伏羲氏,卜筮作为预测方式即是具有趋利避害,以阴阳而知灾变的功能,以其本来固有,源自上古,故称“古义”。这是今义古义同源异流之辩证关系。

虽然今古文之间互有异同,是否东汉学者兼修今古文则是无甚难度之事,而郑玄之会通今古亦不算什么了不起的事业了?倘若今古文经学,包括易学今古文易之间并无什么不可逾越的界限与鸿沟,则会通今古文

① 参见刘大钧:《〈周易〉古义考》,《中国社会科学》,2002 年第 5 期。
② 参见刘大钧:《〈周易〉古义考》,《中国社会科学》,2002 年第 5 期。

经学并无过高门槛或多大难度，那么，后世就不会以极高的品评赞誉郑玄了。后世学者，乃至于晚清号称今文学家的宋翔凤、魏源、康有为等人似乎在这一点上也多有模糊认识，遂至于多有随意讥讪郑玄、诋讦刘歆之论。仔细梳理史实，可知自董氏至于郑氏，时间跨度二三百年，在立于学官的今文经学师说、家法之塑造下，今文古文学派实则已经各自走上不同的发展途径，具有了各自不同的学术规范、范式乃至于范畴。正如蒙文通先生所言："在昔两汉言学，严守师法，各有义类、统归，于同道则交午旁通，于异家则不相杂越，笃信谨守，说不厌详。"[①]蒙先生所言甚当，东汉时期学术阵营界限分明。郑玄以二十年游学之功，如辛勤蜜蜂广采博取，入出各家各派之间，其登门入户之难度可想而知。若非求学之诚，必不能终竟求学大功。汉末时期，今古文之间的差别势同天堑鸿沟，愿者未必有能，能者未必甘愿，自愿且能够逾越者，康成一人而已。讵能轻言其功哉！

在辨析古义今义基础上，则有助于理解弥纶今古文易而成郑氏易这一结论的内涵。郑玄之所以会通今古文易学，乃在于他在《易》"人更三圣，世历三古"的视野中，深刻领会到《易》之古义今义，乃是通体一贯的学术存在；更在于他付出一生贵比黄金的青年时期，孜孜求学，成就了深厚学术素养，自愿且有能力和会今古文易学。在和会今古文易学基础上，郑氏易学成为独立学术存在。

因为郑氏易对于费氏易的传承，使得郑氏获得传易正脉的美誉。据《四库全书总目提要》所载，郑氏被誉为传承《易》的"正脉"，其根源在于"要其大旨，费义居多"。[②] 清儒之论乃据于前贤，因为当时所见相关文献资料并不多于今天。可见，史上以郑氏易为费氏易传人者，取其大义而非求其行迹。今天要直接证明郑氏易与费氏易的传承关系是一个难题。一

① 蒙文通：《古学甄微·古史甄微自序》，成都：巴蜀书社，1987 年，第 19 页。

② 《四库全书总目提要·经部·易类·周易郑康成注》，载《文渊阁四库全书》第 1 册，台北：台湾商务印书馆，1983 年，第 56 页。

则费氏易原文已经失传，所留下的只是名目和笼统的介绍，二则从总目提要之记载，可知前儒凭郑氏易传"费义"的评价而誉其为易学正脉，可见郑氏易传承费氏易的精神是多于其具体内容的。清儒马国瀚曾辑《费氏易》佚文一卷，《费氏易林》佚文一卷，《周易分野》佚文一卷。前者尚能体现费氏易以《十翼》解经之特点，后两者则与历史记载费氏易特点了无瓜葛，更是无从辨别真伪。从文迹考辨郑氏易对费氏易的传承，实在是无法通达的路径。

按照《儒林传》记载：费直"治《易》为郎，至单父令。长于卦筮，亡章句，徒以《彖》《象》《系辞》十篇文言解说上下经。"与费直同时习古文易的还有高相。需要补充的是，费氏高氏都生活在西汉末期，晚于施、孟、梁邱三家，大致与京氏易生活年代重叠。高氏所习之《易》与费氏相类同，亦无章句。相应于费氏易之"长于卦筮"，高氏易则"专说阴阳灾异"。卦筮之用在于预测吉凶休咎，阴阳灾异亦是着眼于吉凶休咎，可知，在发挥《易》卜筮作用功能上，高氏与费氏易相类，为何后世学者多誉费氏易为正统而未以高氏为正宗呢？被誉为正宗的所以然何在呢？这些问题还将在后文有所讨论，但行文所至，势必稍有涉猎。首先，卦筮是《周易》，也包括其承续《连山》《归藏》而本有的筮占方式和功能，而言说阴阳灾异则是具有浓厚的汉易卦气说的时代色彩，即是说，高氏易比费氏易更加时髦。其次，根据史载，费氏易最大特点是以《易传》十篇解《周易》古经，这一点又成为费氏和高氏两家易学之主要不同处。北宋儒者晁公武《郡斋读书志》云："凡《彖》《象》《文言》等参入卦中，皆祖费氏，东京荀刘马郑，皆传其学……弼亦本费易也"[①]，晁氏之世，郑氏易全貌仍存，其依据郑氏易而评论费氏易，当然比南宋之后学者更有发言权。依据晁公武之说，汉代以后

① [清]马国翰辑：《玉函山房辑佚书·经编易类》第一帙卷三，光绪九年，长沙嫏嬛馆校刊本，第20页。

易家凡是以《十翼》解说《周易》者皆至少具有费氏易之特点。

参照刘大钧先生《〈周易〉古义考》一文，今义体现为德行优先的人文关怀，那么今义显然源自《易传》，则费氏以《十翼》解经即是发挥今义，其长于卦筮才是属于古义，那么为何又以费氏以十翼解经为正脉呢？汉代立于学官博士的易家可分为两类：一是施氏易、梁丘易等易家；二是孟氏易、京氏易等以卦气说为明显特征的易家。施、梁丘两家易学已经失传，盖二家所传今义与《易传》相关度颇高。考诸现在尚有所考稽的孟氏易及京氏易可知，虽然此二家易亦长于阴阳灾异，但其学在当时是被认为不够正宗的，根据《儒林传》所载：孟氏被认为是“得易家候阴阳书”，即所谓纬侯一类的书籍，京氏之师焦赣易之来源要么来自孟氏，要么来自隐士之传授。可见，后世所谓传易正脉是指传承自孔子的，既包含了源自上古卜筮之古义，又下贯《易传》十篇人文理性关怀，即所谓今义的易学传承。而费氏易以“长于卦筮”具古义之特征，以“《十翼》解经”而具备今义之特点。以此可以说，费氏易既是最“古”的，也是最“今”的，是今古合一的。

行文至此，可知源出于丁宽易的高相易也是既古又今的，亦无章句师说之弊，何以高相易不被视为古文易正宗？如前所论，高氏之学沾染了汉代易学风习，已经成为与时俱进的时学，以其不纯而不足以代表孔子易脉。相较于高氏学，费氏易长处除了既古而今外，更在于其最大限度避免汉易风气沾染之“纯”。即是说，不论其古，还是其今，其学说显然未受汉代时学风气之影响，最大限度保持了孔子所授易学之原貌。郑玄易学受费氏易影响，兼具以上特点，因而被称为传易正脉。这大概是郑玄被视为最得费氏易学术心髓之原因吧。

此外，郑氏不仅以阴阳灾异，以《十翼》解经，也以同样方式而注《易纬》。郑氏贯通诸家之说而治学已成为其注经实践的习惯。其抱定“但念述先圣之元义”的宗旨，坚信卜筮为上古圣人制《易》基本功能，坚信《易传》为先师孔子所作，是以，凸显《易》的卜筮之功，参照《易传》解经必然成为郑氏注易解易的首选。在后代学人心目中，两汉众多易家中，能够贯彻费氏易治学特点的，无疑以郑玄为最。这也是其易学在后来，尤其是清代获得“传易正脉”美誉的原因。

第四节　基于崇高学术理想的郑氏易学术理路

郑玄以“但念述先圣之元义，思整百家之不齐”为志，意味着主动选择做先圣孔子道统的传承者，效法孔子做名垂青史的王者师便成为其学术实践应然的旨归。是故两汉经学时代的郑氏身份定位首先是一个经师。但由于身逢时运衰落的乱世，眼见汉家气数之将衰竭，总结两汉经学便成为他当仁不让的学术承当，所以郑氏不是一个普通的经师，而是一个有历史担当的经师。正因为身份定位之不同，他的易学与同时代的各家易学相比较便表现出了卓荦不群的器识，更高远的学术眼光和更博大的学术胸襟。他在忠实地传承汉代经学精神大体的同时，也依靠其易学建构而对汉代经学精神作了新的诠释。

一、忠于经学治学方式，奠定易学的实践理路

康成在治学理念上取义崇高，而在学术上却能践其实行。他并未以汉代经学之弊而抛弃汉学治学方式，而是更加认真地贯彻经学应有的治学方式，又基于自己的治学方式确立起自己易学上的实践理路。这些特点可以通过郑氏易例的构建体现出来。大体而言，郑玄忠实地继承了自董仲舒所奠基的汉代经学精神，但郑玄并非照搬西汉早期经学时代开山人物的思想。他在关键处持有自己的政治主张，展示出不同于前人的政治理想，这需要在他的注经学术成果中，尤其是易注残篇中，仔细抉微探

赜，方可体认。历史节点决定了总结两汉经学的任务必然是在东汉末期。但是在人才辈出的东汉，这一任务何以落在康成肩上，则必须结合东汉历史文化语境以及郑玄学术实践加以探讨。其中，郑氏易学的特质是必需应该加以讨论的。除去前文已经讨论过的弥纶今古文易学而构建郑氏易学等显而易见的特质外，郑氏易学中还有其他需要予以辨章的要素，尤其是其爻辰说。

（一）学术使命决定治学方式

郑玄立志做圣人道统的传承者，他的学术使命决定了他必须采用与所承当大任相符合的一些治学方式。同时，其学术实践与结果也证明这些治学方式很好地完成了他所自我期许的学术使命。

首先，郑氏重视以训诂之学疏通经义。运用小学功夫治学，是汉代今古文学者通用方式。由于其运用目的不同，因而虽途径类同而结果大相径庭。今文经学者运用训诂的结果是在师说、家法之准绳下，"遂令经有数家"——一经有数家之学，"家有数说"——各家之学代有传承，因业师不同而各有损益，使得章句、师说日滋繁多，致使"章句多者或乃百余万言，学徒劳而少功"。[①] 据说后汉张霸从范儵学《严氏春秋》后，深感其繁辞之弊，经大力删减，命名为《张氏学》，犹有二十万言。[②] 另一位经学家桓荣从朱普学章句之学四十余万言，浮词繁多，荣乃减为二十三万言，后其子桓郁又进一步减为十二万言，号《桓君大小太常章句》。[③] 古文学者运用训诂的治学结果大异于今文学者。丁宽易学未立官学博士，当其运用小学训诂之法作《易说》古义，仅仅三万言，但"训诂举大谊"——只是训释经学关键紧要处的重点而已。郑玄善用训诂，但其很好地遵从了古文经学

---

① ［宋］范晔：《后汉书·郑玄传》，北京：中华书局，1982 年，第 1213 页。

② 参见［宋］范晔：《后汉书·郑范陈贾张列传二十六》，北京：中华书局，1982 年，第 1243 页。

③ 参见［宋］范晔：《后汉书·郑范陈贾张列传二十六》，北京：中华书局，1982 年，第 1256 页。

者的治学精神。

康成注《易》善用训诂之学，究其原委，大概有三点。第一点是深受费氏古文易之影响。费氏易虽然已经失传，但马氏易、荀氏易、郑氏易之文犹有存者，尤其是马氏为郑氏之师，可资比较研究。三家易皆重训诂，马氏与郑氏这一特点尤其鲜明。可知，费氏古文易极重视训诂之法。《易》流传久远，语言文辞、典章制度随着时地的变化而时有转移，先人初衷何以得知？文辞之不知，典章之不明，则经意必昧。于是，训诂成为必须倚重且无可替代的方式。第二点是郑氏深谙礼学，对于汉代乃至先秦，尤其周代的礼制之学非常熟稔，这在两汉经学家中既能通五经之学且为易学名家的，康成是当仁不让的首选。是以，在诠释名物、典章和制度时，可以信手拈来，同时也会通了《易》与《礼》等其他经典。第三点是郑玄有着深厚的小学功底。据本传记载，郑玄"质于辞训"，就是说他在文辞训释上做得非常扎实。当他挟这一做法在文坛始露头角之时，还引起了学术界的争议。因乎在古文学者（所谓的"通人"）眼中，郑氏之法尚有几分今文学术习气，故"通人颇称其繁"，然而随着康成"经传洽孰"（案：康成遍注群经、纬候、图谶、秘书、天文历算等，不过百余万言，总文字乃至于不超过大多数今文章句一家一经之数，很多典籍注文乃至有少于原文的情况，故可以证明"通人"当初之责谬矣），故又得到了学界的普遍承认，"称为纯儒，齐、鲁间宗之"。[①]《郑玄传》所言齐鲁，非谓郑学影响不出今日山东省之地域范围。因乎今文学主要来自齐地，信守古文训诂传统者主要在鲁地，故"齐"与"鲁"不过为今文、古文之学代名词而已。这说明他的成就得到了今古文学界的普遍承认。

郑氏治学中把小学运用到登峰造极之程度。揆诸古今学术史，几乎达到前无古人后无来者的程度。训诂之学最忌主观和成见，持一家之言

① ［宋］范晔：《后汉书·郑玄传》，北京：中华书局，1982年，第1212页。

而随意否定他家之说的做法是治学大忌。六艺之学磅礴渊深，含万象通万理，尤其《易》文之卦爻辞本来就具有极大的开放性和模糊性，历史上的相关诠释，在一定学术规范中，可谓随所取资，无有定规，后世学者见仁见智皆可诠文立说。康成对于前人成果做到了择善而从，这主要在于他对于训诂做到了谨慎运用。既重视音训，也兼重形训和义训，有追溯词源的考训，也有通经互训和循文而立训（案：符合孟子所谓“不以文害辞，不以辞害意”之旨）。在训故方面，他考证名物，训释规制典章，重视律令之学，参照纬书互证，今古名物互证等等。所以，同样训释《周易》，康成与其师马融之注多有不同，足见康成以更高明之见而不随意苟同老师之成说。

郑玄在《易》的训诂上，虽然也参照《尔雅》以训辞，参照“三礼”而训名物制度，但其注《易》训诂最具特色，最主要的准绳还是《易传》十篇——这正符合费氏易以《十翼》解易之特点。例，康成注《乾》九二“见龙”曰：“二于三才为地道”，注九三“君子终日乾乾”曰：“三于三才为人道，有乾德而在人道，君子之象也”，[①]这明显是活用了《系辞》篇“易之为书”章关于“三才”说的观点。[②] 又如，注《蒙》卦辞“童蒙……利贞”条曰：“亨者，阳也，互体震而得中，嘉会礼通，阳自动其中……亦所以利义而干事”，[③]这明显是运用了《乾·文言》的内容。他者比比皆是，不再一一罗列。

康成之所以如此重视小学训故，其根源仍在于其学术宗旨和信仰。他坚信《尔雅》是圣人孔子后学为训释经学而设立的。针对许慎《五经异义》中所持的与《尔雅》训故的不同意见，郑氏驳曰：“《尔雅》者，孔子门人

---

① ［汉］郑玄著，［宋］王应麟辑，丁杰等校订：《周易郑注·易解附录（附后语）》，商务印书馆，1936年，第1页。

② 《易传》世传本为郑玄注《易》所参照的依据，按照世传本《易传》记载，该章论曰：“易之为书也，广大悉备，有天道焉，有人道焉，有地道焉。兼三才而两之，故六。六者非它也，三才之道也。道有变动，故曰爻。爻有等，故曰物。物相杂，故曰文。文不当，故吉凶生焉。”

③ ［汉］郑玄著，［宋］王应麟辑，丁杰等校订：《周易郑注·易解附录（附后语）》，商务印书馆，1936年，第5-6页。

作以释《六艺》之文言也,盖不谬也!"[1]郑玄对于许慎以一家之言而质疑乃至否定正统学术的做法,是极为不满的。这显示了他坚决维护经学正统的决心和信心。

在重视训诂之外,康成还发扬费氏古义,遵《十翼》而求义理。《易》本为卜筮之秘典,因特重其用,故其理体反而久昧难以昭彰。迨孔子及其后学作《易传》十篇,其天人一体同构的哲理和蕴含其中的人文理性、人文关怀遂得以深入揭示和全面彰显。费氏易之所以列为古义,其一重要原因就是以十翼文言解经。郑玄忠实地继承了费氏易这一特质。《易传》为《周易》义理诠释之宝典,首开易道义理系统诠释之先河。郑玄遵《易传》而诠释义理,表现在很多方面,今择其最为鲜明的两点特征举例论证之。

虽然《系辞》在天地、三才、六位结构中,结合人更三圣、世历三古历史进程的梳理,从而构建起了广阔的大宇宙视野中三才六爻一体,古今同构的《易》的世界之场域,但是《易传》的核心毕竟还是在于人文,所以乾坤两卦的《文言》就成为《易传》十篇长龙之睛。同时,在康成学术立场上,他还是首重《周易》以乾为首的原则,视乾坤为《易》之门户,因此他在《周易》经传之注文中经常运用《文言》乾卦"四德"——元亨利贞的义涵来说经解易。其在《泰》象辞"天地交泰,后以财成天地之道,辅相天地之宜,以左右民"注文中曰:"春崇宽仁,夏以长养,秋以收敛,冬敕盖藏",[2]即是活用了《文言》"君子体仁足以长人,嘉会足以合礼,利物足以和义,贞固足以干事"之义。注《大有》卦辞"元亨"曰:"元亨者,(又)能长君臣以善,使嘉会礼通,若周公摄政,朝诸侯于明堂是也"。[3] 他者如《豫》象辞"雷出地奋,

① [汉]郑玄:《驳五经异义》,载[清]黄奭编:《黄氏逸书考》第96册,王鉴修补印本,1925年,第1页。

② [汉]郑玄著,[宋]王应麟辑,丁杰等校订:《周易郑注·易解附录(附后语)》,商务印书馆,1936年,第16页。

③ [汉]郑玄著,[宋]王应麟辑,丁杰等校订:《周易郑注·易解附录(附后语)》,商务印书馆,1936年,第19页。

豫”条,《随》卦辞“元亨利贞”条,《贲》卦辞“亨”部分,《咸》卦辞“亨利贞”条,《恒》卦辞“亨无咎,利贞,利有攸往”条等等,皆类于此例。

郑玄准于《易传》解经还体现在对“太极”的训释上。郑氏太极之论内容虽少,但为极其关键的核心要论之一。他注《系辞》“易有太极”曰:“极中之道,淳合未分之气”,一则郑氏以中训“极”,二则以“气”训《易》的太极之道。需要注意的是:训极以“中”是忠实体现了《周易》古经和《易传》,尤其是《彖》《象》两传中的“中道”思想;训极以“气”则是接通了郑氏《乾凿度》“孔子曰《易》始于太极”所作的“气象未分之时,天地之所始”的注文。郑氏以“中”正与“气”化之论相并,看来突兀,似有不妥。但他自有内在融通之途径。《蹇》的彖辞“利西南,往得中”之郑注曰:“中,和也”。和者,和气也。他在《坤》六二爻辞“直方大”的注中说得更加直截了当:“此爻得中气而在地上”。至此,可见郑氏易中,极、中、气、和四者本来内相通而为一体。康成之所以重视对“太极”的诠释,盖缘于他对《系辞》“天地絪缊,万物化醇,男女构精,万物化生”之说,以及《序卦》“有天地,然后万物生焉”,“有天地,然后有万物,有万物,然后有男女,有男女,然后有夫妇,有夫妇,然后有父子,有父子,然后有君臣,有君臣,然后有上下,有上下,然后礼义有所错”等论述的重视、吸收和继承。《易》必有本,《易》世界中万事万物必有其终极的来源,是以其和会道与气,在形上形下两个层面上,一准于《易传》,参合古经、《易纬》进行贯通。其用心可谓良苦。

郑氏构建了丰富的易例,不乏创新之举。郑玄同时也被视为汉代象数易学代表性人物(之一)。作为象数易名家,郑玄易学中有着丰富的易例。除了最为著名的爻辰易例外,互体(既有三爻互体,也包括四爻、五爻连互,爻体、卦体等),“往来(应)”“据、承、乘”等。爻辰易例将在后文作为重点进行讨论,此处简单对互体和往来、据乘承等进行介绍说明。

郑氏论卦极为重视互体易例的使用。《四库全书总目》把以互体注

《易》看作郑玄之所以为费氏易传人的理由之一，可见费氏易亦是善用互体之法。三爻的八经卦中没有互体之说，只有在六爻别卦中才能有互体之论，盖互体之法是以《系辞》“杂物撰德，非其中爻不备”之义为根据，打破上卦与下卦界限，以三四两爻上求下索，与其他爻位组成新的卦，即为互体卦。郑玄对互体的运用既本于费氏，又大大超越于之。郑氏所用互体之法，除了常规的三爻互体外，还包括了四爻、五爻连互，爻体，卦体等各种特殊的互体之法。其卦体之法还影响到了其后的王弼易。

与同期的荀氏、稍后的虞氏相比，郑玄还善用互体中的特别形式：爻体。同传费氏易的荀氏亦偶用爻体，但远不如康成使用之频繁。以此鲜明的特色，张惠言在介绍郑氏易学时，竟然专章讨论郑氏爻体。[①] 郑氏的卦体易例，盖是受到《乾凿度》“人生而应八卦之体”之论的启发。卦体之卦，乃是六爻卦的上卦与下卦。郑玄在其易学中强调卦体之卦，盖提醒象数易学时代的学人们，在关注互体易例之时，毋好高骛远，越行越远，别卦中自有两个经卦在，此是比互体产生的新卦更有本原性和基础性的存在。

郑氏的“往来”易例的学理根据，在于《易》的“相应”之法。具体说来，六爻别卦中，初爻与四爻相应，动于初爻地下，应于四爻天下；二爻与五爻相应，动于二爻地中，应于五爻天中；三爻与上爻相应，动于三爻地上，应于上爻天上。阳动以息而进，阴动以消而退。往来之本质在于阳息阴消，根源在于气化变易思想。内卦之爻去外卦为往，外卦之爻之内卦为来。往来之说虽有汉易卦气的影子，但本质在“消息”，属于郑氏所谓十言之教。

“据、乘、承”易例则是郑玄“不易”思想的有力表达。他非常注易爻位之间的相互关系，把阳在阴上称为“据”，把阴在阳爻之下称为“承”，把阴

① 张惠言论郑氏爻体之法曰：“阳爻在初、四则震爻；二、五则坎爻；三、上则艮爻。阴在初、四则巽爻；二、五则离爻；三、上则兑爻。”载［清］张惠言：《周易郑氏易·爻体》章，［清］阮元编：《皇清经解》（庚申补刊），道光九年学海堂刻本，1221 卷，第 5－6 页。

在阳上成为“乘”或“越”。郑玄把“位”看作礼乐文化的秩序的象征。他是从价值论的视角构建“据、乘、承”易例的。

郑玄遵循十翼解经是对费氏易治学精神的传承，但郑氏之传承绝非内容的照搬，而是接受其法度，光大其精神。以马氏易、荀氏易和郑氏易相互参照，可知，他们虽然都是费氏易传人，但都做到了各成一家，各建体系，而绝不照搬相袭。郑氏如此，马氏、荀氏亦如此。

郑玄注易，承担着如何传承历史文化传统的道义和责任，是故其易注在求易理同时而归本于人事。郑氏学术立足现实，针对时弊，然而又超越于现实而贯通过去与未来。康成这一治学特点是由其作为大儒之传承意识所决定。他既是站在汉代文运即将终结之节点，与西汉经学时代最早的奠基人董仲舒遥相呼应，又是置身于衰变之乱世与战国末年荀卿的思想相共振；同时董仲舒与荀卿之间又有着学术上的因袭，乃至于可以说董子一定程度上也是私淑荀子。与孔子之好古，孟子之慕古相比，荀卿学术最重实践，最重当下和未来。他在《非相》篇中云：“彼后王者，天下之君也；舍后王而道上古，譬之是犹舍己之君，而事人之君也”。[①] 荀子曾经三为稷下学宫之忌酒，其学术与齐学之间的交互影响是可以想见的。董仲舒“作书美荀卿”，深受荀氏之影响，其大一统之学说思想与荀子以“后王”为天下纲纪的思想息息相关。所不同的是，生逢治世——董子之幸运，生逢乱世——荀子、郑玄之悲哀。

郑氏生逢政治陵替，纲纪崩颓的汉末，身遇黄巾之乱，军阀混战，党锢之祸，老年丧子，举目当世则无贤明之主，展望未来则前途茫茫，其心中充满的忧患意识无法言表。这与荀卿“迫于乱世，遒于严刑，上无贤主，下遇暴秦”之状何其相似。处于此间，只能把理想寄寓于“后王”。同时，郑氏之忧患，在其易学中有着充分表达。其与《系辞》“《易》之兴也，其于中古

① ［清］王先谦撰：《荀子集解》，北京：中华书局，1988 年，第 81 页。

乎”章所论“作《易》者其有忧患乎”之间的思想高度共鸣。文王作卦辞，周公作爻辞，这是《易传》以及包括郑玄在内的汉代众多易家的集体学术信仰。姬昌拘于羑里而演《易》卦辞，周公以《易》爻辞而为制礼作乐重要内容，皆是抱着忧患意识而创作，故吉凶悔吝之品评每每见诸卦卦爻辞中。是故，当刘向领校秘书之时，因施、孟、梁邱等众家易脱去“悔亡”等字眼，而被给予了与《中古文易》不同的结论，潜在之意即是怀疑其正宗性；费氏古文易则与《中古文易》同。班固以官史记载此事，一定程度上是以官方方式认定费氏学为易学正宗。

《易传》十篇，既揭示了《周易》这一忧患之作的学术本质，也忠实贯彻和光大了这一思想。郑玄解《易》，亦因循这一特质，把易理之诠释归本于人事现实。这在郑氏易中是彰明昭著的。他注《贲》卦辞“亨，小利有攸往”曰：“贲，文饰也。离为日，日，天文也，艮为石，石，地文也。天文在下，地文在上，天地之文，交相饰成贲者也。犹人君以刚柔仁义之道饰成其德也，刚柔杂，仁义合，然后嘉会礼通，故亨也”。[①] 他注《明夷》卦辞“利艰贞”曰：“夷，伤也。日出地上，其明乃光。至其入地，明则伤矣。故谓之明夷。日之明伤，犹圣人君子有明德而遭乱世。抑在下位，则宜于自艰，无干事政，以避小人之害也”。[②] 其他如《大有》《睽》等卦之注文皆有相类之处。

言天道而论及人道，论人道而宗于天道，这是《周易》古经内蕴的，《易传》发皇的规律和道理。天道人事相互因应，一体同构的思想，不仅仅是《易》经传谶纬所同揆的，也是汉代《诗》《书》《礼》《乐》《春秋》众经及其谶纬秘书所共同尊奉的。郑玄坚决贯彻论易理而归本于人事的原则，是

① [汉]郑玄著，[宋]王应麟辑，丁杰等校订：《周易郑注·易解附录(附后语)》，商务印书馆，1936年，第30页。

② [汉]郑玄著，[宋]王应麟辑，丁杰等校订：《周易郑注·易解附录(附后语)》，商务印书馆，1936年，第48-49页。

他深刻理解了汉代经学语境之精神，重视遵循今古文经学共同尊奉的治学方式的结果。

（二）基于汉代经学信仰而传承王道政治精髓

后世研究经学者，立场在今古文之间难以做到完全公允，或以古文为正宗，或以今文为可信。前文已经论及，郑玄心目中并没有对于今文、古文的偏见，今文、古文皆宗孔子，并无根本之对立冲突。不仅对于今文、古文如此，而且他对于诸子百家之学，也能以宽容的学术胸襟对待之。他不拘泥众说之纷纭，一准于汉代经学之精神而审察精微，攫其要义。

郑玄秉承董氏奠基的政治理念而治学。《艺文志》根据刘向领校、刘歆辑成《七略》（案：今已亡佚）之分类和原则，对六艺（经学）、诸子、诗赋、兵书、术数、方技之学所存者进行归类评价。据汉志，可知汉代官方秉持《易》为众经之首，六艺为百家之原，一切学术不越周官礼制之范囿的总观点。这些成说，也为郑玄所接受。在这样的前提之下，他的治学基本上遵循了择善而从、兼采并包的原则。康成对来源于家言子学的理论也非常重视。自董仲舒吸收阴阳家邹衍等人“五德终始说”，提出圣人受命——天降符瑞（案：其反面即是道德之衰则天降灾异）、得时而更化（改正朔、易服色是也）的政治理论系统（案：参见《天人三策》《春秋繁露》等）后，这一理论为其后的汉代经学学者们所奉守。比如，在新莽主政时期，拥兵天水而自重的隗嚣曾经咨询班彪，自己可否趁乱参与逐鹿，班彪乃著《天命论》，提出“汉德承尧，有灵命之符，王者兴祚，非诈力所致”[①]的观点，劝诫隗氏认清天命大势。班彪所因袭者，皆董子之论。自董子至班氏，再至郑氏，其政治信仰皆前后相因。班彪立于历史转折之关键时期而对刘汉信心不灭，与郑氏立于历史转折时期而洞见汉家气数将终之间，虽结论大相

① ［宋］范晔：《后汉书·班彪列传》，北京：中华书局，1982 年，第 1324 页。

径庭，然而其逻辑是一致的。故郑氏立志总结汉代经学之原因即在于此。

汉代今文古文学者不免时代的成见。郑氏有鉴于此，择善而兼取精华。郑玄系统学习过京氏易，京氏学中很多内容与孟氏易同。汉代官方对京氏之师焦延寿以及孟喜之学术的正统性是打上大问号的。但是郑氏对于京氏易和孟氏易是极为重视的。今择取孟氏易关于四正卦的学说以分析之，按照黄奭所辑《孟喜易章句》所载，孟氏《中孚》章句中对关于四正卦说的系统议论如下：

> 自冬至初，中孚用事，一月之策九六七八，是为三十。二卦以地六候以天五，五六相乘，消息一变。十有二变而岁复初，坎离震兑二十四气，次主一爻。其初则二至二分也。坎以阳主阴，故自北正，微阳动于下，升而未达，极于二月，凝涸之气消，坎运终焉。春分出于震，始据万物之元，为主于内，则群阴化而从，极于南正而丰大之变穷，真功究焉。离以阳包阴，故自南正微阴生于地下，积而未彰，至于八月文明之质衰，离运终焉。仲秋阴形于兑，始循万物之末，为主于内，群阳降而承之，极于北正而天泽之施穷，兑功究焉。故阳七之静始于坎，阳九之动始于震，阴八之静始于离，阴六之动始于兑。故四象之变皆兼六爻，而中节之应备矣。①

虽然班固记史，认为孟氏与焦氏卦气说极有可能来自儒家体系之外的道家隐士之流，但是考察孟氏之说，亦非与《易传》全然无关：其坎、离、震、兑四卦与《说卦》尽合；其七八九六合为三十虽在《易传》中不载，但七八九六合为三十则九六合为十五在其中矣，这与“大衍之数五十”章亦不悖。且

① ［清］黄奭编：《黄氏逸书考·汉学堂经解·孟喜易章句》（第1册），王鉴修补印本，1925年，第7页。

不论康成对孟氏四正卦的传承与运用，单就七八九六之数的运用而言，他多能择善而取。在《乾》初九注文即曰：“《周易》以变为占，故称九称六”，[①]言《周易》之变为占，则蕴含和接通了《连山》《归藏》以彖（不变）为占的意思。变易为动，其数用九用六，彖者为静，其数用七用八。非止于此，郑氏注《系辞》“精气为物，游魂为变”章曰：“精气谓七八也，游魂谓九六也。七八，木火之数也，九六，金水之数也。木火用事而物生，故曰精气为物。金水用事而物变，故曰游魂为变。精气谓之神，游魂谓之鬼。木火生物，金水终物。而无变化，其精与天地相似，故无所差违之也。”[②]孟氏合七八九六之数为一月，郑氏以七八九六为四行（金水木火）以及神、鬼之征。郑玄之注文，既是借用了孟氏易“七八九六”易数之说，也活用并生动诠释了孟氏易四正卦方位与七八九六之关系，把孟氏四正卦所建构的一年、四卦（四季）、十二月份、二十四爻（二十四气）的卦气流动，阴阳消息循环的卦气的场域与郑氏易借注《系辞》“大衍之数五十”章所建构的“五行生成十数图”理论沟通、对应了起来。

在“大衍之数五十”章的诠释中，康成注曰：

> 天地之数，五十有五。以五行气通，凡五行减五，大衍又减一，故四十九也。天一生水于北，地二生火于南，天三生木于东，地四生金于西，天五生土于中。阳无偶，阴无匹，未得相成。地六成水于北，与天一并；天七成火于南，与地二并；地八成木于东，与天三并；天九成金于西，与地四并；地十成土于中，与天五并也。大衍之数五十有五，五行各气并，气并而减五，惟有五十。以五十之数，不可以为七八九

① ［汉］郑玄著，［宋］王应麟辑，丁杰等校订：《周易郑注·易解附录（附后语）》，商务印书馆，1936年，第1页。

② ［汉］郑玄著，［宋］王应麟辑，丁杰等校订：《周易郑注·易解附录（附后语）》，商务印书馆，1936年，第85页。

六卜筮之占以用之，故更减其一，故四十有九也。[1]

郑玄的这一注文内容后世称之为郑氏“五行生成十数图”。

孟氏的卦气说以《说卦传》所记载的八卦方位图为结构的，在内在逻辑上是与“九数(宫)图”相对应的。这一对图式结构符示着现实宇宙世界运转的实然。这一思想在《通卦验》《稽览图》中多有结合卦气效验等内容的阐发。康成所描摹的“五行生成十数图”，后世亦称为《河图》，一般被认定为宇宙天地化生，四方四时安位，五行布列循环之本然。这一思想在《乾凿度》《乾坤凿度》等篇章里面有大量论述。依此而论，郑玄不仅弥纶今古文易，也将阴阳五行学说纳入自己的易学建构体系之中。其博大的学术胸襟于此可见。

汉代经学中不乏政治理想的相关论述，郑玄在其易学实践中能够基于学术立场而对政治理想做出自己的诠释。基于《周易》经传而确立自己的政治信仰，成为郑玄易学实践中的一个鲜明特点。根据历史记载，汉家承尧之统，这是经学时代所奠定的政治信仰的基础，且两汉儒者大多对此深信不疑，因而两汉不乏相关诠释者。在这一基础上，钱穆先生认为，汉儒政治理想主要体现为两个部分：一是变法和让贤论；二是礼乐教化论；在变法让贤论中，其核心内容为七点：第一点是圣人受命；第二点是天降符瑞；第三点是推德定制；第四点是封禅告成功；第五点是王朝德衰，天降灾异；第六点是禅国让贤；第七点是新圣人受命。[2] 变法主要体现为更化说，这被晚清龚自珍、魏源、康有为等号称今文学者的知识分子发展为“托古改制”之主张。刘汉为尧帝后裔，禅让说也就顺理成章被抬上政治桌面，西汉眭孟、盖宽饶等都曾提出这一论点，谷永则提出汉德已衰说。乃

① ［汉］郑玄著，［宋］王应麟辑，丁杰等校订：《周易郑注·易解附录(附后语)》，商务印书馆，1936年，第89－90页。

② 参见钱穆：《国史大纲》，北京：商务印书馆，1996年，第150－151页。

至当处在新莽执政的这一最让汉儒绝望的历史时刻,班彪在《王命论》中仍能坚持汉家德运未衰之说,都未曾跳出董仲舒等人所奠定的政治信仰的框架。这些观点在今文经学家是普遍存在的。在两汉时代,这些依据经学精神而建立的政治信仰大概是无法动摇,尤其是无法凭借个人力量来动摇的。

然而,在《易》视阈中,尤其是《易》古文学派的心目中则异于是。郑氏政治理想的新诠释主要体现在他对《革》的注文中。郑氏注《革》曰:“革,改也。水火相息,而更用事,犹王者受命,改正朔易服色,故谓之革也。”[1]此处郑氏注文中王者受命,改正朔易服色之论与董仲舒氏的更化说几无差别,但其别在于“水火相息”导致的“更用事”,水火虽“不相射”,但水能灭火,是相克之关系而非相生之关系。禅让者,继天命大任,是相生而非相克者也。《革》九五“大人虎变”,上六“君子豹变”的郑注已阙,然而《仪礼》中贾公彦之疏认为,既然郑氏在《礼运》篇注文中,据“天下为公”而释“大人”为天子,则据“天下为家”而释“大人”为诸侯可知,在《革》中所释大人则为天子,释君子为诸侯亦可知之。[2] 在郑氏易视野中,既然诸侯可以豹变,那么当大人不在位不能虎变之时,则诸侯可以革命代之——诸侯亦可以成长为大人。郑玄的观点还可以参考革卦的《彖》《象》辞而佐证之。《革·彖》曰“水火相息,二女同居,志不相得……革而信之,文明以说,大亨以正,革而当,其悔乃亡。天地革而四时成,汤武革命,顺乎天而应乎人。革之时义大矣哉!”《革·象》则曰:“君子以治历明时……巳日革之,行有嘉也。革言三就,又何之矣?改命之吉,信志也!”[3]依据十翼解经是康成首选原则,也是他之所以为费氏易忠实传人的最有力的证据(之

① [汉]郑玄著,[宋]王应麟辑,丁杰等校订:《周易郑注·易解附录(附后语)》,商务印书馆,1936年,第64页。

② 参见[汉]郑玄注,[唐]贾公彦疏,《仪礼注疏》,北京:北京大学出版社,1999年,第120页。

③ [清]李道平:《周易集解纂疏》,北京:中华书局,1994年,第436-439页。

一)。作为经学时代的总结者,《周易》经传作为众经之首、大道之源的学术宗主地位是他坚决捍卫的。是以,汤武革命顺天应人的政治理想,是他在“天下为家”时代对现实政治的清醒认知,也是作为他对汉代经学精神借助《易》学维度做出的新诠释。

不过,康成生活年代毕竟还是在汉代经学时代,是以他的这一主张的表达是隐晦而委曲的。迨两三百年后,北魏人房景先终于继于郑玄而做出了清晰、明白的表达,也算是他对今文经学者所持政治理想的有力拷问。他在《五经疑问》中,开篇即针对今文经学家基于“五德终始说”而构建的政治理想发出追问,曰:既然“王者受命,木火相生,曰五精代感,禀灵者兴”,那么与“至如汤武革命,杀伐是用。水火为次,遵而不改,既事同代,终而数同”之间逻辑又是如何统一的呢?又举大禹受禅于尧舜,“循天不敢私其子”,是尊天之命,而鲧父受尧舜之殛刑,然则,“绍尧(舜)则不敢尊其父”①,那么大禹何以配祭鲧父于天?其逻辑又是如何统一?

可见,在郑玄、房景先等人心目中,推国禅让的政治理想是属于上古时代。在大禹之后,天下为公的时代已经终结。所谓“返古之道,灾必逮夫身”,政治理想必须立足于家天下时代的现实,汤武革命式的改朝换代成为实然的选项。当然,有汤武方为天下大幸,反之为天下大害。这充分说明郑玄对当时的历史现实有着比较清醒的体认,并未以愚忠的方式盼望汉代在苟延残喘中继续勉强维持,其实质是希望有解民于倒悬的后王出现,使得天下黎民免受水深火热中苟存其身的窘迫。

二、操约事大,体简旨丰:爻辰说易例之构建

郑氏易学中最为核心的要素即为郑氏爻辰说。郑玄之所以被目为几

① [北魏]房景先撰:《五经疑问》,载[清]黄奭编:《黄氏逸书考》(第20册),王鉴修补印本,1925年,第5页。

千年易学史上的巨擘,亦多赖有此易例之建构。有学者,比如朱伯崑等认为爻辰说非为郑玄所创,乃是对《乾凿度》六十四卦值日爻辰法的照搬而已。然而两者内涵外延之同则内自有其相通处,异则判然而有差别处,不能混淆。刘玉建教授则根据四方(四时)、四象、八卦、十二月份、十二律吕、十二生肖、二十四气对郑氏爻辰说予以定位并加以全面观察,对郑氏爻辰说整体轮廓做了清晰界定。① 总体上看,郑氏爻辰说依托乾坤两卦十二爻的简单架构,却建立起一个"所操弥约,所事弥大"(案:《荀子》语)的,涵摄六十四卦,三百八十四爻,包容天地人三才、宇宙四方、一年四时,接通汉代卦气学说,统摄王道政治礼乐制度以及行为规范的理论结构。名垂青史的众多易家中,能够在一个易例中概括出如此丰厚义涵,盖无有出其右者。

(一)郑氏易学爻辰说之概述

郑氏爻辰说主要是他借鉴京氏易和《乾凿度》篇相关爻而纳辰的法则而建立的,是在继承京氏易和《乾凿度》爻辰法基础上的创新和发展。

形式与意义之侧重:京氏易与郑氏易爻辰法度之差别。京氏易与郑氏易皆有爻辰之法,但是二者法度和理则上差异很大。总体而言,京氏易最大特色是其八宫卦体系,因而其纳辰之法亦是围绕八宫卦架构而来。其具体之法为:以六爻的八宫卦,即八纯卦为基本单位,以乾卦为父,帅震卦长子、坎卦中子、艮卦少子三卦;以坤卦为母,帅巽宫长女、离宫中女、兑宫少女三卦。自子至亥十二辰(地支)分为两组:子、寅、辰、午、申、戌六位奇数序列辰(支)为一组,丑、卯、巳、未、酉、亥六位偶数序列辰(支)为一组;前一组纳入乾卦为首的四宫卦各爻中,后一组纳入坤卦为首的四宫卦各爻中。按照阳顺阴逆之法则,乾卦所帅四宫之纳法皆为顺时针顺次纳

① 参见刘玉建:《郑玄爻辰说述评》,《周易研究》,1995 年第 3 期。

入,体现天地左旋之义,区别只在于初爻不同:乾卦初爻纳子;震卦长子,长子立嫡,承父,所纳爻辰一如乾父;坎卦初爻退一位,纳寅;艮卦初爻比坎卦再退一辰,纳辰。具体纳法如下:

表2-1　京房八纯父子四卦纳辰表

乾卦	震卦	坎卦	艮卦
上九戌	上六戌	上六子	上九寅
九五申	六五申	九五戌	六五子
九四午	九四午	六四申	六四戌
九三辰	六三辰	六三午	九三申
九二寅	六二寅	九二辰	六二午
初九子	初九子	初六寅	初六辰

同样按照阳顺阴逆之法则,坤卦所帅四宫纳辰之顺序与乾宫相反,皆为逆时针纳入,体现地道右转之义,区别只是初爻所纳辰支有异:坤卦初爻纳未,巽卦初爻纳丑,离卦初爻纳卯,兑卦初爻纳巳。具体纳法列表如下:

表2-2　京房八纯母女四卦纳辰表

坤卦	巽卦	离卦	兑卦
上六酉	上九卯	上九巳	上六未
六五亥	九五巳	六五未	九五酉
六四丑	六四未	九四酉	九四亥
六三卯	九三酉	九三亥	六三丑
六二巳	九二亥	六二丑	九二卯
初六未	初六丑	初九卯	初九巳

结合以上列表，需要指出并予以强调的是，八纯卦内三爻所成内卦，也称下卦，外三爻所成外卦，也称上卦，虽然两卦卦名相同，但是其所纳爻辰完全不同。在京房八宫卦体系中，八纯卦只是八宫卦首卦而已，每一宫又有八个卦，以八纯卦为领衔者，八纯卦在本宫之中首先是具有确立本宫在一定规则下，顺次变化的启始点之作用。在每一宫八卦中，除去一个六爻纯卦外，还有第一至第五世共五卦，再加上游魂、归魂两卦。八纯卦之外的五十六卦之纳辰法与所在何宫无关，只是与组成内三爻的内卦、外三爻所组成的外卦有关。在另五十六个非八纯卦中，都是内外卦不同的六爻卦，下卦（内卦）遵从该卦所属八纯卦下三爻纳辰法，上卦（外卦）遵从该卦所属八纯卦上三爻纳辰法。比如火地晋卦为乾宫游魂卦，其上卦为离卦，下卦为坤卦，其纳辰法遵照如下原则：下卦三爻按照八纯卦坤卦下三爻之法依次纳入初六未、六二巳、六三卯，上卦离卦按照离卦八纯卦上三爻纳辰之法顺次纳入九四酉、六五未、上九巳。其他皆仿此。

郑氏易爻辰易例则异于京氏易爻辰法的理念和法度。郑氏坚持遵从《系辞》“乾坤，其《易》之门邪”“乾坤，其《易》之蕴邪”之学术理念。其纳辰之法遵循“《易》以道阴阳”法则，以乾为阳之元，以坤为阴之本。乾坤两卦之十二爻不仅代表着八纯卦之四十八爻，更代表六十四卦及其三百八十四爻。具体言之，乾卦六爻所纳之辰，分别为初九纳子，九二纳寅，九三纳辰，九四纳午，九五纳申，上九纳戌，这是乾卦纳辰与京氏易相同处；坤卦六爻所纳之辰与京氏易法度差别颇大，虽然初爻亦是纳未，但其纳入顺序亦是按照顺时针依次纳入，分别为初六纳未，六二纳酉，六三纳亥，六四纳丑，六五纳卯，上六纳巳。不仅如此，在其他六十二卦的一百八十六阳爻和一百八十六阴爻中，每一爻位皆遵循乾卦六阳爻、坤卦六阴爻的纳辰法则。即是说，任一卦之初九必然纳子辰，任一卦之六三必纳亥辰，其他依次类推。如此，则乾坤十二爻辰架构完全统摄了《周易》六十四卦和三百八十四爻。“在郑氏的爻辰说中，六十四卦的三百八十四爻，以乾坤为本,彻然开放互通为一内在有机一体无隔的卦爻体系,互通为乾坤十二爻,64 而 2,384 而 12。”[①]《周易》六十四卦涵纳统摄着宇宙世界、往古来今所有的事理,而郑氏以其爻辰法这一易例即将宇宙天地间的万理、万事、万物统摄起来。

于是在郑氏爻辰说理论体系中,乾坤之外的六十二别卦都是非纯阳爻或纯阴爻组成的六爻卦。每一个别卦一面是一个独立的六爻卦,另一面每一爻位还代表者乾、坤两卦相应爻位所统摄的所有义涵,因此乾坤两卦之外的六十二别卦中,每一卦又同时是乾坤两卦不同爻位的组合体。“乾坤十二爻辰看作是产生《周易》其他六十二卦三百七十二爻辰的根本。”[②]因此,可以说六十二别卦也是以别样的途径代表着和实践着乾坤两卦。郑玄的爻辰说易例真正体现了乾坤为《易》蕴和乾坤为《易》之门户的义涵。

京房乾坤卦纳辰法与郑氏最大的不同在于坤卦所纳次序的不同。京氏纳辰体现的是乾坤两卦作为阴阳代表,应该符合阳顺(天道左旋)阴逆(地道右转)法则,那么郑氏之爻辰法难道就不符合阳顺(天道左旋)阴逆(地道右转)这一法则吗?两者间的巨大差别是需要进行审慎辨析的。拙见以为,两者的不同主要是由于视野的差异造成的。京房主要基于易学视野及周易术数的运用,乾坤两卦不仅在辰位上体现相对,且运转方向上也要相反。而郑玄则是基于更加宏大的统合今、古文经学的学术视野,在更加宏阔的宇宙天地范围中,认为乾坤两卦应该相互对待,相互配合。在京房生活时代,因为汉代经学家法、师说带来的影响(按:当时今古文对立的矛盾并未凸显),汉宣帝甘露三年(公元前 51 年),朝廷组织了石渠阁会议,讲论《五经》同异;后汉汉章帝建初四年(公元 79 年),因为今古文经学

① 王新春:《郑玄易学爻辰说的哲学文化底蕴》,《周易研究》2008 年第 6 期。
② 林忠军:《郑玄易学思想评述》,《周易研究》1993 年 1 期。

的对立（按：此时前汉的矛盾已经不再是主要问题，此时最突出的是今古文之间的不同立场、观点），以及诸家学说家法、师说的差别和隔阂，朝廷组织白虎观会议，讲论平议《五经》同异。这两件重大的文化事件对京房、郑玄的影响极不相同。京房时期，今古文的对立远没有东汉时期那么明显和紧张，家法师说的弊端也未达至顶峰，京氏经师之身份的定位和自觉远没有郑玄那么强烈和迫切，盖京氏对自己学术定位与期许，主要是与易学相关，因此，他在建构自己的易学体系时，只考虑易学（术数）本身即可。

郑玄对自己的角色定位、学术期许，以及面临的形势则远远不同于京氏。汉章帝白虎观会议的重要学术成果就是班固执笔所撰的《白虎通义》，平章今古文众经，在较大程度上统一了经义的分歧，对一系列重要的经学常用范畴做出了官方界定和评议。这些因素都影响到了郑玄。因此，在建构爻辰说这一最为重要的易例之时，郑玄必须站在弥纶今古，平章五经的高度上予以立意、立论。《白虎通义·天地·论左右旋之象》曰："天道所以左旋，地道右周何？以为天地动而不别，行而不离，所以左旋。右周者，犹君臣阴阳，相对之义也。"《白虎通义·天地·日月》曰："天左旋，日月五星右行何？日月五星，比天为阴，故右行。右行者，犹臣对君。"[①]《白虎通义》说得非常明白：以宏大的宇宙视野而言，天与地同为宇宙存在，地与日月星辰一同运行，因而是"动而不别，行而不离"的，故同为左旋。这正如郑氏爻辰说中乾卦坤卦所纳辰支皆为同一方向运转。然而，天地之间又是相对的，正如地之于日月是相对的——地为阴，日月为阳，而日月五星作为天文相对于整个宇宙——天来说，日月五星是为阴，而整个宇宙——天即是阳。阴阳之相对即如君臣之相对，所以郑氏爻辰说中乾卦初爻为子，坤卦初爻为与之相对的未辰（案：子辰正相对的本是午辰，但一则午为阳辰不能纳入坤卦，二则坤卦临乾卦而谦退一位，居未

① ［清］陈立：《白虎通疏证》，北京：中华书局，1994 年，第 422 页，423 页。

辰以相对)，这即是体现了地道右行之义。

相类似的表达在《乾凿度》中亦有之。《乾凿度》曰:“乾贞于十一月子，左行，阳时六；坤贞于六月未，右行，阴时六，以奉顺成其岁。”[①]乾卦初爻贞正于子月，纳子辰，左行阳时六，即纳入子寅辰午申戌；坤卦初爻贞正于未月，纳未辰，右行阴时六，肯定是顺次纳入未酉亥丑卯巳，因为若按照未巳卯丑亥酉顺序反向纳入的话，则不合于现实，更无法“奉顺成岁”。因此，郑玄坤卦纳辰法是受了《乾凿度》和《白虎通义》的双重影响。

要之，郑玄之爻而纳辰之法则与京氏有着根本的不同。郑氏纳辰法受了京氏易的影响与启发是极有可能的，但待其完成以后又迥异于京氏易例了。

郑氏爻辰与《乾凿度》爻辰之主要异同。如果仔细分析考辨，郑氏爻辰说受《乾凿度》之影响比受京氏易影响更大。其乾坤两卦分别贞于十一月(子月)和六月(未月)之论，已经引如前文，其后续议论如是:

> 岁终次从于屯、蒙，屯、蒙主岁。屯为阳，贞于十二月丑，其爻左行，以间时而治六辰。蒙为阴，贞于正月寅，其爻右行，亦间时而治六辰。岁终则从其次卦。阳卦以其辰为贞，其爻左行，间辰而治六辰。阴卦与阳卦同位者，退一爻以为贞，其爻右行，间辰而治六爻。泰、否之卦，独各贞其辰，共北辰左行相随也。而孚为阳，贞于十一月子。小过为阴，贞于六月未。法于乾坤，三十二岁期而周，六十四卦，三百八十四爻，万一千五百二十析，复从于贞。[②]

① ［日］安居香山，中村璋八辑:《纬书集成·乾凿度》，石家庄:河北人民出版社，1994 年，第 35 页。

② ［日］安居香山，中村璋八辑:《纬书集成·乾凿度》，石家庄:河北人民出版社，1994 年，第 35 – 36 页。

依据上述引文,《乾凿度》爻辰法可总结如下:

第一,乾坤两纳辰法卦同于郑氏之法,或者说是郑氏采用了此法;

第二,乾坤之外其他六十二卦则两两配对:《屯》《蒙》一对,《需》《讼》一对,《师》《比》一对……《既济》《未济》一对,共32对。配对两卦十二爻值一岁十二月。比如屯卦初爻贞丑,蒙卦初爻贞寅,屯卦二爻纳卯,蒙卦二爻纳辰,以此类推;《屯》《蒙》值岁毕,《需》《讼》继续之,其他仿此;

第三,凡阳卦之行曰左行,凡阴卦之行曰右行。右行非谓逆时针行;

第四,每两卦所贞之辰的规律分两种:一种是一般性的,如屯蒙两卦一般,两卦之爻交错贞辰,另一种则属于比较特殊的情况,共有三对:即《乾》《坤》、《中孚》《小过》、《泰》《否》。其中乾坤两卦如前所述,分别贞子、贞未;中孚与小过两卦仿于乾坤两卦:中孚初爻贞子,小过初爻贞未;泰否两卦各贞其辰。否泰之卦其辰为何?文中未明言,但是郑氏注文补充之:“谓泰贞于正月,否贞于七月……泰从正月至六月,皆阳爻,否从七月至十二月,皆阴爻”。[①] 依据笔者之见,所言月份为夏历,康成所据者系十二辟卦之法:泰卦为寅月辟卦,否卦为申月辟卦,则泰卦贞寅(初爻纳寅),否卦贞申(初爻纳申)。然则寅辰、申辰皆为阳支,两卦其余十爻如果依旧按照交替顺次纳入之法则不可行。否泰之外的六十二卦纳辰之法皆提到间辰,而泰否两卦独不言及,则是不依此间辰交替之法。

考诸《稽览图》有“太平之时,太阴用事……未可责时,至立效也,太阳用事。”康成注曰:“(太阴)谓从否至临也……(太阳)谓从泰至遯”。[②] 在十二辟卦之法中,从否至临,所贞月份即是从申月顺次至丑月,与前面所言太阴用事之范围吻合;从泰至遯,即是自寅顺次至未,与前面所言太阳

① [日]安居香山,中村璋八辑:《纬书集成·乾凿度》,石家庄:河北人民出版社,1994年,第36页。

② [日]安居香山,中村璋八辑:《纬书集成·稽览图》,石家庄:河北人民出版社,1994年,第124页。

用事之范围相符。郑玄在《稽览图》注中明确界定了少阳卦、少阴卦之用事皆为杂卦用事，否泰两卦为老阴、老阳用事而各自负责六月之事，凸显两卦之特殊性和重要性。依此，当知郑氏所言“泰从正月至六月，皆阳爻，否从七月至十二月，皆阴爻”之论可以解释《乾凿度》所言泰否两卦纳辰法：泰卦六爻当纳寅、卯、辰、巳、午、未，即初九贞寅，九二贞卯，九三贞辰，六四贞巳，六五贞午，上六贞未；否卦六爻应纳申、酉、戌、亥、子、丑，即初六贞申，六二贞酉，六三贞戌，九四贞亥，九五贞子，上九贞丑。

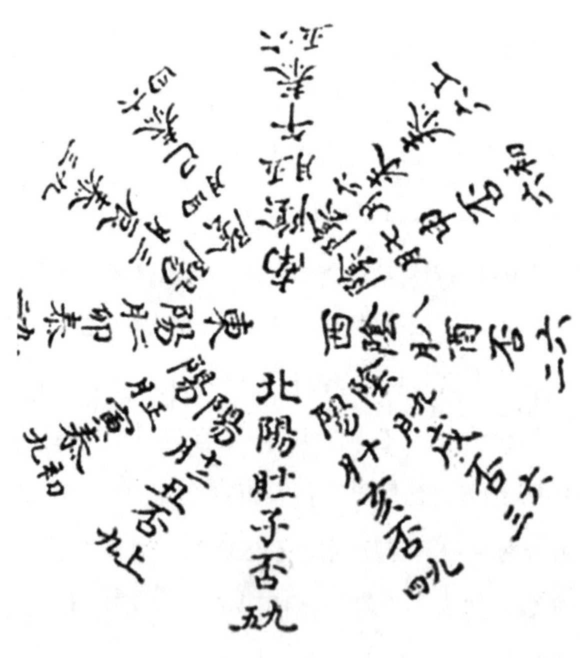

图 2－1　否泰贞辰图

但是，《乾凿度》爻辰法之义涵非上述几点可以概括完备。《乾凿度》论述此法时还有前后之语境，必须结合之才能有助于认识郑氏爻辰说之由来。《乾凿度》是运用《系辞》“天地之数五十有五，所以行变化而成鬼神”的思想，并拓展了这一思想之义涵，把“五音六律七宿(七变)”思想纳入其中。《乾凿度》曰："日十干者，五音也"。五音合于阴阳而有十，即甲、乙、丙、丁、午、己、庚、辛、壬、癸十天干：甲乙为木，对应角音；丙丁为火，对应徵音；戊己为土，对应宫音；庚辛为金，对应商音；壬癸为水，对应羽音。又曰："辰十二者，六律也"。康成注曰："六律益六吕，合十二辰。"又曰："星二十八者，七宿也"，郑注曰："四方各七，四七二十八，周天也。"①此处10+12+28=50，故合于大衍之数五十，所以大阂物而出之。按照《系辞》之载，"大衍筮法"按照分二象两（案：两对应阴阳），揲筮挂一而象三（案：三以喻天地人三才），四营（案：四对应四象、四方、四时）之后得数而成爻，积爻而成卦。按照揲筮之法，所得数字为七少阳、八少阴，九老阳、六老阴四个数字，前两者符示彖，后两者象征变。《乾凿度》取《周易》变易思想，用老阴之九及老阳之六。《周易》三百八十四爻中，一百九十二个阳爻，一百九十二个阴爻，阳爻数九，阴爻数六。大衍揲筮法中，每爻所得之数（或七或八或九或六）皆为除四之后所得。故三百八十四爻之策数应该还原之。一百九十二阳爻之策数应为192×9×4=6912，于此相应，一百九十二阴爻策数应为192×6×4=4608。三百八十四爻总策数为6912+4608=11520。

《乾凿度》称策数为"析"，认为六十四卦两两配对值岁，三十二岁一个周期。其理由即在于：三十二岁合为一万一千五百二十日，即32岁×360日/岁=11520日。如此可知，《乾凿度》爻辰法一面是通过"大衍之数"涵摄阴阳天地、三才、四方、四时、五音（十干）、六律（十二辰）、七宿（二十八宿）；另一面是通过"大衍之数"把六十四卦的三百八十四爻，按照《周易》用九用六变易思想，衍而展之为11520析之数，符示32岁。

然而，《乾凿度》爻辰法认为32岁只是一个小周期，因乎每年实际为

① ［日］安居香山，中村璋八辑：《纬书集成·乾凿度》，石家庄：河北人民出版社，1994年，第14页。

365 日又四分之一日，每岁皆有余期。《乾凿度》又引入《求卦主岁术》之说，认为太岁纪岁法合于现实：应当以 76 岁为一纪，20 纪为一蔀，蔀复一蔀……直至得积日 106594560 日，则六十四卦可以循环值岁 9253 周期（每周期 32 岁）之时，才算是《周易》六十四卦值岁的一大周期。可见《乾凿度》爻辰法是依靠《周易》六十四卦和《系辞》"大衍之数"思想，构建了一个宏大的天地人三才同构的易与律历同构的世界。这一思想深刻影响到了郑玄爻辰说。

相较于《乾凿度》爻辰以六十四卦为一个值岁循环周期，为一个基本单元的法则，郑玄的爻辰说相对简洁与概括。他深刻洞悉了《乾凿度》中对《周易》古经和《易传》从内容到思想的合理吸收和运用，也明了《乾凿度》中所掺杂的其他阴阳五行学派以及律历学说的相关内容。以何种态度对待诸家之说，如何对待《乾凿度》中掺和的各类资料，取决于郑氏对自己的定位。既然他以"述先圣元义"为宗旨，以"思整百家不齐"为己任，且主动承当起经学时代总结者的重任，那么他必须和会诸家之说，成一家之言。

第一，他坚定地秉持以《周易》为经学之首的学术观点，并以此为核心进行学术构建和诠释。这也是他未能采用京氏易的纳辰法则而以乾坤两卦为基本核心架构的原因。郑玄立足于汉代经师的视野，认为当时《易》学术形态是以周代《周易》为主，同时也吸收和掺杂着夏代《连山》、殷商《归藏》的学术集合。在三《易》之中，郑氏按照《易传》精神，当然以尊《周易》为首要准则。《周易》首乾，《易传》秉"乾坤，易之门""乾坤，易之蕴"的原则，这为康成构建爻辰说提供了理论根基、根据和学术原则。因此，他以乾坤两卦的十二爻位基本架构而建构其说。

第二，简择《乾凿度》爻辰法之精芜，存精去芜。郑玄对于《乾凿度》采用《求卦主术岁》等社会旁流术数，以六十四卦循环值岁 9253 周期（共计 296096 岁）为一个大的基本周期的思想，显然是认为太过于庞杂。这一历算推演之法，一则非经学正宗，二则郑氏所构建者是为其易学乃至为经学提供终极诠释要义的理论模型，而非是卦气说视野中历算推步之法。故此，郑氏扬弃《乾凿度》纳辰法中六十四卦 32 岁循环值岁的方法，择其乾坤两卦纳辰之精华，而毫不犹豫去其芜杂。

第三，兼取京氏易与《乾凿度》思想之善，铸成独具郑氏易学特色之易例。京氏易对于“大衍之数五十”章的注文曰：“五十者，谓十日，十二辰，二十八宿也。”[①]此说出于京氏易，《乾凿度》亦同于此说。这些观点，郑氏视之为精华。出于总结两汉经学，回应并弥补西汉开山者董仲舒等人提出的基本命题，弥补两汉经师缺失的基本问题，郑玄必须构建一个义涵更加丰厚而能契合哲学根本命题的易例学说，因此，他把这些相关内容作了进一步的扩充和丰富。为此，他所构建的爻辰之法是以爻—辰（地支，月份）—星次—律（吕）—四时 × 七宿—星空分野/州土分野为一体的，体现了三才同构的思想。

具体说来，乾卦初九爻，纳子辰，律纳黄钟，应女、危和虚三宿，星次为玄枵，四象为北方玄武，齐地及青州之分野；乾卦九二爻，纳寅辰，律纳太簇，应尾、箕两宿，星次为析木，四象为苍龙，燕地及幽州之分野；九三爻纳辰支，律纳姑洗，应角、亢二宿，星次为寿星，四象为苍龙，郑地及兖州之分野；九四爻纳午辰，律纳蕤宾，应柳、星、张三宿，星次为鹑火，四象为朱雀，周地及三河之分野；九五爻纳申辰，律纳夷则，应觜、参两宿，星次为实沈，四象属白虎，魏地及益州之分野；上九爻纳戌辰，律纳无射，应奎、娄两宿，四象属白虎，鲁地及徐州之分野。

① ［汉］京房：《京氏易章句》，载［清］黄奭编：《黄氏逸书考》（第 1 册），王鉴修补印本，1925 年，第 8 页。

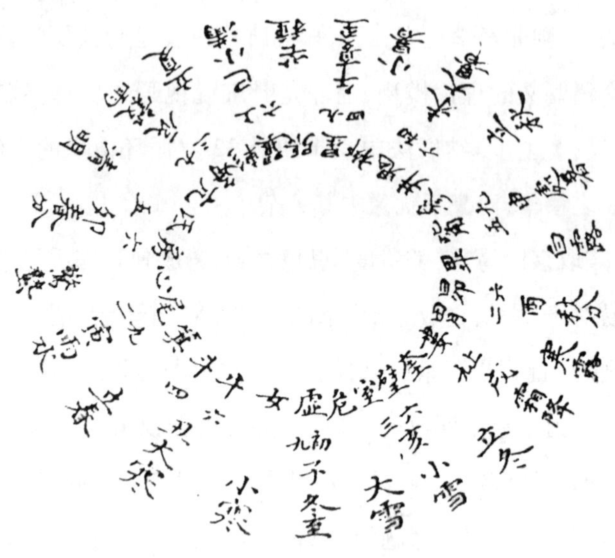

图 2-2　十二爻辰图

坤卦初六爻纳未辰，律纳林钟，应井、鬼两宿，星次为鹑首，四象为朱雀，秦地及雍州之分野；六二爻纳酉辰，律纳南吕，应胃、昴和毕三宿，星次为大梁，四象为白虎，赵地及冀州之分野；六三爻纳亥辰，律纳应钟，应室、壁二宿，星次为娵訾，四象为玄武，卫地及并州之分野；六四爻纳丑辰，律纳大吕，应斗、牛二宿，星次为星纪，四象为玄武，吴越及扬州之分野；六五爻纳卯辰，律纳夹钟，应氐、房、心三宿，星次为大火，四象为苍龙，宋地及豫州之分野；上六纳巳辰，律纳中吕，应翼、轸二宿，星次为鹑尾，四象为朱雀，楚地及荆州之分野。

在郑氏爻辰说的法则中，乾坤十二爻作为《周易》视阈中的总门户，首先是涵纳着《周易》精神底蕴的大体。乾为阳之本，代表易、天、健、父、君、男、神、时等一切阳性要素，坤为阴之根，代表简、地、顺、母、臣、女、鬼、位等一切阴性要素。按照《杂卦》传之观点，《周易》六十四卦，正如韩康伯所谓"杂卦者，杂揉众卦，错综其义，或以同相类，或以异相明也"，[①]包括乾坤

① ［魏］王弼撰，楼宇烈校释，《周易注（附：周易略例）》，北京：中华书局，2011 年，第 390 页。

两卦,皆是杂卦。但是,乾坤两卦毕竟是纯阳纯阴之卦,郑玄爻辰法是以乾坤两卦而为其他六十二卦立体,成为众卦之总纲。同时,乾卦坤卦的每一爻又都是一个独立的个体,或者单独使用,郑氏每每常用爻体之法,即是与此息息相关,或是以乾坤两卦之一阳爻或一阴爻,而代表着相同爻位相同性质的其他三十一爻。比如,任意一卦的九二爻皆同于乾卦九二爻,皆是纳寅辰,律纳太簇,应尾、箕两宿,星次为析木,四象为苍龙,分野为燕地及幽州。任一一卦的初六爻,皆同于坤卦六二爻,皆是纳酉辰,律纳南吕,应胃、昴和毕三宿,星次为大梁,四象为白虎,分野为赵地及冀州。其他爻位皆是仿于此例类推。

（二）郑氏爻辰说构建之别思与深意

郑玄之所以构建爻辰说是有着深刻历史原因的。一是他对于自己角色定位的原因;二是当时的时代为他建构此说提供了丰厚的历史文化资源。在这样的主观、客观条件下,他构建这一易例也就可以理解了。

郑氏对爻辰说外延作出了扩展。康成立志于总结两汉经学,是以必须要回应经学时代所提出的基本问题。而经学时代的开山人物为深受齐学熏染的春秋公羊学大师董仲舒。此后立于学官的今文经学,也深受齐学,也即稷下学宫学术的影响。以阴阳五行、刑名、纵横乃至神仙方术等各家学说皆有掺杂。这是郑玄无法回避而必须面对的文化史实和事实。是以,他在构建爻辰说之时,以乾坤为阴阳之大象,以六位所符示的三才为天地人之表征,以六位为天地四方四时之架构,还尽量扩展京氏易和《乾凿度》原有的内涵和外延,使之真正适应自己注经之需,适应《周易》为大道本原的学术定位。

由于爻辰说接通"大衍之数五十"之义,故所谓的爻辰,实则是内涵着爻—日—辰—星宿四者,只是出于简约之考量,而简称爻辰而已。"对于大衍之数五十"的解释,京氏易与《乾凿度》皆训为十日十二辰二十八星宿。日，十天干也，辰，十二地支也。然而，郑玄训十天干曰："甲乙，角也；丙丁，徵也；戊己，宫也；庚辛，商也；壬癸，羽也"，训十二地支曰："六律益六吕，合十二辰。"①是把十天干训为五音，把十二辰解释为十二律吕。十天干来源当与天文息息相关，也与五行家学说有关。与郑氏同时代的《乾象历》作者刘洪曾经在天文视野中对五行做出训释曰："五行：木，岁星；火，荧惑；土，填星；金，太白；水，辰星"。② 刘洪把金、水、木、火、土五星看作五行之根本，其意即是以天道为本，所谓的十日当然就是五星合于阴阳而有十日，也即十天干。与刘洪相从甚密，且曾师从刘洪精研《乾象历》的郑玄，对这一点不谓不熟稔。在汉代文化语境中，各种典籍之所以屡屡提及十"日"，乃是明确标识其为天道，与天文之学不可分割。郑玄之所以训释十日（五行/五星）为五音者，是为了与六律相应。所谓天有所施，地有所应。天无五音之作，地何以有六律之应？要之，不训天道五行（星）为五音，就不便纳入地道之律吕。

在对外延作出拓展之外，郑氏还对爻辰说内涵进行了深化。然则郑玄何以必须训十日为五音呢？其实是出于总结汉代经学学术之考量。汉代经学的基本精神即是礼乐文化的精神。所谓礼者天地之序，《易》之坤道可以象征之，乐者天地之和，《易》之乾道可以象征之。天施而地化，乾坤十二爻辰可以表征和符示天地宇宙之间的礼乐之道。关于爻辰说与礼乐文化精神之内在关系，将在后文有述。此处所要重点补充介绍的，是郑氏爻辰说建构与《诗》教之深刻关系。《春秋左氏传》在《文公六年》中有如下记载：

① ［日］安居香山，中村璋八辑：《纬书集成·乾凿度》，石家庄：河北人民出版社，1994 年，第 14 页。

② ［汉］刘洪：《乾象术》，载［清］黄奭编：《黄氏逸书考》第 59 册，民国十四年王鉴修补印本，第 15 页。

古之王者知命不长，是以并建圣哲，树之风声，分之采物，著之话言，为之律度，陈之艺极，引之表仪，予之法制，告之训典，教之防利，委之常秩，道之理则，使毋失其土宜，众隶赖之，而后即命。[①]

此处所谓“风声”，即与“国风”密切相关。杜氏注曰：“因土地风俗，为立声教之法”，[②]唐代陆德明附曰：“树立风化声教也”，顾氏炎武曰：“为之律度，钟律度量皆有一定之法，以遗后嗣。《书》所谓关石和钧，王府则有者也”。[③] 一方面，《诗》是五经雅言教化法则之首，因声教而训风俗是其所长。是以声教是政治的基础性、关键性的教化措施，因而五经之中往往首言《诗》，再及于他经，《论语》中孔子论学即是每每先言《诗》义，再及其他，可见《诗》教之重要。声教之最高阶段即是王之乐。制礼作乐，是王业克臻大功之后水到渠成之标志。故历代王者必有其乐，即所谓“树之风声”是也。乐者，纯阳之生气也。然而，自春秋以来，一面是音乐教化精神，即形上之道严重流失，一面是音乐教化之法则却与社会现实之器用开始结合起来，声律开始与礼制、法则和法度结合起来，此为乐隐于“法”。当然，若按照世传《尚书》之载，其源头当在《虞书》“同律度量衡”之记载。“树之风声”与“为之律度”“予之法制……委之常秩”联系起来，并把这些要素视之为即位者执政的基本条件。

这一思想在汉代发展到一个前所未有的高峰，其标志就是刘歆所著的《钟律书》。在《易》成为五经之首的背景下，刘氏溯源头于伏羲画制八卦，经由五帝运用卦数而使得制度备其大体。《钟律书》所载立义核心要素有五：备数，和声，审度，嘉量和权衡。并确立六条标准：参五一变，错综其

① ［周］左丘明著，［晋］杜预注：《春秋经传集解》，载［汉］郑玄注：《十三经古注·春秋经传集解》，北京：中华书局，2014 年，第 1260－1261 页。

② ［周］左丘明著，［晋］杜预注：《春秋经传集解》，载［汉］郑玄注：《十三经古注·春秋经传集解》，北京：中华书局，2014 年，第 1261 页。

③ ［清］顾炎武：《左传杜解补正》，载［清］阮元：《皇清经解》卷一，庚申补刊，第 3 页。

数，稽之于古今，效之于气物，和之于心耳，考之于经传。在《钟律书》的核心内容中，声律成为贯穿其中的主要线索和重要准绳。《钟律书》认为，数是"算数事物，顺性命之理"的根本，而数之本原则来自黄钟之数，按照三分或损一或益一之法，历十二辰之数，则历十二律吕一周，备十七万七千一百四十七之五数。具体运算应用之法为：取乾律黄钟之器 9 寸长之十分之一为一分为正六边形觚的径长，取坤吕大吕之器 6 寸长为正六边形觚之长。以其正六边形之故，1 枚觚之外可绕积 6 枚，此为第一次"积"；6 枚之外可积 12，此为第二次"积"；12 之外可积 18，此为第三次"积"……48 之外可积 54，此为第九次"积"。九次"积"算可得 271 枚。外围共有 54 数，象征大衍之数减一。外围每边积 10 枚，长度为 10 ×9 寸/10 =9 寸，象黄钟之数，觚长 6 寸，象大吕之数。天地之数五十有五，54 枚合中心 1 枚等同之。《钟律书》曰："其数以《易》大衍之数五十，其用四十九，成阳六爻，得周流六虚之象"，此即所谓的"推历生律制器"[①]按照《钟律书》所载，此法"职在太史，羲和掌之"。羲和是五帝时代即已经确立的天文历算之职官。郑氏爻辰说之所以尽力扩展其内涵外延者，乃是出于道—器一体的原则，把经学的基本内涵，王道政治的精神，社会制度的基本法则等等，以乾坤十二爻的阴阳消息、对待流转、生生不已、无限循环的方式表示出来。

郑氏还在天文、律、历、五行、祭祀一体视野中展开论述。相关要素先于汉代已经存在，其标志就是《月令》的出现，这是郑玄应该认真对待的。在汉代产生重要影响的《礼记》中有《月令》一篇。郑氏认为，此篇显然是来自《吕氏春秋》的"十二纪"，好事者摘取聚合而为《礼记》一篇。虽然如此，郑玄对源出《吕氏春秋》的记载之重视却是异乎寻常的。按其所记，春季其日甲乙，太皞为帝，句芒为神，虫属鳞，音为角，数为八，味为酸……孟春月，日在营室宿，律中太簇，仲春月，日在奎宿，律中夹钟，季春月，日在

① ［汉］班固：《汉书 · 律历志》，北京：中华书局，1987 年，第 956 页。

胃宿，律中姑洗。夏季其日丙丁，炎帝为帝，祝融为神，虫属羽，音为徵，数为七，味为苦……孟夏之月，日在毕宿，律中中吕，仲夏之月，日在东井宿，律中蕤宾，季夏之月，日在柳宿，律中林钟。中央属土，其日戊己，黄帝为帝，后土为神，虫数倮类，音为宫，律中黄钟，数为五，味为甘。秋季其日庚辛，少皞为帝，蓐收为神，虫属毛类，音为商，数为九，味为辛……孟秋之月，日在翼宿，律中夷则，中秋之月，日在角宿，律中南吕，季秋之月，日在房宿，律中无射。冬季其日壬癸，颛顼为帝，玄冥为神，虫属介类，音为羽，数为六，味为咸……孟冬之月，日在危宿，律中应钟，仲冬之月日在斗宿，律中黄钟，季冬之月，日在女宿，律中大吕。以上内容，皆成为郑氏爻辰说的基本语境，皆入于其爻辰内涵之中。

需要注意的是，郑氏爻辰说深受汉代卦气说影响。十二律吕与卦气内在相通。自《说卦传》"帝出乎震"章确立了八经卦在四方天地之间的定位，标明了八卦在四时、十二月份的流转顺序之后，实际上也就奠定了八卦卦气说的雏形。刘大钧先生曾经撰文对此有过翔实论述。①《乾凿度》集合了西汉京氏易等卦气说内容，接续《说卦传》论述，丰富八卦卦气说的具体内容，发展了卦气说的理论体系，加深了卦气说的意蕴。《乾凿度》把八卦视为天地之道，乃至于人道得以确立的所以然，且把八卦与月份一一对应：东方震卦位在二月，东南巽卦位在四月，南方离卦位在五月，西南坤卦位在六月，西方兑卦位在八月，西北乾卦位在十月，北方坎卦为在十一月，东北艮卦为在十二月。八卦中，坎、离、震、兑为四正卦，艮、巽、坤、乾为四维卦。正月、三月、七月、九月无卦居其位，由四维卦艮、巽、坤、乾分别渐之。《乾凿度》所谓"八卦之气中，则四正四维之分明，生长收藏之道备，阴阳之体定，神明之德统，而万物各以其类成矣。"②

---

① 参见刘大钧：《"卦气"溯源》，《中国社会科学》，2000 年第 5 期。

② ［日］安居香山，中村璋八辑：《纬书集成·乾凿度》，石家庄：河北人民出版社，1994 年，第 7－8 页。

《乾凿度》八卦卦气说非止于此，还认为：八卦列序方有五气之变形，此不仅为世间万物之本，也是人之所以生而为人之凭借。所谓“人生而应八卦之体，得五气以为五常”，五常即仁义礼智信。人道之仁得自于东方阳气始生的震卦，人道之礼得自“阳得正于上，阴得正于下”的离卦，人道之义得自“万物得其宜”的兑卦，人道之信得自“盛阴阳气含閇”的坎卦，人道之智位于中央而统仁义礼信，得自于四维之卦乾、坤、艮、巽。人生得此五常，意义重大，不仅是“五者道德之分，天人之际也”，而且是圣人“通天意，理人伦，明至道”之凭借。①

以上引用《乾凿度》之所论者，亦可以见诸《京氏易传》《京氏易章句》（残篇）中。除此外，还有四正卦说，十二消息说，六日七分说等等，皆为与孟氏、京氏易学之大体相同或近似者。卦气说成为汉代易学时代风气的象征。在这种八卦卦气说的基本文化语境之中，《钟律书》曰：“人者，继天顺地，序气成物，统八卦，调八风，理八政，正八节，谐八音，舞八佾，监八方，被八荒，以终天地之功”。② 同时，中央被视为一切之本，中宫之音律中黄钟，黄钟之律为五声（音）之本。在汉代经学视野中，卦气之气本于太极元气，而元气本于中央之宫，所谓“太极元气，函三为一。极，中也，元，始也。行于十二辰，始动于子”③。

要之，在汉代经学语境中，作为学术新气象的卦气不再独立存在《易》中，而是对其他经典也产生重要影响，各种经典之间，各种学说之间已经产生了深度的沟通和交融。郑玄作为汉末的经学总结者，如何统合以卦气说为核心的各种相关学说，也是他构建爻辰说所必须思考的。

---

① 参见［日］安居香山，中村璋八辑：《纬书集成·乾凿度》，石家庄：河北人民出版社，1994年，第10页。

② ［汉］班固：《汉书·律历志》，北京：中华书局，1987年，第965页。

③ ［汉］班固：《汉书·律历志》，北京：中华书局，1987年，第964页。

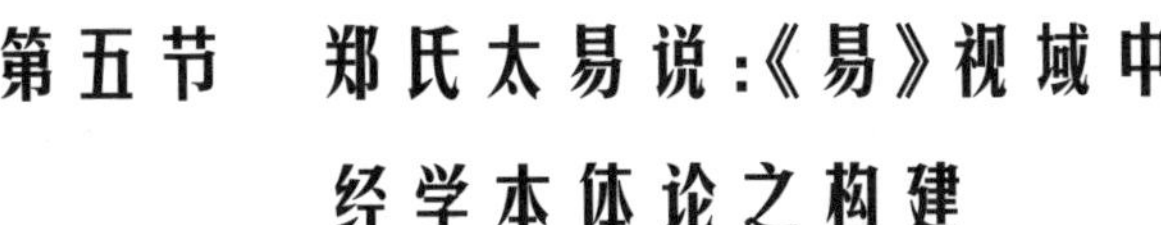

第五节 郑氏太易说:《易》视域中经学本体论之构建

郑玄之世,宇宙本体论的探索由来已久。老子《道德经》与《易传》都有对本体论的讨论,尤其是《道德经》中关于宇宙本体“道”的论述初步达到体系相连贯、内涵极丰厚的程度。《易传》虽有“形而上者谓之道,形而下者谓之器”之论,但不够体系化和义涵的明晰化。其后,诸子各家均有相关讨论。延及两汉经学时代,《易》成为五经之首,如何在《易》中完成这一哲学本体论的建构,使得《易》彰显出与大道本原相副的品格,成为郑康成必须面对的学术要事。

一、太易说:经学本体论的总结与发展

两汉经学经过三四百年的发展,已经形成体系庞杂、蔚为大观的局面。然而,经学层面对于经学本体论的探索远远尚未完成,至少在郑玄心目中是如此。东汉章帝时期的白虎观会议,是由天子主持的规格和水准最高的官方学术会议。此次会议形成了非常显著的成绩,其标志就是形成了班固执笔撰写的《白虎通义》。《白虎通义》作为会议成果,代表着在评论五经异同,和会诸家之说基础上,官方所认定的结论性和权威性的观点。然而,在这部官方著作中,对于本体论的探索的确是差强人意。这说明此时汉代学术界对于本体论的探索还是走在探索之路上。

(一)“述先圣元义”与《易》本体论的构建

本体论的阙如对于郑玄注经的学术大业是极为不利的,因为他立志

“但念述先圣之元义”。如果置本体论之讨论于不顾,何谈述先圣元义呢?先圣远逝已久,何以述先圣元义,其重要途径即是“整百家之不齐”。本体论所缺失的一环,必须补足。

在《白虎通·天地之始》章中,论曰:“始起先有太初,然后有太始,形兆既成,名曰太素”[①]。这里的讨论是从天地之始为原点开始讨论的,而天地之始未脱离形而下“器”层面,因而东汉官方对“道”层面的讨论采取了回避性的姿态。

《白虎通义》对本体论讨论的回避,并非意味着汉代及其以前的学界缺乏讨论。在战国时期成篇的《鹖冠子》一书中,其在《泰鸿》篇中早已对天地本原作自己的诠释。该书认为天地源于人格化的“泰一”,且曰:“泰一者,执大同之制,调泰鸿之气,正神明之位者也……郄始穷初”。[②]《泰鸿》篇“郄始穷初”之论,实则认为泰一即为天地之始。惜乎《泰鸿》之意在天地之“气”是故虽郄始于“气”,穷初于“气”,而志不在天地本原之“道”,未能再度展开讨论。在《吕氏春秋》的《有始览》篇中,提出了“天地有始”和“天微以生”的宝贵观点,[③]然而惜乎其仍然未能对天地之先的所以然展开追问和讨论。

西汉初期成篇的《淮南鸿烈》中,比较于前代而言,相关讨论已经更加成熟,更成体系。《原道训》篇提出了“无形者物之大祖也,无音者声之大宗也……所谓无形者,一之谓也。所谓一者,无匹合于天下者也。卓然独立,块然独处”[④]的观点,在《诠言训》篇中,又把“一”称为“太一”,认为太一即是鸟、鱼、兽等各种分物的总源头,故认为太一“洞同天地,浑沌为朴”,是“未造”而能成物者也。[⑤] 但是,《淮南鸿烈》也缺乏对太一的继续

① [清]陈立:《白虎通疏证》,北京:中华书局,1994 年,第 421 页。
② 黄怀信撰:《鹖冠子校注》,北京:中华书局,2014 年,第 214 - 215 页。
③ 参见许维遹撰:《吕氏春秋集释》,北京:中华书局,2009 年,第 276 页。
④ 何宁撰:《淮南子集释》,北京:中华书局,1998 年,第 57 页。
⑤ 参见何宁撰:《淮南子集释》,北京:中华书局,1998 年,第 991 页。

追问。而这一追问在《乾凿度》中终于又进一步。白虎观会议之前,《易纬》诸篇已经在社会上开始流传,而《白虎通义》的说法也是借鉴自《乾凿度》的成说而已。《乾凿度》对于天地之起始点的讨论是接续八卦布列,五气变形,人应八卦体,受五行气而有仁义礼智信之五常的讨论而展开的,曰:“昔者圣人因阴阳,定消息,立乾坤,以统天地也。夫有形生于无形,乾坤安从生?”[①]这里的乾坤一词,为八卦之代名词,八卦布列(五气变形)故万物生成,盈天地之间者,唯有万物而已。故乾坤同时是天地之代名词。故郑氏曰:“将明天地之由,故先设问乾坤安从生也。”[②]

在这种乾坤与天地相互参合的语境中,《乾凿度》把天地之始与太易、太初、太始、太素四个由本及末的四个次第和阶段联系起来。称太易为“未见气”,太初为“气之始”,太始为“形之始”,太素为“质之始”;并认为四者具备而未离即是“浑沦”。《乾凿度》又认为,此浑沦者“万物相浑成而未相离”,即为“易”也。易变而为数一,然后一、七、九递变循环相生,阳数之变则轻清者上天,有轻清者之上升即有重浊者之下降。一、七、九即为事物始、壮、究三个发展阶段,在《易》即是乾卦三画成卦以符应之。[③]

《乾凿度》之论已经具有了很浓厚的本体论意味,但是惜乎《乾凿度》深受气化论的影响,“气”在有无之间摇摆不定的模糊性,使得《乾凿度》关于太易等四阶段研讨本体论的品格大打折扣。而《白虎通义》之所以只是

① [日]安居香山,中村璋八辑:《纬书集成·乾凿度》,石家庄:河北人民出版社,1994年,第10页。

② [日]安居香山,中村璋八辑:《纬书集成·乾凿度》,石家庄:河北人民出版社,1994年,第11页。

③ 昔者圣人因阴阳,定消息,立乾坤,以统天地也。夫有形者生于无形,则乾坤安从生?故曰:有太易,有太初,有太始,有太素也。太易者,未见气也;太初者,气之始也;太始者,形之始也;太素者,质之始也。气形质具而未离,故曰浑沦。浑沦者,言万物相浑成而未相离,视之不见,听之不闻,循之不得,故曰易也。易无形畔(下篇畔为埒)。易变而为一,一变而为七,七变而为九,九者,气变之究也,乃复变而为一。一者,形变之始,清轻者上为天,浊重者下为地。物有始,有壮,有究,故三画而成乾。乾坤相并俱生,物有阴阳,因而重之,故六画而成卦。(此处下篇增“卦者,挂也,挂万物,视而见之”一句)三画已下为地,四画已上为天,物感以动,类相应也。载[日]安居香山,中村璋八辑:《纬书集成·乾凿度》,石家庄:河北人民出版社,1994年,第11-13页。

部分吸收《乾凿度》的观点，大概一则与《乾凿度》的这种模糊性相关，二则没有从《易》的立场讨论问题，故太易便被有意识地过滤掉了。

西汉司马迁"究天人之际，通古今之变，成一家之言"学术理想及其实践，配合着董仲舒春秋公羊学视野中对政治理想的阐发，使得汉代经学所具有的天道人道一体同构的学术品格，具有了浓厚的先知先觉者的实践品格。康成立足于东汉末季，与经学时代的开创者们遥相呼应，必然产生深深之同情。是以，在东汉后期的特殊历史节点上，郑玄确立的念述先圣元义、思整百家不齐的治学理想，决定了他必须要在学术实践中对宇宙本体论进行建设性的探讨，以期为汉代经学时代不仅要释回增美，更要查漏补缺，画上相对圆满的句号。

东汉时期，《周易》之为五经之首，大道本原的学术独尊的地位已经非常巩固了。在此语境之中，讨论宇宙本体论，包括郑氏所谓的述先圣元意，整百家不齐等实践必然要在《易》领域中进行。

郑玄太易说本体论构建还是与他作为费氏古文易传人的身份相关。费氏易重视《易传》十篇之解经注经，同时，《系辞》篇提出了"形而上"之道与"形而下"之器的宇宙本体论基本论题。汉代易学取得了史无前例的崇高学术地位，但在宇宙本体论的建构和诠释上一直保持空白的话，则两汉易学在历史上的成就无疑会褪色不少。除此之外，在本体论诠释方面的缺失，将会对汉代经学时代之后，易学最崇高地位的保持是非常不利的。是以郑玄不论是作为费氏易传人，还是出于当仁不让的学术大任之承当，都需要他围绕太易说的注释，完成汉代《易》视阈中的本体论探索。

（二）宇宙本体论新的诠释与新发展

郑氏认为，乾坤为天地之代称与表征，但天地却不能作乾坤之代称与表征，因为天地是有形，故为形而下之存在，而乾坤既是有形之存在者，更在有形存在者之上而为无形之"存在"，所以乾坤作为《易》之代称，实则先于天地而在。这一诠释是在本体论层面上，对《周易》古经和《易传》十篇基本理论的新推动和新发展。既契合了两汉尊崇经学时代，尤其是以《易》为大道本原的基本语境和文化精神，也对《周易》经传隐而未彰的大义做了揭示和阐发，是对《易》理论的发皇和新发展。

无与有之间，乾坤与天地之间的关系，是古人常思常新的命题。老子《道德经》提出"无"的重要哲学范畴，并提出"天下万物生于有，有生于无"的基本观点。《道德经》围绕"无"提出了诸如无名、无欲、无为、无知（智）、无私、无身、无物、无状、无想、无德、无极、无事、无难等一系列隶属于"无"的小范畴。先秦经典中对"无"地位的推崇，对其大义的阐发之精辟，对于以无为本，有无相生之关系的解读之详细，未有过于《道德经》者。《易传》"形而上者谓之道，形而下者谓之器"的基本观点与《道德经》之间也有前后相承的关系。《道德经》的这一观点也对汉代学术产生了深刻的影响，郑玄概莫能外。

是故，康成对于《易》本体论的讨论，是从有与无相互关系的逻辑推理开始的。他指出，乾坤为天地的代称，那么，是先有天地才有乾坤，还是先有乾坤再有天地呢？他指出：天地皆有形可处，有象可见，有者即可以作为对象化之存在者，依据《系辞》"形而上者谓之道"的观点，天地作为质然之存在物，其本在于无形，而乾坤既是有形存在者又是无形之存在，故天地不是乾坤之本。[①] 那么宇宙天地的本原在哪里呢？他认为，太易是宇宙天地和万物之形而上的本原。作为形而上之存在，太易不仅无质、无形、无象，乃至于无气，故其漠然无朕，独立不倚。郑氏称之为"漠然无气可

① 康成在《乾凿度》上篇注文中曰："天地本无形，而得有形，则有形生于无形矣。故《系辞》曰：形而上者谓之道。夫乾坤者，法天地之象，质然则有天地，则有乾坤矣，将明天地之由，故先设问乾坤安从生也。"在《乾凿度》下篇注文中曰："消息，寒温之气，而阴阳定寒温，此三微生著，而立乾坤以天地之道，则是天地先乾坤生也。天有象可见，地有形可处，若先乾坤，则是乃天地生乾坤。或云有形生于无形，则为反矣，如是则乾坤安从生焉？"载［日］安居香山，中村璋八辑：《纬书集成·乾凿度》，石家庄：河北人民出版社，1994 年，第 10 – 11，28 – 29 页。

见”以及“漠然无物”。太易之后又会出现三个发展次第，一曰太初，二曰太始，三曰太素。康成认为，自太初开始，则阴阳消息于兹而生，故曰：“太初者，气寒温始生也”，这显然是因应《乾凿度》“圣人因阴阳，定消息，立乾坤以统天地”的语境而作的训释。又认为，自太始开始，有了形的萌生之兆；自太素开始，形中有了质的存在。太初、太始、太素三者具而不离，混而为一，无形埒之分别，称为浑沦。值得注意的是，郑注与《乾凿度》关于浑沦的定义显然是借用了《道德经》“视之不见名曰夷，听之不闻名曰希，抟之不得名曰微”章之义，意指“浑沦”为无状之状、无物之象的存在，为可御今有之古道，是能知古始的“道纪”——天道地道人道之纪元。

郑玄认为，乾坤成卦，天地并生。《乾凿度》称此浑沦为“易”，“易”则必然有易数之变化。自太易至于太素，皆为“易”，其间又经历了哪些易数之演进和变化呢？郑玄做出如此诠释：“易，太易也。太易变而为一，谓变为太初也。一变而为七，谓变为太始也，七变而为九，谓变为太素也”，[①]于是，自太易至太初，为自无而生一，自太初至太始，为从一变为七，自太始至太素，为从七变为九。康成还认为，以上所论者只是从“阳”的一面所讨论的，是片面的，因为一、七、九三段之变化只是气的进阶变化，相应的，还有二、六、八之形的进阶变化，二、六、八之进阶变化也是太初、太始、太素三阶段的“形”的依次演进，故曰：“九，阳数也，言气变之终。二，阴数也，言形变之始”“复变而为二，二变而为六，六变而为八”“乃复变而为二，亦谓变而为太初。二变为六，亦谓变而为太始也。六变为八，亦谓变而为太素也”。[②]

康成还认为，物之生大致有始、壮、究三个发展阶段。太初即如物之

① ［日］安居香山，中村璋八辑：《纬书集成·乾凿度》，石家庄：河北人民出版社，1994 年，第 30 页。

② ［日］安居香山，中村璋八辑：《纬书集成·乾凿度》，石家庄：河北人民出版社，1994 年，第 30 页。

始，太始即如物之壮，太素即如物之究。从“阳”与“气”的一面来看，太初物之始如同乾卦之初画；太始物之壮如同乾卦二画，太素物之究如同乾卦之上画，故三画而乾卦成；从“阴”与“形”的一面来看，太初物之始即如坤卦初画，太始物之壮即如坤卦二画，太素物之究如同坤卦之上画，故三画而坤卦成。乾坤两卦相并俱生。需要注意的是：郑氏把一、七、九之“气”化阶段，二、六、八之“形”化阶段的次第给描摹了出来，这与浑沦“气形质”三者具备状态相比，仍有“质”未论及。盖气、形之究，即太素，即“质”之所成。

郑玄通过《乾凿度》注文对太易说作出了新的诠释。首先，郑氏把太易独立出来并极力加以推崇。《乾凿度》原文中原本是把太易看作与太初、太始、太素相并列的一个范畴，而康成以《系辞》“形而上者谓之道”和《道德经》“万物生于有，有生于无”的思想为指导，把太易看作形而上的“无”，视为先于天地的、形而上的最高存在。其次，他构建了具有郑氏易特色的“太易说”。郑氏太易说不仅仅是把太易作为形而上的大道本原，更重要的是诠释了太初、太始、太素三个阶段的易数变化，参合物之始、壮、究三阶段的演进，较为完美地演示了乾坤两卦三画成卦之所然与太易为乾坤成卦之所以然。于是，郑氏太易说成为一个言虽简而意蕴极其丰厚的理论体系。郑氏此说是对于《易》何以具有五经之首，大道本原崇高地位的有力回应，弥补了两汉易学在本体论构建上的缺憾，为两汉易学做出巨大贡献。

二、郑氏太易说：天地本原之《易》的哲学诠释及其影响

前文已述，康成太易说在《易》视阈中追溯了宇宙天地的本原。他依据《系辞》“形而上”说，大胆追溯了宇宙天地形而上的根本，遵循《系辞》“乾坤《易》之门”“乾坤《易》之蕴”的主旨，把世界本原追溯至太易，借助

乾坤三画成卦过程,演示了先于天地的太初、太始、太素三阶演进,易数一/二、七/六、九/八的递进演化的过程,并把上述过程与乾坤三画成卦统一起来。这显然是本体论层面的构建。然而,本体论与价值论都是哲学中的基本而重要的核心内容。因乎本体作为第一性存在的崇高地位,本体论的探索一般会伴随着价值论的讨论,康成对太易说的诠释也同样如此。太易作为宇宙天地的本原,故而也会承当起价值本原的角色。宇宙本原与价值本原相统一才能体现出太易本体完整的哲学意义。

(一)宇宙天地的价值本然之域

汉代经学没有完成对形而下的天地的突破,这与经学开山人物的立论有重大关系。"道之大原出于天"这是董仲舒《天人三策》中确立的本体论和价值论的基调。皇帝作为天之子,一方面要接受天道之律的约束,另一方面皇帝毕竟为天之子,在世间万类中最有资格代表上天,也最有资格与上天进行互动。这一界定影响汉代学术方方面面,这其中也包括了《易》各家之说。西汉易家对当时以及后世影响最大的莫过于京房。京房在其《易章句》中就有这样的定义:"日者,阳之精,人君之象也……阳感天不旋日,阳谓天子也,天子行善以感天,不回旋经日"。[1] 这种论调对汉代学术发展实则为双刃剑一般。一方面,汉代经学获得政治最上层的支持和首肯,在最短时间内迅速发展起来。然而,其中的流弊亦不在其小。康成针对这些弊端,在学术实践中进行了积极构建。

春秋以降,尤其是战国时期,随着原来封建贵族体系的崩颓,社会阶层产生重新升降分化。在学术上,王官之学亦伴随等而下之,并流化为诸子之说。在战国乱世之中,在存身自保基础上,追求荣华富贵便成为自基

① [汉]京房撰:《京房杂占条例法》,载[清]黄奭:《黄氏逸书考》第60册,王鉴修补印本,1925年,第1页。

层至高层们普遍焦虑的当务之急。贵族阶层数量最大的"士"阶层分化为游士,挟诸子之说游走在国际之间以游说干禄。学术日益成为取悦统治阶层的"为人"(案,《宪问》有"古之学者为己,今之学者为人"之语)之术。这一部分学人失去了做人的准则与节操,学术也就失去了其价值的独立性和本真性。秦始皇与儒生、方士之间的紧张关系,以及汉高祖刘邦之所以屡屡对读书人不甚信任,可能与此极有瓜葛。汉高祖立祚之后,叔孙通参照秦礼制定朝仪,迎合了汉高祖之政治需要。但参阅《叔孙通传》可知叔孙氏为乱世之间曲学阿世,所事近十主的政治投机者。汉武帝采用董仲舒、公孙弘等人建议,设立五经博士之后。习经业之儒生具有了晋身干政的稳定而宽广的康庄大道,学术成为谋生之学。汉代士族的出现,与此有着密切关系。

这些弊端的出现与形而上本体论建构的阙失有密切关系。在汉代经学视野中,西周初年确立起了以理论理性与实践理性相统一的政教合一的王道政治体制,文化的精神体现在生活实践的方方面面,生活在礼乐秩序中的人们自觉遵守着天道的约束。自从战国时期人文理性从觉醒至高扬以来,天道的约束作用也越来越弱。西汉虽然高扬"道之大原出于天"的论调,但是,这一"天"的形而上色彩较弱,使得人们更多关注有形世界,因而具有更浓厚的现实功利色彩。两汉经学,尤其是今文经学家法、师说所导致的流弊即与士人干禄晋身的现实功利需求息息相关。经学在极力维持自身政治地位的同时,也妨害了自身学术的健康发展。

针对上述弊端,郑氏纠偏补弊,对汉代天道论进行了深化。先秦时代诸子,比如《庄子》中,曾经对形而上的存在进行过深入的考辨。《齐物论》中提出"有始""有未始""有有者""有无者""有未始有夫未始有无者也”，以及“六合之外”的论点，[①]显然是在深入探讨空间之外，时间之前的形而上问题。但，两汉经学时代，诸子学术包括庄子之说因为家言的身份，不处于文化中心地位，故其观点汩没于众说纷纭之中。

汉代经学作为包括儒家、道家等各家各派学说的总根源，理应对于本体论做出回应性的理论构建。但是，在郑玄之前，这些本体论构建，尤其是易学中的本体论构建还是与经学和易学地位不够般配。是故，郑氏太易说是对前贤形而上之论的接续，是对两汉经学本体论缺失的补足。同时，也是他对《易》的最崇高经学地位的强调和凸显。于是，在郑氏把太易界定为形而上的存在之后，《乾凿度》中乾坤包括八卦的四正四维的定位，遂成为先于天地而在的存在。早于郑玄半个世纪的张衡在《宪问》中有“太素之前，幽清玄静，寂漠冥默，不可为象，厥中惟虚，厥外惟无”之论。鉴于太素及其之前的太初和太始总称为浑沦，即是太极之阶段，也就意味着《宪问》认为天地未分之前无物、无象，处于内外浑然虚无的状态，何谈四象，罔论八卦？然而，当康成太易说建立起来以后，四方/四时/四象生八卦的结构一下子由实然之域向上回溯到了形而上的应然之域。

郑玄还在其太易说中对天地人三才价值本然进行了新诠释。康成的太易说的构建是有着具体语境的，这一语境必须联系《乾凿度》太易部分的上下文和郑玄之注文进行分析。《系辞》开篇即论“天尊地卑，乾坤定矣”。貌似是说天尊定乾，地卑定坤。“刚柔相摩，八卦相荡，鼓之以雷霆，润之以风雨，日月运行，一寒一暑”，指八卦定位起用，则是接续上文“方以类聚，物以群分”之论。此处，天尊地卑成为决定形而下世间乾坤八卦以及万物的第一因。先于天地之前的讨论则付诸阙如。《乾凿度》同样认为，太极为《易》的起始点，太极生天地，天地生四时，四时合阴阳刚柔之分

① 参见[晋]向秀注：《庄子注·齐物论》，载《文渊阁四库全书》(1056 册)，台北：台湾商务印书馆 1983 年影印版，第 15 页。

而生出八卦；八卦主四方四维，用事于十二月，八卦以其寒温消息之气主宰且伴随着万物之始终。这与《系辞》首章之论相承，且在卦气说基础上大大向前迈出一步。

同时，《乾凿度》还认为，乾坤为阴阳之主，而未言天地为阴阳之主。在乾坤为阴阳之主的前提下，则八卦为万物之主即成为题中之义。于是，《乾凿度》中乾坤及八卦具有了超越于天地的色彩和意味。这也为郑玄对形而上道层面的理论探索提供了契机。该篇还认为，八卦之四正四维之序分立，然后有五气之分化与流转，而且人之出生准于八卦而得八卦之体，禀受五气而有五常之性。五常即仁义礼智信之德性。而决定此五常者，仍然是八卦：震卦主东方阳气之生而为仁之本，离卦主南方阳上阴下之正（按：阳轻清象天，阴重浊象地，所谓天尊地卑之象）而为礼之本，兑卦主西方阴气用事而万物得宜而为义之本，坎卦主北方盛阴且阳气含閇而为信之本，艮、巽、乾、坤卦之四维，代表中央为四方卦之准绳之所然和所以然，故为智之本。在《乾凿度》以及郑玄心目中，五常为道之本，德之分，称其为天人之际。际，相遇，交会，是公共之域。这意味着五常既是人道之本，也是天道之本。唯有圣人能够上通天道（所谓通天意），下达人伦（所谓理人伦），是以人更三圣：先有伏羲，次有文王、周公，再有孔子，世历三古：时间贯穿上古、中古和近古，因阴阳消息而作卦、系辞、赞《易》，以弥纶天地和协理万物。

综之，《乾凿度》和郑氏注主要是从理论理性的角度，立足于《易》的乾坤八卦视角，诠释了天地人三才的道与德的价值本然，及其所然与所以然。所谓纲举则目张，本立而道生：以乾坤为纲，以八卦、五行为目的《易》世界架构张设布列之后，则上至五常之性之虚，下至万物时空之实皆得以在理论理性层面找到其根基和根据。

（二）从理论理性到实践理性的转进

郑氏太易说所确立起先天道德价值本原，并赋予其哲学层面的诠释，对后世学人产生深远影响。

按照康德三大批判之旨，理论理性关涉人的认识分析，实践理性则与先天道德律相联系，即关涉人的意志。郑玄的太易说之构建则在《乾凿度》理论理性的基础上实现了向实践理性的转进，为宇宙间三才万物的道德找到先天之根据。

郑康成在诠释形而上的太易，构建先于天地作为天地本原的太易说之时，接通了《系辞》"天一地二"章的相关内容，注曰：

> 《系辞》：天一，地二，天三，地四，天五，地六，天七，地八，天九，地十。奇者为阳，偶者为阴，奇者得阳而合，偶者得阴而居，言数相偶乃为道也。孔子于《易系》，著此天地之数，下乃言子曰明天地之道，本此者也。一变而为七，是今阳爻之象，七变而为九，是今阳爻之变。二变而为六，是今阴爻之变，六变而为八，是今阴爻之象。七在南方象火，九在西方象金，六在北方象水，八在东方象木。自太易至太素，气也，形也。既成四象，爻备于是，轻清上而为天，重浊下而为地，于是而开合也。①

郑氏之注接通了其《系辞》注所阐释的郑氏"五行生成十数图"图式。他在这一注文中描摹了一幅四方定位，五行安布，易数递进，阴阳配偶，动静相倚，象（彖）变相合的先验的，以四方五行为架构的循环图式。这明确了易

① ［日］安居香山，中村璋八辑：《纬书集成·乾凿度》，石家庄：河北人民出版社，1994 年，第 30－31 页。

数四方之分布，四象之布列，易数象变之递进的路径，不但有先天、先验之理，而且在天地分化之先也已经有了实际的运化与递进性的演化。康成正是依靠此易理、易象和易数的阐发，为我们描绘了一个天地之先的《易》本然的世界。

于是，先前所言的三才万物的道德价值本然就有了先天、先验的《易》的价值本体。即是说，在《乾凿度》描绘中，《易》本来是作为事实世界的根基根据，经过郑氏的诠释，《易》一跃而上升为价值世界的根基根据。在事实世界的实然中，人的认识与人的意志必须在宇宙天地之有形局囿中进行活动。换言之，人在现实生活中必须接受现实社会之规则。在价值世界的应然中，人则可以充分发挥实践理性之功能，在有限时空世界中可以突破现实世界对人生之限制，找到先天道德律令之本原，从而追求道德自由之实现途径。这对于解释郑玄的现实人生之局促、艰难、困苦与崇高的学术抱负，以及巨大学术成就之间的巨大张力也是大有裨益的。

既然天人一体同构是汉代经学基本特质，那么康成探讨先天的价值应然，是否突破了天人同构的基本特质呢？实则不然，郑玄此举乃是凸显了天人本来一本而同原的本有之义。郑玄实则立足人道立场而逆溯“道”之本原，故认为五常的道德之性既是人的，也是天（地）的，更是独立不倚，周行不殆，贯通先天后天，而为天地人三才所共有的。人作为天地之间秀出万物的灵长，必须最大限度在礼乐世界中，按照五常之性的标准，实践属于自己的道德价值，最后实现与道合一的人生自由。

郑氏太易说之文化史的意义，必须置于纵向历时性维度上方能进一步显现出来。对汉代以前的总结、发展和转进所述已多，今结合历史上另一个文化繁荣期——宋明理学，进行示例性的简略讨论。

康成的学说对宋明理学的开创起到了启发之功。北宋初期，理学开创者周敦颐、张载、程颢、程颐、邵雍等人亦皆精通易学。理学家们反复研讨数百年的哲学范畴，基本哲学命题，在此时已经大体赅备。这些范畴、命题主要是围绕“本体论”和“修养论”展开的，前者主要从“物”的一维展开，基本主张在于“万物一体”论，后者主要从“心”的向度上探求，所论者大体集中在“变化气质”说上。理学开山们最早提出“万物一体”论的，是周茂叔的《太极图说》。① 若对照郑氏太易说加以比较的话，则二者之间基本上可以相互吻合。该说中太极本于无极，无极是最高范畴，与太易相当，太极与浑沦相当。动而生阳，与太易说一、七、九之进阶变化相当；动极而静，与太易说九为阳变之极，复变为二相当；分阴阳、立两仪，与太易说一、七、九之阳，二、六、八之阴的对立耦合相关。阳变阴合生五行，五气顺布四时行，则与太易说四正四维卦定位安布，循环消息相当。五行之生，各一其性，与太易说仁、义、礼、智、信五常之德相当……结合《太极图说》内容加以分析的话，则可以发现《太极图说》中的许多内容简直就是郑氏太易说的变相表达而已。当然，笔者并非意指周茂叔抄袭郑氏的太易说，像篇中“无极之真，二五之静，妙合而凝”之论，与太易说中太易高高在上，但，对于太易如何在浑沦、五行中发挥作用付诸阙如之遗憾相比，周敦颐则是做出了很大发展性贡献。同时，《太极图说》篇末则主要结合三才之中最具主体性的人的道德价值进行阐发，虽然这些不是周茂叔大作的重点，毕竟也是有所发挥。

理学开山另一位重要人物张载则在万物一体论基础上，突出了人作为三才中最具有主体性的一面，重点强调了道德修养论。他在《西铭》（又名《订顽》）中提出乾、坤为万物父母，人作为天地的大宗长子需要体认“民

① 《太极图说》论曰：无极而太极。太极动而生阳，动极而静，静而生阴，静极复动。一动一静，互为其根。分阴分阳，两仪立焉。阳变阴合，而生水火木金土。五气顺布，四时行焉。五行一阴阳也，阴阳一太极也，太极本无极也。五行之生也，各一其性。无极之真，二五之精，妙合而凝。乾道成男，坤道成女。二气交感，化生万物。万物生生而变化无穷焉。唯人也得其秀而最灵。形既生矣，神发知矣。五性感动而善恶分，万事出矣。圣人定之以中正仁义而主静，立人极焉。故圣人“与天地合其德，日月合其明，四时合其序，鬼神合其吉凶”，君子修之吉，小人悖之凶。故曰：“立天之道，曰阴与阳。立地之道，曰柔与刚。立人之道，曰仁与义。”又曰：“原始反终，故知死生之说。”大哉易也，斯其至矣！

胞物与"的大义并承担起弥纶天地、参赞和化育万物的大任。这些要义则是与太易说道德价值先天本原有着内在的联系。人生而具有天命，此天命具有形而上的先天本原而成为其意义所在，即人生之所以然。人理应按照此意义之所以然在现实世界中，按照五常之性去实践天命所赋予的神圣使命，通过生活实践的实然来实现人生价值，实现人生道德之应然。所以，二程极力推崇《西铭》，认为是孟子之后的真正力作，更认为横渠发前人之未发。若二程仔细考证郑氏太易说的话，恐怕在做此一结论时要加一个定语了。程明道在张载基础上提出了"仁者与万物浑然一体"的著名理学论断；伊川则提出"一人之心，即是天地之心"的观点。

把周敦颐基于自然本体论的一路和张载、二程立足人的主体性，从道德价值"心"的一路内容合起来看，其大体内容及精神都没有超越出郑玄的太易说的内容范围。汉代经学的总结者与宋明理学开山者，在八百多年之后又产生了遥相呼应和学术上的共鸣，足见有价值学说的光辉是可以穿越历史烟云而彪炳千秋的。

第六节　宇宙大化图景视野中的礼乐本原新诠释

太一下行九宫说和爻辰说是郑氏易中极为重要、极为关键的两个部分。此二说相关内容不仅必须置于汉代经学语境之中，而且需要在历史沿袭脉络中，明确相关意象的历史文化内涵，联系当时的天文历法等最先进的科学知识才能对其进行体认。继春秋战国时期天文学、历法学取得巨大进步之后，两汉天文、历法又取得了进一步发展。只要结合《淮南鸿烈·天文训》《史记·天官书》《汉书》的《天文志》《律历志》《五行志》，以及东汉张衡的《灵宪》，刘洪《乾象历》等文献，就可领会并感叹两汉天文、历法之学的发展水平。汉代是一个尊《易》为大道本原的经学时代，所以一切天文、历法的知识和精髓必然在经学，尤其是易学中有所对应或照鉴。汉代经学有经世致用之特质，其人文主义的情怀必然反映在王道政治理想之中。在天人一体同构的经学知识体系中，作为政治核心的礼乐文化也就结合着当时最先进的天文、历法学术，把人世间的礼乐知识体系在天道层面找到其同构的宇宙图景。郑玄的太一九宫说和爻辰说即具有如此的功能属性。

一、卦气说语境中的太一九宫说与爻辰说

卦气说是两汉经学最重要的特色，该说的流行迅速形成了一种时代性的文化语境。郑氏太一九宫说和爻辰说的形成与之有着密切的关系。

（一）东汉以前的历时性文化语境的酝酿

汉易卦气语境的形成在汉代之前即已经具有了漫长的文化准备期。梳理这些相关文化发展轨迹，对于理解郑氏易的太一下行九宫说以及爻辰说大有裨益。

汉代之前，卦气说相关内容已经经过了孕育与发展。作为汉易最为明显的特征，卦气说在汉代成为时代的历史文化语境。但是，汉代卦气说的出现并不突兀。成书时间不晚于战国时期的《黄帝内经·灵枢》有《九宫八风》篇，内有《合八风虚实邪正》图示（如图）。该篇所谓的八风，盖针对风与人之健康关系而立论的，具体为：自南方来者为大弱风，自西南来者为谋风，自西方来者为刚风，自西北方来者为折风，自北方来者为大刚风，自东北方来者为凶风，自东方来者为婴儿风，自东南方来者为弱风。该篇最令

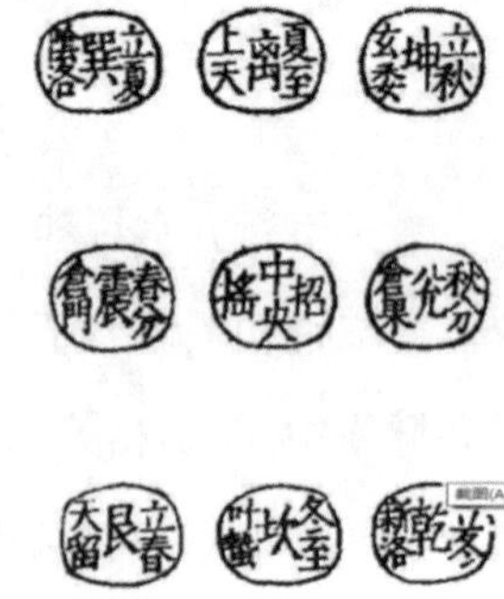

图 2－3 《灵枢经》合八风虚实邪正图

人瞩目之处主要有四点：

一是把八卦、九宫的体系加以坐标化，把八卦与八风结合起来，从而使得八卦成为八风之主。

二是该篇出现了八卦/八风、九宫之外更高的动因，也即八卦九宫之主——太一（神），并演示了太一在八卦、九宫之间的巡行居留路线、次序和具体时段。

三是该篇把太一在八卦九宫间的巡行居留与占筮（卜）联系起来。太一之行止与人间吉凶祸福联系起来。

四是把世间人群分为五类，分别居于四正卦和中宫之位：君（在冬至坎卦位），相（在春分震卦位），吏（在中宫位），将（在秋分兑卦位），百姓（在夏至离卦位），在八卦和九宫中进行定位，并与筮占对象联系起来。[①]

战国末期的《吕氏春秋》继《黄帝内经·灵枢》的九宫八风说之后，也提出规模更加宏大，内涵更加丰富的九天八风之说。盖与《灵枢》医术专门之学不同，《吕氏春秋·有始览》所论八风之名称与之有异。相应于《灵枢》所展示的九宫，《有始览》把周天分为九天（九野）：中央钧天，东方苍天，东北变天，北方玄天，西北幽天，西方颢天，西南朱天，南方炎天，东南阳天。并把天上二十八宿分配至九天分野，把天下九州分配九天与之配偶。八风具体名称曰："东北曰炎风，东方曰滔风，东南曰熏风，南方曰巨风，西南曰凄风，西北曰飂风，西北曰厉风，北方曰寒风"。[②]《灵枢》与《吕氏春秋》之间所论内容不尽相同，但是他们的立论逻辑相同，内容结构模

① 参见［南宋］史崧校订：《黄帝内经·灵枢》，北京：学苑出版社，2014 年，第 187 – 189 页。

② 《有始览》论曰：天有九野，地有九州……何谓九野？中央曰钧天，其星角、亢、氐；东方曰苍天，其星房、心、尾；东北曰变天，其星箕、斗、牵牛；北方曰玄天，其星婺女、虚、危、营室；西北曰幽天，其星东壁、奎、娄；西方曰颢天，其星胃，昴，毕；西南曰朱天，其星觜巂、参、东井；南方曰炎天，其星舆鬼、柳、七星；东南曰阳天，其星张、翼、轸。何谓九州？河、汉之间为豫州，周也；两河之间为冀州，晋也；河、济之闲为兖州，卫也；东方为青州，齐也；泗上为徐州，鲁也；东南为扬州，越也；南方为荆州，楚也；西方为雍州，秦也；北方为幽州，燕也。载许维遹：《吕氏春秋集释》，北京：中华书局，2009 年，第 276 – 278 页。

式高度类同。

《灵枢》的九宫八风图及其学说,《吕氏春秋》九天(九州)八风之说对于汉代卦气说的出现而言,无疑是提供了坚实的理据,而且对于郑玄太一下行九宫说和爻辰说的构建具有直接的启发之功。如果说《说卦》"帝出乎震"章为本为纲的话,那么《灵枢》《吕氏春秋》则为有力的辅翼。

两汉经学与卦气说是相互融通的。除去西汉卦气说代表人物孟喜、焦赣、京房等,在两汉时代,随着《周易》经传最崇高地位的形成和巩固,卦气说日益在经学界达成共识而成为显学。与卦气说相呼应和共振的学说及其思想已经达到了相当成熟的程度。其中西汉中后期的《大戴礼记》中即有很多相关思想可资说明。《曾子天圆》篇即是其中的典型。该篇认为,天道曰圆而明,地道曰方而幽;火日为明者吐气,金水为幽者含气;吐气者施,含气者化,故天阳施,地阴化。阴阳之精曰神灵,神灵为世间品物之本,礼乐仁义之祖宗,善否治乱之根基根据。世间五虫,神灵所生,圣人为五虫之灵长,为天地、山川、鬼神、宗庙之主。圣人守日月之数,察星辰之行,序四时顺逆而治历明律,以律历协理阴阳,制礼作乐。善否治乱之兴作取决于圣人之作。[①]《曾子天圆》构建了一个天人一体同构的世界,是汉代经学王道政治理想的概括性纲领,其表达方式与卦气说相互呼应、共振,更值得注意的是,该篇凸显了人(圣人)为天地万物之主的巨大主体作用,暗含了人可以与宇宙天地之气相互影响的重要观点。

鉴于西汉末年刘向父子以领校秘书之行为,对汉代学术产生的承上启下的巨大影响力,今再择刘向《五经通义》的观点以说明之。刘向在《五经通义》中提出的观点与太一下行九宫说和爻辰说都有密切关系。首先,他提出了风即是卦气的观点,曰:"八风者,八卦之气,八风以时至则阴阳

① 参见[北周]卢辩注,[清]王聘珍撰:《大戴礼记解诂》,北京:中华书局,1993 年,第 98 - 102 页。

变化之道成,万物得以时育生也。”[①]其次,他明确了太一神在宇宙天地之间最崇高的地位,曰:“神之大者,曰昊天上帝,天皇大帝,亦曰太一,其佐曰五帝。”[②]第三,他明确了秋分之气为钟律的源头,曰:“钟者,秋分之气,万物至秋而成,至冬而藏,坚成不变绝,莫如金,故金为钟,相继不灭也。”[③]第四,他把卦气纳入政教合一的体系之中,曰:“灵台以望气,明堂以布政,辟雍以养老教学”。[④] 灵台本为观测天象而设,刘向把卦气与天文联系起来,卦气具有了弥纶天地的大功。

在八卦—八风—九宫内在相互融通的结构中,卦气说语境成为其背后的内在根源,同时,上述理论与卦气说,也成为郑玄太一下行九宫说乃至爻辰说的建构的时代背景和文化语境。

(二)汉代太一神信仰与郑氏易太一九宫说

汉代太一(神)及其义涵比较复杂,这些复杂性对于郑氏建构太一九宫说具有很大影响。故欲论太一九宫说,需要先厘清太一范畴

汉代太一神的义涵有着多维性。太一,或写作泰一、太乙或泰壹。仅从名称来看,太一(神)在中国文化历史上是一个角色多面、义涵含浑而又极其丰富的文化范畴。大致说来,太一义涵集中在三个方面:从源于上古的宗教信仰而言,太一为最高之神;据术数家所描述术数之学,则太一(案:术数上多用“太乙”)多为术数之本原;从宇宙起源而言,太一为天地自无之有的源头,相当于《易》之太极。在汉代之时,太一(神)尚游走在上

① [汉]刘向:《五经通义》,载[清]黄奭编:《黄氏逸书考》(第96册),王鉴修补印本,1925年,第3页。

② [汉]刘向:《五经通义》,载[清]黄奭编:《黄氏逸书考》(第96册),王鉴修补印本,1925年,第3页。

③ [汉]刘向:《五经通义》,载[清]黄奭编:《黄氏逸书考》(第96册),王鉴修补印本,1925年,第3页。

④ [汉]刘向:《五经通义》,载[清]黄奭编:《黄氏逸书考》(第96册),王鉴修补印本,1925年,第3页。

述三种义涵之间而未有定式。在郑氏在《易》视阈中构建的太一下行九宫说中，则太一义涵侧重于后两者。

大致说来，自战国到秦汉，太一（神）的角色和内涵经历了自偏重科学色彩至偏重宗教色彩的反复。成书战国的《鹖冠子》有《泰鸿》篇，从气化论视角赋予太一以物之本原的色彩；《星经》中则有太一、天一星辰之记载，太一和天一的神秘色彩大减；近年出土的郭店楚简中有《太一生水》篇，该篇把太一视为宇宙天地之本。《史记》记载，秦代嬴政君臣已经颇为重视太一神在政治文化中的作用。汉代之时，太一的名称也有多种表达，或称泰一，或曰泰壹，或曰太乙，个别时候，比如封禅祭祀时，还称为泰皇。汉武帝从宗教信仰之需，虔诚敬奉太一神，太一又具有了崇高至上神的地位。《礼运》篇从人文理性视角论述了太一与礼乐文化之关系，并视其为礼乐文化之本。今人则极为重视卦气说语境对太一（神）内涵的影响，于是刘大钧先生根据对《太一生水》的分析，认为太一就是乾元，且认为太一与明堂政治正定"正朔"关系密切。[①] 这一观点极具启发性。

汉代太一（神）及其信仰与当时的时代文化和社会现状关系密切。首先，先秦与汉代天文历法学术的发展影响到对太一义涵的界定。司马迁《天官书》把太一定义为"中宫天极星"[②]，班固《天文志》沿用此说。西汉李寻认为太一即是"紫宫极枢，通位帝纪"。[③] 马融认为世传本《尚书正义·舜典》记载的北斗七星即为璇玑玉衡，意指其拱卫太一；《续汉书·天文志》所引《星经》则认为璇玑为太一所居的北极星，玉衡则为北斗星。其次，礼学中，开始出现《礼》《易》合流性的关于太一的诠释。《礼运》认为，太一为礼乐之本，其分而为天地/阴阳，变为四时，分列为鬼神，代表天命

① 参见刘大钧《〈太一生水〉篇管窥》，《周易研究》2001 年第 4 期。

② 《史记·天官书》曰："中宫天极星，其一明者，太一常居。"载［汉］司马迁撰［宋］裴骃集解［唐］司马贞索隐［唐］张守节正义：《史记》，北京：中华书局，1987 年，第 1289 页。

③ ［汉］班固：《汉书·眭两夏侯京翼李传》，北京：中华书局，1987 年，第 3179 页。

以驾驭天地万物。[①]《礼运》之太一简直就是《易传》和《易纬》中的太极。再次,太一(神)信仰在汉代与大一统的时代文化语境息息相关。秦代打破贵族集团分封建国制度,转而代之以中央集权的郡县制度,这无疑是符合历史发展潮流的变革。然而,秦代短命而亡的悲剧又使得汉代政治上层对郡县制的施行狐疑不定,因而部分施行了分封制。史实证明,王国分封给中央集团造成掣肘和威胁,于是又先后对异姓王、同姓王势力进行削减,使郡县制发挥出中央集团的优势。又加上文景之治的社会安定和富足,天下迫切需要稳定的政治与之相互配合。董仲舒的尊经崇儒的建议和“大一统”学说的提出应运而生,这从主客观两方面都迎合了汉武帝之需要。但学说和文化之背后还需要有一个代表宇宙天地至上神的存在,太一神的登场也就顺理成章了。汉武帝也就成为最为尊崇、信仰太一神的典型君主,这在《史记》《汉书》中多有记载。

汉代礼乐文化对太一有着经学语境中的训释。《礼记·礼运》篇在礼乐文化视角中对太一做了伟大的定位,论曰:“是故夫礼,必本于太一”。[②]礼者法于天道而开出人文(道)。《礼运》是把太一视为天人之道的本原,这是形而上“无”的层面。又曰:“(太一)分而为天地,转而为阴阳,变而为四时,列而为鬼神”,[③]把太一视为太极之化身,这是从形而上“无”而至于形而下“有”的贯通。在这一语境中,礼乐即是太一之布化,为礼乐之所然,也为礼乐布化之本原,即所以然。

太一神出现的现实必需性前文已述,而《礼运》篇还保存着有助于我们窥见其王道政治根基根据的哲理性论述。《礼运》曰:“圣人耐以天下为一家,以中国为一人者,非意之也,必知其情,辟于其义,明于其利,达于其

---

① 《礼运》曰:“夫礼必本于大一,分而为天地,转而为阴阳,变而为四时,列而为鬼神,其降曰命。”载[汉]郑玄注:《礼记》,《十三经古注》,北京:中华书局,2014 年,第 965 页。

② [汉]郑玄注:《礼记·礼运》,《十三经古注》,北京:中华书局,2014 年,第 961 页。

③ [汉]郑玄注:《礼记·礼运》,《十三经古注》,北京:中华书局,2014 年,第 961 页。

患，然后能为之”，[①]文中意指圣人非礼乐不能治世，非礼乐则万物在宇宙天地的秩序之中不能得以安定其位，不能各得其宜。圣人能以礼乐治世并臻于至治者，必能得其大道的本原。于是，太一成为圣人“耐（案，耐为能）以天下为一家，以中国为一人”之所以然。在太一为道之本原的前提下，《礼运》认为，以天地为本，则可以包举世间万物，以阴阳为大端，故人情物情可以睹见，以四时为大柄，故民事可以劝进，等等。[②] 汉代礼乐文化语境中，太一已经具有了礼乐文化本原的崇高地位。

需要注意的是，《礼运》篇树立起礼乐文化最高的，即天下为公的王道政治理想。该篇在借助孔子之口，先简要论述了大道为公的理想极则之后，为何旋即转论“大道既隐，天下为家”的三王时代的礼乐政治？盖尧舜禅让、天下为公的时代，是人们“不独亲其亲，不独子其子”的“大同”时代。此时，人情简朴，世风混沌，故礼乐不必兴作。然而，上古大同时代成为过往，三王时代已经流变为“各亲其亲，各自其子”之时代，人之性情由简朴敦厚而流入智巧多欲的状态，是以大人（圣人）世代修礼，别嫌明微，如同修“城郭沟池以为固”，使君臣位正，父子笃亲，夫妇义明，兄弟和睦。礼乐成为修人情、治人伦的大防。是以，《礼运》蕴含如此道理：从人世政治源流而言，三王之礼乐本于上古大同时代的敦朴醇厚；立足于本天道立人道，法天道开人文的礼乐秩序而言，三王时代的礼乐本原则来自三才之道的总源头——太一（神）。

郑氏太一下行九宫说是康成在综合汉代及其以前太一学说基础上的新构建。郑玄在《乾凿度》注文中阐发了具有郑氏易特色的太一下行九宫说。与其师马融训太一为北辰不同，郑氏较为高明地称其为北辰之神，如

① ［汉］郑玄注：《礼记·礼运》，《十三经古注》，北京：中华书局，2014 年，第 961 页。

② 《礼运》曰：“以天地为本，故物可举也。以阴阳为端，故情可睹也。以四时为柄，故事可劝也。以日星为纪，故事可列也。月以为量，故功有艺也。”载［汉］郑玄注：《礼记·礼运》，《十三经古注》，北京：中华书局，2014 年，第 962 页。

此，北辰成为其所据之所（九宫之一，太一巡游启跸之始点）而已，而其神则可无所不往，从而成功避免了北辰作为星辰无法巡行的逻辑障碍。

康成认为，北辰巡行于八卦与日辰之间。日辰者，十二星次、二十八宿等。太一为主气之神，历时行于四正四维八卦之间，其所巡行之卦以太一神之故而为八卦之神，卦神所居之地故称为宫。又太一神出行如同世间天子巡狩四方、省察方岳，出于中央之宫，每巡行四宫即还于中央之宫，中宫为太一神之本位。郑氏从礼乐视角出发，把人伦之道纳入乾父坤母及其所率六子的八卦/八方/八宫结构中：太一巡行始于北方坎宫中男，次至于西南坤宫之母，三及于东方震宫长男，四至东南巽宫长女，五还中央本宫，六入西北乾宫之父，七入西方兑宫少女，八入东北艮宫少男，九入南方离宫中女，最终返回中央紫宫。[①] 郑氏所描画的这一巡行九宫之轨迹，在郑氏易中一般称为"九数图"，实是将八卦置于朱熹《周易本义》所谓《洛书》的结构中去。朱子尚有口诀存焉：戴九履一，左三右七，二四为肩，六八为足，[②]可资对照互鉴

在郑氏太一九宫说中，太一为主气之神，具有浓厚的气化论的色彩。在太易说中，太易为"无"，冲漠无联，无气可言，太初则为气之始，太始为

---

① 郑注太一下行九宫说曰："太一者，北辰之神名者，居其所曰太一，常行于八卦日辰之间，曰天一，或曰太一，出入所游，息于紫宫之内外，其星因以为名焉。故《星经》曰：天一、太一，主气之神。行，犹待也。四正四维，以八卦神所居，故亦名之曰宫。天一下行，犹天子出巡狩、省方岳之事，每率则复。太一下行八卦之宫，每四乃还于中央。中央者北神之所居，故因谓之九宫。天数大分，以阳出，以阴入，阳起于子，阴起于午，是以太一下九宫，从坎宫始。坎，中男，始亦言无适也。自此而从于坤宫，坤，母也。又自此而从震宫，震，长男也。又自此而从巽宫，巽，长女也。所行者半矣，还息于中央之宫。既又自此而从乾宫，乾，父也。自此而从兑宫，兑，少女也。又自此从于艮宫，艮，少男也。又自此从于离宫，离，中女也。行则周矣。上游息于太一、天一之宫，而反于紫宫。行从坎宫始，终于离宫。数自太一行之，坎为名耳。出从中男，入从中女，亦因阴阳男女之偶，为终始云。从自坎宫，必先之坤者，母于子养之勤劳者。次之震，又之巽，母从异姓来，此其所以敬为生者。从息中而复之乾者，父于子教之而已，于事逸也。次之兑，又之艮，父或老，顺其心所爱，以为长育多少大小之行已，亦为施。此数皆合十五，言有法也。"见［日］安居香山，中村璋八辑：《纬书集成·乾凿度》，石家庄：河北人民出版社，1994年，第32－33页。

② 参见［宋］朱熹：《周易本义》，《文渊阁四库全书》（第12册），台北：台湾商务印书馆，1983年，第628页。

形之始，太素为质之始。太初生于太易，可知主气者太易也。康成以太一接通太易之意是可以推知的。在研究郑氏此说之时，有两方面问题需要特别注意：

一是郑氏太一下行九宫说是有着上下文的语境，除了前文的太易等"四太"内容外。尚有乾坤三画成卦，相并俱生，"（乾坤）因而重之，故六画而成卦"等内容，并认为，上三画为天，下三画为地，阴阳交感，代表天的上三画与代表地的下三画之间分别隔三位而相应。相应之法：阳动而进，阴动而退，阳动以七进九为气之息，阴动以八退六象气之消。七、八为象，九、六为变，皆合十五。[①]

二是《乾凿度》对于太一下行之论，按照今日所能见到保留文字来看，已经非常简略，只有"太一取其数（案：前文所分析七八、九六若一，皆合于十五之数），以行九宫，四正四维，皆合于十五"。[②] 照理分析，原文必定非常简单，因为若原文所论已详，郑氏则不必再大加讨论。

鉴于以上两方面问题，那么，郑玄何以要一改惜字如金的注文方式而做出一番自己的阐释呢？

结合《乾凿度》上下文语境，可知康成认为，太一之下行九宫，表面是巡行于八卦日辰之间，而实质则是巡行于太易说所开显出的乾坤两卦的十二爻中。何则？《乾凿度》之文已经明示，轻清者上而为天，重浊者下而为地，乾坤相并俱生，重之以阴阳而六画成卦，是说乾坤即为天地，所以太一神天地宇宙之间的巡游，即是巡游于乾坤之间而已。乾坤者，易简也，两卦各有六爻而合为阴阳消息之十二爻，故太一神之巡游者，不外于乾坤十二爻之架构。

---

① 参见［日］安居香山，中村璋八辑：《纬书集成·乾凿度》，石家庄：河北人民出版社，1994年，第31－32页。

② ［日］安居香山，中村璋八辑：《纬书集成·乾凿度》，石家庄：河北人民出版社，1994年，第31－32页。

乾易坤简,《易》之门户。在汉易卦气说语境中,一岁之卦气同时也是通过以乾卦六爻之递次阳息,坤卦六爻之递次阴消,而有十二月份循环消息之卦(案:亦称十二辟卦)而实现的。然而依据《说卦传》"帝出乎震"章所论述的《周易》八卦方位,也即《乾凿度》四正四维之卦而言,在现实的时空世界中,十二消息是在四时的时序和四正四维的空间之中循环发生的。这在《乾凿度》中有着实际证据的。该篇在简单论述太一后即曰:"八卦之生物也,画六爻之移气,周而从卦。八卦,数二十四以生阴阳,衍之皆合之于度量",康成注曰:"八卦生物,谓其岁之八节,每一卦生三气,则各得十五日。数二十四者,即分八卦各位三气之数。"[①]承上文可知,《乾凿度》所谓"画六爻"者,乾或坤卦之六爻,郑氏认为八卦应于一岁之二分、二至以及四立、八节,每节四十五日:因为每气十五日,故每节含有三气,共计二十四气,每卦三画合为二十四爻,一爻对应一气。这相对于十二消息卦一爻对应一月之易例,则更加详细。

两汉时代,尤其是东汉时期,"三五"之说已经成为时代思潮的重要方面。《乾凿度》论及七八、九六皆合于十五,在郑氏看来,此种时代文化内涵必须在经学语境中予以阐释并垂之后世。在汉代礼乐文化语境中,三五之论,首先指三统论与五行说。《律历志》说:"三代各据一统,明三统常合,而迭为首,登降三统之首,周还五行之道也。故三五相包而生",又曰:"太极运三辰五星于上,而元气转三统五行于下"。[②] 东汉郎顗在对议中言于天子曰:"天道不远,三五复返"。[③] 至于三五的精密之处,则主要指十五之数。然而,积微成著,体用一源,小大一体,两种说法义涵是一致不悖的。十五为一气之数,合于阴阳而为一月三十(日)之数。"月"在礼乐文

---

① [日]安居香山,中村璋八辑:《纬书集成·乾凿度》,石家庄:河北人民出版社,1994年,第33页。

② [汉]班固:《汉书·艺文志》,北京:中华书局,1987年,第984-985页。

③ [宋]范晔:《后汉书·郎顗传》,北京:中华书局,1982年,第1058页。

化中具有上承天道下启日用的政治大义。故《礼运》所谓天之阳垂显于日辰之象，地之阴开窍于山川之形，五行与四时相合而有“月”之生成：“三五而盈，三五而阙，五行之动，迭相竭也。”又曰圣人作则，“以天地为本，以阴阳为端，以四时为柄，以日星为纪，月以为量，鬼神为徒，五行为质，礼义为器，人情以为田”。① “月”为天象而变成时间计量单位，成为汉代礼乐文化中的一个重要纽带和载体。在《易》为大道本原的东汉时代，至于其背后之文化根源，则是《系辞》“三五以变，错综其数，通其变，遂成天下之文；极其数，遂定天下之至变。非天下之至变，其孰能与于此”的思想。“三五”思想成为至变之征，与《周易》变易思想高度吻合；“三五”思想又为不变之象，与《周易》不易思想高度吻合。而在郑氏易九数图，也即朱熹认定的《洛书》图式中，在九宫的三纵、三横、两维共（$3+3+2=8$）八个方向上，其数字之和皆合于十五。总数则为 $8\times15=120$，合之于三才则为：$120\times3=360$，合于一年天数之大体。“九数图”图式象征着在宇宙天地每一维度，每一时空中，三五之变无所不在，无所不包的思想。康成之所以基于“九数图”着力构建太一九宫说，其内在的学术目的还是要演示《周易》之“变易”与“不易”相统一的思想。九数图图式中，每一个方位之卦、数是不同的，但是每一个维度上皆合于三五之道，体现了《周易》变与常相统一的特质。

此外，“三五”思想在东汉时代的高度发达的又一个有力证明就是《三五历纪》的问世。三国时期东吴人徐整作《三五历纪》②之书。观近人马国瀚《玉函山房辑佚书》中辑《三五礼纪》佚文可知，《三五历纪》本质上非为历书，而主要是为了结合历法阐发“三五”思想大义。该书以盘古开天为始，以三皇五帝为三五政治思想之本原，内容多附会之说，只能算作一

① ［汉］郑玄注：《礼记·礼运》，《十三经古注》，北京：中华书局，2014 年，第 964 页。

② ［三国］徐整撰：《三五历纪》，载［清］马国翰：《玉函山房辑佚书》第 63 册，光绪九年，长沙嫏嬛馆补校刊。

种时代思潮之表达，其亡佚不传之因，盖在其不切实际之故。

还需要强调的是，郑氏太一说为郑氏爻辰说的演说做好了充分的铺垫。鉴于下文还将对爻辰说进行详细讨论，故此处不再加以详细论述。

（三）郑氏爻辰说对卦气说的转进

前文已论，康成享有“传易正脉”美誉，盖在于其坚定贯彻以“十翼”精神诠释《周易》经文之故。然而，作为两汉经学的总结者，其脱不了时代学术的底色。卦气说作为汉易基本语境，郑玄终生深受这一语境之熏染。作为最具有郑氏易特色的易例，爻辰说不仅深受卦气说之影响，而且也对汉易卦气说做出了转进与创新。鉴于郑氏易原本的失传，需要做出说明的是，今日所见的郑氏爻辰说多来自《五经正义》。南宋王应麟裒辑残篇以来，清儒惠栋、钱大昕、张惠言、戴棠、丁杰等皆围绕郑氏爻辰说开展相关的或者订正，或者丰富，或者研究的学术实践，其中惠定宇围绕爻辰说所作的考辨和梳理最多，尤其是他作《周易郑氏易》两卷，厘定了郑氏十二爻辰之说的基本面貌，使后学得以揆知郑氏爻辰说之梗概而不必从资料收集考订等基本功夫入手，故其功最大。今日研讨此说，需先申明先贤之功，以铭记其德。清儒中极力推崇郑氏爻辰者，以何秋涛为最，著有《周易爻辰申郑义》，[①]高推郑学之地位。清人戴棠《郑氏爻辰补》，今人徐昂《释郑氏爻辰补》皆为以郑氏爻辰说或郑氏爻辰说学术精神为核心而作的专著。爻辰说对后世影响之大，于此数例可以推知。

郑氏爻辰说实在卦气说浸润中产生的。卦气说自孟喜开始，旋即至于焦赣，引起了易学界巨大学术，乃至朝堂政治的争议。传至京房，鉴于京房巨大易学成就和影响力，因而影响大振，卦气说遂成为汉易时代学术思潮。然而，在一定时间内，《诗》《书》《礼》《春秋》各有自己的纬书、谶

① ［清］何秋涛撰：《周易爻辰申郑义》，湖北省图书馆藏，清光绪五年淮南书局刻本影印版。

说，各持自己言说灾异的一套理论，因而这种学说更多还是集中在《易》领域中。自前汉末期，《易》为五经之首的学术地位确立以后，卦气说具有了影响其他经学的力量。然而，鉴于卦气说在《易》内部存有争议，故其影响力也会大打折扣。《汉书·艺文志》罗列易类书目中，很多与卦气相关，但大都是章句、传记之类。两汉之交纬书盛行，谶纬成为汉代之"时学"，故卦气说在《易纬》中得以大行其道。

时至汉代中后期，卦气说对社会风气影响，历经时间的积累，越来越深而厚，虽然古文《易》强势崛起，但在言说灾异上，卦气说与费氏古文易是不相矛盾的，卦气说对《易》的影响并未因古文易地位的上升而受到影响。郑玄自幼深受卦气说浸润，求学之初即师从名师第五元先学习以卦气说而名世的京氏易，且立志述圣人元意，整补百家学术之不齐。是故，虽然他作为费氏古文易的传人，但并不影响他在卦气说基础上构建自己的易学。同时，他作为古文易传人，又必须重视于《易传》之学术精神。综之，若回避了卦气说，则郑玄不能成为汉易名家，且不能成为汉代经学总结者；同时，若尽沿袭汉易卦气之旧说与成论，而不兼顾古文易之学术精神，则康成不能成为传易正脉。是故，郑玄所建构的爻辰说实为其基于自己的学术宏愿，立足汉易之实际，折中调和古今学术后形成的结果。

作为《易纬》中最重要的一篇，《乾凿度》开篇既具有浓重的卦气说色彩。所谓"卦气之气，首先指节气……卦气说，简言之，乃是一种视构成《易》符号系统的卦为节气物候之变化、阴阳二气之消息的涵摄符示者的学说"。[①] 基于此种历法之义，《乾凿度》在六十四卦视野中，构建了乾坤两卦值岁为始，既济未济值岁为终，32 岁为一个基本循环周期的爻辰说。其中，每两卦一组十二爻的纳辰之法颇为繁复。逆溯这种方法，显然是来自儒家之外的术数之学。尤其是《乾凿度》又引入《求卦主岁术》之说后，

① 王新春：《哲学视野下的汉易卦气说》，《周易研究》2002 年第 6 期。

把爻辰法变成了值岁9253周期，计296096岁，合106594560日的大周期律历推算工具之后，其爻辰法也就旁逸入于天文历法而沦为其附属工具。这与《易》为大道本原（一切学术的源头），而不为专门之学的角色定位是有所背离的。郑氏对此是有着清醒认识的，卦气说虽为汉易最大特色，但尽守卦气说则只能守当时易学之一个部分，遑论总结汉易，乃至传承易学学术正统？是故，除了纳卦气说入于易学传承的脉络之中之外，应当以更加宏阔的学术胸襟，更加高瞻远瞩的文化视野来总结汉代易学。康成显然对此深有体会。

于是，郑玄立足于"十翼"注《周易》古经的学术立场，以《易》为本，以乾坤两卦作为《易》之总门户，把卦气说相关学说融汇、贯穿于其中，构建起一个形而上、形而下一贯，天地人三才一体，六合同构，时空一体，阴阳盈虚、消息循环的爻辰说。虽然郑氏爻辰说涵括了丰富的意涵，但其蓝本在于汉易，其基色在于卦气说，这是毋庸置疑的。

基于学术实践进行分析，郑氏爻辰说对汉易卦气说进行了转进和深化。郑康成的爻辰说非是专论卦气，但该说对汉易卦气说进行了深化和转进。这大体上体现在两个方面。

首先，郑氏之说提升了汉易卦气说的学术正统地位。从师承关系来讲，卦气说的来路是暧昧不明的，这使其在官方正统学术体系中的地位长期以来没有得到正名。这在孟喜以及孟氏易所遭遇的曲折，焦延寿及其易学所受之冷遇的史实就可以证明其出身所受的巨大争议。时至东汉，官方仍然对卦气说持有相当的成见。班固对卦气说的排抑立场是比较坚定的，他不仅在《汉书》中持卦气说来自隐士之学术观点，而且在他所执笔的《白虎通义》中还能看到踪影：该作中可以大论"筮龟"，而对于产生了重要时代影响的卦气（说）却几乎无有涉及，仅有"八风"算是与之相关而已，然而所论八风主要是为了接续《黄帝内经》《吕氏春秋》以及《淮南鸿烈》等相关内容而不是为了讨论卦气（说）。至郑玄之世，卦气说的学术地位盖仍未获得官方正式认同。

《归藏》首坤,《周易》首乾,这是无争议的学术常识。因乎《周易》之以乾卦为首,坤卦副之,《系辞》因之明确乾卦坤卦为《易》之门户,为《易》之总蕴的学术大义。郑玄之所以构建起一个凌虚高蹈的太易说,其本质上还是要突出《周易》首乾之旨,因为乾卦即为“易”,坤卦即为“简”。所谓“易简而天下之理得”,于是“成位乎其中”矣。易简涵纳宇宙天地之理,成为集成三才之道的所然与所以然的渊薮。郑氏紧紧扭住乾坤两卦十二爻这一抓手,也就扣住了《周易》古经和《易传》十篇之学术主脉。卦气之本质是阴阳在宇宙天地总时空间的盈虚消息,而乾坤十二爻符示着阴阳耦合中的六合时空。八卦卦气、十二消息、四时八节等皆入于爻辰说架构之中。于是,卦气说依托着“易简”这一圣人所阐发的正统易理而融入乾坤十二爻辰之中,成为不可分割的有机组成。这对卦气说学术地位的巨大提升是显而易见的。

其次,该说为卦气说找到了本体论的本原,并在形而上和形而下之间进行了学术上的阐释和疏通。从郑氏太易说、太一下行九宫说,直至郑氏爻辰说,其内在有着一贯的学术逻辑。在郑氏太易说中,太易为形而上的“无”,是一切形而下的本原,太初、太始、太素以太易为本,三者混而不离为浑沦,即太极,而为阴阳两仪之本。太初/一/二,太始/七/六,太素/九/八的递次演进,即为乾坤初画、二画、三画成卦之过程。浑沦/太极的分化之阶次,即是乾坤三画成卦之理路,这一过程又体现在郑氏“十数图”中,所谓“天一生水,地六成之……地四生金,天九成之;天五生土,地十成之”之论是也。在康成易论中,“十数图”首先为易道化生、布列之应然。天地未生,其理先在。

是故,康成十数图所描绘的是易道之本然如何在宇宙天地先天阶段的分列布化的规律与道理。这一先天之本然在形而下的器世间亦有一个应然之域与之相贯通。于是,郑氏凭借“九数图”的图式纳入八卦,以太一神承接太易而为器世间的主宰,演示易道在有形器世间的运行理路。笔者认为,九数图与十数图之数是前后贯通的,九数图坎宫之一即十数图天一生水之一,坤宫之二,即是地二生火之二,其他仿此。但是,十数图象征宇宙先天,九数图象征后天的器世间,由于金无火不能锻炼,火无金不能成物,故十数图之南方二/七之火,与西方四/九之金对换位置,然后按照(阳顺)阴逆之规则,二、四、六、八逆时针运行至四隅,一、三、五、七、九原位不动(案,相对于阴数之动亦为顺时之动),且十数隐藏,而成为九数图图式。是故,太一下行之过程中,先巡行一、二、三、四、五等五个生数所对应之坎宫、坤宫、震宫、巽宫,再巡行六、七、八、九等四个成数所对应的乾宫、兑宫、艮宫、离宫,而不是按照现实时序中北方一数坎宫,东北八数艮宫,东方三数震宫,东南四数巽宫,正南九数离宫,西南二数坤宫,正西七数兑宫,西北六数乾宫的顺序巡行。可知,郑氏太一下行九宫说中的巡行路线仍然是承接着十数图中的先天本然,故太一下行九宫说所演示的巡行轨迹非为现实之实然,而是遵循着现实世界的应然之理而发生的。

不论是郑氏十数图所演示的太易之作为宇宙先天存在本然,还是九数图中所符示的形而下的器世间在八卦九宫中的发生之实然,其存在和发生都是在贯通先天后天、形而上形而下《易》的乾坤架构中进行的。郑玄在乾坤十二爻(辰)架构中建构爻辰说,则是以汉易卦气说接通了太一下行九宫说理路之应然,也同样接通了太易说中宇宙天地之先天本然。在郑氏爻辰说中,汉易卦气说便接通了形而上的本体,找到了其先天根基根据。基于此义,郑玄爻辰说的构建也同样是起到了深化汉易卦气说(义涵)的作用。

二、宇宙大化流行图景及其意义之域

信念决定使命,使命决定行为。郑玄的学术信念决定了他承当起总结汉代经学的学术使命，而使命决定了他与汉代其他学者不同的实践内容和方式。他作为经师，需要在更加宏观的学术视野中，维护并诠释《易》为五经之首的地位及其合法性，追易道之本为天地之本，溯爻辰说、太一说而直探宇宙之源。是故，他的太一九宫说与爻辰说在卦气说语境中建立起《易》的场域，并在这一场域中描绘了宇宙大化流行的图景。在这一图景得以确立的前提下，人文价值层面的意义诠释也就得到了不言而喻的彰显。

（一）对前人宇宙大化图景理论的补足

就现存世传本文献而言，老子的《道德经》已经勾勒出了宇宙大化的大体纲目。《道德经》开篇即基于道/名这一天人同构的宇宙本原出发，确立起“无名天地之始，有名万物之母”的总纲，其“道之为物”（第21章）以及“有物混成，先天地生”（第25章）之说是承续了“有名万物之母”论，表明了老子认为有有为之道，意味着他同时认为亦有无为之道。“有为之道”为天地之母，有大、逝、远、反（返）之性，人与道、天、地共有此四性。老子构建起了天人同构的宇宙生发布化的基本纲要。其贡献是无须赘论的。战国时期的《庄子》《鹖冠子》继续着老子天人同构学术视野，但是与老子凸显道的自然性的做法相比，《庄子》与《鹖冠子》则更为偏重人的维度。《庄子》内七篇构建了一个宏大的宇宙体系，这需要借助《易》的体系才能见到这一隐藏的宇宙模式。[①] 同时，《庄子》通书中都贯穿着“气”化之说，《知北游》篇提出了“通天下者一气耳”以及人之生死为气之聚散的观点。《鹖冠子》以泰一为本，并描述了一个泰一执持大同制度，调治泰鸿精气，正定天地神明之位的天人一体的宇宙流行模式。值得注意的是，《鹖冠子》所论泰一更大程度上为泰皇，即人皇的象征。《鹖冠子》所论之

① 参见陈盟：《易学视野中〈庄子〉内七篇首尾两则寓言解析》，《周易研究》2016年第1期。

宇宙更多是为王道政治层面上政治化了的宇宙，认为宇宙为政治之本，王道政治则为宇宙之理在人世间的落实。战国末与秦初之交成书的《吕氏春秋》则提出了太一生出两仪，两仪化为阴阳，阴阳耦合为混沌，混沌离合有天常，周而复始，反复有极，莫不咸当的总体宇宙流行图式，是对《太一生水》《易传》等典籍相关论点的继承。

出土后考证为战国中期文献的《太一生水》篇则极具唯物的品性。其在阴阳五行学说视角中对本于太一的宇宙生化模式做出阐发，与“十数图”所谓的“天一生水，地六成之”等论有着密切联系。笔者认为“十数图”是五行阴阳家简化、抽象后高度理论化的宇宙发生图式，《太一生水》则是道家支流更为朴素的论述。同时《太一生水》与《系辞》“易有太极”章以及《文言》“水流湿，火就燥”等论述皆是同源而异流的表达，有着密切关联。《太一生水》是先秦典籍最富有唯物论色彩的宇宙起源论文。

《易》古经和传记对于宇宙论的相关讨论总给人以“神龙见首不见尾”的印象，言其无不可，因为其本身符号体系中自然蕴含着宇宙发生之理路；论其有亦觉得不够稳妥，因为经传中有相关联的只言片语。除了《系辞》“易有太极”描述了八卦分化的规律外，还有几处涉及宇宙论内容，其一是《说卦传》“帝出乎震”章。该章在一年时空顺序中，顺时阐发了富有八卦卦气色彩的宇宙发生顺序论述。其二是《系辞》开篇“天尊地卑”章，从易理层面讲论乾坤为宇宙生化之所以然，若论及所然层面的细节等则远不及《太一生水》。汉代初期的《淮南鸿烈》中有大量宇宙论的内容，但失之于零散。董仲舒《春秋繁露》以“元”为天人所共同的始点，其《玉英》篇有“一元者，大始也……《春秋》变一谓之元，元犹原也……元者为万物之本，而人之元在焉，安在乎？乃在乎天地之前”①之论，董子以“一”为本，以“元”为原的观点，尤其是认为人之本原更在天地之先的表达对于郑

① ［清］苏舆撰：《春秋繁露义证》，北京：中华书局，1992 年，第 67－69 页。

玄的影响是显然的，但惜乎董仲舒并未对宇宙生化作出具体讨论。

郑氏太一九宫说和爻辰说一方面其来有自，一方面亦有着自己的整合和转进、深化之功，因而并非为自己全新的独创。首先他是在《易》视阈中，把“易”（太易）作为宇宙天地的形而上本原——太易在天人之先，把太一视为王道政治视阈中的天地之间的主宰——太一在天人一体同构之中，以爻辰所凭籍的乾坤十二爻辰为宇宙天地时空大体。在太易说、太一说和爻辰说前后相沿且对照的体系中，才能更好地体会到郑氏是为了补足《易》关于宇宙论方面的多有阙如的缺憾，而这一缺憾在《易》为经学之首的两汉经学时代，被前所未有地放大着。于是可知，他所构建的太一九宫说和爻辰说，不仅仅属于郑氏易，更是属于汉代易学界。他不仅系统化、理论化地吸收了前人关于宇宙论的理论成果，向上追溯了宇宙本原，向下及乎天地间万物，向内构建人的主体性道德，找到了易的气化与数的生化的路径规律，是对汉代和前代易学界宇宙论成果的有益总结和补充。

（二）《易》大化图景及意义之域的敞开

郑氏太一下行九宫说和爻辰说第一次立足于《易》的视阈，整体上对以《易》为本的宇宙流行图景进行了大道本原和终极意义的双重诠释和彰显。这在易学史乃至文化史上都具有标志性的学术贡献。

郑氏汇通并弥纶前人诸说，整体上勾勒了《易》大化流行图景之所然。郑玄学术视野之通达、广博与学术修养之渊深在学术史上少有与之相匹者，他除了对于前人的诸说能够择善而从，为我所用外，更是深刻理解来自不同流派学说内在的学术逻辑并通过注疏方式进行内部汇通，使得各种学说之间通达融洽起来。太一九宫说如是，爻辰说更是如此。

首先，在汉代经学语境中，同时参考道家世传文本记载（案，比如《鹖冠子》等），太一之说明显是接续着三皇五帝之传说。太一即是泰皇，泰皇即是人皇。人皇为“三皇”之一，这最早在司马迁所作《秦始皇本纪》中，曾借着李斯之口进行论述人皇最贵之说,《春秋》诸纬延用之。以太一为本即是以人皇为本,也就是以人为本,这明显是对《泰誓》“天听”自“民听”,“天视”自“民视”观点的继续。《春秋命历序》记载天皇十二头,地皇十一头,人皇九头,则天皇之数十二,地皇数十一,人皇数九。并认为“天一者,地皇之灵”,“太一者,人皇之灵”。[①] 人皇之数九与《周易》用九之间相互对应,因而“九”具有浓厚的人文色彩。《天官书》记载太一为天帝之主,其佐为五帝:东方苍帝灵威仰,南方赤帝赤熛怒,中央黄帝含枢纽,西方白帝白招拒,北方黑帝汁光纪。天上五帝明显是对人间五帝传说的神格性的升华。太一下行九宫说则是贯穿着三皇、五帝、《周易》八卦、九宫等范畴,这些相关之记载内容当是与历史上广泛流传的诸如《三坟》《五典》《八索》《九丘》等神秘文献有着密切相互符应的关联。康成自谓“时睹纬书秘书之奥”,“三五八九”盖即秘纬之类,故郑氏理应深受此类记载之影响。

其次,康成此二说一体勾勒出以《易》为本原的宇宙大化流行图景,建立起易道流行的时空场域。此一宇宙大化、易道流行的场域与汉代经学语境中董仲舒“大一统”的政治主张高度一致。正如《春秋纬》所记:“黄帝受图,立五始,以为元者气之始,春者四时之始,王者受命之始,正月者政教之始”。[②] 太一说确立了万事万物之元始,太易说则是确立万事万物形而上之本始。郑玄建立太易说,实则是对应着“十数图”的五行视野中先天布化规律之应然;所建立太一下行九宫说则关联着“九数图”,实则对应着八卦卦气视野中万物布化流行之应然;所建立的爻辰说则与《易》为大道之原的语境息息相关,以乾易坤简十二爻辰为《易》之门户,为天地六合的总体架构,不仅承接着太易说、太一九宫说的基本要义,也涵纳着此

① [日]安居香山,中村璋八辑:《纬书集成·春秋命历序》,石家庄:河北人民出版社,1994年,第875－877页。

② [日]安居香山,中村璋八辑:《纬书集成·春秋命历序》,石家庄:河北人民出版社,1994年,第902页。

二说的基本要素。

相较于太一九宫说，爻辰说以乾坤两卦为基本架构的形式相对简单些，然而形式愈简者义涵往往愈加丰富。爻辰说之爻为乾坤阴阳十二爻位，爻者交爻，阴阳相杂，辰者十二地支，纳入六律(吕)，六律本于五音，郑氏认为五音者五行，合于阴阳而为十天干。是以爻辰之义，在于阴阳消息之和谐律动，是故《律历志》论曰："天之中数五，地之中数六。六为虚，五为声，周流于六虚。虚者，爻律夫阴阳，登降运行，列为十二，而律吕和矣"，[①]五为天之中数，为声之本，六为地之中数，为律之原，五、六之数皆尚黄，为万物滋生之元始，是以阳气施种于黄泉而为六气之原。故《律历志》又曰："天之中数五，五为声，声尚宫，五声莫大焉；地之中数六，六为律，律有形有色，色尚黄，五色莫盛焉"。[②] 在声律之说背后，该篇又论述了王道至治之世即为气风相合、律吕相治的应然理想状态："至治之世，天地之气合一生风，天地之风气正，十二律定"。[③] 然而，五声六律之合，必辅之以八音之谐。无八音之谐则无以涤荡人之邪侈之情。五声六律相合，八音克谐则治世成功。汉志虽把八音与土埙、匏笙、皮鼓、竹管、丝弦、石磬、金钟、水柷相联系，但八音与八风，八音与八卦之间，在当时的时代语境之中，谁能否定其内在联系呢？

郑玄爻辰说显然是在《易》的场域中，对王道礼乐治世理想进行图景化的诠释和描摹。尤其是其所纳入的二十八宿，其本质在于北斗七星、日月五星所符示的七政。按照《天官书》记载，有"北斗七星，所谓璇玑玉衡，以齐七政"说，据《史记索隐》载：马融作《尚书注》，以北斗为七政；世传本《尚书·虞书》孔安国之传记认为，七政谓日月五星，孔颖达所作之疏以此说为然。《史》、马之论，二孔之说，各有其本，各有所据。北斗为静，为太

① [汉]班固：《汉书·律历志》，北京：中华书局，1987年，第964页。
② [汉]班固：《汉书·律历志》，北京：中华书局，1987年，第959页。
③ [汉]班固：《汉书·律历志》，北京：中华书局，1987年，第959页。

一之帝车，为天道四时循环之指示，日月五星为动，太一巡游天之九宫的象征。一动一静，相辅相成。天上九宫，地上九州，各有对应之分野。天上九宫，太一神之所巡行，中国九州，五帝三王之所擘化。郑氏太一、爻辰二说其所符示《易》的时空场域的流动布化之义涵是非常明确的。

康成基于《易》之视阈，对其中蕴含的全幅意义之域进行了诠显。意义与人生相联，非人生则无意义。本天道以立人道，法天道以开人文，这是汉代经学语境中揭示的基本文化精神。这一文化主旨在《周易》确立为大道之原之后，主要是依靠《周易》经传来进行诠释和彰显。惜乎康成之前的易家在很长时间内并未完成这一理应完成的任务，于是在社会危机全面爆发之际，郑氏以舍我其谁的文化担当，以注经的传统方式，补足前人之说。

郑玄之所以建立太易说、太一说和爻辰说，在于揭示《易》为天地万物之本的名义。其大有深意，且其深意有所据之本源。这一深意起始于太易说，历太一说，至于爻辰说而最终得以备显。其深意本于《系辞》"乾坤易之门"章所确立的"当名""辩物"之说。此盖与《道德经》相关。《道德经》最早确立了"名"说，把无看作天地本始的名，以有作为万物之(父)母的名。河上公认为："无名谓道，道无形故不可名……有名谓天地，天地有形位、有阴阳、有刚柔也，故其有名也"。[①] 道本无名，天地有名。爻辰说以乾坤为易之门户，乾天坤地虽有名，但是《周易》为天地万物之本的名义并未系统揭示和全面正定。"名"是儒家最为重要的哲学范畴，鉴于郑氏易所存不过十一，今取同为汉末注经派象数易学大师的虞氏之易以为借鉴。虞翻依据"善不积不足以成名"之说，认为"乾为积善，阳称名"，名即是乾阳，物即是坤阴。《易》称名也小，取类也大。虞氏易以为，称名之小，起于复卦之微，积微成著，自复至乾，《系辞》所谓"微显"；取类之大，起于初阴

① 王卡点校：《老子道德经河上公章句》，北京：中华书局，1993 年，第 1 – 2 页。

消乾而成的姤卦之幽，积幽而明，自姤至坤，是为“阐幽”[①]（案，阐者，明也，阐幽即是使幽者得以明示）。在虞氏易视野中，微显阐幽即是十二消息的无限循环。《系辞》认为“微显阐幽，开而当名”。“开”者，乾坤耦合，天地对显，当为天地之开辟，所谓阖户之谓坤，辟户之谓乾，“一阖一辟谓之变，往来不穷谓之通”——乾坤者易之门户是也。郑玄所立及所显之“名”，亦是要体现出《周易》首乾的本旨，向上逆溯乾（坤）象之本原，下通本于乾（坤）本元而滋生之数，使得易学象数得以一体汇通。

名义名义，有名方显其义。郑玄以经学大师之造诣，盖深谙名义真谛。易道本无名，然而无名则不足以显示其终极的根基根据和意义，故郑氏因前人范畴之“名”而构建此三说之体系。在这一体系中，天道本原开显之后，人道之本原亦因此接而通之。人道本原的接通使得人生意义之域不仅仅在现实中与六合相弥纶，更是先于天地而与大道本原相接通。这可以从两个层面进行论述。

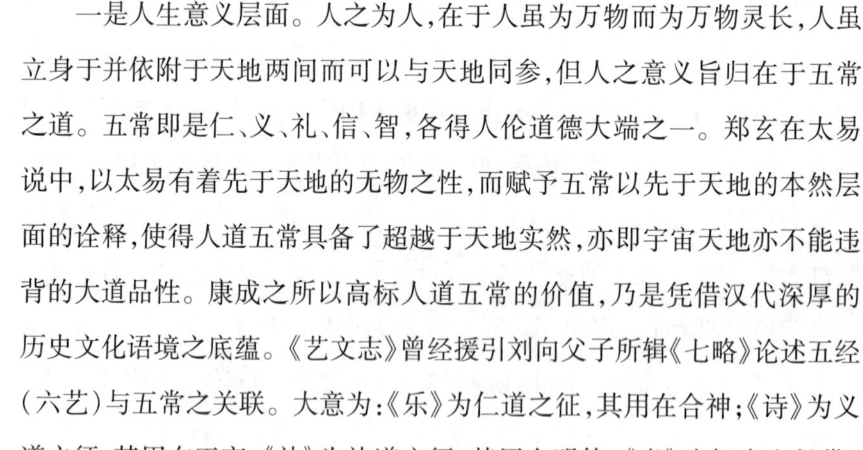

一是人生意义层面。人之为人，在于人虽为万物而为万物灵长，人虽立身于并依附于天地两间而可以与天地同参，但人之意义旨归在于五常之道。五常即是仁、义、礼、信、智，各得人伦道德大端之一。郑玄在太易说中，以太易有着先于天地的无物之性，而赋予五常以先于天地的本然层面的诠释，使得人道五常具备了超越于天地实然，亦即宇宙天地亦不能违背的大道品性。康成之所以高标人道五常的价值，乃是凭借汉代深厚的历史文化语境之底蕴。《艺文志》曾经援引刘向父子所辑《七略》论述五经（六艺）与五常之关联。大意为：《乐》为仁道之征，其用在合神；《诗》为义道之征，其用在正言；《礼》为礼道之征，其用在明体；《书》为智术之凭借，其用在广听；《春秋》为信之符，其用在断事。五者相须而备，溯其本原则

① ［清］李道平：《周易集解纂疏》，北京：中华书局，1994 年，第 645，657 – 659 页。

在《易》也。[①] 康成为五常之人道接通先天之本,其背后的六艺为五常人文本原的时代语境应当是起了相当大的作用的。当揭示了《诗》《书》《礼》《乐》《春秋》五经为五常人文之本,而《易》为其总源头的道理之后,郑氏注《乾凿度》而为五常接通大道本原之深意也就可以深刻领会了:其目的还是要论证《易》为先天后天、形上形下一切之本原。

当人生以五常伦理接通《易》道之作为天地人三才同构的宇宙世界的本原之后,则人生通过对五常之道的践行也就获得了《易》视阈中的终极诠释,人生也就凭籍《易》而进行定位,而有了意义的指南。《中庸》有"天命之谓性"之谓,郑氏注曰:"天命,谓天所命生人者也。是谓性命。木神则仁,金神则义,火神则礼,水神则信,土神则智。《孝经说》曰:'性者,生之质。命,人所禀受度也'。"[②]康成在伦理道德视角中把人道分解为仁义礼智信五常,这是与郑氏易诸说是一脉相承的。质,本也,生之质即为生之本,他援引《孝经说》观点,认为,人所受之"性"是相同的;人之命则为所禀受的"度"各有所偏颇,各有所限制,故人性之所以然相同,而人命之所然则互不相同。人生之意义恰恰就在于实践这一个并不完整的人生所然,以返归人命所受之本性的所以然上去。在《系辞》"生生之谓易"的语境中,万物之生本皆在于《易》,是以人生终极意义也必然在《易》。

二是以《易》开显出历史维度中的王道政治意义之域。郑玄之世的文化语境中,弥漫着浓厚的三皇政治起源之说。如前文所记,稍后于郑氏的东吴人徐整所著的《三五历纪》即是充分的例证。一著作出现并长久流传于世,则此著作所涉及内容非社会一朝一夕所能酝酿得出的。无独有偶,徐整之后晋人皇甫谧作《三皇本纪》,把三皇列入《帝王世纪》谱系之中。

---

① 《艺文志》曰:"六艺之文,乐以和神,仁之表也;诗以正言,义之用也;礼以明体,明者著见,故无训也;书以广听,知之术也;春秋以断事,信之符也。五者,盖五常之道,相须而备,而易为之原。故曰:"易不可见,则乾坤或几乎息矣。"载[汉]班固:《汉书·艺文志》,北京:中华书局,1987 年,第 1701 页。

② [汉]郑玄注:《礼记·中庸》,载《十三经古注》,北京:中华书局,2014 年,第 1075 页。

这些文化事件皆与历史文化语境之培育与熏染息息相关。《三五历纪》以盘古开辟天地为宇宙世界之起点，表达了圣人生于自然（混沌）并亲手开天辟地之观点，也就是认为“人”才是天地的缔造者。《系辞》“辟户”之说以乾为始，即是开天之说，同时兼有坤之阖户之义。盘古之开天辟地，在《易》即为以乾坤而立门户。其实郑玄本人对于圣人开天辟地的说法也有自己的表达，他在《六艺论》中说：“太昊帝庖羲氏，风姓，人首蛇身有圣德，燧人歿，伏羲皇生……羲皇始序制，作法度”。[①] 可见，康成认为庖羲、燧人、伏羲为三皇，三皇历三个阶段而终有人皇伏羲，人皇为《易》最始之作者。伏羲所序制所作法度者何？他认为是“十言之教”，即八卦与消息是也。[②] 八卦消息十言之教被郑玄称为最基本《易》教纲领。

要之，郑氏太一、爻辰二说不仅从内在维度上，使得五常人伦德性接通易道本原，通过其道体层面的价值体现出其终极的意义，同时也在外在宏大叙事维度上，使得三才接通先于天地的本原，获得了形而上的意义之域的诠释。因此，人道展示出秀出三才之道的色彩，人生的价值和意义也就超越有形世界而进入无形意义之域。

第七节 以王道政治理想为核心的经学精神重建

气化论思想在汉代具有特别浓厚的社会风气。其实，汉代之前，气化之说由来已久。该说在汉代广泛传播并产生重要影响之缘由大概有两个方面：一是大儒董仲舒的推动。其实董仲舒在其学说中，除了《雨雹对》中

① [汉]郑玄：《六艺论》，[清]黄奭编：《黄氏逸书考》（第98册），王鉴修补印本，1924年，第1页。

② 参见[汉]郑玄：《六艺论》，[清]黄奭编：《黄氏逸书考》（第98册），王鉴修补印本，1924年，第1页。

以"阴阳之气"为中心,集中论述了"天地之气,阴阳相半"[①]的道理外,其他处的"气"字之用并非普遍,但因为先儒所作《易传》诸篇早已经确立起阴阳即是阳气、阴气的内涵,故究董子所论述的,也是他最重视的范畴"一元"的本质,却是在于"元气"。在《春秋繁露》中,他认为元即是原,"一"为万事万物之本原,元即是气,人禀天之元气所生而不能违背天道。他提出道德本原在天的观点。于是,董子虽少言"气"而以元气为世界之本,故挟其巨大影响力,气化论的宇宙观成为汉代主流学术思想。无独有偶,与董子同时且亦为公羊学传人的公孙弘在对策中也提出了"心和则气和,气和则形和,形和则声和,声和则天地之和应矣"[②]的论点。其次,气化之说与汉代卦气说合流,随着汉代易学所确立起的大道本原崇高地位的确立,因而气化之说成为宇宙大化流行的主要内涵。

更为关键的是,气化论不仅仅成为宇宙观重要内容,更是与王道政治的内涵紧密相联。董仲舒本于"一元"之说的"大一统"政治理论,成为两汉经学时代王道政治的基本语境,广泛影响到了其后的经师与经生。郑玄不仅出于总结经学的学术需求,必须照顾到这一理论及其语境的历时性影响,而且他自身也是深受这一理论及其语境的浸润熏染。是故郑氏顺应《易》为五经之首,大道本原的时代语境,凭借着注《易》这一极富汉代学术特点的诠释方式,系统地诠释并整体建构了具有郑氏学术特色的王道政治理想。

在经学语境中,王道政治是人道的理想与极则。这一理想从《易传》十篇开启其诠释的端倪之后,历经两汉三、四百年的发展,至郑玄之世已经在天道和人道两个维度上有了新的深化和发展:具体而言,则有四个方面:"易"成为宇宙天地万事万物之本原,此其一;《易》成为参赞天地化育

---

① 《董胶西集·雨雹对》,《古今图书集成·风部汇考》(第六十五卷),雍正四年原版,中华书局影印版,第12册,1934年,第33页。

② [汉]班固:《汉书·公孙弘传》,北京:中华书局,1987年,第2616页。

之首要经典，此其二；《易》成为称物平施，治理人世之准则，此其三；《易》成为参天地准则以寡过、闲邪、存诚的人生修养之宝典，此其四。在如此语境下，郑氏在天人一体同构视野中，紧紧抓住《易》的总纲，网罗众家之说，以系列易例的构建为目，又在构建易例的实践中涵纳万事万物，在易理的应然之域中诠释世间万事万物之实然，由世间实然逆溯至易道之本原。尤有进者，郑氏易王道政治理想的诠释中，已经有了凸显人作为三才核心的学术倾向。

一、王道政治的天道之本

从汉初董子“大一统”理论到郑氏易学的总体宇宙关怀之间，不仅仅是充分体现着文化形态在历史传承维度上的清晰脉络，更是体现了前人与后学之间，持续地结合当下历史文化语境而能刚健自强、后妙新前妙的学术努力。具体而言，郑玄之学涯和实践是笼罩在董子理论框架所确立的语境中的，但是郑氏却在董氏理论所然之外不懈地完成着经学所以然层面的，哲理诠释性向度上的学术努力。

天道、人道是董仲舒学说理论的两极，且天道、人道，一体一用，相互对应和符示。值得强调的是，董仲舒的学说并非纯粹儒家之说，但董子之说坚持以儒家学说，尤其是孔子《春秋》为根本、为主干而吸收其他学术，因而有兼容并包之气象。董子生为齐人，故深受齐学影响，春秋公羊学初期主要流传是在齐地，因而杂糅了齐国稷下学宫的众家学术，尤其是阴阳五行家视野中的气化论乃至他家之杂说。因而董仲舒不论是在《天人三策》对策中，还是《春秋繁露》理论构建中，都能左右逢源、予取予求。是故其学一出，便起到统领众家学说的作用。

（一）时代文化语境的浸润与郑氏易宇宙关怀的形成

“大一统”学说代表并体现了时代的宇宙意识。“大一统”学说的立论基础在于“一元”之说。在汉代初期乃至先秦春秋、战国时期，相关学说已经发展到相当的高度。除了前文多次引述的《鹖冠子》《吕氏春秋》等典籍以外，《管子》《子华子》等皆有相关论述。《管子·形势》篇认为，天之常、地之则、四时之节皆为古今一致，恒常不变的法则，道之本在一，而其用各异。好家者依道治家而为一家之主人，好国者依道治国而为一国之主人，好天下者依道治天下而为天下之主人。① 如果抛开文本成书年代之争议而言，《管子》是最早论述人君应当依据天道而确立治道的经典文献。本文认为，管子辅佐齐王一匡天下，九合诸侯的霸业成就，足以返证管仲之政治观点不在这一认识水平之下，故信而征之。

《子华子》未载于《艺文志》中，其文本真实性大打折扣，但是子华子在先秦典籍中屡有称引，可知历史上实有其人，且成就不在其小，有著作流传可能性很大。考诸该书，当为民间流传之秘本，当属道家旁流，该作的优点在于有着浓厚的天道阴阳论，当深受《太一生水》之类典籍的影响；其中有观点甚至比汉代纬书更为古朴，亦有比汉代更为精炼成熟之论，是故该书当深受汉代及其汉代前后文化语境之影响。该作的《阳城胥渠问》篇认为：

混茫之中是谓太初，实生三气，太贞剖判，通三而为一，离之而为两。各有专精，是名阴阳。两两而三之数登于九而究矣。是以栖三阴之正气于风轮，其专精之名曰太元；栖三阳之正气于水枢，其专精之名曰太一。太一正阳也，太元正阴也。阳之正气其色赤，阴之正气

① 参见黎翔凤：《管子校注》，北京：中华书局，2004 年，第 20－41 页。

其色黑。水阳也而其伏为阴,风阴也而其发为阳。上赤下黑,左青右白,黄潜于中宫而五运流转,故有轮枢之象焉。水涵太一之中精,故能润百物而行乎地中,风涵太元之中精,故能动化百物而行乎天上。①

《子华子》之论具有汉代纬学的气息,以其内容素朴超过《乾凿度》而论,其说当早于《乾凿度》,但不会超过《太一生水》成书年代,以其内容之精炼与成熟似乎过于《乾凿度》而言,其成文似乎晚于《乾凿度》。其描述了混茫(太初)为本,函三为一,三三为阳极之九,又以太元与太一对标的方式,在四方－五行－九宫视野中,以风轮、水枢为宇宙天地之间,万物运转的动力之源。这使其具有了浓厚的宇宙论的哲理性。这从侧面说明了汉代及其以前宇宙论之发达。

与董仲舒同期的刘安主持编辑了《淮南鸿烈》,其《本经训》篇更是确立起了以太一为天地之主宰的最高地位,并有"帝者体太一,王者法阴阳,霸者则四时,君者用六律"的表述,同时,还认为体太一者(即帝)可明通于天地道德,法阴阳者(即王)德参天地,明并日月,精总鬼神;则四时者(即霸)刚柔宽肃;用六律者(即君)可罚乱禁暴,进贤退愚,矫枉为正。该篇一面建立起太一—阴阳—四时—六律的宏大天人合一,天道治道一贯的话语表达体系;一面也认为"仁"可以救争,"义"可以救失,"礼"可以救淫,"乐"可以救忧。② 肯定了《诗》《书》《礼》《乐》对于维护世道的巨大价值。

以上枚举的学说在汉代或隐或显地发挥着重要的作用,对于董仲舒

---

① 《子华子·阳城胥渠问》,《古今图书集成·风部汇考》(第六十五卷),中华书局影印雍正四年原版,1934 年,第 12 册,第 33 页。

② "帝者体太一,王者法阴阳,霸者则四时,君者用六律。秉太一者,牢笼天地,弹压山川;含吐阴阳,伸曳四时;纪纲八极,经纬六合;覆露照导,普汜无私;蠉飞蠕动,莫不仰德而生。阴阳者,承天地之和,形万殊之体;含气化物,以成埒类;赢缩卷舒,沦于不测;终始虚满,转于无原。四时者,春生夏长,秋收冬藏;取予有节,出入有时;开阖张歙,不失其叙;喜怒刚柔,不离其理。六律者,生之与杀也,赏之与罚也,予之与夺也,非此无道也。故谨于权衡准绳,审乎轻重,足以治其境内矣。"载何宁撰:《淮南子集释》,北京:中华书局,1998 年,第 569,582－584 页。

“大一统”学说的形成以及后续传播都发生了正向的推动作用。以“大一统”理论为历时性纵向轴上的关键节点，可以发现汉初前后出现的天人相应学说的大体发展规律。总体来说，汉代之前的天人合一之论，多表现为思想启蒙学说的形成。至于董仲舒通过《天人三策》取得刘彻之信任，提出“大一统”理论而被汉武帝采用，且董子又作《春秋繁露》系统地阐发了以“大一统”为核心范畴，所建构的无远弗届的天人同构的理论体系之后。这种思想在汉代遂产生了全面深刻的影响。在这种理论体系之中，宇宙天地所代表的世界是外在的“大宇宙”，存身于宇宙天地之中的个体生命则成为一个具体而微的“小宇宙”。两个宇宙之间同构、相融、共通。所谓“上有所好，下必甚焉”，“大一统”以及天人同构的理论从政治庙堂之高，也迅速融入民间生活的方方面面。

据李零教授研究考证，汉代是一个方术之学高度发达的时代。这些方术之学，无不或多或少、或深或浅地受到“天人同构”理论的影响。李零教授认为，“五行”不仅是“日者”方术中的一种，更是众多方术的总称，其中包括了“阴阳五行时令”“堪舆”“灾异”“钟律”“丛辰”“天一”“太一”“刑德”“遁甲”“孤虚”“六壬”“五音”等等。[①] 这些方术之学的繁荣兴盛之中，“式”成为一种特别值得研究的文化现象。“式”是古代术数家从事术数实践活动所用的工具，一般是结合本门术数实践需要而制作的模拟天地宇宙的具体而微的模型。据李零教授统计分析，当前已经出土的汉代的“式”盘已经有 8 个。这些“式”盘基本上都有四方四维、九宫、北斗、太一等符号或象征物。像 1977 年安徽阜阳双古堆出土西汉汝阴侯墓“太一九宫占盘”，就是学界最为熟悉式盘之一。

在中国历史上，儒家主要通过政治上层产生影响，道家及方术等主要通过民间产生影响。董仲舒的“大一统”理论与汉代术数，尤其是“式”文化

① 李零：《中国方术正考》，北京：中华书局，2006 年，第 16 页。

现象共同说明:天人一体同构的思维方式在汉代产生了彻上彻下的影响。

郑玄一生即是浸润在这样的社会风气之中。尤其是他在弱年之时就接受了术数之学的深刻影响,因为在他的学涯中是20岁之前先学术数,行冠礼之后再学经学。如果说郑氏20岁前是接受天人合一的社会文化语境的熏陶,20岁之后则是接受天人一体同构的系统理论指导。

需要强调的是,在汉代的天人同构的宇宙理论体系中,太一(神)始终居于核心地位。根据《天官书》记载,太一神所居之地在北极二。根据冯时先生研究,北极二居于北极中央之时期大致为公元前10世纪前后。[①]此时恰好为西周立祚之初,天造草昧,文化草创的时期。这一时期最为核心的政治大事即是分封万国,文化领域的要事一般称为周公制礼作乐。如同夏代崇拜鬼神、殷商崇拜上帝一般,周代文化最为重视以礼乐为核心的人文,以此,可以知道太一(神)作为泰皇,也即人文象征的最崇高地位应当确立于西周初期。于是,太一神也就成为以周礼为核心的礼乐文化的灵魂。孔子所纂订的《诗》《书》《礼》《乐》是对周文化的总结和守成,所赞《周易》"十翼"传记之学,与亲笔所作《春秋》则是对周代文化中,尤其是人文精神的阐述和发皇。于此可知六经之学与太一神之间也有着内在的密切联系。

周代实行分封建国制度,分封诸侯虽然在文化和精神上必须供奉周天子为共主,但毕竟在政治、经济上有各自的巨大独立性。封建贵族本身居于礼乐文化体系的环节和链条之中。由于礼乐文化的稳定性会保证其政治经济特殊地位的合法性,因此,封建贵族在西周时期对于维护周礼秩序是有着巨大积极性的。在维护好这一秩序的前提下,人间的周天子与天上的太一神并不需要特别的强调和凸显。

汉武帝开始奉行"大一统"政治理论,同时实施尊经崇儒的文化政策,

① 参见冯时:《中国天文考古学》,北京:社会科学文献出版社,2001年,第87页。

这是与当时所实行的中央集权为体，郡县制体制为用的政治状况是相适应的。在这一体制中，中央集权的主体，皇帝的重要性空前凸显——没有巩固的皇帝中央集权，就不会维持有效的郡县制的运转，统治的有效性会大打折扣。于是，重新推出太一这一作为天道层面最高象征的神灵也就顺理成章了。在天人同构的语境中，天上太一神，人间的皇帝（天子）之间也就相互符示，相互同构起来。《史记》《汉书》中关于汉武帝及其以后帝王崇敬太一神的记载资料是颇为丰富的。

在尊崇五经，且以《易》为五经之首、大道本原语境中，如何在《易》体系中对于最崇高的太一神进行定位，就成为郑玄需要面临的学术问题。他照应到汉代民间术数，也因应着正统的经典理论体系，因而构建了太易说、太一说和爻辰说等易例。在这系列学说（易例）构建中，都一面透显出他浓厚的宇宙意识，一面体现着汉代经学的人文情怀。值得一提的是，这些义涵不仅仅是郑氏学术中独有，乃为当时的时代意识。向歆父子所作《五纪论》《三统论》即表达出同样的意识和情怀。他们本于《易》之视阈，诠释孔子《春秋》为以人事符应"天时"之经典，并认为《春秋》之元，就是《易》之太极，以"一"而统始，"春""秋"为岁之目，象征《易》两仪之中。春月书"王"，象征《易》三极之统，四时必书时月，象《易》四象节度。四时十二月以"建分、至、启、闭之分，《易》八卦之位也。象事成败，《易》吉凶之效也。朝聘会盟，《易》大业之本也。"是故，向歆父子认为，《易》与《春秋》为天人之道的象征。[①]

（二）"三统"视域中的总体宇宙关怀

"大一统"的时代的语境，尤其是太一神地位与当时社会文化之间的

① "元，一以统始，《易》太极之首也。春秋二以目岁，《易》两仪之中也。于春每月书王，《易》三极之统也。于四时虽亡事必书时月，《易》四象之节也。时月以建分、至、启、闭之分，《易》八卦之位也。象事成败，《易》吉凶之效也。朝聘会盟，《易》大业之本也。故《易》与《春秋》，天人之道也。"载［汉］班固：《汉书·律历志》，北京：中华书局，1987 年，第 981 页。

影响已经具陈于前。郑玄是具有王道政治理想的大儒,因而他的宇宙观充溢着浓厚的人文关怀。欲讨论郑氏易的总体宇宙关怀,则需要联系以爻辰说为主的易例来加以辨明。

在三才六位的架构中,对宇宙六合进行《易》道诠释,是郑玄易学实践中的应有之义。《说卦》"帝出乎震"章所描述的八卦方位图俗称为"《周易》八卦"(图式)。在此一图式中,离卦居正南,坎卦居正北,坎离位居南北中轴经线之上而成为经纬天地的象征。然而《系辞》以乾坤为《易》的门户,且《说卦》明确了乾坤为众卦父母的崇高地位。荀氏易以其"升降"说认为,乾在二爻者当升居坤五,在四爻者当降居坤初,在上者当降居坤三,坤卦初、三、五则当相应地分居乾卦四爻、上爻、二爻的三个爻位上,成两既济卦,明确了从乾坤之体到坎离之用的过程。是以虞翻盖受到《易纬·乾坤凿度》等纬书秘书及《参同契》丹道之书所持的"日月为易"之说的影响,坚定地持坎离交互为用的"既济"定说。这是在《易》用的维度上,坚持了以坎离为经的原则。郑玄爻辰说坚持了以乾坤为《易》门户的原则,则是在《易》体的维度上,坚持以乾坤为经的原则。

郑玄认为,在乾坤六爻中,在上位的五六两爻象征天道阴阳,在下位的初二两爻象征地道柔刚,居于中间的三四两爻象征人道仁义。故《易》的六爻六位,不过是《易》道在三才维度上体现之所然与凭借。六爻六位者,六虚也,六合也。六爻之位立,天地人三才之道得以大明。故清儒惠士奇认为,非六位则不能有大明,故曰"易始于一,分于二,通于三,革于四,盛于五,终于上。所谓大明终始者,指六位明矣……六位皆实为大明"。[①] 六爻所(大)明者何？康成接受了《乾凿度》关于一卦六位的政治伦理之说,并把初爻元士,二爻大夫,三爻三公,四爻诸侯,五爻天子,上爻

① [清]惠士奇撰:《易说》,[清]阮元编:《皇清经解》(庚申补刊·第43册),卷208,道光九年学海堂刻本,第1页。

宗庙的观点屡屡用来注《礼》注《易》。以上爻而言,上爻为天道阴阳之极、之终,亦为宗庙——人道祖宗之原始。可见郑氏认为人道本原在于天道之极。再以初爻而言,初爻为地道柔刚之微、之始,亦为圣贤之微——元士,甚至为世间万物之微——豚鱼的象征。合之,则初爻为人、物之初始、之微末。《系辞》曰:原始返终,故知死生之说,精气为物,游魂为变,是故知鬼神之情状;又曰:"原始要终以为质也;《文言》曰:知至至之,可与言几;知终终之,可与言义。"在郑氏易所蕴含的意思,盖言欲明初爻之几微,必籍上爻之至则,而欲知上爻之至则,必始于初爻之几微。故惠士奇认为:"知终者可存乎义。义者,事之质。始乎微,终乎质。"①

需要指出的是,相应于汉代易学三才六位之说,汉代经学已经形成了"三纲六纪"之伦理道德。《白虎通》认为,三纲者,君臣、父子、夫妻三纲;六纪者,君与臣、父与子、夫与妻。三纲六纪整齐人道,而以五常为性。又认为:"三纲法天地人,六纪法六合;君臣法天,取象日月屈伸……父子法地,取象五行转相生也。夫妇法人,取象人合阴阳。六纪者,为三纲之纪也。师、长,君臣之纪也……诸父、兄弟,父子之纪也……诸舅、朋友,夫妇之纪也"。② 在《易》为大道本原的东汉时代,三纲系取法三才,六纪取法于六虚,均为六爻及其所处之位。在如此语境中,郑玄借着乾(坤)六爻所明者,乃是在六爻所表征的六虚这一宇宙时空中,天地之道与人伦物理的原始反终,消息循环,终始无端之大义。这一大义之本质非人文无以明确。是以,郑氏易借着人伦之道使得六合的宇宙时空获得了人伦之道的意义和价值,同时也是借着六合宇宙时空使人道有了天(地)道的比附与依托。此正是汉代经学所透显的本天道立人道、法天道开人文的特质。

汉代基于"大一统"学说而确立的"三统"理论,成为自汉武帝时期开

---

① [清]惠士奇撰:《易说》,[清]阮元编:《皇清经解》(庚申补刊·第43册),卷208,道光九年学海堂刻本,第2页。

② [清]陈立:《白虎通疏证》,北京:中华书局,1994年,375页。

始采用《三统历》理论诠释的根据。而这一诠释，被郑康成采用并浓缩在《易》学术中，并以太易说、太一说和爻辰说，尤其是以爻辰说易例的形式表现出来。

《系辞》在《易》视阈中确立了"太极—两仪—四象—八卦"为核心的宇宙天地及万类万物分化模式，并附之以"八卦定吉凶，吉凶生大业"的价值论述，从而赋予宇宙天地以《易》道意义之内涵。在此二二进制的宇宙生化模式中，五行之说并未得到充分的运用，更未能进行相关诠释。延至汉代，五行论与《易》之间已经密不可分。对于二者间的内在联系，经师们则竭尽所能的寻章摘句以证明其内在逻辑上、义涵上的关联。为了弥合此论与五行说之罅隙，晚年的康成在道—气一体视野中，注"太极"为"极中之道，淳合未分之气"，[①]不着痕迹地把五行引入《易》说之中；无独有偶，康成在二十余年之前注《乾凿度》"易始于太极"时亦是解释"太极"为"气象未分之时，天地之所始"。[②] 康成这一做法，是有着深刻意义的。虽然在《系辞》中，先论"大衍之数五十"章，次论"易有太极"章，且两部分内容并不在同一小节中，貌似二者并无联系；但是，《乾凿度》中以极其清晰的思路，按照太极、八卦、太易、太一、大衍之数五十的顺序梳理了《易》的宇宙世界的象数之所然（所以然）。而这样的诠释思路并非仅为《乾凿度》和郑玄所主张的，而是有着官方的学术渊源。这体现在汉代使用时间最长的"三统历"历法以及向歆父子对《三统历》的诠释上。

向歆父子所作《三统历》则在《春秋》与《易》二而合一的视野中，在王者道统的立场上，对天道所统驭之本末结合大衍筮法进行了诠释，论曰：

① ［汉］郑玄著，［宋］王应麟辑，丁杰等校订：《周易郑注·易解附录（附后语）》，商务印书馆，1936年（据湖海楼丛书本）版，第93页。

② ［日］安居香山，中村璋八辑：《纬书集成·乾凿度》，石家庄：河北人民出版社，1994年，第7页。

是故元始有象一也，春秋二也，三统三也，四时四也，合而为十，成五体。以五乘十，大衍之数也，而道据其一，其余四十九，所当用也，故蓍以为数。以象两两之，又以象三三之，又以象四四之，又归奇象闰十九及所据一加之，因亦再扐两之，是为月法之实。如日法得一，则一月之日数也，而三辰之会交矣，是以能生吉凶。①

向歆父子的《三统历》通过律历视角，追溯天道本原，同时又把本为卜筮之法的大衍筮法诠释为王者确定历法，治历明时之所以然。依据《春秋》之义，王者行政，首在其合法性，此合法性来自天道，须通过治历明时来体现，故必书"春王元年"字样；王者行政，最重要的在其合理性，此合理性体现在王者历法与天道相合上，故王者明堂之治，首在告朔，即颁历授时，历法为观天象之结果，授民时则为使天下之行统一于王者历法所表征的大公的天道上来。

依人道层面而言，律历是王道政治的象征，立足于天道层面而言，律历是礼乐文化构建的依据和根本。

向歆父子《三统历》天人一体同构的王道政治视野中所诠释的文化精神，尤其是把《易》大衍筮法作为王者治历明时、颁历授时之依据的核心要义，不仅被郑玄所全面接受，而且被他做出了进一步的发展。他把这些文化要义贯穿在依据乾坤十二爻而构建的爻辰说中。

郑氏爻辰说中内涵着四时变易，六位时成的天道观。"时"是《易》最为重要的范畴（之一）。乾卦九三"君子终日乾乾"之爻辞，透显了九三爻所具人文理性的特质，自《乾·文言》透显了九三爻"与时偕行"大义之后，"时"就成为易道人文理性所内涵的最重要的特质之一。依据郑氏易之说，伏羲氏作十言之教，有消息之教而未有"时"之教；此外，《周易》古经几

① ［汉］班固：《汉书·律历志》，北京：中华书局，1987年，第983页。

乎未用“时”字(案,仅《归妹》九四有“迟归有时”字样)。是故,综合考察之,阐发“时”教大义的,其唯《易传》!

郑玄作为费氏古文易传人,忠实的禀受了《易传》的学术精神并且创造性地转化到自己易学的建构之中,在“时”教大义的传承上,康成用工尤深,见功尤大。《易传》十篇所阐发“时”教大义可归纳为三点。

一是所有爻位皆具“时”之品格。《文言》论九三为与时偕行,论上九为与时偕极。九三为《乾》下卦之终,全卦之中,上九为《乾》上卦之终,全卦之终。九三“与时偕行”,上九“与时偕极”,则是晓示六爻皆有“与时”共同消息进退之意,尤其是“与时偕极”是告诉人们六爻之每一爻皆在“与时”之过程中,上爻是经下五爻递次“与时”之后的极点,否则不能言“偕极”,因为偕极内涵着一起消息进退而至于极点之意。

二是六爻、六位无非是“时”,无时不成爻,无时不成位。《文言》又有“六爻发挥,旁通情也。时乘六龙,以御天也”之论,“旁通”者,阴阳之交互相通,陆(绩)氏易认为此言《乾》“旁通于《坤》,《坤》来入乾,以成六十四卦,而‘旁通情也’”[①]。六龙者,乾卦六爻皆阳,故称六龙。六位时成,告知六爻之位皆在“时中”,故又称时乘六龙。《文言》论《坤》曰“《坤》道其顺乎,顺天而时行”。综之,乾坤十二爻皆在“时”中,三百八十四爻亦皆在时中。

三是透彻诠释出“时”具有消息损益的卦气本质。《系辞》有“变通配四时”“变通莫大乎四时”“变通者,趋时者也”“六爻相杂,唯其时物”等论。这说明《易》所论之“时”是基于春夏秋冬四时之节的递进变化而论,且有递进性发挥。《彖》传论《豫》《随》《大有》《观》《贲》《颐》《大过》《坎》《恒》等皆显示其“时”之大义,尤其是《贲》《恒》《损》《益》四卦之《彖》中的“时”义最有代表性。《彖》论《贲》曰:“观乎天文,以察时变,观

① [清]李道平:《周易集解纂疏》,北京:中华书局,1994 年,第 61 页。

乎人文，以化成天下”；[①]论《恒》曰：“日月得天，而能久照，四时变化，而能久成”；[②]论《损》则曰：“损刚益柔有时，损益盈虚，与时消息”；[③]论《益》则曰：“天施地生，其益无方，凡《益》之道，与时偕行”。[④] 综合四卦之《彖》论可知，在卦气视野中，《易》所诠释的“时”教，乃是指法阴阳二气损益盈虚，且与四时一起偕行，共同进退之原则，效《周易》变易之精神，在变中成就其恒常之道，从而实现效法天文时变，以实现人道的革新和变通，从而实践人文化成天下之理想。

对照上述分析，可知郑玄的爻辰说正是在汉代易卦气说语境中，吸收《易》“时”教大义进行构建的。易卦六爻是天地六合之征，本为一个空间概念，而《易》则以“时”教之义涵赋予之。于是，爻辰说中的乾坤十二爻成为时空一体同构的宇宙图式。《易》为何要赋予六合以“时”的大义呢？盖空间是一个自然的客观存在，而时间则是非人则不能知、不能明的主观存在。没有圣人的仰观天文天象，俯察地理物情，测时制历授时，则无有对“时”的存在的人文诠释。所以，爻辰说之十二地支、十二律吕、十二星次、二十八宿在体现天道之理以外，皆具有浓厚的“时”教色彩。这是郑氏爻辰说之宇宙天道“时”义的内涵。

郑氏易还充满着人道为本的总体宇宙关怀。中国文化中所言之“天”乃人文意识觉醒之后所体认之天，非西方文化中作为观察对象的自然之天。钱穆先生96岁高龄再悟天人合一之道：所谓天人合一，即是人生与天命之合一。离开了人生无从谈天命，离开天命无以体认人生。彻底体认天命者即是圣人，是大人，如孔子；反之即是小人。郑氏易所诠释之宇宙图景即具此意。构建宇宙图式的目的乃在于体认天道之所然与所以

① ［清］李道平：《周易集解纂疏》，北京：中华书局，1994年，第246页。
② ［清］李道平：《周易集解纂疏》，北京：中华书局，1994年，第322页。
③ ［清］李道平：《周易集解纂疏》，北京：中华书局，1994年，第376页。
④ ［清］李道平：《周易集解纂疏》，北京：中华书局，1994年，第383页。

然，从而为人生之应然与实然提供天道（天命）层面的指导。人者，小之为个体，大之则为社会全体。在郑氏易所诠释的宇宙图式中，皆体现了以人伦之道诠释天道，又以天道（案，主要是天文天象）之规律体现出人伦之道的来源与出处，从而显示人生是有着天道规律来得以遵循的，因此，天道成为人道之所依附的本源，从而成为人道的终极指导，亦成为人生之意义所在。今以郑氏易宇宙论相关易例内涵中具有重要地位的五音/五行、“斗”及二十八宿等为例，对郑氏易宇宙观中的人文关怀加以讨论。

首先，郑氏易何以释五音为五行，从而纳五行于爻辰之中？清儒惠栋“八卦由纳甲而生”[①]之论做出了很好的解答。其实，这一道理在几乎与郑玄同期生活的东汉人魏伯阳真人所著的《参同契》中已经被揭示，论曰：

> 三日出为爽，震庚受西方；八日兑受丁，上弦平如绳；十五乾体就，盛满甲东方……七八道已迄，曲折低下降。十六转受统，巽辛见平明；艮直于丙南，下弦二十三；坤乙三十日，阳路丧其明；壬癸配甲乙，乾坤括始终。[②]

魏氏所论即是后来学界所称“纳甲”之法：乾纳甲壬，坤纳乙癸，震纳庚，巽纳辛，离纳己，坎纳戊，艮纳丙，兑纳丁之说的由来。纳甲之法来自京氏易而康成接受之。纳甲之法通过月相晓示了阴阳消息盈虚与五行（十天干）之间的密切关系。魏氏易基于《系辞》悬象著明莫大乎日月之说，以乾坤为体，而以日月为乾坤之用，故有“日含五行精，月受六律纪”[③]之说。这些观点背后的依据是日月作为阴阳之大象。所谓“坎离匡廓，运

---

① ［清］惠栋撰：《周易述（附：易汉学易例）》，北京：中华书局，2007年，第645页。

② ［清］朱元育：《参同契阐幽》，北京：华夏出版社，2009年，第21－23页。

③ ［清］朱元育：《参同契阐幽》，北京：华夏出版社，2009年，第16页。

毂正轴”“日月为易”“《易》谓坎离”,[1]体现的是《周易》“变易”的思想(案:《连山》《归藏》以象为占,《周易》以变为占,乾坤为体,其用在坎离,故坎离周天运行,为天象变化之大象)。是以,康成非常坚决地解释五音即是五行,并以五音为六律六吕之本原。而五音与五音所生之六律也被汇总到大衍五十之数列之中,成为爻辰说不可分割的核心内容。

其次,“斗”文化在中国传统中居于重要地位。关于“斗”以及北极在中国古代宇宙论诠释中的重要地位,在李零教授在《中国方术正考》中所设《式与中国古代宇宙模式》专章内容中有重要体现。该章罗列了目前已经出土的古代“式”盘,一共八种,除了一种为六朝时代,其他皆属于两汉。每个式上都有中宫(案:象征北极)和北斗之图案。按照《三统历》观点,上有太极运转三辰五星,下有元气统驭三统五行,于人道而言,“皇极统三德五事。三辰合于三统也,日合于天统,月合于地统,斗合于人统。五星合于五行”[2]。所谓五星即是水星—古称辰星,火星—古称荧惑,木星—古称岁星,金星—古称太白,土星—古称镇星。《三统历》认为,日、月、北斗为三辰,分别对应天、地、人三才之道统:日象征天,月象征地,北斗象征人。故此,北斗作为人统之象征,在经学中据有重要地位。日、月、北斗七星、五星,共计 14 星。前文论及七政时,则有两种表示,一种以北斗为七政,一种以日月五星为七政。根据天象直观观测可知,北斗七星,为星空夜幕上静态存在,日月五星为动态之存在。一静一动颇合于阴阳之道。《尚书》以“璇玑玉衡,以齐七政”之说,乃言以北斗七星为七政之本,以日月七星为七政之用。《鹖冠子》有“斗柄东指,天下皆春,斗柄南指,天下皆夏,斗柄西指,天下皆秋,斗柄北指,天下皆冬”[3]之说,这显然是以北斗为七政之表征。马融是持北斗为七政说的代表人物。

---

① [清]朱元育:《参同契阐幽》,北京:华夏出版社,2009 年,第 1,13 页。

② [汉]班固:《汉书·律历志》,北京:中华书局,1987 年,第 985 页。

③ 黄怀信撰:《鹖冠子校注》,北京:中华书局,2014 年,第 71 页。

另一派则持日月五星为七政之表征。其中,二十八宿之“宿”名称的由来即主要与持日月五星为七政一派的观点相关。二十八宿是指四季七宿之合称,被分为四组分列四方四时,然则二十八宿皆为周天黄道星象,如何编入四象序列的呢?其实,黄道周天星象为静态,动者唯日、月、金、木、水、火、土七星。春季三月时,昏夜交替之际,南中天历时有角、亢、氐、房、心、尾、箕七宿当值,象征着七星入夜栖息之地,故称为宿——日月驻留休息之地,古人以此七宿有龙形之象,东方为苍天,故称为苍龙。夏季三月,昏夜交替之际,南中天历时有井(东井)、鬼、柳、星、张、翼、轸七宿当值,古人以此七宿有飞鸟之状,又因为南方离火,火为朱或赤色,故称为朱雀。秋季三月,南中天历时有奎、娄、胃、昴、毕、觜、参七宿当值,古人以其有虎形,同时西方五行为金,色白,故称白虎。北方则有斗、牛、女、虚、危、室、壁七星,古人以其有龟形和蛇象,北方玄色,故称玄冥。

在太一下行九宫说中,太一为天地宇宙之间的至上之神,处于天地最高的太极之处,有苍帝灵威仰等五帝辅佐之,以北斗七星为帝车。《鹖冠子》记载斗柄招摇二星指示四时,为四时之表征。如此,象征太一有周天下行巡游之象。然而,北斗七星为静态,日月金木水火土七星为动态,是以北斗七星有太一巡行之象征,而无用事之事实。用事者实为日月七星而非北斗七星。这从二十八宿的四象命名就能看出来,七宿之名皆含有日月金水木火土之一字,显示二十八宿当为日月五星之“舍”而非北斗之“舍”。然而北斗指示其理体,日月七星践行其事用。一动一静两组七星,皆可称为“七政”。如马融以北斗为七政,或以七星为七政。皆有所本。

又,冬季北方七宿中又以斗宿为首,斗宿由六颗星组成,其状若斗,因其在南天,相对于北斗故称为南斗。《星经》云:“南斗六星,主天子寿命,也主宰相爵禄之位”,故后有“南斗主生,北斗主杀”之说。《上清经》云:南斗六星,第一天府宫,为司命星君;第二天相宫,为司禄星君;第三天梁宫,为延寿星君;第四天同宫,为益算星君;第五天枢宫,为度厄星君;第六天机宫，为上生星君，总称六司星君。专门奉祀南斗星君的庙宇称南斗星君庙。因南斗专掌生存，故民间又称为“延寿司”。

要之，“斗”文化实则涵盖着静态的北斗七星与动态的日月五星，北斗与日月五星14星共同为“七政”象征，成为人道在天象层面的表征。

综上，五音/五行是“日”层面的范畴，代表天统，其数为十；十二律吕、十二星次等是“月”层面的范畴，代表地统，其数为十二；二十八宿是“斗”层面的范畴，代表人统，其数为二十八。于是，按照“三统”大义，郑氏易实际上是诠释大衍五十之数为三才之数。《三统历》以“斗”为人统之代表，而“斗”中既含有日，也含有月，则“三统”之中以人统而统摄三统。郑氏易接受了《三统历》学术及其精神，其在太一九宫说和爻辰说中已经充分地对上述范畴之义涵进行了诠释。是以其宇宙论中有着浓厚的人文情怀。

二、郑氏易王道政治理想的重建

汉代经学中王道政治范畴的确立及其义涵诠释，最先开始于董仲舒春秋公羊学。董氏《春秋繁露》的论述核心就是王道政治，故其中有多篇文章涉及关于王道政治的诠释，典型者有三篇，即《王道》《三代改质文》《王道通三》。《王道》认为，王道立元始之正本，曰："道，王道也；王者，人之始也。王正，则元气和顺，风雨时，景星建，黄龙下；王不正，则上变天，贼气并见”[①]；《三代改质文》认为，所谓五帝、三王之称乃周代在其文化体系中所确立的帝王之号，“称帝者五，称王者三，所以昭五端，通三统也”[②]；《王道通三》认为王者乃是能够通三才之道者，故曰："古之造文者，三画而连其中，谓之王；三画者，天地与人也，而连其中者，通其道也，取天地与人

① ［清］苏舆撰：《春秋繁露义证》，北京：中华书局，1992年，第101页。
② ［清］苏舆撰：《春秋繁露义证》，北京：中华书局，1992年，第198页。

之中以为贯,而叁通之,非王者庸能当是?”[①]同时,董子又认为通三才之道的王者应该受天道所授而遵循之;万物由天地所覆育,故天之所美,天之所施授者,仁也。王者受天命而王,故当取天之仁而施于天下,以之为人生之应然。以孝道为核心的人伦之道即是天之仁道的具体体现。王者应该教化人伦之道以参赞天施地化,并终而以比并天道为终极目标。

董氏确立王道之时,经学尚未确立起官方正统学术地位,《易》更不是五经之首与大道之原,然而,彼时经学由低谷而上扬,洋溢着勃勃生机。郑氏生活之世,经学为当时崇高的学术经典,《易》成为众经之首,然而,随着汉末衰世之到来,经学及《易》之存在与诠释充满危机。是故,郑氏面临着两个问题,一是既然自己选择了以总结经学为己任,那么原来春秋公羊学视野中的王道诠释,必须要在《易》中进行转换性诠释;二是在经学面临危机之时,如何通过《易》的诠释而使得王道政治精神能够获得永久的传播力也是他必须思考和解决的困难。

(一)“易三义说”:《易》王者经典与王道政治义涵

两汉易学以象数之学为主流,故至于东汉时期,对于《易》之本质的诠释也基本上受这一主流语境的影响。故荀慈明持“阳升阴降”说,使乾坤二五在这一原则之下相互升降易位,成为两个坎上离下的既济定卦;稍后于郑氏、荀氏的魏伯阳则认为《易》即是日月为易,虞翻更是这一观点的坚定拥趸。相对于前面三位易家,郑玄则具有更加超越性的学术眼光,他必须要在其易学构建中回应《易》何以为群经之首,大道本原,何以为法天道、设政教的王者宝典。为此,他除了构建爻辰说等系列易例以外,还构建了富有郑氏易特色的“易三义说”。

对《易》名义涵的诠释中,可以看到郑氏鲜明的学术立场。对特定范

① [清]苏舆撰:《春秋繁露义证》,北京:中华书局,1992年,第328-329页。

畴之义涵的诠释是有着其相应的学术立场的，郑玄对“易三义”的诠释即是如此。依据常理而言，作为一种诠释行为，对居于核心地位范畴的研讨，一般是起于对这一学科的有意识的建设之时。理论上讲，对于《易》义涵的探讨起源于《易传》的《系辞》《文言》等篇章，但是这仅仅是肇其端始而已。确立起《易》名义涵诠释的大体规模，并得到当时及后世学界承认的当属《易纬》中的《乾凿度》《乾坤凿度》等诸篇。

《乾凿度》在“一名”而管三义的视角中，定义《易》为“易也，变易也，不易也”。[①] 关于“易也”之《易》，该篇认为即俶易无为之“易”，此为易之自然之性，也称之为“易德”；变易则是从气化论视角加以诠释的，变易者气也；不易则是指经卦之三爻和别卦之六位。[②] 在《乾凿度》之外，《乾坤凿度》还有“易四义”之论：“易名有四，义本日月相衔；又易者；又易；易定”，[③]郑玄认为，这是以“日往月来，古日下有月为易”为基本论点，定义第一重“日月相衔”之《易》义，又以“生物不难，易准天地”来定义第二重“易者”《易》义，以“变易不定，轮转交易”，阴阳相交为第三重“易”的《易》义，以“不更改天地名、君臣位、父子上下”定义“易定”的第四重“易定”的《易》义。[④] 看得出来，郑氏明显受了《乾凿度》之《易》义的影响，因而参照前者的三重义涵来诠释后者的四重义涵。

《乾凿度》关于《易》的三重意涵也很大程度上影响了康成自己的

---

① ［日］安居香山，中村璋八辑：《纬书集成·乾凿度》，石家庄：河北人民出版社，1994年，第1页。

② 《乾凿度》曰：“易者，易也，变易也，不易也，管三成为道德苞籥。易者，以言其德也，通情无门，藏神无内也……变易也者，其气也。天地不变，不能通气。五行迭终，四时更废……夫妇不变，不能成家。妲己擅宠，殷以之破。大任顺季，享国七百。此其变易也。不易也者，其位也：天在上，地在下；君南面，臣北面；父坐子伏，此其不易也。”载［日］安居香山，中村璋八辑：《纬书集成·乾凿度》，石家庄：河北人民出版社，1994年，第1－5页。

③ ［日］安居香山，中村璋八辑：《纬书集成·乾坤凿度》，石家庄：河北人民出版社，1994年，第87页。

④ ［日］安居香山，中村璋八辑：《纬书集成·乾坤凿度》，石家庄：河北人民出版社，1994年，第87页。

《易》义涵诠释的内容和方向，康成在所作《易赞》中如此定义《易》名之三义："《易》一名而函三义：易简一也，变易二也，不易三也"。[①] 不过康成对此三义之诠释则是本着古文易治学原则，完全以《系辞》为准：首先是本着"乾坤，易之蕴""乾坤，易之门户""夫乾，确然示人易矣，夫坤，隤然示人简矣"之论述解释"易简"；以"为道屡迁，变动不居，周流六虚"以及"不可为典要，唯变所适""顺时变易，出入移动"来解释"变易"；以"天尊地卑""卑高已陈""动静有常""张设布列"来解释"不易"。

值得强调的是，在此《易赞》之外，郑氏还作《易论》一篇，后人把此二篇合称为郑氏《易赞·易论》。《易论》主要是在《易》视阈中，讨论三代之典要《连山》《归藏》和《周易》。鉴于郑玄身处《易》为大道本原的语境中，则郑玄以此三典为三代文化之本，且一脉相承。其论曰："夏曰《连山》，殷曰《归藏》，周曰《周易》。连山者，象山之出云，连绵不绝；归藏者，万物莫不归藏其中；周易者，言易道周普，无所不备。"[②]在《易》为群经之首的时代语境中，郑玄之所以特意作此《易论》，即认为如同《周易》为周文化之本原一样，《连山》为夏代文化之本原，《归藏》为殷商文化之本原。或者反过来看，康成也是以《连山》《归藏》为夏、殷二代文化本原的地位来强调《周易》之作为周代文化本原的地位，因为《连山》《归藏》的根本地位的合法性，已经在《论语》中为孔子所认定过了。

比较《乾凿度》"易三义"与康成"易三义"说，可知郑氏是以作为"易简"的乾坤二卦来定义《乾凿度》"倣易无为"之"易也"。无为者无不为也，乾坤二卦作为易简，具有广、大之性，具有无为而无不为之性。在郑氏太易说中，乾坤先于天地而存，故为天地化生必须遵循之蓝图，后天地而

① [汉]郑玄著，[ ]宋]王应麟辑，丁杰等校订：《周易郑注·易解附录（附后语）》，商务印书馆，1936年，第139页。

② [汉]郑玄著，[宋]王应麟辑，丁杰等校订：《周易郑注·易解附录（附后语）》，商务印书馆，1936年，第140页。

显仁藏用而能效法天地，故为天地之道的象征。即《系辞》"先天而天弗违，后天而奉天时"之谓。综合上述信息，可知郑氏确立其"易三义"说之目的就在于确立乾坤（易简）为《易》之根本的宗主地位。虽然他以《系辞》"易之门户""易之蕴"等为乾坤易简定位，但其深意远不止于此。具体说来，其深意大概体现在两个方面。

一方面，郑玄是最终以爻辰说这一易例，确立起其心目中《易》作为经学大道之本原，也即王道政治理想之三才之道的根本。三代文化累次继承、损益、递进，既有一贯性，又有区别性。夏代久远，其文不可考证；殷商与周代相接，其相承续的痕迹多有留存。比如，《杂卦》认为《归妹》为"女之终"也，《未济》为"男之穷"也。《未济》为《周易》六十四卦之终，可知《杂卦》称《周易》为"男"，为阳，相应地，《归藏》为"女"，为阴，亦可知《归妹》为《归藏》诸卦之终。再参考《乾凿度》上篇之尾，下篇之首所记载的商汤（帝乙）归妹于周文王这一现实中不可能发生之记载，可知其中寓含的乃是指殷商文化为周代所承接之意。《归藏》以坤卦为首，以归妹卦为终；《周易》以乾卦为首，以未济卦为终。《未济》归妹，归妹即嫁女。商人以象征天命的《归藏》授予周人，周人进受之，故《周易》承《归藏》而以坤卦次于乾卦，象征着商代之授，周代之受，象征着天命授受这一最大、最根本的政治的天命合法性。郑玄在《系辞》乾坤为《易》"门户""（总）蕴"基础上，以爻辰说易例不但显示乾坤何以为《易》之门户之所然，更要展示乾坤何以为宇宙天地之所以然。即是说，爻辰说既展示了《易》"后天而奉天时"的形而下的一面，更要诠释《易》"先天而天弗违"的形而上的一面。

另一方面，自太易、太一至于易简之乾元（乃至坤元），本质上有同一性，义涵上有贯通性。太易为无，具有形而上性，这是康成在太易说中明确表示过的。那么，在郑氏易中，太一为无也，有也？太一与太极有何关系？根据其注文"太易，无也。太极，有也。太易从无入有……太易有理未形”[①]，以及论天数“一”时所注“一者，无也”[②]之说，可知郑玄认为，太一至少有“无”之性，而太极居于“有”之范畴。乾元为一，因而承接着自太易、太一而来的先天之性，因而乾元具有了先天而天（地）不能违的本原性和神圣性。《乾》为《周易》之首，乾元的本原性和神圣性即为《周易》为代表的确立于周代初期，经孔子厘定的礼乐文化的本原性和神圣性。

如此看来，郑玄“易三义”说所透显出来的内涵是极为丰富的，也是值得今人仔细品味和研究的。

在郑玄苦心孤诣地以“易三义”说确立起《周易》及《易传》王者经典地位之外，他的“变易”和“不易”中还蕴含着其王道政治理想的相关义涵。郑氏《易》三重意涵中，“易简”以其先天而天地亦不能违背的经常性而居于总纲之地位，统驭“变易”“不易”二目。“变易”与“不易”即为“易简”“后天而奉天时”所遵循的法则。盖郑氏之意以为，人世间的政治若能宗奉易简“奉天时”之法则，做到变易与不易之相统一，方始为理想的王道政治。

在变易的定义中，康成说：“为道也屡迁，变动不居，周流六虚，上下无常，刚柔相易，不可为典要，唯变所适”，[③]极言变易之难以琢磨，难以模仿的特点。为道屡迁，变动、上下、相易、周流等词汇明显是从《易》气化论层面而言的。首先，阴阳消息、盈虚、进退皆包含其中，《乾凿度》论“变易”的内容也概括在内。《乾凿度》认为变易是以气而论，也指“五行迭终，四时更废”，君臣之道亦遵循此一法则，所谓“君臣取象，变节相和，能消者息，

① ［日］安居香山，中村璋八辑：《纬书集成·乾坤凿度》，石家庄：河北人民出版社，1994年，第66页。

② ［日］安居香山，中村璋八辑：《纬书集成·乾坤凿度》，石家庄：河北人民出版社，1994年，第87－88页。

③ ［汉］郑玄著，［宋］王应麟辑，丁杰等校订：《周易郑注·易解附录（附后语）》，商务印书馆，1936年，第139页。

必专者败”“夫妇不变，不能成家”云云。[①] 又举妲己擅宠导致殷商失败，太任贤淑助周人成功等旧典，以明男阳女阴相互交易所应遵循的“能消者息”的法则。

郑玄注释太极为淳合未分之气，又认为太极为气之始而以之为有，明显是以太极为万物之母。后天之语境中，《易》八卦皆以太极之气为本始。按照阴阳相合之原则，乾与坤，坎与离，震与巽，艮与兑两两配偶。乾、震、坎、艮为阳卦，为男；坤、巽、离、兑为阴卦，为女，这在人世间即具有比附天地阴阳之道而构建的伦理道德之大义。在《周易》六十四卦中，乾坤相配为《泰》《否》，坎离相配为《既济》《未济》，震巽、艮兑相配为《咸》《恒》《损》《益》。《易》阴阳交易、消息、进退、损益、常变之道尽显于上述八个别卦之中，因而，一般认定为伦理界限分明的，“不易”的人伦之道，也就具有了交易、消息、进退和损益的色彩。举例言之，父尊子卑其位不易，然父不下慈不为慈父，子不上孝不为孝子；君尊臣卑其位不易，然君不仁臣不为仁君，臣不忠君不为忠臣。否则人伦之道就是“死”道，不能和洽与维系。综合前述可知，郑氏认为气化论并不神秘，人伦之道中在界限分明之外，还有一股无形的气化力量在起作用。阴阳、刚柔、上下、内外之间必须依据气化规律，相互交易、轮转方能和合而起用。故郑氏认为“圣人观太易之太变，使万汇不倦，日用日增，日死日生，大化行也”[②]“阴交于阳，阳交于阴，周圆反复，若圆不息。圣人之道，唯易无穷”[③]。这些论述都是他对相交之变易和常道之不易相互融通义涵的阐释。

显然，康成上述观点是受了《序卦》影响。《序卦》在阴阳匹偶和合的

① ［日］安居香山，中村璋八辑：《纬书集成 · 乾凿度》，石家庄：河北人民出版社，1994 年，第 4 – 5 页。

② ［日］安居香山，中村璋八辑：《纬书集成 · 乾坤凿度》，石家庄：河北人民出版社，1994 年，第 69 页。

③ ［日］安居香山，中村璋八辑：《纬书集成 · 乾坤凿度》，石家庄：河北人民出版社，1994 年，第 87 页。

大视野中，确立了天地—万物—男女—夫妇—父子—君臣—礼义一体同构的诠释模式，同时也是启动了以气化论诠释宇宙—人伦结构的开端。

既然郑氏极言“变易”之不可为典要的难以琢磨品格，那么岂不是认为人伦之道无规则可寻吗？非也。他还有一非常容易把握的妙诀，即“顺时变易，出入移动”①，告诉世人行人道是很简单、很单纯的事情，“顺”，遵循效法“天时”即可。然则如何去行道呢？出入移动可也。出入即阴阳、消息、进退、损益，移动即时间空间的双重变化。效法天时就是效法天道，郑玄是在展示人伦之道的窍门和妙要所在。这一宗旨集中体现于《乾》“与时偕行”之义，以及《乾》九三爻辞“君子终日乾乾，夕惕若厉”上。郑玄在三才视阈中，认为在六爻结构中，初、二两爻为地道，三、四两爻处中为人道，五、六两爻处上为天道，三爻处六位之中，以阳爻而处阳位，有得正居中之象；②在十二辟卦消息说的动态过程中，阳息至九三而成一完整三爻乾卦，乾为天，故有天人合一之象，故此九三爻最能体显天人合一之道。无独有偶，晋人干宝认为，乾卦六爻中有五爻称龙，为避《乾》不关人事之嫌，特意在九三这一最为关键之爻（李道平认为此爻为卦主）表称“君子”，九三自正月《泰》而来，天地阳气始出地上，生物之象，君子承弥纶、参赞之大功，故忧深思远，朝夕匪懈，惧不能承天地生道而成万物也。③ 这正是汉代经学本天道以立人道，法天道以开人文的学术宗旨之体现。

王者以礼乐文化而治理天下，然而，礼乐文化具有庞大而繁杂的体系，似乎难以把握。不过，这一体系中有一个焦点和核心，成为联系天道与人伦之纽带。天道与人道（人文）之间的纽带就集中体现在历法上。历法是帝王观象授时，经纬天下之典要。《书》所谓“历象日月星辰，敬授民

① ［汉］郑玄著，［宋］王应麟辑，丁杰等校订：《周易郑注·易解附录（附后语）》，商务印书馆，1936 年，139 页。

② 郑玄曰：“三于三才为人道，有乾德而在人道，‘君子’之象。”载［清］李道平：《周易集解纂疏》，北京：中华书局，1994 年，第 30 页。

③ 参见［清］李道平：《周易集解纂疏》，北京：中华书局，1994 年，第 30 - 31 页。

时”,《易》所谓“治历明时”,皆此之谓。豫卦《彖》辞认为,天地顺动而日月经常四时不忒,圣人效法天地之顺动,故刑罚清正而民众归附。这里所表明的就是顺时而动的政治意义之所在。圣人效法天地之顺动的工具即为历法。帝王的明堂政治其首要功能在于“告朔”;春秋公羊学之所以着重强调“春王元年正月”者,即是以历法中的“正朔”表明政治的最大合法性。

综前所述,可以大大有助于我们理解郑氏在乾坤两卦十二爻架构中,建立起独具郑氏易特色的爻辰之法,并把十二月/辰/星次/律吕/二十八宿/星空分野/人世州划等融铸为一的原因了。康成是要以历法为连接天道与人文之纽带,在《易》视野中诠释王道政治的真精神。

(二)具体而微,小中见大:爻辰说的王道政治理想诠释

中华文化的传统中,王道之道,是人道,更是天人合一之道。故,王道政治理想本于天人一体同构之道。爻辰说是郑氏对其所理解的汉代经学王道政治理想在易学中的构建和诠释。故此,爻辰说之中既内涵着宇宙天地的先天之体,也包括了以人为本的后天之用。因此,爻辰说中内涵着具体而微的宇宙演化图式,此类于纳须弥于芥子式的理论诠释;反之,从此一简单的学说中又可以管中窥豹,小中见大,见到其芥纳须弥的精神。

首先,郑氏爻辰说中有着对先天之体、后天之用的统管和涵摄。郑氏在《乾凿度》注文中,受《道德经》“无名天地之始;有名万物之母”,《系辞》“形而上”道与“形而下”器的观点之影响,先后涉及《易》先天之体,后天之用的哲学根本问题的阐释。在郑氏易中,有“十数图”“九数图”之别:前者即后来朱熹认定的《河图》图式,后者则被朱子认定为《洛书》图式。不过,在郑氏看来,“十数图”非谓《河图》,“九数图”亦非《洛书》,因为他在

《系辞》“河出图，洛出书”之注中，认为：“《河图》有九篇，《洛书》有六篇”，①其分明是以河洛为经典文献而非后人所认定的图式。在注《乾凿度》而形成的“太易说”部分，郑氏初步论述并认为太易生化天地过程中，实则有“十数图”五行相生相成的道理在焉；在《系辞》“大衍之数五十”章注文中，郑氏则以“十数图”中天一生而地六成水于北方，地二生而天七成火于南方，天三生而地八成木于东方，地四生而天九成金于西方的具体内容注解之。又赋予“十数图”以五行阴阳匹偶之内涵，并以之注解该章的大衍筮法。郑玄把天地十数赋予阴阳五行之性，也就意味着是在天地四方四时的六合时空之中进行了五行、十数的布列分布。郑氏易太易说之“十数图”图式及其具体的内涵主要是指涉先天《易》道之体，这在前文已经数次论述。

上九	戌月 无射	——→	巳月 仲吕		上六
九五	申月 夷则	——→	卯月 夹钟		六五
九四	午月 蕤宾	——→	丑月 大吕		六四
九三	辰月 姑洗	- - →	亥月 应钟		六三
九二	寅月 太簇	- - →	酉月 南吕		六二
初九	子月 黄钟	上生 / 下生	未月 林钟		初六

图 2－4　十二律吕相生图

① ［汉］郑玄著，［宋］王应麟辑，丁杰等校订：《周易郑注·易解附录（附后语）》，商务印书馆，1936 年，第 94 页。

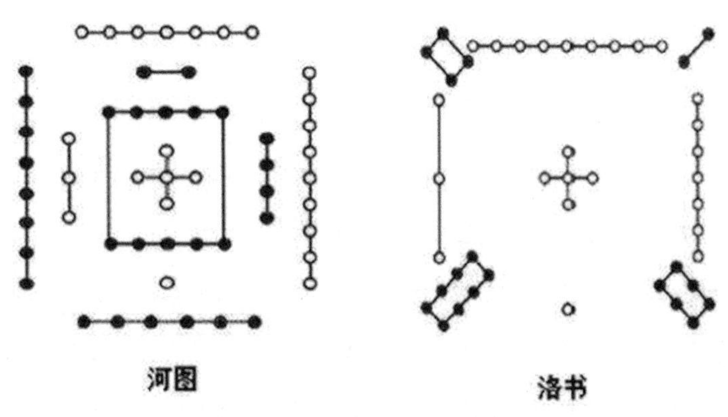

图2-5　朱熹所定河图、洛书图

如前所述，从郑氏太易说，历太一九宫说而直至郑氏爻辰说，不论是其内涵，还是其外延，是有着一以贯之的内在逻辑的。那么，太易说以及"十数图"所论《易》的先天道体的推演在郑氏爻辰说是否有所体现呢？答曰：有。今借助其他论文中所绘制的郑氏易爻辰说图式，[①]加以说明之。按照爻辰说十二律吕隔八相（上/下）生，递次循环往复之规律：初九子月黄钟下生未月林钟，未月林钟上生寅月太簇，寅月太簇下生酉月南吕……巳月中吕上升子月黄钟，此十二个上生/下生的过程为一个循环之圆周，也包括了一个新循环的开始（案，巳月所生黄钟已经是新循环生成过程的崭新起点）。在爻辰说十二爻辰中，按照次序而论，子数为一，丑数为二，寅数为三，卯数为四，辰数为五，巳数为六，午数为七，未数为八，申数为九，酉数为十，戌数十一，亥数十二。"十数图"图式中，天一生水，地六成之；相应于爻辰说图式中，子月黄钟（数一）由巳月中吕（数六）上生而成：此为地六生成天一。"十数图"地二生火，天七成之，而爻辰说图式中，丑月大吕（数二）为午月蕤宾（数七）上生而成：此为天七生成地二。"十数

① 参见陈盟：《汉代经学视野中的郑氏易学研究》，2018年博士论文，第133页。

图”天三生木，地八成之，爻辰说图式中，寅月太簇（数三）为未月林钟（数八）上生而成：此为地八生成天三。“十数图”地四生金，天九成之，爻辰说图式中，卯月夹钟（数四）为申月夷则（数九）上生而成：此为天九生成地四。“十数图”天五生土，地十成之，而爻辰说图式中，辰月姑冼（数五）为酉月南吕（数十）上生而成：此为地十生成天五。

依据此种分析，可知在爻辰说十二爻辰上生或下生的递次演进循环的结构之中，就隐藏着天一地六、天三地八、天五地十、地二天七、地四天九之匹偶结构。同时，借助于爻辰说之上生/下生的关系，郑玄为我们布设了一种内蕴其中的，五行生成关系之内涵崭新的诠释：所谓天一之生水，地六之成水，实则一方面，在一般意义上，认为天一为生之始，为因，地六为成之终，为果，另一方面，如郑氏易爻辰说所显示的，天一之水生为地六所成，无地六之成则无天一水之生，即是说地六为因，天一为果。即是说，天一与第六之间，其因果关系不是单向，而是双向循环的，是有机的而不是机械的，是活泼的而不是呆板的。结合到郑氏爻辰说具体内容以及消息卦之发生过程中，将更有助于理解郑氏爻辰说中的这种新诠释。巳月中吕所值者乾卦，子月黄钟所值者复卦，复卦之主爻在初九震爻，据《说卦》所示：乾为父而震为长子，中吕上生黄钟，即复卦黄钟为乾卦中吕之子，无巳月全息之乾卦则无子月黄泉之黄钟。子承父业，子月复卦在黄泉地中钟聚了全部乾阳，故黄钟可为十二律吕之本始。复卦在坎位，荀氏易谓坎离者，乾坤之家阴阳之府，正好可以作为理解复卦与乾卦之关系。综合论之，水为天一地六共生共成，火为地二天七共生共成，木为天三地四共生共成，金为地四天九共生共成，土为天五地十共生共成。以此五行而论，十数实则为五事，故其数为五。故郑氏云：“大衍之数五十有五，五行

各气并而减五。惟有五十之数”。[1] 郑氏所言各气相并而减去五数,本是一令人凝思费解之注,结合其爻辰说内蕴的相生义涵以理解“十数图”生成关系,则思虑之凝结旋即涣然冰释矣。

郑氏易爻辰说中不仅内蕴关于“十数图”先天之体的相关义涵,也存在着“九数图”后天之用相关的内容。

郑氏易“九数图”主要关涉其太一下行九宫图式。郑氏爻辰说以乾易坤简而立《易》体,但郑氏建立爻辰说之目的更是为了说明其《易》“用”。乾卦为纯阳,坤卦系纯阴,二卦若不能交感、消息、进退、盈虚,则天自是一死的乾,地自是一死的坤,则天地悬绝,万物不生,人物不存,不成其为天地矣。在卦气说语境中,阴阳必须遵循阳者动而息进,阴者动而消退之原则,方能以易简之体而起“变易”“不易”之用。《乾凿度》认为所谓的易一阴一阳之谓道,其实就是合而为十五之道。具体言之,阳七阴八为少阳少阴,为《易》之象,阳九阴六为老阳老阴,为《易》之变。象变之数皆若一,皆合于十五之数。[2] 这些内容为郑氏易所接受,并凭借“九数图”(按通俗亦称九宫格)图式,构建了太一下行九宫说,在“九数图”三纵三横、两个对角线的八个维度上(案:《乾凿度》所谓四正四维)皆合于十五之数,以此体显《易》无处不有、无时不在道体之用。

在爻辰说十二爻辰架构中,至少在三个方面有合于十五之数的体现。第一个方面,以生成角度言,初九黄钟与初六林钟,初六林钟与九二太簇……上六中吕与初九黄钟之间,皆为九六相生成之关系。第二个方面,以时间发生次序而言,初九子月黄钟与六四丑月大吕,九二寅月太簇与六

① [汉]郑玄著,[宋]王应麟辑,丁杰等校订:《周易郑注·易解附录(附后语)》,商务印书馆,1936年,第90页。

② 《乾凿度》曰:“阳以七,阴以八为象,易一阴一阳,合而为十五,之谓道。阳变七之九,阴变八之六,亦合于十五,则象变之数若一。阳动而进,变七之九,象其数之息也。阴动而退,变八之六,象其气之消也。”[日]安居香山,中村璋八辑:《纬书集成·乾凿度》,石家庄:河北人民出版社,1994年,第8页。

五卯月夹钟……戌月上九无射与亥月六三应钟之间，皆为九六相配合之关系。同时，这种关系对于理解六爻之间相互感动，物类相应的关系有着特别的帮助。所谓初九阳爻阳气动生于地下，其应则在天之下，一般认为，初九之动，应在九四。而在以时间顺序为准的实际发生过程中，郑氏爻辰说告知，乾卦初九子月之动，其影响为坤卦六四丑月所承受；乾卦九四午月之动，其影响为坤卦初六未月所承受；其他，如九二寅月之动，为六五卯月所承受等可以依此类推知之。这种在现实时空中，按照现实发生事实所顺承应和者所体现的关系，恰好可与荀氏易乾坤升降说之旨相互印证，也有助于理解乾坤《易》体中，其阴阳如何在时空中交易发生之过程。第三个方面，在十二爻辰"六合"关系上，同样体现着九六相合之关系。术数之学历来有所谓的十二地支之间的六合关系，即子丑合，寅亥合，卯戌合，辰酉合，巳申合，午未合。此六合关系来自天文历法之学，此法亦在郑氏爻辰说中蕴含着。爻辰之辰来自天文学之日月合宿于北，故有北辰之说。因乎日行缓（一年为一黄道周期）而月行疾（一月周天为一周期），故二者在宇宙中每月一度的交会点在慢慢变移，其天文学上的交会之所与表现在历法上的十二地支之排列顺序/方位恰好相反。在天文学上，子月之时星次为玄枵，丑月星次为星纪，寅月星次为析木，卯月星次为大火，辰月星次为寿星，巳月星次为鹑尾，午月星次为鹑火，未月星次为鹑首，申月星次为实沈，酉月星次为大梁，戌月星次为降娄，亥月星次为娵訾。而历法学上十二地支是按照北斗招摇之柄的指示而建立的，《鹖冠子》"斗柄东指，天下皆春，斗柄南指，天下皆夏"云云，即是这一道理的说明。当斗柄指示子位之时，星次在丑位星纪，当指示丑位之时，星次则在子位玄枵，此为子丑合之由来；指示寅月之时，星次在亥位娵訾，亥月之时，星次在寅位析木，此为寅亥合之由来，其他依此类推。

以上三个方面的对应关系上，都体现着乾之阳爻与坤之阴爻的对应关系。郑氏认为，少阴少阳不变，为象；老阴老阳为变，又在《易赞》中认为不变者六爻之位也,变者其气也。以其位而言,以上三种关系对应七八之合,以其气言,以上三种关系对应九六之合,皆为十五之数。

此外,乾卦六爻,《周易》阳爻用九,其策 6×9=54,相当于天地十数减一。又,《周易》阴爻用六,十二爻辰合于(9+6)×6=90,相当于三个月,也即四时之一的天数。按照大衍筮法"揲之以四"原则则为 90×4=360,当一岁之天数。这一思想被《乾凿度》扩而充之,成为爻辰法视阈中,以六十四卦两两值岁的基础。

综上言之,郑氏爻辰说中既包蕴着自先天道体,也包含着后天之用的内涵,且二者有本有末,通体一贯。这些内涵正可显示出郑氏构建爻辰说之深意。

在郑氏爻辰说的礼乐文化义涵诠释是天地一贯,政刑统一的。一般认为,汉代经学视礼乐为王道政治之核心。诚然,王道政治以礼乐为内核,为根本,然而其内容本末通贯,故并不局限于礼乐,政刑虽为枝末,亦是平时的当务之急。故《乐记》认为,道志者礼,和声者乐,一行者政,防奸者刑,"礼乐政刑,其极一也"。[①] 依据后来三国魏人刘劭《人物志》之所述,人之类别按照"流业"可分为十二种,若其中的清节家、国体、儒家之流,体大气宏,以道德通达而胜出;若其中的法家、术家、器能则用通谋精,以智术谋略而擅长。前者偏务礼乐一维,后者偏务政刑一维。天下不能无道德之体,亦不能少法术之用。道德淳化,清节、国体立本,立制创法,法、术家之能。郑氏爻辰说义涵体现本末一贯特征:既有礼乐之本,又有政刑之末。今先论其本,后论其末。

第一,礼乐为爻辰说根本性之内涵。《乐记》认为,礼为天地之序,乐为天地之和。故曰:"大乐与天地同和,大礼与天地同节",[②] 又借鉴《系

---

① [汉]郑玄注:《礼记·乐记》,《十三经古注》,北京:中华书局,2014 年,第 1014 页。

② [汉]郑玄注:《礼记·乐记》,《十三经古注》,北京:中华书局,2014 年,第 1015 页。

辞》乾易坤简之说，以乐比乾，以礼附坤，曰："大乐必易，大礼必简"，[①]《白虎通》则认为"乐以象天，礼以法地"。[②] 这些观点都把礼乐比于乾天、坤地，或者比于乾易、坤简。在这样的语境中，郑氏以乾坤为《易》之门户，构建爻辰说，其礼乐之意蕴不言而喻。六律起于五音，五音即十天干，此以天地而言。于人而言，则五音起于人心的感物之动。感动故有不平，是以六欲（案：《乐记》以哀心、乐心、喜心、怒心、敬心、爱心为六欲）为源。天地之五音六律，有其应然之理；人心之音声则需要以礼节之，以乐合之，反之则五音不治。音起于人心，若能通于伦理，则礼和而乐洽，反之则悖礼而乱乐。故圣人王者功成而作乐，以乐而合顺天下，治平而制礼，以礼而合敬天下。郑氏易认为，别卦六爻之中，初爻为元士，二爻为大夫，三爻三公，四爻为诸侯，五爻为天子，六爻为宗庙。此系周礼乃至三代礼乐制度之象征。乾卦为天，为乐之象，坤卦为地，为礼之征。《周易正义》认为：（卦）二画而有阴阳气之体，三画而有物之象。三画有物象而不能尽物物交通之情，故六画成卦以类万物同体而相互交易之情。六画之阳者乾象，以天为体。[③] 天（地）有六虚，乾（坤）卦有六画，是六爻为万物而立体。六为《周易》坤卦老阴之数，礼以法坤，乐以效乾。

郑氏爻辰说以六爻为体，此为礼之象；以律吕为用，此为乐之征。于是，爻辰说被赋予王道政治内涵。但是王道政治之内涵是汉代经学本已经具有的，《大戴礼记》中已经有很多在气化论视野中，展开的关于礼乐与王道政治关系的讨论。其中以前文曾经引用的《曾子天圆》篇最为典型。《曾子天圆》篇把阴阳消息与天施地化联系起来，并把阳精、阴精视为"神灵"，"神灵者，品物之本也，而礼乐仁义之祖也，而善否治乱所兴作也"。[④]

---

① ［汉］郑玄注：《礼记·乐记》，《十三经古注》，北京：中华书局，2014 年，第 1015 页。

② ［清］陈立：《白虎通疏证》，北京：中华书局，1994 年，第 94 页。

③ 参见［魏］王弼注，［唐］孔颖达疏：《周易正义》，北京：北京大学出版社，1999 年，第 1 页。

④ ［清］王聘珍撰：《大戴礼记解诂》，北京：中华书局，1993 年，第 99 页。

阴阳之体在于乾坤，阴阳之用在于日月。日月相交是为“易”也。爻辰说立乾坤之体，以阴阳消息盈虚为用，而阴阳消息盈虚以日月交会合宿为用，其用在于三十之数，魏伯阳所谓“日含五行精，月受六律度，五六三十度，度竟复更始”①。是以爻辰说乾坤十二爻之阴消阳息的过程，仍是以坎离交易为用的过程。《曾子天圆》还认为：“圣人为天地主，以察星辰之行，以序四时之顺逆，谓之历；截十二管，以宗八音上下清浊，谓之律也。律居阴而治阳，历居阳而治阴，律历迭相治也，其间不容发。”②篇中认为，天地之间生灵有毛虫、羽虫、介虫、鳞虫、倮虫等五虫，人为倮虫而圣人为其主，故称圣人为天地主。圣人所主者何？主仁、义、礼、智、信。按照《乾凿度》之说，人得八卦之体而具备五常之性，依据《白虎通》关于礼乐部分之论，人皆含天地之气而具备五常之性。经过郑玄之诠释，五常之性在先天的形而上阶段即已经具备其本原，人的生存之应然不过是依据五常之本然去落实人生实然的过程而已。人生五常对应五行、五方、五音、五气等，皆为《参同契》所谓日精之属。乾坤为《易》之体，日月为《易》之用，《系辞》以为，悬象著明，莫大乎日月。阳必借阴以立体，故乾阳必以六位/爻而立卦体，五为天数之中，必以地数之中——六而显。正如《参同契》所述：“处中以制外，数在律历纪。”③律为六律六吕，历为十二辰/星次。《曾子天圆》所谓律居阴者，律为阳而黄钟钟聚于地六之中，起于九地黄泉之下；历居阳者，太一神起于中宫天极，下行九宫，北斗七政以为辅弼此为历法大原，日月交会合宿成就十二辰，体现太岁、十二星次之历法构建之理。

郑氏易爻辰说中所体现的王道政治之内涵其本原仍在于《系辞》。《系辞》认为，乾坤二卦成列是《易》得以确立，得以显见的先决条件。乾坤一面联结形而上先天之道体，一面联结形而下后天之器用。乾坤成列所

① ［清］朱元育：《参同契阐幽》，北京：华夏出版社，2009年，第16页。
② ［清］王聘珍撰：《大戴礼记解诂》，北京：中华书局，1993年，第100页。
③ ［清］朱元育：《参同契阐幽》，北京：华夏出版社，2009年，第9页。

立之《易》体,在阴阳交错之中而成坎离二卦,故乾坤之体必借日月交易而起用。《系辞》所谓"化而裁之谓之变,推而行之谓之通",诠释的是《易》的变通之道,也就是乾阳坤阴升降之论,也即阴阳消息盈虚进退之论。郑氏爻辰说中十二律吕上生下生之损益之说即是此理之展示。尤有进者,《系辞》还认为把天地阴阳消息、盈虚损益之道理推而广之,举而措之于天下之民,即是王道政治的事业,也即是参赞化育、弥纶天地之道的圣人、王者之行。这正是郑玄接续《系辞》的学术精神,而要以爻辰说易例而加以阐述的《易》的王道理想。

第二,爻辰法度成为万法之本原,政刑亦为郑氏爻辰说之重要组成部分。律吕之说在爻辰说中成为最典型的特色性和标志性的内容。律吕义涵在经学中极为丰赡,须明辨之才能裨益于郑氏爻辰说的大义。首先在《尔雅》中,"律"先后在两个语境中进行诠释。《释诂》中先是以"典、彝、法、则、刑、范、矩、庸、恒、律、戛、职、秩"为一组,训其为"常",然后又以"柯、宪、刑、范、辟、律、矩、则"为一组,训其为"法"。在此两组诠释中,一者为经,为常,强调其永恒性,一者为法则,有其变动性。不论其常与变,两组之中律都有模范、范型、标准之意,是以郭璞先生认为"律"之此一特性乃通于坎卦,故注"坎,律铨"曰:"《易》,坎卦主法。法律,皆所以铨量轻重"。[①] 在汉易语境中,离卦居南,坎卦居北,二者代乾坤两卦交易而经纬天地,"成象之谓乾,效法之谓坤"。宇宙天地之间最大之法则即为乾坤:此为康成爻辰说所要着力表现的内涵。乾卦纯阳,必借坤数六位而立体,卦之六爻以象天地六虚,北辰不动立天地之极,纪天地人三才之元,是故以北方坎卦为律之本,法之源。

在汉代经学语境之中,六律(六吕)成为一切制度的根源。除了《乐记》"礼乐政刑,其极一也"之论外,孔安国为《尚书》"协时月,正日,同律

① [晋]郭璞注:《尔雅·释言》,《十三经古注》,北京:中华书局,2014年,第2192页。

度量衡”之论所作的传记中认为：“律，法制及尺丈、斛、斗、斤、两皆均同”，①一定程度上指出了律为万法之源的义涵。相关内容在《律历志》中更是得到了系统阐论。该志认为，律历法度，有天纲之象与星纪之征。北斗七星“玉衡杓建”，指示十二月是为天纲之象，日月经天，定期和会，躔度分明，成十二辰而为星纪之征。其中，太极函三为一，以元气登降六爻，律夫阴阳而有十二律吕，立黄钟为十二律吕之元始。子月黄钟三分损一下生未月林钟，林钟三分益一上生寅月太簇，太簇三分损一下生酉月南吕……巳月中吕三分益一上生黄钟，成为一个阴阳消息进退盈虚的，日新又新，生生不已的易道循环。

在这一十二律吕隔八相互上生、下生的循环中，黄钟以其元始之位置，而成为度、量、衡、权的规矩和标准。度谓长度，其制度如是：黄钟之长设为90分，取其1/90为一分之准，积十分为一寸，积十寸为一尺，积十尺为一丈，积十丈为一引。此为分、寸、尺、丈、引五度之制。量谓容量，其制度如是：以子谷均匀者1200颗填黄钟之管至于平而满，此为一龠之容量，积十龠为一合，积十合为一升，积十升为一斗，积十斗为一斛。此为龠、合、升、斗、斛五量之制。权谓权重，重量之制是也，其制度如是：以黄钟之管所盛1200颗子谷重量为十二铢，两之（案，12铢×2＝24铢）而为一两，积十六两为一斤，积三十斤为一钧，积四钧为一石。此为铢、两、斤、钧、石五权之制。衡谓平准，依据天道左旋，见圆之道而制规，依据地道右转，见方之则而为矩。相较于度、量、权之精确计算，汉志所论标准较为模糊，仅以阴阳之义论之。认为北方水位太阴，阳气潜伏，冬终物藏，乃以智谋权衡；南方火位太阳，阳气任养万物，物假夏而长大，以礼制而齐平；西方金位少阴，阴气迁变而落物，物敛而成熟，以义而为矩；东方木位少阳，阳气蠢动而物生，生物为仁，以仁而为规；中央土位，阴阳之内，四方之中，土能

① ［汉］孔安国传：《尚书·尧典》，《十三经古注》，北京：中华书局，2014年，第83页。

稼穑蕃息，于五常为诚信，有四方四时准绳之象。

汉志所论之内容，皆为王者治世之制度规矩之具体体现。这些具体之阐释皆为郑氏爻辰说所顺承和接受的时代语境，当然可以有助于理解其中所蕴含的王道政治理想之义涵。

郑氏爻辰说为一切法度之本原，这些法度当然也包含了法律。古人言律一般包含两层含义：一是乐律，二是法律。二者同本于黄钟之律，故混合论之。盖乐律为阳生，法律为阴杀，二者齐备方有阴阳合德之义。刘邦践祚之初，使萧何损益秦代法律而成《汉律》九章。《汉律》是汉代法律无疑，然而其中有《大乐律》一章。《大乐律》是乐律之典章无疑。故《大乐律》成为“汉律”之“律”即是法律，也是乐律的明证。《乐记》也把象征王道政治的“礼乐”与历代治世的制度“政刑”合而论之，曰：“礼节民心，乐合民声，政以行之，刑以放之。礼乐政刑，四达而不悖，则王道备矣”[①]。其中，礼乐之乐，主要指乐律，政刑之刑，主要指法律，这是《乐记》以乐律、法律合论的明证。礼乐为王者教化之大体，故礼乐为根本，刑法为治世之辅助，为治世之急务。董仲舒在《天人三策》中论曰：“天道之大者在阴阳。阳为德，阴为刑；刑主杀而德主生”[②]，又认为天以任德为主，以任刑为辅。这都是汉代经学以生/仁、杀/义并重的例证。

郑玄在爻辰法中引入律吕之制度，其中必然蕴含着对法律之理解。首先，郑氏在游学之时，曾经拜当时律法大家陈球为师，系统学习汉代律法。其次，《周易》文本中对律有立义更为宏阔的诠释。《师》初六爻辞“师出以律”，展示了周代乃至三代军法以“律”为准的义涵。依据“三礼”之论，礼者有五：吉、凶、军、宾、嘉五礼，军礼为其中之一。以此而论，军队行伍、布阵、进退，皆依礼（主要体现为乐）而行，进则擂鼓，退则鸣金，此律

① ［汉］郑玄注：《礼记·乐记》，《十三经古注》，北京：中华书局，2014年，第1015页。
② ［汉］班固撰：《汉书·礼乐志》，北京：中华书局，1987年，第1031页。

与乐律相关;然而王师征讨,又有"大刑用甲兵,中刑用斧钺"之说,以此而论,王师以兵刑"律"天下是为最严重之刑法无疑。郑玄被视为《易》脉正宗传人,《周易》文本之义自然并行不悖。基于此义,郑玄爻辰说中必然包含着法律之义。具体说来,三分益一,象其生也,乐律之象,三分损一,象其杀也,刑律之象,不亦宜乎!

要之,爻辰说中不仅包含着自太易说(十数图)、太一九宫说(九数图)的义涵、哲理,而且也包含王者政治治世法则:不仅有礼乐之精神,也有政治、刑法等具体规则和尺度。因此,认定郑氏爻辰说包蕴着郑氏经学王道理想之大体是不为过的。通过分析,也能见到郑玄构建这一易例的深意和苦心。因此,欲探郑氏学术之理境,其爻辰说成为不可逾越之津梁。

汉人认为,孔子是经学的厘定者。经学的精神需要追溯到孔子那里去。孔子所厘定经学是承载着常道的经典,是王者治世所应该依据的典常。汉人寄望当代以及未来之王者能够以经学精神和法则治世。苟非其人,道不虚行:夫子流传下来的经典之所以为经典,首先因为它不是无有生命力的呆板的文本,而是历久弥新的,在现实中有着生机与活力的人文化成的存在。当然,没有后世王者的继而承之的经世致用举措,没有后世学者与时偕行的诠释与发展,圣人所树立的经典便失去了现实根基根据,也就不能流传于后世。人文化成与王道教化在经学中高度统一,其具体路径则是通过礼的秩序,乐的和谐这一而二,二而一的一体两面的文化存在而起用,是以汉代经学精神也就很踏实地落实到礼乐教化上来。

虽然汉代经学总体上具有宏大的格局和不羁的气象,然而现实总是充满坎坷。其初,董仲舒等人粗略确立起经学大语境,何其恢宏疏阔,后继之汉儒,生于承平时代,仅能释回增美之,而不敢稍越董子等人确立下的学术藩篱。其后,在尊经崇儒的语境中,立为官学博士的诸家经学成为今文经的主体。修习今文经成为士人干禄重要途径,习经与利禄息息相关。于是,两汉今文经学师法家法高筑门墙以保护自己既得利益,终至成为束缚学术发展之绳索。是以,《易》虽然具备了五经之首,大道之原的地位,但碍于师法家法之分裂,《易》之合法性和崇高性并未得到充分论证。学术不能脱离时代而独立发展,圣贤之学术更是与时代息息相关。

郑玄立志做当下时代的孔子,把王道政治教化寓于爻辰说易例之中,把礼之序、乐之和以阴阳消息律动的方式表现出来。郑玄认为王道政治本原于易道,是故以易学语言诠释礼乐文化精神;郑氏一面承续了来自先秦时代的阴阳五行学说,把古老的天文、律历之学的形式内容融铸其中,一面又由于汉代经学语境与卦气说的风气影响,他又从气化论视角,把阴阳消息律动作为爻辰说易例的本质。《诗》云:潜虽伏矣,亦孔之昭。郑玄生逢衰败之乱世,见微知著,盖有感于经学时代之将终结,故一面欲总结汉代学术使之流传后世,一面欲阐释《易》崇高地位之学术合法性,使得《易》在脱离经学时代亦能保持其大道本原地位,于是创制一独具特色之爻辰说易例。大抵乱世之中,学尚创辟,郑玄之世将乱未乱,将变未变,然而积重难返已呈现出溃败大势之必然。前儒对汉代经学,尤其是王道精神之阐释,必有值得继承处,亦必有纠偏补弊之处,亦必有重新阐释,使之超越一时一代之局囿,而能发皇出永恒之光芒之必要。这大概就是郑玄在当时艰苦历史条件下,孜矻一生,重诠汉代经学精神,重释王道政治理想之原委。

于是郑玄在述先圣元义、整百家不齐的学术信念指导下,最大限度地对汉代经学进行了弥纶和总结。他遵循西汉董仲舒等大儒所设立的经学基本架构,在对汉代经学关键内容重新进行诠释的基础上,从而在以《易》为主体的经学中对汉代经学精神进行了一定程度的重建。他的学术实践,使得两汉这一经学时代成为一个有始有终,亦可以基本上算是善始善终的圆满的学术时代。以此而论,郑氏之学术贡献值得后学铭记。

第三章　虞翻易学与汉代经学精神的再造

在数千年的易学发展长河中，汉代易学在汉代经学的大语境下，创造了《易传》之后首个象数易学辉煌的时代。《易传》着眼符号与文字、象数与义理的合一以诠释《易》，开显出阴阳之道与性命之理相贯通的易学天人之学，用以揭示现实、范导人生。秉持象数优位立场的汉代易学家，承续《易传》的理路以诠《易》用《易》，将阴阳大化语境下《易》象数学内涵的诠释、宏阐与文字背后象数根据的揭示，视为了首务。作为汉末易学三大家之一的虞翻就是其中的典型代表。虞翻继荀爽、郑玄等之后，基于阴阳消息以明象、诠《易》，表达有序和谐通泰的礼乐化人文理想天下愿景，重铸着经学的精神。

第一节　虞翻的生平著述与虞氏易学

六十四卦的符号系列与卦辞爻辞的文字系列一体互诠互显，构成了《周易》古经的经典文本。这一文本有着其所赖以诞生的特定整体历史文化语境，并令这一语境内化深化落实为其内在深层的独特学理、信念、信仰语境。这两项语境含蕴于文本之内，构成作为文本所以然支撑的隐性语境,而文本所呈现的,则是基于此的显性语境。历代学者,基于自己所处的新的历史文化语境,本着明体而达用、通贯学与术的基本理念,程度不同地、自觉不自觉地在傅伟勋教授所言“创造的诠释学(creative hermeneutics)”[①]意义上,诠释、阐发着这一文本,活转、重构着这一文本的隐性与显性语境,由此引发出象数、义理、筮占－前瞻一体通贯理路下涵纳天地人物,笼罩古往今来,标举天－地－人三才共在主轴,期许人之一才承当、促成下的人生、天下理想境地之达成的易学专门之学与生生不息、影响日趋广泛深远的壮观易学活水长流。生当汉末的虞翻,立足于时代经学的氛围与语境,本着守正开新、光前裕后、继往开来的神圣经师信念和傲视群儒的自负,在经传一揆理念下,对《周易》经传作了具有一定“创造的诠释学”意义的系统诠释,重构起富有时代特色的《周易》隐性与显性语境,推出了彰显着鲜明学术自我的阴阳之道视域下的虞氏易学,经学的精神得以重建、再造。

一、生平与著述

虞翻(约164年—233年),字仲翔,会稽余姚(今浙江余姚)人,东汉末年著名经学家,其经学成就集中于易学,是卓荦不群的象数易学大家,集两汉象数易学之大成。据《三国志》本传及裴松之注[②],翻少好学,有高气。王肃之父王朗任会稽太守,命翻为功曹。孙策行师征会稽,翻劝朗避策,朗未能采纳此建议,奋起抵抗,结果败绩。策既得会稽,复命翻为功曹,待之以交友之礼,并亲临其府第。其于翻的看重之意,由是亦可略见一斑。策之为人,每好驰骋游猎,翻因直言以谏阻之,恳挚以君人者不重

① 傅伟勋:《从创造的诠释学到大乘佛学》,台北:东大图书公司,1990年。

② [晋]陈寿:《三国志·吴书·虞陆张骆陆吾朱传》及裴注,北京:中华书局,1985年,第1317－1328页。

则不威之理相陈，策中心服之。翻出为富春长。孙策卒，弟孙权继兄总理江东事务。翻州举茂才，汉召为侍御史。时任司空之职的曹操，挟天子（汉献帝）以令诸侯，辟翻，翻闻而耻之，拒而不受。权授之以骑都尉之职。生性疏直，屡次犯颜谏争，权大为不悦。为人不善协俗，以故多见毁谤。先后被贬谪到丹杨泾县、交州。虞翻虽处罪放，却仍讲学不倦，门徒常数百人，并先后为多部典籍作注。沦落交州十余年而卒，享年七十。后权遣将士征辽东，于海中遭风，多所没失。权生悔，乃言曰："昔赵简子称诸君之唯唯，不如周舍之谔谔。虞翻亮直，善于尽言，国之周舍也！前使翻在此，此役不成。"[①]遂令属下问交州，嘱以翻若尚存，即给其人船，发遣还都；若翻已亡故，则送丧还本郡，使儿子仕宦。惜乎翻已作古矣。

虽遭逢乱世，无论是置身争战环境下，还是在贬谪异方他乡的天涯海角之际，虞翻始终勤于治学，笔耕不辍。晚岁在交州，更是以典籍慰余生，企知音于将来："翻放弃南方，云'自恨疏节，骨体不媚，犯上获罪，当长没海隅，生无可与语，死以青蝇为吊客，使天下一人知己者，足以不恨。'以典籍自慰，依《易》设象，以占吉凶。"[②]

据《三国志》本传，虞氏较早即完成了其《易注》。本传又称，在罪放交州之际，翻"又为《老子》《论语》《国语》训注，皆传于世"[③]。裴注引《翻别传》则指出，在交州，翻"又以宋氏解《玄》颇有缪错，更为立法，并著《明杨释宋》以理其滞"。《玄》即汉杨（一作扬）雄的仿《易》之作《太玄》（一名《太玄经》）。宋氏，东汉末学者宋衷（一作忠），尝为《太玄》作注，《隋书·经籍志》即载有其九卷本之注及与三国吴陆绩的十卷本之注。"明杨"，即

① ［晋］陈寿：《三国志·吴书·虞陆张骆陆吾朱传》裴注引《江表传》，北京：中华书局，1985 年，第 1324 页。

② ［晋］陈寿：《三国志·吴书·虞陆张骆陆吾朱传》裴注引《翻别传》，北京：中华书局，1985 年，第1323 页。

③ ［晋］陈寿：《三国志·吴书·虞陆张骆陆吾朱传》裴注，北京：中华书局，1985 年，第1323 页。

谓阐明虞氏所理解的杨氏《太玄》之本旨;“释宋”,则是排解开宋衷对于《太玄》滞而不通的识见。

《隋书·经籍志》、《旧唐书·经籍志》及《新唐书·艺文志》,皆著录有虞注《周易》九卷。唐陆德明《经典释文·序录》则著录有虞注《周易》十卷。此即前揭虞氏之《易注》。

《经典释文·序录》著录有《论语》虞翻注十卷。《隋书·经籍志》则称:“王肃、虞翻、谯周等注《论语》各十卷,亡。”此即前揭虞氏为《论语》所作之训注。

《隋书·经籍志》称:“《春秋外传国语》二十一卷,虞翻注。”旧《唐志》则云:“《春秋外传国语》二十一卷,虞翻撰。”新《唐志》则云:“虞翻注《国语》二十一卷。”此即前揭虞氏对《国语》所作之训注。

《经典释文·序录》著录有《老子》虞翻注二卷。《隋书·经籍志》则称:“虞翻注《老子》二卷,亡。”此即前揭虞氏为《老子》所作之训注。

《隋书·经籍志》称:“梁有《扬子太玄经》十四卷,虞翻注。”新、旧《唐志》亦著录有虞注《杨子太玄经》十四卷。按,前揭虞所撰《明杨释宋》,“明杨”盖从正面疏解、阐发《太玄经》本文,藉此而彰显其本旨;“释宋”盖从反面批驳宋注之“缪错”,并配合正面的疏解和阐发,以排解宋注之滞。刘大钧教授认为,“这两部分的内容皆为训注《太玄经》而作”,“疑《太玄经注》可能即《翻别传》的《明扬》、《释宋》”。[①]

据相关记载,虞氏的著述尚不限于以上所揭数种。

《十三经注疏》载唐玄宗《孝经序》在评骘几家《孝经》训注的得失、优劣时,尝云:“韦昭、王肃,先儒之领袖;虞翻、刘邵,抑又次焉。”则虞氏亦尝为《孝经》作注。

《隋书·经籍志》载,虞氏尚有以下三种易类著作:其一,“梁有《周易

① 刘大钧:《虞翻著作考释》,《周易研究》,1990 年第 2 期。

日月变例》六卷,虞翻、陆绩撰。”其二,《周易集林律历》,一卷。其三,《易律历》,一卷。

《经典释文》卷二《周易音义》释《周易》之“易”字时,有云:“虞翻注《参同契》云:字从日下月。”可见,虞氏尝为东汉末道士魏伯阳所撰之《周易参同契》作注。

此外,《隋书·经籍志》著录:“后汉侍御史《虞翻集》二卷,梁三卷,录一卷。”《旧唐书·经籍志》亦录有《虞翻集》三卷,《新唐书·艺文志》同此。

虞氏的著述,大致如上所列。由此已足见其学问的渊博。当代虞翻易学研究名家刘大钧教授撰有《虞翻著作考释》[①]一文,可参看。刘文中还考出虞著有《川渎记》。

虞氏自我期许颇高,甚为自负,锋芒略显过于外露,似乎缺乏儒者所应具备的谦和之气,因此,他对各家的经典训注,尤其是对五经方面的训注,往往皆表现出不满之情。

东汉末年,郑玄立足古文经学,兼通今文经学,尝遍注群经,成为总结并终结两汉经学、集两汉经今古文学之大成的一代经学大师,为世人所重。即使对于这样一位雅为世人所重的经学大师,虞氏也毫无顾忌地提出严厉批评。《三国志》本传裴注引《翻别传》载,虞翻尝奏汉献帝郑玄解《尚书》违失事之目,斥责郑玄不知阙疑之义,指出:“于此数事,误莫大焉”,宜命学官定之;认为,“此不定,臣没之后,而奋乎百世,虽世有知者,怀谦莫或奏正”。他并进而申言:“玄所注五经,违义尤甚者百六十七事,不可不正。行乎学校,传乎将来,臣窃耻之!”[②]由此看来,虞氏盖尝有志于重新系统地梳理、诠释五经,只是由于长期的戎马倥偬,或遭流放,最终未

① 刘大钧:《虞翻著作考释》,《周易研究》,1990 年第 2 期。

② [晋]陈寿:《三国志·吴书·虞陆张骆陆吾朱传》裴注,北京:中华书局,1985 年,第 1322－1323 页。

能如愿。

虽然未能实现重新系统梳理、诠释五经的夙愿，因而不能与郑玄等人的博通五经同日而语，但是，虞翻仍然取得了很高的学术造诣。其学术造诣最深者乃在于易学。正是由于这方面的造诣，使得他当之无愧地成了两汉象数易学的集大成者。

据载，其《易注》初立，奏书汉献帝云：

臣闻六经之始，莫大阴阳。是以伏羲仰天县象，而建八卦，观变动六爻为六十四，以通神明，以类万物。臣高祖父，故零陵太守光，少治孟氏《易》；曾祖父，故平舆令成，缵述其业；至臣祖父凤，为之最密。臣亡考，故日南太守歆，受本于凤，最有旧书，世传其业，至臣五世。前人通讲，多玩章句，虽有秘说，于经疏阔。臣生遇世乱，长于军旅，习经于枹鼓之间，讲论于戎马之上，蒙先师之说，依经立注。又，臣郡吏陈桃，梦臣与道士相遇，放发被鹿裘，布《易》六爻，挠其三以饮臣。臣乞尽吞之。道士言：《易》道在天，三爻足矣。岂臣受命，应当知经？所览诸家解，不离流俗，义有不当实，辄悉改定，以就其正。孔子曰："乾元用九，而天下治。圣人南面，盖取诸离。"斯诚天子所宜协阴阳、致麟凤之道矣。①

他又奏汉献帝云：

经之大者，莫过于《易》。自汉初以来，海内英才，其读《易》者，解之率少。至孝灵之际，颍川荀谞，号为知《易》。臣得其注，有愈俗儒。

① ［晋］陈寿：《三国志・吴书・虞陆张骆陆吾朱传》裴注引《翻别传》，北京：中华书局，1985年，第1322页。

至所说"西南得朋，东北丧朋"，颠倒反逆，了不可知。孔子叹《易》曰："知变化之道者，其知神之所为乎！"以美大衍四象之作，而上为章首，尤可怪笑！又，南郡太守马融，名有俊才，其所解释，复不及谞。孔子曰："可与共学，未可与适道。"岂不其然！若乃北海郑玄，南阳宋忠，虽各立注，忠小差玄，而皆未得其门，难以示世。①

由奏书可知，虞翻生于易学世家，自其高祖传孟氏（喜）易学，至翻已历五世。孟喜的卦气说，是其藉以重新契会《周易》经传，建构虞氏易学的极为重要的思想来源。其云陈桃所梦一事，又透露出虞氏易学与道教，与魏伯阳《周易参同契》所显发的月体纳甲说间，所存有的微妙关联。

在奏书中，虞氏以自己的识见，尖锐批评了他所认为的注《易》各家，尤其是被时人推尊为注《易》名家的马融、荀爽（荀氏一名谞）、郑玄以及宋衷诸人的偏失、谬见，以为其自立之《易注》张目。

平心而论，虞氏对于各家所作的评判，的确不免有所偏激，有失公允，带有明显的门户之见。但是，若能以宽容的胸襟，从同情地理解他人的学术识见的视域出发来审视，我们也不难看出，虞氏本人，基本上可以称得上是一抱其满腔学术之真诚来诠释《周易》经传及其他典籍和批评诸家的，其目的即在于透过自己的努力，以豁显他所认定的《易》及其他典籍之本旨，并希冀世人能够认同、接受他所作的诠释。

二、虞翻《周易》著述传世、研究大致情形

包括易学著述在内的虞氏的著述，存世已不多。

---

① ［晋］陈寿：《三国志·吴书·虞陆张骆陆吾朱传》裴注引《翻别传》，北京：中华书局，1985年，第1322页。

唐陆德明所撰《经典释文》，保存了部分虞氏《易》的音、义。李鼎祚的《周易集解》，则征引了虞氏《易注》的大量内容，虞氏《易》的传世而不绝，端赖李氏此书。

除此而外，清以来，诸儒裒辑、诠释、阐发虞氏《易》的相关著述，是今人研究虞氏易学的重要参考资料。这些著述，主要有：

清儒孙堂，辑有虞氏《周易注》十卷、《附录》一卷，《汉魏二十一家易注》本。清儒黄奭，辑有虞氏《易注》一卷，《黄氏逸书考》（民国修补本、民国补刊本），《汉学堂经解》本。

清儒惠栋，撰有《周易述》二十三卷（一作二十一卷，因内中有两卷全阙），《易汉学》八卷。后者卷三，即系"虞仲翔易"。两部著作，其相关内容，对虞氏《易》作了较早、较为全面的研究、诠释与阐发。《周易述》，有《四库全书》本、《皇清经解》本以及《四部备要》本。《易汉学》，则有《四库全书》本、《经训堂丛书》本（乾隆本、景乾隆本）、《皇清经解续编》本以及《丛书集成初编》哲学类本。

清儒张惠言，撰有《周易虞氏义》九卷，辑补了李氏《周易集解》而外的虞氏《易注》之佚文，并对虞氏《易注》首次作出了全面、简明的诠释和阐衍。此书有《张皋文笺易诠全集》本（按，张氏字皋文，以下简称《全集》本）、《皇清经解》本。清儒曾钊，则撰有《周易虞氏义笺》九卷，对虞氏《易注》作了进一步的诠释、阐发。此书则有《面城楼丛刊》本。近人李翊灼，撰有《周易虞氏义笺订》二十卷，在曾钊基础上又有新阐发。此书有民国东北大学排印本。

张惠言另撰有《周易虞氏消息》二卷（《全集》本，《皇清经解》本），《虞氏易礼》二卷（《全集》本，《皇清经解》本）、《虞氏易事》二卷（《皇清经解续编》本，《丛书集成初编》哲学类本）、《虞氏易候》一卷（《全集》本，《皇清经解续编》本）、《虞氏易言》二卷（《全集》本，《皇清经解续编》本）；清儒胡祥麟，撰有《虞氏易消息图说初稿》一卷（《丛书集成初编》哲学类本)；清儒方申，撰有《虞氏易象汇编》一卷(《方氏易学五书》本)；清儒纪磊，撰有《虞氏逸象考正》一卷、《续纂》一卷、《虞氏易义补注》一卷及《附录》一卷(皆见《吴兴丛书》本)。诸书对虞氏易说，皆有所诠解、推阐。

清儒李锐，撰有《周易虞氏略例》一卷，对虞氏的易学象数体例，作了较为简明、切当的诠说，此书系研究虞氏易学不可多得的入门文献。该书有《皇清经解续编》本，《聚学轩丛书》(第四集)本。

清儒李道平所撰《周易集解纂疏》十卷，内中对李氏《周易集解》采录之虞氏注文，予以疏释，主要汇集了惠栋、张惠言诸人之说，时或加入自己的理解。此书是研究虞氏易学较为易见、常见的参考文献。该书有《湖北丛书》本、《丛书集成初编》哲学类本。民国徐昂所撰《周易虞氏学》六卷，亦系研究虞氏《易》的重要著述。该书有《徐氏全书》本。

今人刘大钧教授撰有《虞氏易集义》(稿本)，是继张惠言、曾钊、纪磊、徐昂、李翊灼后的虞氏易学研究集大成之作，其部分内容开始见于《周易研究》杂志，期待该书早日出版面世，以嘉惠士林。高怀民教授《两汉易学史》(中国学术著作奖助委员会、广西师范大学出版社本)，徐芹庭教授《虞氏易述解》(台北五洲出版社本)，朱伯崑教授《易学哲学史》(北京大学出版社本，昆仑出版社本)，周立升教授《两汉易学与道家思想》(上海文化出版社本)，潘雨廷教授《周易虞氏易象释》(上海古籍出版社本)，刘玉建教授《两汉象数易学研究》(广西教育出版社本)，林忠军教授《象数易学发展史》(齐鲁书社本)，皆有专章梳理虞翻易学的象数体例，拙著《周易虞氏学》(台湾顶渊文化事业有限公司本)，在前人基础上对虞氏《易注》进行了疏释阐发。

三、虞氏易学之总体特色与造诣

张惠言《周易虞氏义自序》尝论及虞氏易学之特色与造诣，其言曰：

翻之言《易》,以阴阳消息,六爻发挥旁通,升降上下,归于乾元用九而天下治。依物取类,贯穿比附,始若琐碎,及其沉深解剥,离根散叶,畅茂条理,遂于大道,后儒罕能通之。①

今人徐芹庭教授,在论及虞氏易学之特色及价值时,则称:

本《说文》《尔雅》《方言》,以求《易》之本义一也;博征于群经、诸子,以融《易》义二也;旁征于史事三也;取《易经》卦爻辞以释《易》之理象四也;宗"十翼"以诠《易》五也;明爻位之律则,以阐《易》理之精微六也;以既济定位,发易学之微言七也;明变通之意,以阐变易之理八也;明消息卦气之大义,阐天地消息之真机九也;以巽行权,幽赞孔子之玄意十也;存诸家之《易》注十一也;建立《易》之批评论,用纠诸家之失十二也;发"同义"之例,以启触类旁通之门十三也;集象数之大成,扩《易》义于无穷十四也;又观宇宙之大用,而归本于人事十五也;行夏之时,以发孔子之微旨十六也;用纳甲之义,明消息盈虚之至理十七也;用卜筮之法,以极大《易》之神奇十八也。②

以上二贤之论或略或详,皆深值我们参考。张氏所言,系虞氏易学的总体特色与突出造诣;而徐氏所言,则为虞氏易学各个方面的具体特色与造诣。就总体而论,虞氏易学的特色与造诣可大致概括为如下数端:

在《易传》阴阳说与家传孟喜一系卦气说的基础上,凝练对于宇宙人生具有根源性决定意义的阴阳消息之道,揭示天地宇宙间、生活世界中阴阳之消息,四时之递嬗与万物万象之生化,大显并转进深化汉代经学所标

① [清]张惠言:《周易虞氏义》,赵韫如编次《大易类聚初集》(第九十一种)本,台北:新文丰出版股份有限公司,1983年,第288页。

② 徐芹庭:《易经源流》,北京:中国书店,2008年,第378-379页。

举的阴阳消息的天道，乃是虞氏易学终始一贯的核心内容；

依“月体纳甲说”，借月相之盈亏，以进一步彰显阴阳消息盈虚之理与消息的引动之源，为虞氏易学中仅次于前者的又一重要内容；

提揭一系统卦变说，以消息卦统摄另五十二卦，视后者系由前者变来，从而为《易》的变易之义增添了一种新的注脚；

透过旁通说，豁显阴阳与万象显隐一体、互涵相通之妙，为虞氏易学带有高度原创意义的贡献，而彰其独特性；

空前绝后地大量运用众多的卦之逸象以及各种互体、连互之象和半象等以释卦诠《易》释象，则是虞氏易学最为突出的特色，也正因此之故，使其成为易学发展史上易学象学的典型代表；

借成既济定说，彰显阴阳性与位本然、应然与实然的宇宙与人文价值意蕴，期许阴阳消息大化之宇宙的有序和谐通泰，期许人文天下的有序和谐通泰，期许天人的有序和谐通泰，以此表达了经典《易》的旨归，令汉代经学礼乐文化的精神在阴阳消息的易学语境下得以再造。①

第二节 《易》为圣人之作而彰显圣的视域

在经学大潮涌动并全方位深度发挥其影响力已有数百年积淀的时代，基于前所言经眼观文化，经眼观人生，经眼观天下，经眼论人道，经眼言治平，经眼议天人时代心灵之归趋，虞翻主张，《易》为圣人之作，是诸经之首；《易》的视域，是最具典范意义的圣的视域。

《周易》古经与系统诠释它的《易传》，在汉代经学的语境下，一并被奉为《易》之一经不可分割的两个有机组成部分。古经是经，传也因其诠释

① 王新春：《周易虞氏学》，台北：顶渊文化事业有限公司，1999 年，第 60－62 页。

的经典性跻身经位,于该经而成不可或缺。《汉书·艺文志》所谓:"《易经》十二篇,施、孟、梁丘三家。"唐颜师古注云:"上下经及十翼,故十二篇。"①诸经中,它由与他经不相上下的地位,渐次于西汉后期跻升诸经之首,大道之源的宝座。正如《汉书·艺文志》采纳刘向、刘歆父子之见所言:

> 六艺之文,《乐》以和神,仁之表也;《诗》以正言,义之用也;《礼》以明体,明者著见,故无训也;《书》以广听,知之术也;《春秋》以断事,信之符也。五者,盖五常之道,相须而备,而《易》为之原。②

同书《扬雄传赞》亦云:"(扬雄)以为经莫大于《易》,故作《太玄》。"③虞翻完全接受了《易》的这一经典定位,称:"经之大者莫过于《易》。"④就《易》之一经两个有机组成部分的作者,他明确指出,它们分属于不同历史时期的伏羲、文王与孔子。其中,伏羲确立了八卦与六十四卦的符号系列,文王撰写了卦辞爻辞的文字系列,二人思想先后贯通,完成了古经;在此基础上,孔子撰写了《易传》十篇,揭示了伏羲、文王借古经所建立的易学这门学问,诠释了易学所开示的现实易世界。

一、伏羲发现在天八卦并通为六十四卦

在奏汉献帝书中,虞翻说:

---

① [汉]班固:《汉书》,北京:中华书局,1987年,第1703-1704页。

② [汉]班固:《汉书》,北京:中华书局,1987年,第1723页。

③ [汉]班固:《汉书》,北京:中华书局,1987年,第3583页。黄沛荣教授就此做过详细论述,详见所撰《论周易地位之提升-兼论六经之次第》,载台《孔孟月刊》1984年第23卷第3期。

④ [晋]陈寿:《三国志·吴书·虞陆张骆陆吾朱传》裴注引《翻别传》,北京:中华书局,1985年,第1322页。

伏羲仰天县象，而建八卦，观变动六爻为六十四，以通神明，以类万物。[①]

在诠释《系辞下传》"作《易》者，其有忧患乎"时，他又说：

谓忧患百姓未知兴利远害，不行礼义，茹毛饮血，衣食不足。庖牺则天八卦，通为六十四，以德化之，吉凶与民同患，故有忧患。[②]

伏羲出于忧患天下万民的深挚情怀与长远谋划，兼顾民众形下现实生活品质的提升与形上为人生命品质的礼义陶养，而仰观天象画出了八卦，进而以卦眼观万象，以八卦归类、符示、涵摄万象；又观万象的运动变化、流转互通，据在上之天确立三爻之位，据在下之地确立三爻之位，在下三爻之经卦与在上三爻之经卦的爻位以及下上内外贯通的别卦六爻之位得以设立，从而将三爻的八卦衍展重叠为六爻的六十四卦，用以归类、符示、涵摄万象的变动流通。《系辞上传》所谓"天地设位"而虞注云："位谓六画之位，乾坤各三爻。"[③]《说卦传》所谓"《易》六画而成卦"而虞注云："乾坤各三爻，而成六画之数也。"[④]乾三爻与坤三爻相对待，而成经卦三爻之位之本；乾三爻与坤三爻对待而互通，又成别卦六爻之位之本。

虞翻之前，在画卦、重卦之人问题上，主要有三说：伏羲画八卦，文王重为六十四卦；伏羲画八卦，并且重为六十四卦；伏羲画八卦，神农重卦。身处经学盛极喧嚣之后，出于为《易》之一经正本清源、拨乱反正之学术考量与担当，虞翻首先批判性地反思了以上诸说，宣示了他所认可之说。

① ［晋］陈寿：《三国志 · 吴书 · 虞陆张骆陆吾朱传》裴注引《翻别传》，北京：中华书局，1985 年，第 1322 页。

② ［清］李道平：《周易集解纂疏》，北京：中华书局，1994 年，第 660 页。

③ ［清］李道平：《周易集解纂疏》，北京：中华书局，1994 年，第 565 页。

④ ［清］李道平：《周易集解纂疏》，北京：中华书局，1994 年，第 692 页。

《系辞下传》称:“古者庖牺氏之王天下也,仰则观象于天,俯则观法于地,观鸟兽之文与地之宜,近取诸身,远取诸物,于是始作八卦,以通神明之德,以类万物之情。”这成为公认的伏羲画八卦的经典依据。同篇又称:“八卦成列,象在其中矣;因而重之,爻在其中矣。……作结绳而为网罟,以佃以渔,盖取诸离。”《说卦传》又说:“昔者圣人之作《易》也,幽赞于神明而生蓍,观变于阴阳而立卦,发挥于刚柔而生爻,和顺于道德而理于义,穷理尽性以至于命。”这类论述,又为一些人视为伏羲重卦说的经典依据。《淮南子·要略》即认为:“今《易》之乾、坤足以穷道通义也,八卦可以识吉凶、知祸福矣,然而伏羲为之六十四变,周室增以六爻。”[①]《易纬乾坤凿度》卷上《古文八卦》下亦云:“昔者庖牺圣人见万象弗分,卦象位尠,益之以三倍,得内有形而外有物,内为体,外为事,八八推荡,运造纵横,求索觅源,寻颐究性,而然后成。”[②]这是在明确认为伏羲既画八卦,又推演八卦为六十四卦。

《系辞下传》又云:“《易》之兴也,其当殷之末世,周之盛德邪?当文王与纣之事邪?”这又成为伏羲画八卦基础上文王重卦说的经典依据。司马迁在《史记》的《太史公自序》与《周本纪》中即分别说:“余闻之先人曰:伏羲至纯厚,作《易》八卦。……昔西伯拘羑里,演《周易》。”[③]“西伯盖即位五十年,其囚羑里,盖益《易》之八卦为六十四。”[④]而扬雄在《法言·问神》中则言:“《易》始八卦,而文王六十四,其益可知也。”[⑤]刘向、刘歆父子亦有类似观点,而为班固收入《汉书·艺文志》:“《易》曰:‘宓戏氏仰观象于天,俯观法于地,观鸟兽之文,与地之宜,近取诸身,远取诸物,于是始作八卦,以通神明之德,以类万物之情。’至于殷、周之际,纣在上位,逆天暴

---

① 刘文典:《淮南鸿烈集解》,北京:中华书局,1989 年,第 707 页。
② [清]赵在翰辑:《七纬》,北京:中华书局,2012 年,第 6 - 7 页。
③ [汉]司马迁:《史记》,北京:中华书局,1987 年,第 3299 - 3300 页。
④ [汉]司马迁:《史记》,北京:中华书局,1987 年,第 119 页。
⑤ 汪荣宝:《法言义疏》,中华书局 1987 年版,第 144 页。

物，文王以诸侯顺命而行道，天人之占可得而效，于是重《易》六爻，作上下篇。"①

《系辞下传》又言："庖牺氏没，神农氏作，斲木为耜，揉木为耒，耒耨之利，以教天下，盖取诸益。日中为市，致天下之民，聚天下之货，交易而退，各得其所，盖取诸噬嗑。"涉及了重卦中的益(䷩)与噬嗑(䷔)，据此，郑玄认为重卦者为神农。②

虞翻基本赞同《淮南子》与《易纬》之说，认为伏羲画八卦并重为六十四卦，而伏羲之后的圣人神农、黄帝、尧、舜以及文王等，则全面继承了伏羲的重卦，而不是重卦之人。所以在诠释《系辞下传》叙述涉及十三卦的观象制器文字时，他认为神农、黄帝、尧、舜就是在伏羲重卦的基础上，进行实际的观象制器运作的。③《九家易》的见解同于他，因此在诠释庖牺(伏羲)"始作八卦，以通神明之德，以类万物之情"时断言："六十四卦，凡有万一千五百二十册。册类一物，故曰'类万物之情'。以此庖牺重为六十四卦明矣。"④"册"通"策"。《系辞上传》所示"大衍筮法"，六十四卦三百八十四爻阴阳爻均平，共一百九十二阴爻与一百九十二阳爻，代表的蓍草册数，老阴之爻六揲二十四册，老阳之爻九揲三十六册，共计 11520 册；少阴之爻八揲三十二册，少阳之爻七揲二十八册，亦共 11520 册，涵摄符示万物之数与万物。《九家易》，以荀爽为主的诸家之《易注》，因而见解同于或近于荀爽，唐陆德明《经典释文》录有《荀爽九家集注》，当即同一部书。

迥异乎他人的是，虞翻主张，伏羲画卦之前，在天已有八卦之象，此八卦可谓天八卦或天卦，伏羲仰而观之，发现了它们，进而效法它们，以阴阳

---

① ［汉］班固：《汉书》，北京：中华书局，1987 年，第 1704 页。

② ［唐］孔颖达：《周易注疏》卷首《第二论重卦之人》言："郑玄之徒以为神农重卦。"上海：上海古籍出版社，1990 年，第 23 页。

③ ［清］李道平：《周易集解纂疏》，北京：中华书局，1994 年，第 624－633 页。

④ ［清］李道平：《周易集解纂疏》，北京：中华书局，1994 年，第 623 页。

爻画的方式，画出了符号系统的八卦。因此，伏羲不是八卦的第一位创造者，《易》之八卦并非因伏羲才有，伏羲准确言之乃是八卦的发现者、效法者。这才是他运用“则天八卦”字眼表达的用意所在。在诠释《系辞下传》“于是始作八卦”时，他称：

> 庖牺观鸟兽之文，则天八卦效之。……八卦……非庖牺之所造也。故曰：‘象者，象此者也。’则大人造爻象以象天卦可知也。而读《易》者咸以为庖牺之时，天未有八卦，恐失之矣。‘天垂象，示吉凶，圣人象之’，则天已有八卦之象。①

“象者，象此者也”语本《系辞下传》“象也者，象此者也”，虞彼注云：“成象之谓乾，谓圣人则天之象，分为三才也。”②“天垂象，示吉凶，圣人象之”语本《系辞上传》“天垂象，见吉凶，圣人象之”。伏羲之前，天早已垂示世人八卦之象，初步泄露现实活生生的八卦之易与宇宙之易的天机。伏羲因领悟、发现了天卦，而以卓荦大写人字之姿，远远超迈同时代及以往时代之人，开显了心契天的天眼、卦眼、圣眼、易眼，进而领悟、发现了易的世界，令《易》得以创立，易学得以滥觞。

二、古经成于文王而《易传》成于孔子

虞翻认为，《易》之一经最终成于文王与孔子之手，从而豁显易眼与圣的视域。在何人于六十四卦、三百八十四爻之下各系属相应卦辞、爻辞，而成符号系列与文字系列相即不离、一体对显的《易》古经，何人对此古经

① [清]李道平：《周易集解纂疏》，北京：中华书局，1994年，第622页。
② [清]李道平：《周易集解纂疏》，北京：中华书局，1994年，第618页。

做出典范诠释问题上，虞翻借注《系辞下传》"《易》之兴也，其当殷之末世，周之盛德邪？当文王与纣之事邪"与"《易》之兴也其于中古乎"、注姤卦(䷫)《大象传》"天下有风，姤；后以施命诰四方"分别说：

> 文王书《易》六爻之辞也。末世，乾上；盛德，乾三也。文王三分天下而有其二，以服事殷，周德其可谓至德矣，故周之盛德。纣穷否上，知存而不知亡，知得而不知丧，终以焚死，故殷之末世也。①
>
> 兴《易》者，谓庖牺也。文王书经，系庖牺于乾五。乾为古，五在乾中，故兴于中古。系以黄帝、尧、舜为后世圣人，庖牺为中古，则庖牺以前为上古。②
>
> 孔子行夏之时，经用周家之月，夫子传《彖》《象》以下，皆用夏家月。③

"文王三分天下"云云，语本《论语·泰伯》"三分天下有其二，以服事殷，周之德，其可谓至德也已矣"。"孔子行夏之时"云云，语本《论语·卫灵公》"颜渊问为邦。子曰：'行夏之时，乘殷之辂，服周之冕。乐则韶舞。放郑声，远佞人。郑声淫，佞人殆。'"在追溯《易》之成书过程时，《系辞下传》曾云："《易》之兴也，其当殷之末世，周之盛德邪？当文王与纣之事邪？"接下来即云："是故其辞危。危者使平，易者使倾。其道甚大，百物不废。惧以终始，其要无咎，此之谓《易》之道也。"虞翻之前，人们即据之认为文王作卦爻辞而完成《易》古经。上揭《汉书·艺文志》载，向、歆父子，班固，即据之在断言文王"重《易》六爻"成六十四卦之后，称文王"作上下篇"。"上下篇"，即通行本《周易》古经，因其分为三十卦的上经与三十四

① ［清］李道平：《周易集解纂疏》，北京：中华书局，1994年，第677页。
② ［清］李道平：《周易集解纂疏》，北京：中华书局，1994年，第659－660页。
③ ［清］李道平：《周易集解纂疏》，北京：中华书局，1994年，第403页。

卦的下经。《系辞上传》在陈述"大衍筮法"时,即已言"二篇之册(策)"。《周易参同契》亦云:"若夫至圣,不过伏羲,始画八卦,效法天地。文王帝之宗,结体演爻辞。"[①]郑玄也认为卦爻辞出于文王;而考虑到爻辞中每每涉及文王以后之事,马融、陆绩等则认为卦辞出于文王,爻辞出于周公。[②]虞翻赞同文王作卦爻辞、撰成古经之说,认为文王承接光大了由伏羲开启,神农、黄帝、尧、舜踵武赓续的易学事业,完成了符号文字完满结合的具有里程碑意义的《易》之经典文本。在此文本中,文王将伏羲系属到了乾卦九五爻,将黄帝、尧、舜等系属于后世圣人之列,昭示伏羲以圣天子的身份,"观象于天,造作八卦,备物致用,以利天下"[③],开启了以人合天、泽被天下、沾溉万世的易学大业。乾符示老古,五又为中位,昭示伏羲德位中正,以厚重的历史担当,身处中古,上承上古,下启神农、黄帝、尧、舜等,衍为光前裕后,赓续不断,生生日新的易学大业历史长河。系殷之末世于乾卦上九没落亢极之位,纣王于否卦上九穷极趋于丧亡之位,自己于乾卦九三德盛地阔谨守臣分之位,宣示自己修德合天,接续光大伏羲以来的易学大业历史长河,撰成《易》之一经,以示忧患天下,昭告来者。伏羲肇端《易》的慧心与担当,神农等接续光大易学的慧心与担当,由此得以豁显,而他们的慧识则有了汇聚结晶升华之果。文王自身的慧心忧思慧识与担当,也同时豁显开来。

除追溯《易》的成书,《易传》还部分透露过《传》作者的信息:乾卦《文言传》出现过六次"子曰",《系辞上传》出现过十四次"子曰",《系辞下传》出现过十次"子曰",如此《传》共计出现过三十次"子曰"。后人往往将传文中的这些"子曰",理解为一如《论语》中所出现的"子曰",谓孔子说。

① [后蜀]彭晓:《周易参同契通真义》,上海:上海古籍出版社,1990年,第19页。

② [唐]孔颖达:《周易注疏》卷首《第四论卦辞爻辞谁作》,上海:上海古籍出版社,1990年,第25页。

③ [清]李道平:《周易集解纂疏》,北京:中华书局,1994年,第33页。

与此相关,《论语》中则出现过两条孔子直接论《易》的文字:一为《子路篇》:子曰:“南人有言曰:‘人而无恒,不可以作巫医。’善夫!‘不恒其德,或承之羞。’”子曰:“不占而已矣。”一为《述而篇》:子曰:“加我数年,五十以学《易》,可以无大过矣。”“不恒其德,或承之羞”,属恒卦(䷟)九三爻的爻辞。

在此基础上,司马迁《史记·孔子世家》即断言孔子作《易传》:“孔子晚而喜《易》,序《彖》《系》《象》《说卦》《文言》。读《易》韦编三绝。曰:‘假我数年,若是,我于《易》则彬彬矣。’”[①]接续司马迁之说,班固《汉书·儒林传》又称:“古之儒者,博学虖《六艺》之文。《六艺》者,王教之典籍,先圣所以明天道,正人伦,致至治之成法也。周道既衰,坏于幽、厉,礼乐征伐自诸侯出,陵夷二百余年而孔子兴,以圣德遭季世,知言之不用而道不行,……盖晚而好《易》,读之韦编三绝,而为之《传》。皆因近圣之事,以立先王之教。”[②]而同书《艺文志》则说:“孔氏为之《彖》《象》《系辞》《文言》《序卦》之属十篇。故曰:《易》道深矣,人更三圣,世历三古。”[③]唐颜师古《汉书注》引韦昭之说云,三圣,“伏羲、文王、孔子”;引孟康之说云,“伏羲为上古,文王为中古,孔子为下古”。[④]《易纬乾坤凿度》卷下称:“(孔子)五十究《易》,作十翼明也。”[⑤]《易纬乾坤凿度》卷上云:“苍牙灵,昌有成,孔演明经。”[⑥]《易纬通卦验》卷上亦云:“苍牙通灵,昌之成,孔演命,明道经。”而郑玄注则说:“谓虙羲将作《易》也。昌,文王名也。又将成之,谓观象而系辞也。”[⑦]皆是孔子与伏羲、文王并提。《周易参同契》则说:“夫

① [汉]司马迁:《史记》,北京:中华书局,1987年,第1937页。
② [汉]班固:《汉书》,北京:中华书局,1987年,第3589页。
③ [汉]班固:《汉书》,北京:中华书局,1987年,第1704页。
④ [汉]班固:《汉书》,北京:中华书局,1987年,第1704－1705页。
⑤ [清]赵在翰辑:《七纬》,北京:中华书局,2012年,第28页。
⑥ [清]赵在翰辑:《七纬》,北京:中华书局,2012年,第12页。
⑦ [清]赵在翰辑:《七纬》,北京:中华书局,2012年,第127页。

子庶圣雄，十翼以辅之。三君天所挺，迭兴更御时。优劣有步骤，功德不相殊。”[①]由此，孔子作《易传》成为主流共识。

1973年出土的湖南长沙马王堆汉墓帛书《易传》，大量记载着孔子与弟子阐发《易》的文字[②]，有力证明了孔子与《易传》的密切关系。如《要》篇称：“夫子老而好《易》，居则在席，行则在橐。子赣（贡）曰：……‘夫子亦信亓（其）筮乎？’子曰：‘吾百占而七十当，唯周粱山之占也，亦必从亓（其）多者而已矣。’子曰：‘《易》，我后亓（其）祝卜矣！我观亓（其）德义耳也。……后世之士疑丘者，或以《易》乎？吾求其德而已，吾与史巫同涂而殊归者也。’”[③]刘大钧先生则根据帛书《易传》指出孔子的确在传《易》并与《易传》密切相关。[④]

虞翻接纳了上述共识，认为伏羲肇端以来的《易》，因文王古经之作而凝立；凝聚着伏羲以来易学之果的古经，则因孔子《易传》的诠释而豁显其所然与所以然。从伏羲至文王，立《易》与易学之所是，孔子则诠显挺立其所以是，而导人以进入易学殿堂之适切门径，可谓集易学之大成。三圣异世同调，共立《易》之一经，共成易学之一学。《易》与易学，成就了三圣之圣，反过来也向世人开示了，易眼即圣眼，《易》的视域即圣的视域。仔细契会《易》，深入易学之堂奥，人们即可望开显易眼、天眼、圣眼三而一的易学视域，臻乎三圣般的大气、厚重、深邃的圣人之境。

最后，虞翻特别指出，《易》与历法密切相关，历法不同，《易》的表达也就有了差异：周建子，殷建丑，夏建寅，周以子月为正月，文王的古经用的即是周正；夏以寅月为正月，孔子接受之，诠释古经时就用夏正。因此，读文王与孔子的《易》之经传，应注意周正与夏正的转换。经文中临卦（䷒）

① ［后蜀］彭晓：《周易参同契通真义》，上海：上海古籍出版社，1990年，第19页。
② 裘锡圭主编：《长沙马王堆汉墓简帛集成》叁，北京：中华书局，2014年，第40–152页。
③ 裘锡圭主编：《长沙马王堆汉墓简帛集成》叁，北京：中华书局，2014年，第116–118页。
④ 参见刘大钧：《周易概论》（增补修订本），成都：巴蜀书社，2010年，第177–183页。

卦辞“至于八月有凶”，八月谓临卦的旁通卦遯卦(䷠)所在未，未于周正为八月，于夏正则为六月，于殷正则为七月，经用周正故云八月。姤卦所在为午，于周正为七月，于夏正为五月，于殷正为六月，传用夏正，姤当五月。

第三节 《易》的象世界与阴阳消息之道

作为经典的《易》，有着符号与文字一体的文本形式，符号是言说的出发点，文字是借符号而表达一切。解开符号的意蕴，成为理解、诠释《易》的关键。作为符号基本构成的《易》八卦、六十四卦，符示着象，于是有了《易》思想世界中的象世界。包括虞翻在内的汉代易学家认为，这一象世界直接昭示着环绕天人常道的义理，揭开了这一象世界的秘密，也就揭开了《易》之为兴王业经典的秘密。基于揭开《易》之为兴王业经典秘密这一经学问题意识自觉，虞翻在前人研究的基础上，为我们诠显了他经学天人之学视域下《易》的象世界。

一、繁纭复杂的《易》的象世界

汉代易学承先启后，铸就了象数易学的辉煌。易学象数之学的基本规模，就是由它所奠定的。这其中就有虞翻的贡献。《系辞下传》称：“是故《易》者象也，象也者，象(一作像)也。”准此，在汉代经学的大语境与自身经学的视域下，虞翻认为，作为一部经书，《易》借以敞开其思想世界的基本凭借，就是卦爻符号系列所涵蕴符示的象世界，卦爻辞及传文即是基于这一象世界所作的表达。人们面对这部经书而欲登堂入室，关键环节即是解开这一象世界的真面目，由象而义理。而《易》所指向的，就是人们置身其中的大千世界。《易》卦爻符号首先符示的，就是这一世界中触处可见的天人万象及其背后的阴阳消息之象。

虞翻透过具体诠释《易》,全方位、多层次揭示了《易》的这一象世界。例如,通行本《周易》第一卦乾(☰),九三爻辞称"君子终日乾乾,夕惕若厉,无咎",九五爻辞称"飞龙在天,利见大人",《彖传》有云"云行雨施,品物流形"。虞翻分别诠释说[①]:

> 谓阳息至三,二变成离,离为日,坤为夕。
>
> 谓四已变,则五体离,离为飞,五在天,故"飞龙在天,利见大人"也。谓若庖牺观象于天,造作八卦,备物致用,以利天下,故曰"飞龙在天",天下之所利见也。
>
> 已成既济,上坎为云,下坎为雨,故"云行雨施"。乾以云雨流坤之形,万物化成,故曰"品物流形"也。

乾阳息于坤阴之上,息至三,继乾初、二之阳息显后,乾三之阳亦得息显,坤(☷)成泰(☷)。乾九三之阳所符示的一切,即宜据泰作出解读。乾九三即泰九三。泰九二之阳以阳居阴位,失位失正,宜动变至正。九二之阳由阳变阴,三所在下体成离,所临上体为坤,所处的为坤阴消隐的历程。离卦开显日之象,坤卦纯阴,阴暗,开显夕之象。九三爻辞所言"终日"之"日"、"夕惕"之"夕",即本于此离日、坤夕之象。乾阳息于坤阴之上,息至五,继乾初、二、三、四之阳息显后,乾五之阳亦得息显,坤(☷)成夬(☰)。乾九五之阳所符示的一切,即宜据夬作出解读。乾九五即夬九五。九四之阳亦以阳居阴位,失位失正,动变得正后,卦成需(☰),三至五爻互体为离,五即处此离体。离符示雉见《说卦传》,开显飞之象。作为首部系

① 以下虞翻就乾经文所作诠释,见[清]李道平:《周易集解纂疏》,北京:中华书局,1994年,第30-36页。

统诠释《周易》古经的著述，《易传》首次全面揭示了《易》内蕴指向的人在其中的现实世界，指明，在这一世界中，天地人是三种举足轻重的力量与因素，所谓三才，《易》以八经卦的三爻初地二人上天、六十四别卦的六爻初二地三四人五上天，符示着各种情势下三种力量与因素在此世界中显用之象，令三才的并立共在，成为《易》符号系列与思想世界的深层支撑性语境。《系辞下传》所谓："《易》之为书也，广大悉备，有天道焉，有人道焉，有地道焉，兼三才而两之，故六，六者非它也，三才之道也。"虞翻的诠释基于此。五爻符示天位、天之下位、天之正位，符示受命于天、基于上通于天的开放宇宙视域而转进宇宙意识为人文天下意识、确立使命担当的天子之位。九五之阳居此天位、天子之位，开显"飞龙在天"之象。这一在天飞龙天子之象，典型莫过于王天下而发现在天八卦，造作符号形式的八卦，拉开经典《易》之大幕，开显阴阳消息大道，昭告观象制器之法，开启政道治道旨归，便利天下苍生的圣人庖牺（伏羲）。像伏羲这样的圣人，自为天下万民所利于见到。乾卦《彖传》针对卦之整体作出诠释。虞翻认为，乾阳息于坤阴之上，息至上爻，乾阳全显，坤阴全消。由乾坤所统领的六十四卦系列中，六爻之位，自《易传》始而开示，初、三、五为阳位，二、四、上为阴位，阳居阳位、阴处阴位则当位得正，阴处阳位、阳居阴位则失位失正。乾初九、九三、九五之阳，以阳居阳位，当位得正，无需再变；九二、九四、上九之阳，以阳居阴位，失位失正，需再发动，由阳变阴，方可当位得正。三爻不变、三爻变之后，卦成既济（䷾）而定。水升天则为云，降地则为雨。二至四爻互体坎在下，四至上爻为坎在上，下坎上坎，五爻连互成坎（䷜），下坎在地开显雨之象，上坎在天开显云之象。乾天阳气息长于坤地阴气之上，阴阳二气顺利交感互动，乾天阳气借此透过行坎云降坎雨的方式，令坤地之形发生流动变化，万物即此得以顺利化育生成。是则"云行雨施，品物流形"。

不难看出，在虞翻那里，卦爻符号就是人所置身其中的大千世界、人文天下各种象的涵摄、符示、开显者。就经文乾卦上述内容所涉及的象，就有天地阴阳二气消息之象，阴阳消息所带来的行云降雨之象，阴阳消息交感互动所促成的各品级各类别事物得以化育生成之象，阴阳大化下的大千世界、人文天下纷呈之象，诸如飞、天、天位、天子之位、庖牺王于天下、云、雨、地、形、万物、阴阳之位诸象。揭示卦所涵摄符示开显的诸如此类的象，成了虞翻《易》经典诠释的重心所在。

再如他对履卦(䷉)经文的诠释[①]。

履卦卦辞“履虎尾，不咥人，亨”虞注云：

> 谓变讼初为兑也。与谦旁通。以坤履乾，以柔履刚。谦坤为虎，艮为尾，乾为人。乾、兑乘谦震足，蹈艮，故“履虎尾”。兑悦而应，虎口与上绝，故“不咥人”。刚当位，故通。俗儒皆以兑为虎，乾履兑，非也。兑刚卤，非柔也。

履卦一阴五阳，下兑上乾，以大千世界发生论的视域，从易学的特有语境出发，追根溯源，则在后文将及的卦变说意义上，它由二阴四阳、下坎上乾的讼卦(䷅)变来。讼卦初六之阴发动，由阴变阳，下坎成兑，讼变为履。六位阳阳阴阳阳阳下兑上乾的履(䷉)与六位阴阴阳阴阴阴下艮上坤的谦(䷎)相互对待，构成旁通关系。谦上之坤，对应履上之乾，乾刚坤柔，是则履谦旁通对待开显坤柔履乾刚之象。《系辞下传》三陈履、谦等九卦以论处忧患之道时曾言“履，德之基也”，虞彼注云“乾为德，履与谦旁通，坤柔履刚，故德之基。坤为基”[②]。乾刚坤柔，乾纯阳，德善属阳，乾开显德之象，坤符示地、土，开显基之象。人文礼的践履，当以谦退和柔有德为准

---

① 以下虞翻对履卦经传之注，见[清]李道平：《周易集解纂疏》，北京：中华书局，1994年，第155－162页。

② [清]李道平：《周易集解纂疏》，北京：中华书局，1994年，第660页。

绳。履下兑上乾，兑乾外而上，谦下艮上坤、三至五爻互体震，艮坤震内而下。兑符示口、说（悦），因卦中与虎相连，兑开显虎口之象。乾纯阳，阳气属于生气，有灵性，含德善，人为万物之灵，与天最亲近，于是乾开显人之象。坤纯阴，阴气属于杀气，消剥生机，杀伤生命，且在后文将及的卦气说下，坤地阴气于夏历五月午开始息长，消剥作为生气的乾天阳气，《京氏易传》卷下遂称"虎刑五月午"①，以虎刑喻示阴气的刑杀品质，于是坤开显虎之象。艮符示有尾黔喙之属，又符示居末少男，从而开显尾之象，因与坤虎之象相关，而具体指虎尾之象。履下兑上乾，兑乾外而上，谦下艮上坤、三至五爻互体震，艮坤震内而下，外而上者乘凭践蹈内而下者。于是乾人连兑悦虎口，凭震足，践蹈坤虎艮虎尾，是则"履虎尾"。六三之阴在兑体，上九之阳在乾体，阴阳相反而互应，进而兑体与乾体，一下一上，不在同一卦体，相互应和，兑虎口悦应在上乾人，与其断开不连一体，而不啮咬之，是则虎口与上绝而不啮咬人。"咥"，啮咬之谓。九五居天位、天子之位，以阳刚居阳位、中位，当位得正守中，应天顺人，面向天下，率身垂范，成为天下守望礼乐价值，遵循礼乐之教，实施礼乐教化，践行礼乐规范的向心归依处，践礼守正蔚成风气，礼乐秩序化天下稳步可期，所以亨通。九五之中正，成为亨通大好理想局面引发的源头。在后文将及的《说卦传》"帝出乎震"与"万物出乎震"两段开示的时空合一的八卦宇宙图式及汉代卦气说语境下的八卦卦气图式中，兑位西方，符示作为杀气的阴气趋盛而大显其用的秋天，于是一些诠《易》者将虎之象与兑对应，认为履卦卦辞"履虎尾"、《彖传》"柔履刚"说的是乾刚之人履践兑虎，乾刚履践兑柔，虞翻表示不赞同。《说卦传》称兑符示刚卤，不符示柔。

这里，虞翻集中诠释了履卦所涉及的履蹈、践履、刚柔、虎、尾、虎尾、

① ［汉］京房：《京氏易传》，《文渊阁四库全书》（第808册），台北：台湾商务印书馆景印，1983年，第466页。

人、足、口、虎口、喜悦、应和、当位失位诸象，诠释了有人践踩老虎尾巴，险与虎口相遇，却与虎相安无事，虎未伤人，诠释了敬慎不苟，以和柔谦退姿态，践行刚善之实，是践行人文之礼的基本要求。履卦最终指向的是面对天下的人文之礼的践履，“履虎尾”之象则是对于这一践履的生动喻示。人文之礼具有神圣庄严的品质，对于置身天下命运共同体中的人而言，具有必须遵循践履而不可冒犯的刚性要求，可谓绝对律令，在此意义上，它透显出虎杀之气，如同有形实际之虎之外的无形之虎。遵循践履者，践蹈着这一无形神圣庄严气象的虎，身安心安无事，生命境界日趋高雅伟岸，所谓“履虎尾，不咥人，亨”；悖逆不遵者，越过为人神圣庄严之红线，自以为置身安境，却不知礼的虎杀之气就会显现，如影随形而不离，时时即会令自身一直践蹈在这一无形之虎的虎尾，随时即有为其虎口所啮咬之虞，下文六三爻辞所谓“履虎尾，咥人，凶”。

履卦《彖传》“履，柔履刚也。说而应乎乾，是以‘履虎尾，不咥人，亨’。刚中正，履帝位而不疚，光明也”虞注云：

> 坤柔乾刚，谦坤籍乾，故“柔履刚”。“说”，兑也。明兑不履乾，故言“应”也。“刚中正”谓五。谦震为帝。五，帝位。坎为疾病，乾为大明。五履帝位，坎象不见，故“履帝位而不疚，光明也”。

践行礼，当以柔和践行刚德，刚德是践行之本。以坤柔和为践行方式之基，以乾刚德为践行凭依之本。“籍”，藉，凭依而蹈之谓。履上乾外而上，谦上坤内而下，坤柔和凭依乾刚德而践蹈人文之礼。六三应上九，带动兑应乾，兑悦应乾刚，虎不伤人。以悦释兑，以兑应乾释履下上二体之关系，表明“柔履刚”，非指兑柔履乾刚，而谓谦上之坤柔，践履履上之乾刚。九五阳刚，居五之阳位、中位，是则“刚中正”。履(䷉)与谦(䷎)对待旁通而互显，履上乾，二至四爻互离，谦三至五爻互震，二至四爻互坎。《说卦传》

云“帝出乎震”，又云坎“为加忧，为心病，为耳痛”，于是震、坎分别开显帝、疾病之象。“疚”谓疾病。履九五在帝王之位，谦互震帝内而下，离成于履，坎疾病之象不见，乾纯阳符示大明，是则“履帝位而不疚，光明也”。

这里，虞翻进一步诠释了履的践藉之象，喜悦、应和、刚中正、帝、帝位、疾病、大明诸象，诠释了作为人文天下归心所在的帝王，其以中正姿态对待礼及其践行而引领天下的极端重要性。这就将关系履卦终极旨归的其所内蕴昭示的践行人文之礼的天下关切与帝王的使命担当，豁然敞显。

履卦《大象传》“上天下泽，履；君子以辩上下，定民志”虞注云：

> “君子”谓乾。“辩”，别也。乾天为上，兑泽为下，谦坤为民，坎为志。谦时，坤在乾上。变而为履，故“辩上下，定民志”也。

履卦下兑上乾，其旁通卦谦下艮上坤，谦二至四爻互体为坎。后文将及，旁通卦间，动态上可流转相通，静态上则一显于外、一隐而含藏于内，外而上，内而下。乾符示天，乾阳善又开显君子之象，兑符示沼泽，坤符示地，相对于乾符示君王，坤开显臣民之象，坎符示心病见《说卦传》，开显心志之象。履时，兑下乾上，天尊而上，泽卑而下，天地宇宙间尊卑秩序井然。履上乾外而上，谦上坤内而下，乾王坤民，人文天下尊卑秩序确立，坤民坎志，民众心志得以正定。履外而上、谦内而下，开显人文天下秩序确立与民众心志正定之象，乃受启于履兑泽卑处下、乾天尊居上的天地宇宙尊卑秩序井然之象。后者彰显的是天道的礼的价值意蕴，前者昭示的是法天道立人道后人文礼的理念、制度、规范构建与陶养、践行，以及礼的秩序的实现。谦时，谦上坤外而上，履上乾内而下，坤地乾天，坤民乾君，地上天下，民上君下，天地宇宙与人文天下尊卑之序倒错；流转通向履后，才全然改观，豁显出“辩上下，定民志”之象。

这里，虞翻进一步诠释了君子、天、泽、君、民、上、下、志诸象，诠释了植根宇宙、面向天下的宏阔开放宇宙意识与有机整体天下意识下，分别上下，确立礼的秩序理念与目标，昭示万民，正定民志的人文化成基本构想。

履卦初九爻辞“素履，往无咎”，《小象传》“素履之往，独行愿也”虞注云：

> 应在巽，为白，故“素履”。四失位，变往得正，故“往无咎”。初已得正，使四独变，在外称“往”，《象》曰“独行愿也”。

自《易传》始明确揭示，别卦可视为由内外下上两个经卦重叠所成，《系辞下传》所谓“八卦成列，象在其中矣；因而重之，爻在其中矣”。于是别卦的两经卦间，就具有了爻位上的对应关系：初与四、二与五、三与上，分别为别卦两经卦的初、二、上，于是它们彼此之间在爻位上互应。如其爻性阴阳互反则得应，如其爻性阴阳相同则失应。《易纬乾凿度》卷下亦称：“卦者掛也，掛万物，视而见之，故三画以下为地，四画以上为天。物感以动，类相应也。阳气从下生，动于地之下，则应于天之下；动于地之中，则应于天之中；动于地之上，则应于天之上。故初以四，二以五，三以上，此之谓应。”[①]履(䷉)初九之阳与九四之阳处在互应关系爻位上，九四处三至五爻互体所成巽中，巽符示白见《说卦传》，素即白。履卦六爻皆在履象之中，同具履象，初九亦不例外。初九之阳含履之象，与处巽白象中的九四之阳具有爻位互应关系而关联白素之象，开显“素履”之象。九四之阳以阳居阴位失位失正，动变得正则初与之成相应关系，互应者可相互往来，四在初之上，初起应四而开显往之象。往而和洽，是则“无咎”。初九本来已正无需变，令九四单独动变趋正，而己得以往应之，乃初九之愿也。独之象谓初令四独变，行之象谓四变后的初往应四，愿之象则发自于初，愿

① ［清］赵在翰辑：《七纬》，北京：中华书局，2012 年，第 45 页。

之内容则已详上。

这里,虞翻具体诠释了环绕初爻所开显的白素、践履、相应往来、当位失位、动变得正、独、行、愿等等诸象,诠释了个体在置身人文之礼具体分位时,所当采取的践履举措。

履卦九二爻辞"履道坦坦,幽人贞吉",《小象传》"'幽人贞吉',中不自乱也"虞注云:

> 二失位,变成震,为道,为大涂,故"履道坦坦"。讼时,二在坎狱中,故称"幽人"。之正得位,震出、兑说,幽人喜笑,故"贞吉"也。
>
> 虽幽讼狱中,终辩得正,故"不自乱"。

九二之阳在履卦含履象,居二之阴位,失位失正,动变得正后,所在下体由兑变震,履成无妄(䷘)。震符示大涂见《说卦传》。大涂即大途,道路宽阔平坦,于是震又开显道之象。履象与道、大涂之象相连,是则"履道坦坦"。本卦由讼(䷅)变来。九二在讼时,含讼之象,处下体坎象之中,坎符示陷、险、盗而开显狱之象,于是九二符示幽人,即处讼狱中被囚禁幽闭之犯人。二在履,处下体兑中;变正后在无妄,处下体震中。兑符示说,即喜悦。后文将及,在《说卦传》所示卦的宇宙图式中,震符示春日万物生出之时节,开显出之象。春日万物生机盎然,无不欢欣喜悦,于是震又开显喜笑之象。讼变而为履,履变而为无妄,二由处坎狱幽人,变为处震而出,喜笑走在大涂阔道,处兑喜悦,得正出狱欢快之人。二处讼坎狱象中,属被冤屈幽闭之人,最终透过事实分辩,彰显自身之正,得出讼狱,没有自乱阵脚。是则"中不自乱"。《小象传》所言"中不自乱",则谓九二处中位,守中道,没有自乱分寸而为邪不正。

这里,虞翻具体诠释了环绕二爻所开显的践履、当位失位、动变趋正、道、大涂、坦坦、狱、幽人、出、悦、喜笑、不自乱等等诸象,诠释了个体在身正践礼却遭受不白之冤、身陷幽闭境遇时,当以对人文之礼的坚定信念,守中持正不动摇,以生命与心灵的大定力,直面现实,不乱方寸,是非曲直最终会分辨得清,不白之冤最终会彻然昭雪,结果也是以喜悦心情走出牢狱,践蹈在坦坦之途上。

履卦六三爻辞"眇而视,跛而履,履虎尾,咥人,凶。武人为于大君",《小象传》"眇而视,不足以有明也。跛而履,不足以与行也。咥人之凶,位不当也。武人为于大君,志刚也"虞注云:

> 离目不正,兑为小,故"眇而视"。视上应也。讼坎为曳,变震时为足,足曳,故"跛而履"。俗儒多以兑刑为跛,兑折震足为刑人,见刑断足者,非为跛也。艮为尾,在兑下,故"履虎尾"。位在虎口中,故"咥人凶"。既跛又眇,视步不能,为虎所啮,故"咥人凶",《象》曰"位不当也"。乾象在上,为武人。三失位,变而得正,成乾,故曰"'武人为于大君',志刚也"。

六三之阴在履(☰)含履象,处与二、四互体所成离及下体兑中。离开显目之象,离不在上下体而属上下体间的互体,是则不正。兑符示少女,少而小,开显小之象。不正之目关联小,是则六三符示之人目眇而视。目小不正而弱视曰眇。所视者,为与其相应的上九之阳所符示者。履由讼而变,三在讼时处下体坎中,成履后,三所在下体兑之中爻动变至正,下体成震。坎、震分别符示曳、足之象见《说卦传》,震足坎曳相连,是则足曳而跛,"跛而履"。三所在下体兑符示秋杀而开显刑之象,兑成于震中一阴变阳,兑符示毁折见《说卦传》,是则兑折震足而成兑,符示刑人。被刑之人足断,足断不是足跛。因此以兑毁折震足诠释足跛属于不足取的俗儒之见。三所在履下体兑外而上,所在旁通卦谦下体艮内而下,兑符示口,与虎相关而为虎口,艮符示尾,与虎相关而为虎尾,是则三"履虎尾",位又在兑虎口象之中，为虎口所啮咬，“咥人凶”。三爻所符示之人，足跛、目眇，看不清，走不稳，终至为虎所咬，生命凶危。《小象传》所谓以阴居阳位不当所致。与六三互应的上九所在乾之象在上，乾符示刚猛，开显武人之象。六三失位失正，动变得正，形成乾刚健之象，是则“志刚”。武人为九五大君效力。

这里，虞翻具体诠释了环绕三爻所开显的践履、目、小、视、目眇而视、曳、足、足跛而履、相应、刑人、足断、尾、虎尾、口、虎口、为虎所啮、当位失位、动变得正、武人、大君、志刚等等诸象，诠释了外出践行要以目明足正为保障，否则就会遇到脚踩虎尾而为其所咬之类险惨境地，以此喻示了人自身践履人文之礼的主体条件，包括眼光、洞察力、践行能力，如有不足，即会导致偏离乃至背离之失，丧失做人底线，以致践蹈透显杀气的无形人文礼乐之虎的虎尾，令生命陷入绝境，诠释了人文之礼，彰显了人文价值之正，位之正是其基本表达，失位失正即需动变趋正。

履卦九四爻辞“履虎尾，愬愬，终吉”，《小象传》“愬愬终吉，志行也”虞注云：

> 体与下绝，“四多惧”，故“愬愬”。变体坎，得位，承五，应初，故“终吉”，《象》曰“志行也”。

九四所在上体与下体隔绝，《系辞下传》诠释诸卦各爻之位时，曾言“四多惧”，谓天、君至尊而令人敬畏、恐惧，四爻临近五符示的天、君至尊之位而每每符示令人心生敬畏、恐惧之位，故而“愬愬”。“愬愬”，惊恐貌。九四以阳居阴位，失位失正，六三、上九互应而亦失位失正，三与上互易其位，四动变，则皆当位得正，四处动变所成上体坎中，坎符示心病见《说卦传》，开显心、志之象。四顺承九五之阳，应和初九之阳，心志得以施展推行。故曰云云。

这里，虞翻具体诠释了环绕四爻所开显的践履、多惧而愬愬、心志、失位、动变得正、互应、顺承诸象，诠释了敬畏忧患守正、变位失为位得、上承下应在日常践履尤其是人文之礼践履方面的极端重要性。

履卦九五爻辞“夬履，贞厉”，《小象传》“夬履贞厉，位正当也”虞注云：

> 谓三、上已变，体夬象，故“夬履”。四变，五在坎中也，为上所乘，故“贞厉”，《象》曰“位正当也”。

六三与上九互易其位，动变得正后，履卦成夬卦(䷪)，原在履象中的九五处此夬象之中，是则“夬履”。“夬履”，决然践履之谓。六四动变至正，九五处坎体之中，为上六之阴所乘凌，坎符示加忧、心病与险见《说卦传》，开显凶险、凶危之象，是则当位得正仍面凶境，所谓“贞厉”。

这里，虞翻具体诠释了环绕五爻所开显的践履、夬、决然践履、动变之正、凶危、乘诸象，诠释了日常践履、包括人文之礼践履，当以守正为圭臬，以位正为前提或出发点，纵然因此趋于危局亦不可动摇。

履卦上九爻辞“视履考详，其旋元吉”，《小象传》“元吉在上，大有庆也”虞注云：

> 应在三，三先视上，故上亦视三，故曰“视履考详”矣。“考”，稽。“详”，善也。乾为积善，故“考详”。三、上易位，故“其旋元吉”，《象》曰“大有庆也”。

上九与六三在履皆含履象，互应，六三首先视上而欲往应之，因而上九受其所感，也视三而欲来应三。六三、上九互视相应，稽查彼此之善。上所在上体为乾，阳含德善，阳积成乾，开显积善之象。是则“视履考详”。三与上互易其位，则皆当位得正而相应，善莫大焉，是则“大有庆也”。

这里，虞翻具体诠释了环绕上爻所开显的践履、互视相应、稽考、善、互易其位、正善互应、盛大吉庆诸象，诠释了践履的正善互应效用。

二、作为诠释核心环节的《易》象

通观现存《周易注》，我们不难发现，虞翻就是这样象眼以观《易》，以卦爻符号为本，以卦爻辞与传文为印证，通过各种途径，以诠释卦爻符号所符示、卦爻辞与传文所表达的天人万象，将此作为诠释《易》的核心环节，认为这些象解读诠释清楚了，《易》之一经的义理底蕴随之就可顺畅体悟到了。为此，他将打开《易》象世界秘密之途径，即各种象数体例、象数学说，作为法宝，借之对《易》展开了多渠道、全方位诠释。这些象数体例与学说，有的受启于《周易》古经本身，有的源自《左传》《国语》所载春秋时人易说，有的源自《易传》，有的源自汉代易说，有的更出自他本人融旧铸新基础上生发的新说。

这些体例与学说，主要有：

基本爻象说，爻位阴阳说，当位、失位说，得应、失应说，乘、顺（承）说，中位说，三才之位说，往来说，爻位吉凶、贵贱说等。这些主要来自《易传》。

卦气消息说。这主要来自五世家传的孟喜一系的易学，而又由他作了乾阳坤阴消息下贯十二消息卦、下贯五十二杂卦、从而下贯整体六十四卦系列的深化与升华。

月体纳甲说。此说主要源自魏伯阳的《周易参同契》，也源于京房的《京氏易传》，以及像新近出土的清华简《筮法》一类的早已失传的文献[①]，但由他作了阴阳消息语境下的全新解读，赋予了乾天坤地两仪阴阳消息

① 李学勤主编：《清华大学藏战国竹简》（肆），上海：中西书局，2013年。

引动之源的重大意义。

卦变说。此说源于《易传》的“往来说”和荀爽升降说引衍的卦变思想，经由其乾天坤地阴阳消息成十二消息卦局系列，进而化生六十四卦符示的天人万象的通贯性思考，得以提出。

旁通说。“旁通”一词，始见于乾卦《文言传》：“大哉乾乎！刚健中正，纯粹精也；六爻发挥，旁通情也。”虞翻的旁通说，盖悟自于乾阳坤阴两仪对待消息流转，深化完善于六十四卦间的两两对待相通之思，是他卦气阴阳消息说下的高度原创性学说。

反象说。反象，谓如若一卦全然倒转（即一百八十度倒转）之后即成另一卦，则此二卦间即系互反的关系，彼此互为反象或反对之象。例如屯卦（䷂）与蒙卦（䷃）、泰卦（䷊）与否卦（䷋）。此说盖受启于通行本《周易》古经卦与卦间两两为组的关系以及《序卦传》所作出的解说。

两象易（又称上下象易）说。谓一别卦的下、上二体交换一下位置，原在下者今居上，原在上者今居下，由此即可成为另一卦。此见于其对《系辞下传》观象制器十三盖取一段文字所作的诠释。如《系辞下传》有云：“上古穴居而野处，后世圣人易之以宫室，上栋下宇，以待风雨，盖取诸大壮。”虞注云：“无妄两象易也。”[1]无妄卦（䷘）下震、上乾，两象交换位置，令震居上而乾居下，大壮卦（䷡）即成。此说盖受启于《系辞下传》“易之以”的字眼，而虞翻突发奇思以成。

互体、连互说。一别卦包含内外下上两经卦之象。《易传》每每着眼于一卦本象中的内外下上两经卦之象与别卦之象予以诠释。而将初爻、上爻排除在外，由二至四、三至五三爻交互结合，即可成两个新经卦之象，是谓互体之象。初至四爻、二至五爻、三至上爻四爻接连互体，初至五爻、二至上爻五爻接连互体，则有四爻连互、五爻连互所成新别卦之象，是谓

① ［清］李道平：《周易集解纂疏》，北京：中华书局，1994 年，第 630 页。

连互之象。互体首见于《左传》，广见于《京氏易传》及郑玄《周易注》。传世文献四爻连互始见于郑玄《周易注》，五爻连互则始见于虞翻《周易注》。虞翻是广泛运用互体、连互说以诠释《易》象之人。

半象说。此说为虞氏新创。半象，亦即半体之象，谓一经卦缺少一爻，而使该卦之象呈现一半。例如：需卦（䷄）九二爻辞“小有言”注云：“大壮震为言，兑为口，四之五，震象半见，故‘小有言’。”[①]需卦自大壮卦（䷡）而变，大壮卦上体为震，三至五爻互兑，大壮四、五两爻互易其位，卦成需后，五至上爻出现一半体之震，故云“震象半见”。

动之正与成既济定说。一卦六爻有其阴阳之位，失位者当动变得正，是谓“动之正”。六爻皆当位得正，则卦成既济（䷾）而定，是谓“成既济定”。此说是在《易传》爻位阴阳说、当位失位说等基础上的新创。

权变说。此为虞翻所立新说。爻失位而动之正，经也，道之常也；爻当位却要再行动变，权也，道之变也。因此，虞氏所提揭的权变说，实系自孔子以来儒家所倡导的经权思想在其易学语境下的贯彻和反映。如家人卦（䷤）《彖传》、六四爻辞及《小象传》、九五爻《小象传》、上九爻辞及《小象传》之注，皆言及家人卦当位得正的九三爻之权变。[②]

逸象说。《左传》《国语》筮例中载有一些同于、异于《易传》的经卦、别卦之象。《易传》具体开示了一系列经卦、别卦之象。在此基础上，郑玄、荀爽、《九家易》皆提及过一些不见于《易传》的经卦之象。虞翻《周易注》则大量运用了众多不见于《易传》的经卦之象，并据《易传》推演出并运用了一些别卦之象。这些象，尤其是经卦之象，因不直接见于《易传》，自清儒惠栋即名之曰“逸象”。如在《周易述》卷二十《说卦传》之末，惠栋云：“虞氏传其家五世孟氏之学，八卦逸象十倍于《九家》（按谓《九家

① ［清］李道平：《周易集解纂疏》，北京：中华书局，1994年，第115页。

② 参见［清］李道平：《周易集解纂疏》，北京：中华书局，1994年，第350－355页。

易》)。如乾逸象六十一:为王,为神,为人,为圣人,为贤人,为君子……坤象八十一:为妣,为民,为刑人,为小人,为鬼,为户……震象四十九:为帝,为主,为诸侯……坎象四十七:为云,为玄云,为大川……艮象三十七:为弟,为小子,为贤人……巽象二十:为命,为诰,为号……离象十九:为黄,为见,为飞……兑象九:为友,为朋,为刑……以上逸象共三百二十三。"①其《易汉学》卷三《虞仲翔易》"虞氏逸象"下又言:"《荀九家逸象》五十有一,载见陆氏《释文》,朱子采入《本义》。虞仲翔传其家五世孟氏之学,八卦取象十倍于《九家》。如乾为王,……以上取象,共三百二十七(乾六十一,坤七十七,震五十,坎四十五,艮三十九,巽十六,离十九,兑九)。虽大略本于经,然其授受必有所自,非若后世向壁虚造,漫无根据者也。"②张惠言则在《周易虞氏义》卷九《周易说卦》之末,附有《说卦逸象》,云:"注所见者,次而著之,盖孟氏所传也。"③其后,清儒方申《虞氏易象汇编》④,纪磊《虞氏逸象考正》《虞氏逸象考正续纂》⑤,皆就虞氏八卦逸象有进一步梳理。笔者曾在前贤努力的基础上,也就虞氏所运用的八卦诸象作过归纳梳理。例如,《说卦传》广八卦之象开示乾卦之象时有云:

> 乾为天,为圜,为君,为父,为玉,为金,为寒,为冰,为大赤,为良马,为老马,为瘠马,为驳马,为木果。

虞翻则透过各种途径,推演出更多的乾卦之象:

---

① [清]惠栋:《周易述(附易汉学、易例)》,北京:中华书局,2007 年,第 391 – 392 页。

② [清]惠栋:《周易述(附易汉学、易例)》,北京:中华书局,2007 年,第 568 – 574 页。

③ [清]张惠言:《周易虞氏义》,赵韫如编次《大易类聚初集》(第九十一种)本,台北:新文丰出版股份有限公司,1983 年,第 388 – 390 页。

④ [清]方申:《虞氏易象汇编》,《续修四库全书》第 30 册,上海:上海古籍出版社,2002 年,第 15 – 28 页。

⑤ [清]纪磊:《虞氏逸象考正》,《虞氏逸象考正续纂》,《续修四库全书》第 35 册,上海:上海古籍出版社,2002 年,第 1 – 37 页。

> 乾为强，为德，为龙，为君子，为神，为吉，为先，为王，为积善，为贤人，为敬，为百，为旧德，为甲，为大君，为郊，为道，为人，为大明，为上，为武人，为远，为禄，为野，为族，为门，为岁，为大，为扬善，为天休，为威，为信，为神福，为好（按读去声，好恶之好），为物，为施，为清，为始，为金黄，为盈，为先王，为大亨，为茂，为行人，为言，为天道，为圣人，为老，为动直，为久，为顶，为易，为立，为严，为坚刚，为嘉，为肥，为善，为详（按，通祥），为介福（按，介者，大也），为庆，为爱，为威如（按，如犹貌也，此条可与乾为威合并），为宗，为知，为刚武，为忿，为圭，为扬，为施禄，为尊，为宾，为瓜，为朱，为旧，为大人，为玉铉，为贤德，为良，为衣，为初，为高宗，为缟，为生，为道门，为盛德，为蓍，为筮，为神武，为治，为明君，为古，为高，为仁，为畏，为利，为福，为大谋，为精，为行，为百物，为易道，为善人，为道德，为性，为天文，为白，为颡。①

虞翻注《易》，广泛运用这类经卦以及别卦的推演之象，从数量上言，在易学史上可谓首屈一指，再一次突显了虞氏易学的象学特征。

三、在天八卦之象与阴阳消息的肇端

在繁纭复杂的《易》的象世界中，虞翻认为，最具本始意义的，就是由伏羲发现的在天八卦之象。正是此八卦之象，成为《系辞下传》所言“是故《易》者象也，象也者，象也”所指涉的最根本之象，它们肇端了阴阳消息的现实易世界，引动了乾天阳气与坤地阴气的消息与万象的化生，落实了阴阳消息的易道、天道，成为圣人作《易》效法的源头。

---

① 王新春：《周易虞氏学》，台北：顶渊文化事业有限公司，1999年，第150－151页。

《易传》以阴阳诠释古经的两种爻画，以阴阳流转诠释八卦、六十四卦的符号系列，以阴阳贯穿《易》的整个体系，从而令阴阳成了《易》与易学的基点，于是有了《系辞上传》"一阴一阳之谓道"的鲜明论断。《庄子·天下篇》基于此，则在论及《诗》《书》《礼》《乐》《易》《春秋》诸经之旨时说："《易》以道阴阳。"汉代经学精神、经学哲学文化价值系统的奠基人是董仲舒。《春秋》公羊学出身的他，基于《易》开显的阴阳观，在天为人的生命与价值终极之根，"道之大原出于天，天不变道亦不变"[①]，人道植根于天道，本天道立人道，法天道成王道的经学理念下，将把握天道的切入点定于阴阳，而称"天道之大者在阴阳"[②]。从此，阴阳，阴阳大化，与基于此的天人之际问题，成了时人的头等关注点。在此背景下，虞翻认为，"六经之始，莫大阴阳"[③]，透过诸经之首的《易》，圣人首要所展现的视域，就是一种阴阳的视域。阴阳是《易》的神髓之所在，是《易》被命名为"易"的最大秘奥所在，彰显着天道的《易》之道，实质就是阴阳之道，阴阳之道就是易道、天道的同义语。因此，阴阳是解开《易》的秘奥，进入《易》的殿堂，领悟易学与天道奥蕴的秘钥。而这一阴阳奥蕴，首先是由日月在天所成八卦之象泄露出来的。

唐陆德明《经典释文》卷二《周易音义》释"易"称："此经名也。虞翻注《参同契》云：'字从日下月。'"[④]

虞翻在诠释《周易》经传之前，先诠释了东汉道人魏伯阳的《周易参同契》，深受其中月体纳甲说的启发，领悟到与黄老、丹道会通为一的《易》的阴阳神髓。

《参同契》云："言不苟造，论不虚生，引验见效，校度神明，推论结字，

① ［汉］班固：《汉书》，北京：中华书局，1987 年，第 2518－2519 页。

② ［汉］班固：《汉书》，北京：中华书局，1987 年，第 2502 页。

③ ［晋］陈寿：《三国志·吴书·虞陆张骆陆吾朱传》裴注引《翻别传》，北京：中华书局，1985 年，第 1322 页。

④ ［唐］陆德明：《经典释文》，北京：中华书局，1983 年，第 19 页。

原理为证。坎戊月精，离己日光，日月为易，刚柔相当。”[1]日月的升降往来引发阴阳的流转，圣人由日下月构字所成的“易”，即旨在昭示《易》之所以名“易”，乃因其神髓在阴阳。许慎《说文》：“《秘书》说曰：‘日月为易，象侌昜也。’”[2]《易纬乾坤凿度》：“易名有四义，（其一）本日月相衔。”注：“日月往来，古日下有月为易。”[3]表达了类似的见解。这一神髓，虞翻认为，最鲜明的，首先由天借日月之本相与日月升降往来所引发的六种不同圆缺明晦之月相所昭示。日月之本相加其他六种不同月相，即为伏羲所发现的在天的八卦之象。《参同契》称：“三日出为爽，☳震庚受西方。八日☱兑受丁，上弦平如绳。十五（☰）乾体就，盛满甲东方。……七八道已讫，曲折低下降。十六转受统，☴巽辛见平明。☶艮直于丙南，下弦二十三。☷坤乙三十日，东、北丧其明。节尽相禅与，继体复生龙。壬、癸配甲、乙，乾坤括终始。”[4]在此基础上，虞翻借诠释《系辞下传》“是故《易》者象也，象也者，象也”与《系辞上传》“县象著明莫大乎日月”，指明了日月运转所成的八卦之象。他说：

> “易”谓日月，在天成八卦象，“县象著明，莫大日月”是也。[5]
>
> 谓日月县天，成八卦象。三日莫，震象出庚；八日，兑象见丁；十五日，乾象盈甲；十七日旦，巽象退辛；二十三日，艮象消丙；三十日，坤象灭乙。晦夕朔旦，坎象流戊。日中则离，离象就己。戊己土位，象见于中，日月相推，而明生焉，故“县象著明莫大乎日月”者也。[6]

---

① ［后蜀］彭晓：《周易参同契通真义》，上海：上海古籍出版社，1990 年，第 7 页。

② ［清］段玉裁：《说文解字注》，郑州：中州古籍出版社，2006 年，第 459 页。

③ ［清］赵在翰辑：《七纬》，北京：中华书局，2012 年，第 12 页。

④ ［后蜀］彭晓：《周易参同契通真义》，上海：上海古籍出版社，1990 年，第 9－10 页。乾卦符号原缺，依例补。

⑤ ［清］李道平：《周易集解纂疏》，北京：中华书局，1994 年，第 634 页。

⑥ ［清］李道平：《周易集解纂疏》，北京：中华书局，1994 年，第 603 页。

清儒惠栋就此作了很好的诠释:“日月之晦、朔、弦、望,有八卦象,故谓‘日月县天,成八卦象’。三日震象出庚,八日兑象见丁,十五日乾象盈甲,皆在暮也;十七日巽象退辛,二十三日艮象消丙,三十日坤象灭乙,皆在旦也;二十九日、三十日为晦夕,一日为朔旦,昼为日中,故坎象盈戊,离象就己。戊己中央土,故象见于中。”①在此基础上,清儒李道平云:“《说卦》言‘天地定位,山泽通气,雷风相薄’,以三阳三阴至一阳一阴为序,其后乃言‘水火不相射’,盖以六卦寓消息,而以水火为用,即此义也。虞氏本此以说《易》,与经旨适合。其法以震、巽、艮、兑、乾、坤六卦应月候,而坎、离为日月之本体,居中不用。震直生明者,一阳始生,又生明之时,以初昏候之,月见庚方也。兑直上弦者,二阳浸盛,又上弦之时,以初昏候之,月见丁方也。乾直望者,三阳盛满,又望时,以初昏候之,月见甲方也。巽直生魄,则一阴始生,又生魄之时,以平明候之,月见辛方也。艮直下弦,则二阴浸盛,又下弦之时,以平明候之,月见丙方也。坤直晦,则三阴盛满,又晦时,以平明候之,月见乙方也。”②每日正午时分,日现其本相于中天己位。晦夕朔旦,即每月最后一日的傍晚至下月初一的早晨,月现其本相于中天戊位。每月初三日,傍晚日将西落时分,新月之相现于西方庚位。初八日,日没西方之时,上弦月之相现于南方丁位。十五日,日将落时分,圆月之相现于东方甲位。十六或十七日晨,月始有缺之相现于西方辛位。二十三日,东方欲晓之际,下弦月之相现于南方丙位。二十九或三十日,月相全然消失于东方乙位而藏于北方癸位。天即借这八种日月之相显示了八卦之象,即己位的离象,戊位的坎象,庚位的震象,丁位的兑象,甲位的乾象,辛位的巽象,丙位的艮象,乙位的坤象。这就是所谓天八卦或天卦。伏羲即以阴阳爻画的方式,效法之,而将其画出,于是就有了☲离、☵

---

① [清]惠栋:《周易述》,北京:中华书局,2007年,第291页,标点略有改动。

② [清]李道平:《周易集解纂疏诸家说易凡例》,《周易集解纂疏》,北京:中华书局,1994年,第17-18页。

坎、☳震、☱兑、☰乾、☴巽、☶艮、☷坤。天以月相光明面示阳，以月相阴暗面示阴，以光明、阴暗两面的变化示阴阳的消息：由新月之相而上弦月之相而圆月之相，即由☳震象而☱兑象而☰乾象，开示阳息阴消而达阳全显的过程；由始缺之月相而下弦月之相而全晦之月相，即由☴巽象而☶艮象而☷坤象，开示阴息阳消而达阴全盛的过程。于是有了以下的月体纳甲图式：

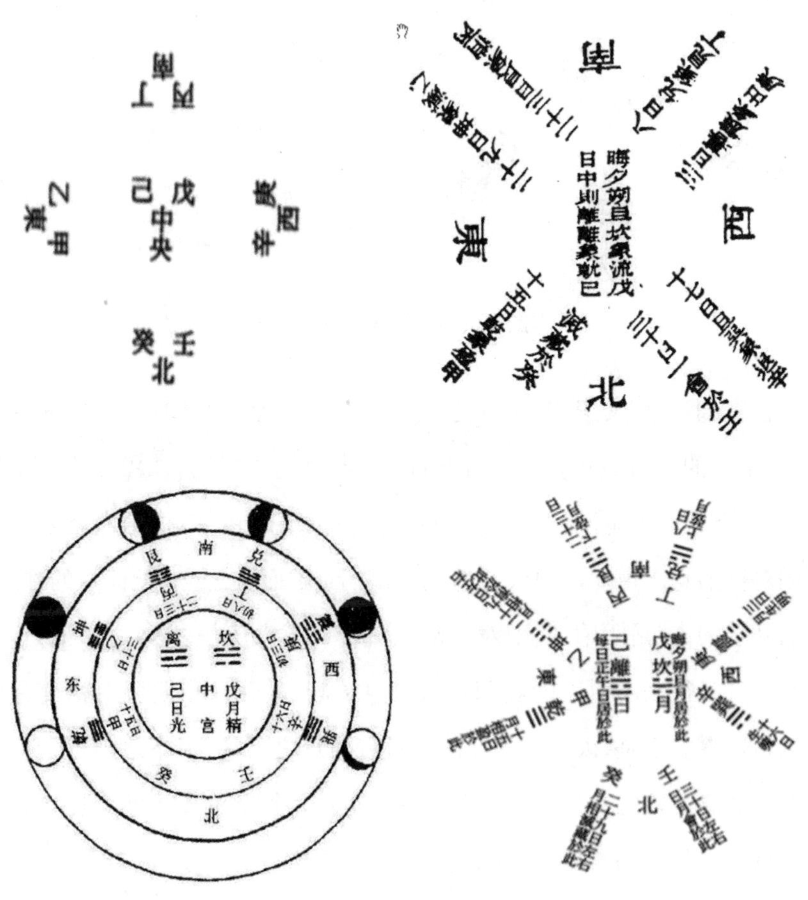

图 3－1　天干时空方位图式与月体纳甲图式

如若单纯考虑八卦之象依次所呈现的阴阳消息之义，则有李道平的如下纳甲图式[①]。而将此图式中中央的坎、离二象拉出，易学史上宋代之后陈抟、邵雍命名的“伏羲先天八卦方位图式”即成：

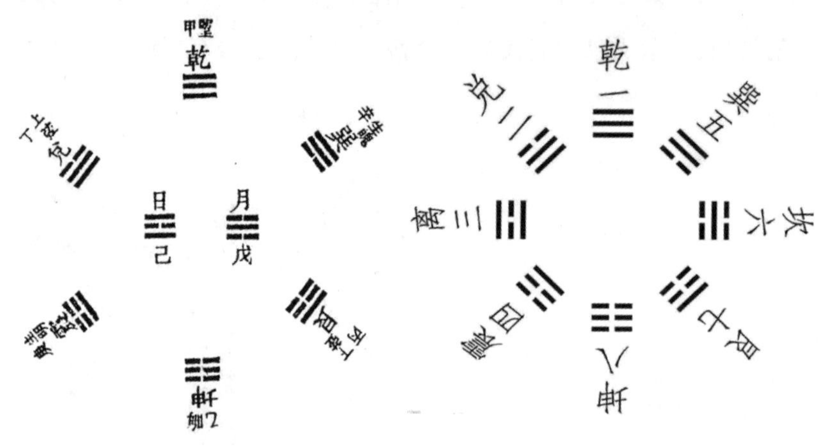

图 3－2　李道平纳甲图与伏羲先天八卦方位图式

在虞翻看来，文王、孔子继之，进一步指出、诠显，日月在天所成八卦之象，昭示的，就是阴阳，就是阴阳的对待与消息。进而，八象冰山一角般点示，天下就是一个阴阳的对待消息之场；天下之道，归根结底就是一种阴阳对待消息之道。而圣人所造的“易”字，质而言之，基于日月的往来，含蕴开示的，就是阴阳、阴阳对待消息流转。圣人所作《易》之一书，旨在奠基于日月往来所引发的阴阳对待消息流转，敞开一个阴阳对待变易流转的易世界。于是，天下可谓一阴阳对待消息之易场，天下之道可谓一阴阳对待消息流转之易道。日月的往来，对于这个变易着的世界显出其基础性意义，对于《易》之一经透出其奠基性价值。文王于坤(䷁)、蹇(䷦)两卦卦辞、孔子于这两卦《象传》所指出、诠显的，首要的就是环绕阴阳消

---

① ［清］李道平：《周易集解纂疏诸家说易凡例》，《周易集解纂疏》，北京：中华书局，1994年，第19页。

息之道主题的这些内容：

坤卦卦辞云："西南得朋，东北丧朋。"《彖传》诠释说："'西南得朋'，乃与类行；'东北丧朋'，乃终有庆。"虞注云：

> 谓阳得其类，月朔至望，从震至乾，与时偕行，故"乃与类行"。阳丧灭坤，坤终复生。谓月三日震象出庚，故"乃终有庆"。此指说易道阴阳消息之大要也。谓阳，月三日变而成震出庚，至月八日，成兑见丁，庚西丁南，故"西南得朋"。谓二阳为朋。故《兑》"君子以朋友讲习"，《文言》云"敬义立而德不孤"，《彖》曰"乃与类行"。二十九日，消乙入坤，灭藏于癸，乙东癸北，故"东北丧朋"。①

蹇卦卦辞云："利西南，不利东北。"《彖传》诠释说："'利西南'，往得中也。'不利东北'，其道穷也。……蹇之时用大矣哉！"虞注云：

> 坎为月，月生西南，故"利西南，往得中"，谓"西南得朋"也。……月消于艮，丧乙灭癸，故"不利东、北，其道穷也"，则"东、北丧朋"矣。……坎月生西、南而终东、北，震象出庚，兑象见丁，乾象盈甲，巽象退辛，艮象消丙，坤象穷乙，丧灭于癸，终则复始，以生万物，故用大矣。②

月生明而成一阳震象现庚西，增明而成二阳兑象现丁南，意味着月生西、南，阳在西、南得其朋类。月明盈满而成三阳乾象现甲东，阳和其同类随着时间的推移，与时间同步息长而达到极致。月亏明而成一阴巽象现辛西，消明而成二阴艮象现丙南。最终月明消失于乙东而成三阴坤象，继而

① ［清］李道平：《周易集解纂疏》，北京：中华书局，1994 年，第 73 – 74 页。
② ［清］李道平：《周易集解纂疏》，北京：中华书局，1994 年，第 362 – 364 页。

隐藏于癸北而仍保持三阴坤象，意味着阳在东、北丧失自己的朋类，阳道陷入穷极终结之境。物极必反，穷极终结之际，离日坎月相会于此壬癸之北，不久震象又会重现于庚西，对于阳而言的吉庆之事发生，继之又会重现兑象、乾象，接下去则是重现巽象、艮象、坤象。如此往复循环，以至无穷。

日复一日，从而月复一月的日月升降往来，直接引发了月相的阴阳对待消息流转，促成了在天的八卦之象，确立了基于八卦之象出现于特定时空之位的日月往来意义上的阴阳对待消息流转八卦易场。八卦之象出现的特定时空之位，就是其各自在此易场中的场位：《系辞下传》"八卦成列，象在其中"虞注云：

> 乾坤列东，艮兑列南，震巽列西，坎离在中。故八卦成列，则象在其中。[①]

乾位甲东，坤位乙东；艮位丙南，兑位丁南；震位庚西，巽位辛西；坎位戊中，离位己中。又，坤象先是出现于乙东，之后出现于癸北，此际正是月末日月相会之时，是以坤位又含癸北，坎位可含壬北，离位可含癸北。

四、对以往八卦图式的解构

借日月在天所成八卦，虞翻对以往的八卦图式作了解构。《说卦传》"帝出乎震""万物出乎震"两段文字，曾开示过一个由八卦所涵摄符示的时空一体互显的动态流转型立体宇宙图式，借此揭示阴阳的对待流转，四时的递嬗与万物的生化，点示人与万物就生化于这一宇宙八卦易场之中。虞翻之前，魏相、《易纬》、荀爽等，相继深化过这一图式，赋予其鲜明的卦

① ［清］李道平：《周易集解纂疏》，北京：中华书局，1994 年，第 615 页。

气阴阳消息说的语境，令其开示着一宇宙八卦卦气易场。对于这一图式与易场，虞翻则以日月往来意义上的八卦与八卦易场予以解构性诠释。

《说卦传》说：

> 帝出乎震，齐乎巽，相见乎离，致役乎坤，说言乎兑，战乎乾，劳乎坎，成言乎艮。万物出乎震；震，东方也。齐乎巽；巽，东南也。齐也者，言万物之絜齐也。离也者，明也，万物皆相见，南方之卦也；圣人南面而听天下，向明而治，盖取诸此也。坤也者，地也，万物皆致养焉，故曰致役乎坤。兑，正秋也，万物之所说也，故曰说言乎兑。战乎乾，乾，西北之卦也，言阴阳相薄也。坎者，水也，正北方之卦也，劳卦也，万物之所归也，故曰劳乎坎。艮，东北之卦也，万物之所成终而所成始也，故曰成言乎艮。

“言阴阳相薄”在本段文字中具有画龙点睛的点示意义，启示人们，在此上南下北左东右西的坐标系中，震正东，巽东南，离正南，坤西南，兑正西，乾西北，坎正北，艮东北所构成的八卦方位图式，摄时归空，以空显时，贯穿其中内在深层的，乃是阴阳二气的消息流转交感变化。正东摄正春于其中，以正东显正春。东南摄春夏之交于其中，以东南显春夏之交。正南摄正夏于其中，以正南显正夏。西南摄夏秋之交于其中，以西南显夏秋之交。正西摄正秋于其中，以正西显正秋。西北摄秋冬之交于其中，以西北显秋冬之交。正北摄正冬于其中，以正北显正冬。东北摄冬春之交于其中，以东北显冬春之交。“阴阳相薄”谓阴气大盛迫近于阳气，与阳气展开最后的搏击较量，形成秋冬之交的时节。这是八卦图式中卦符示的内容。神而明之，以此类推，自坎而艮，自艮而震，自震而巽，符示地之阴气盛极而衰，天之阳气生息而显，渐次趋盛，促成了正冬、冬春之交、正春、春夏之交几个时节的依次出现与交替；自离而坤，自坤而兑，自兑而乾，符示天之阳气盛极而衰，地之阴气生息而显，渐次趋盛，引发了正夏、夏秋之交、正秋、秋冬之交几个时节的依次出现与转换。天地阴阳二气的消息流转交感变化，春夏秋冬时节的交替转换，令整个天地宇宙成为一有机生长收藏的生化气场，万物万象即此而获得春生夏长秋收冬藏，于正春而获得新生，生意盎然，呈现自身；于春夏之交由生转长，色泽鲜亮，生长齐整；于正夏而充分得长，纷纷出动，皆得相见；于夏秋之交由长转收，彼此皆最大限度自大地获得滋养；于正秋而走向成熟，尽显自身，无不欢悦；于秋冬之交由收转藏，内在经历着阴阳二气的直接殊死搏击；于正冬而在经历生长收的生化历程后，已颇疲劳，回归本身休养生息；于冬春之交由藏转生，结束上一生长收藏历程，开启下一轮同样历程。如此往复循环，无有终穷，保持宇宙生化气场的运转不息。

与孟喜同时的魏相，"明《易经》，有师法，好观汉故事及便宜章奏，以为古今异制，方今务在奉行故事而已。数条汉兴已来国家便宜行事，及贤臣贾谊、晁错、董仲舒等所言，奏请施行之"①，"数表采《易阴阳》及《明堂月令》奏"汉宣帝，进一步推进了《说卦传》所言图式之意涵：

臣闻《易》曰："天地以顺动，故日月不过，四时不忒；圣王以顺动，故刑罚清而民服。"天地变化，必繇阴阳，阴阳之分，以日为纪。日冬夏至，则八风之序立，万物之性成，各有常职，不得相干。东方之神太昊，乘震执规司春；南方之神炎帝，乘离执衡司夏；西方之神少昊，乘兑执矩司秋；北方之神颛顼，乘坎执权司冬；中央之神黄帝，乘坤、艮执绳司下土。兹五帝所司，各有时也。东方之卦不可以治西方，南方之卦不可以治北方。春兴兑治则饥，秋兴震治则华，冬兴离治则泄，夏兴坎治则雹。明王谨于尊天，慎于养人，故立羲和之官以乘四时，

① ［汉］班固：《汉书》，北京：中华书局，1987 年，第 3137 页。

节授民事。君动静以道，奉顺阴阳，则日月光明，风雨时节，寒暑调和。三者得叙，则灾害不生，五谷熟，丝麻遂，屮木茂，鸟兽蕃，民不夭疾，衣食有余。若是，则君尊民说，上下亡怨，政教不违，礼让可兴。夫风雨不时，则伤农桑；农桑伤，则民饥寒；饥寒在身，则亡廉耻，寇贼奸宄所繇生也。臣愚以为，阴阳者，王事之本，群生之命，自古贤圣未有不繇者也。天子之义，必纯取法天地，而观于先圣。①

"天地以顺动"云云，见豫卦《彖传》。颛顼，黄帝之孙。少昊，黄帝长子。太昊伏羲氏，以木德而王天下，离世成神，继续以木德显用于宇宙生化场，位值东方，凭涵摄木春之气的震，手执规，掌管春天时节；炎帝神农氏，以火德王天下，离世成神，继续以火德显用于宇宙生化场，位值南方，凭涵摄火夏之气的离，手执衡，掌管夏天时节；少昊金天氏，以金德而王天下，离世成神，继续以金德显用于宇宙生化场，位值西方，凭涵摄金秋之气的兑，手执矩，掌管秋天时节；颛顼高阳氏，以水德而王天下，离世成神，继续以水德显用于宇宙生化场，位值北方，凭涵摄水冬之气的坎，手执权，掌管冬天时节；黄帝轩辕氏，以土德而王天下，离世成神，继续以土德显用于宇宙生化场，位值中央，凭涵摄土气的坤与艮，手执绳，掌管下土。此说脱胎于《说卦传》，只是八卦中的乾卦未于其中出场显用。阴阳、阴阳之道、阴阳大化以及王对此的重视，是其中关注的焦点。

《易纬乾凿度》卷上乃进而以孔子的名义言道：

《易》始于太极，太极分而为二，故生天地。天地有春秋冬夏之节，故生四时。四时各有阴阳刚柔之分，故生八卦。八卦成列，天地之道立，雷、风、水、火、山、泽之象定矣。其布散用事也，震生物于东

① ［汉］班固：《汉书》，北京：中华书局，1987 年，第 3139 页。

方，位在二月。巽散之于东南，位在四月。离长之于南方，位在五月。坤养之于西南方，位在六月。兑收之于西方，位在八月。乾制之于西北方，位在十月。坎藏之于北方，位在十一月。艮终始之于东北方，位在十二月。八卦之气终，则四正四维之分明，生、长、收、藏之道备，阴阳之体定，神明之德通，而万物各以其类成矣。……岁三百六十日，而天气周，八卦用事，各四十五日，方备岁焉。故艮渐正月，巽渐三月，坤渐七月，乾渐九月。①

此言，通而言之，一岁约为360日，八卦各有45个显用之日，分别涵摄符示相应45日内阴阳消息、时令交替、万物生化之具体情状；细而究之，四正卦集中显用于四时至正最显之象所在的四仲之月，四维卦则显用于四时的孟、季之月，即震显用于仲春二月，巽显用于孟夏四月及季春三月，离显用于仲夏五月，坤显用于孟秋七月及季夏六月，兑显用于仲秋八月，乾显用于孟冬十月及季秋九月，坎显用于仲冬十一月，艮显用于孟春正月及季冬十二月。四正卦各显用一月，四维卦分别显用两个月。而就四维卦显用所在的孟季两个月再予比观，则其显用之位更在四孟。

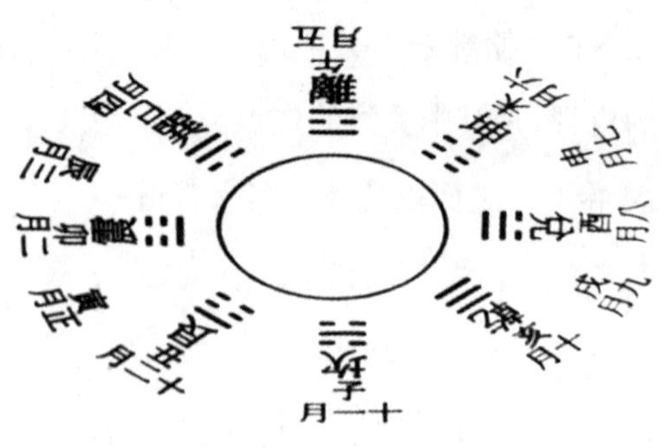

图3－3　八卦卦气图式

① ［清］赵在翰辑：《七纬》，北京：中华书局，2012年，第31－32页。

在此基础上,《易纬乾凿度》卷上又以孔子的名义称:

> 八卦之序成立,则五气变形。故人生而应八卦之体,得五气,以为五常,仁、义、礼、智、信是也。夫万物始出于震,震,东方之卦也,阳气始生,受形之道也,故东方为仁。成于离,离,南方之卦也,阳得正于上,阴得正于下,尊卑之象定,礼之序也,故南方为礼。入于兑,兑西方之卦也,阴用事,而万物得其宜,义之理也,故西方为义。渐于坎,坎,北方之卦也,阴气形盛,阴(按,此阴字当为衍文)阳气含闭,信之类也,故北方为信。夫四方之义,皆统于中央,故乾、坤、艮、巽,位在四维,中央所以绳四方行也,智之决也,故中央为智。故道兴于仁,立于礼,理于义,定于信,成于智。五者道德之分,天人之际也。圣人所以通天意,理人伦,而明至道也。[①]

这就在卦气阴阳消息的学理氛围下,以天人关系为主线,视八卦涵摄符示了阴阳、四时、八方、五行、五常,视八卦涵摄符示了时空一体同流、互诠互显下的一直处于感性流变状态之中的天人宇宙间的万物万象万变,开显了一种八卦涵摄符示的天人一体同流、合一无隔的动态流转型立体宇宙图式。此一析论及所开显图式,全面丰富深化了八卦卦气说的意蕴。依此析论及所开显图式,阴阳之气因其消息而具体展现为引发四时的木、火、土、金、水五行之气,五行之气各有其表征自身之所以为自身的品质,木仁,火礼,土智,金义,水信,这些品质彰显为造化中的五种宇宙价值,因人与大宇宙的息息相通、一体无隔,而赋予人,形成了人之所以为人的仁、义、礼、智、信五种生命内在价值、本然品性和常理常道。人的这五种内在价值、本然品质和常理常道,表明了其本然之性与生命本相的纯然至善,

① ［清］赵在翰辑:《七纬》,北京:中华书局,2012 年,第 33 页。

它们是人确立正大人道，顺利实现与天道、与大宇宙之接通感通，进而与其达成同步之脉动的基本凭借。此一析论及所开显图式，成为对汉人的天人一体无隔、息息相通识见与信念的绝好注脚。这与《礼记·中庸》“天命之谓性”郑注是完全相通的：“天命，谓天所命生人者也，是谓性命。木神则仁，金神则义，火神则礼，水神则信，土神则知。”①

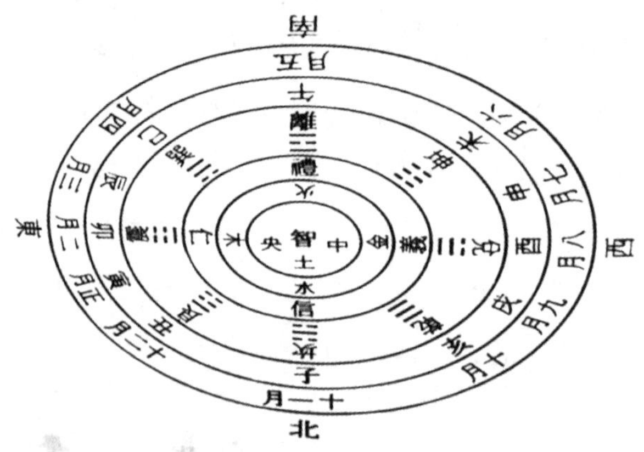

图 3－4　八卦五气五常图式

在上述八卦卦气图式中，震、离、兑、坎属四正卦，巽、坤、乾、艮属四维卦。《易纬乾坤凿度》卷上进而揭示了四正卦与四维卦在八卦卦气图式中所符示的门户意义。

其列“立乾坤巽艮四门”一节，揭示了四维卦所符示的四门：

乾为天门。圣人画乾为天门。万灵朝会众生成，其势高远。……《万形经》曰：天门辟元气，《易》始于乾也。

坤为人门。画坤为人门。万物蠢然，俱受荫育，象以准此。坤能德厚迷远，含和万灵，资育人伦，人之法用，万门起于地利，故曰人门。

① ［唐］孔颖达：《礼记正义》，阮刻十三经注疏本，北京：中华书局，1980 年，第 1625 页。

巽为风门，亦为地户。圣人曰：乾坤成气，风行天地，运动由风气成也。上阳下阴，顺体入也。能入万物，成万物，扶天地，生散万物，风以性者。圣人居天地之间，性禀阴阳之道，风为性体，因风正圣人性焉。《万形经》曰：二阳一阴，无形道也。风之发泄，由地出处，故曰地户。户者牖户，通天地之元气。天地不通，万物不蓄。

艮为鬼冥门。上圣曰：一阳二阴，物之生于冥昧，气之起于幽蔽。《地形经》曰：山者艮也，地土之余，积阳成体，石亦通气，万灵所止，起于冥门。言鬼，其归也。众物归于艮，艮者止也，止宿诸物，大齐而出，出后至于吕申，艮静如冥暗，不显其路，故曰鬼门。①

四维卦，乾值西北，开显天门，元气于此开辟，开启宇宙生机；坤值西南，万物从大地汲取丰厚滋养，物物彰其生命性之气，人人彰其生命之气，人为万物之灵，于是西南坤位成为人气最旺之地，开显人门；巽值东南，巽风由地吹动而又回归于地，风动之处，天地之气得以流通，造化之功得以实现，万物得以生生日新，开显风门与地户；艮值东北，气起并终归于幽暗被遮之境，物生并终归于冥昧不彰状态，于是艮开显鬼冥门或鬼门。后世在此基础上，遂于生存论的语境下，以西北为天门，东南为地户，西南为人门，东北为鬼门。

又列"立坎离震兑四正"，揭示了日月之位及其往来之门：

月，坎也，水魄，圣人画之，二阴一阳，内刚外弱。坎者水，天地脉，周流无息。坎不平，月、水满而圆，水倾而昃。坎之缺也，月者阙，……月阴精，水为天地信，顺气而潮。潮者水气来往，行险而不失其信者也。

① ［清］赵在翰辑：《七纬》，北京：中华书局，2012年，第7-8页。

日，离，火宫，正中而明，二阳一阴，虚内实外，明天地之目。《万形经》曰：太阳顺四方之气。

雷木震，日月出入门。日出震，月入于震。震为四正德，形鼓万物不息，圣人画之，二阴一阳，不见其体，假自然之气，顺风而行，成势作烈，尽时而息。

泽金水兑，日月往来门。月出泽，日入于泽。四正之体，气正元体，圣人画之，二阳一阴，重上虚下实。……故曰泽润，天地之和气然也。①

四正卦坎正北，离正南，震正东，兑正西。坎月离日，日出震位而入兑位，月出兑位而入震位，震开显为日出月入、日往月来之门，兑开显为月出日入、月往日来之门。日阳精，月阴精，日月为天地精粹之气，彰为引动天地之气流转的动力之源，显为天地之眼目。后世在此基础上，遂于生存论语境下，以坎开显玄武门，对应上天二十八星宿中的北方七星宿；以离开显朱雀门，对应上天二十八星宿中的南方七星宿；以震开显青龙门，对应上天二十八星宿中的东方七星宿；以兑开显白虎门，对应上天二十八星宿中的西方七星宿。每一座城，玄武、朱雀、青龙、白虎四门的构设，也是据此而来。

以上种种拓展深化了《说卦传》，八卦卦气学说与图式完整呈现在世人面前。虞注逆此大势，针对《说卦传》云：

震初不见东，故不称东方卦也。巽阳隐初，又不见东南，亦不称东南卦。……离为日为火故明，日出照物，以日相见，离象……日中正南方之卦也。坤阴无阳，故道广布，不主一方，含弘光大，养成万

① ［清］赵在翰辑：《七纬》，北京：中华书局，2012年，第8－9页。

物。……兑象不见西，故不言西方之卦。……（乾）月十五日晨象西北，故曰西北之卦也。……坎月夜中，故正北方。……万物成始乾甲，成终坤癸，艮东北，是甲癸之间，故“万物之所成终而成始”者也。①

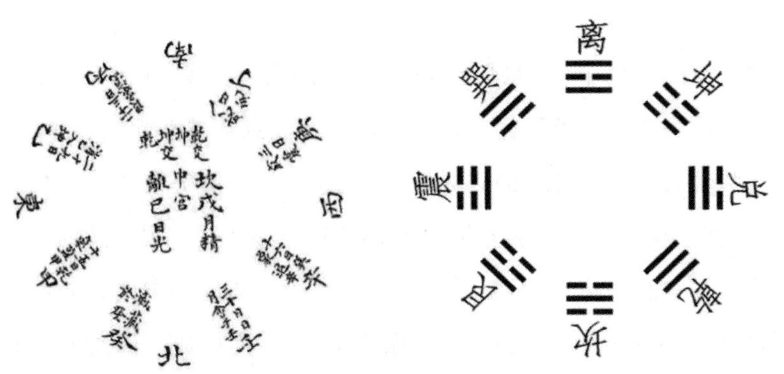

图 3－5　纳甲图式与《说卦传》八卦方位图式

震象现于庚西，不以东方卦称之。巽象现于辛西，不现东南，亦不以东南卦称之。离象正午时分现于中天，此际可谓中天之卦；转瞬由中天渐现于正南中天，此际可谓正南方之卦。坤象先现于东，后现于北，不主一方，不称西南卦。兑象现于南，不说西方卦。乾象十五日夕现于东，此际可称东方卦；当日晨现于西北，此际又可称西北之卦。坎象每月最后一日的傍晚至下月初一的早晨，现于中天，其间可谓中天之卦；夜半时分现于正北，此际可谓正北方之卦。乾象现于甲东，坤象最终现于癸北，艮象现于丙南，介乎二者之间，是为甲、癸之间，即东、北之间，清儒惠栋《易汉学》卷三《虞仲翔易》所谓“案仲翔之意，艮本东北之卦，而消于丙，当在南方。乾十五日也，坤三十日也，艮在中，距乾坤皆八日，甲东癸北，故云艮东北，甲癸之间”。②

① ［清］李道平：《周易集解纂疏》，北京：中华书局，1994 年，第 695－697 页。

② ［清］惠栋：《易汉学、易例》，上海：上海古籍出版社，1990 年，第 27 页。

可见虞翻心目中的八卦，首要的是日月在天所成的八卦；他心目中的易场，最根本的是日月往来流转意义上的易场。借此具有新建构性的八卦与易场，审视以往人们所认定的《说卦传》所述以来的八卦图式与易场，一则正如清儒张惠言所言，“注明八卦在天之列是其本也”[①]，再则更具实质性的，后者原本时空架构意义上的内涵，显然就被解构了。他由此挺显起偏离主流的、异乎同时代其他学者的八卦图式与易场，并在易学史上树立起少有的解构性另类案例。解构性在此非但意味着非建构性，反而进一步意味着对于主流之见的破坏性、否定性。只是历史上对于虞翻这种解构性诠释应和者极寡，因此主流的八卦图式与易场并未受到动摇。

当然，虞翻的解构并不彻底。主流八卦图式与易场中四正卦震、兑、离、坎所涵摄符示的时空意涵，仍被保留了下来，而构成一四时递嬗意义上的四正卦易场，并与其日月往来流转意义上的八卦易场对接起来。

依他之见，就四正卦易场，震涵摄符示春，值甲乙东位，离涵摄符示夏，值丙丁南位，兑涵摄符示秋，值庚辛西位，坎涵摄符示冬，值壬癸北位。他指出，六十四卦中，唯有归妹（䷵）一卦，完整具备构成这一易场的此四正卦，是以孔子《彖传》云：“归妹，天地之大义也。”归妹下兑秋，上震春，二至四互离夏，三至五互坎冬。是以虞注云：“震东，兑西，离南，坎北，六十四卦，此象最备四时正卦，故天地之大义也。”[②]

就两个易场的对接，在他看来，正因月复一月的日月升降往来，才引发春夏秋冬四时及其递嬗，由此又形成四时递嬗意义上的四正卦易场。经历周而复始的循环，两个易场方得以牢固确立，后一易场反而成了前一易场的统摄者，前一易场反而应自后一易场观之，由后一易场审视其八卦得以形成的场位。《系辞上传》“四象生八卦”虞注云：“乾、坤生春，艮、兑

---

① ［清］张惠言：《周易虞氏义》，赵韫如编次《大易类聚初集》（第九十一种）本，台北：新文丰出版股份有限公司，1983 年，第 385 页。

② ［清］李道平：《周易集解纂疏》，北京：中华书局，1994 年，第 472 页。

生夏，震、巽生秋，坎、离生冬者也。”[①]乾、坤之象生现于震春所值甲乙东位，艮、兑之象生现于离夏所值丙丁南位，震、巽之象生现于兑秋所值庚辛西位，坎、离之象生现于坎冬所值壬癸北位。张惠言所谓：“此乃言在天八卦生于四时也。‘生春’犹言‘生乎春’，句当为‘生春者也’，通下省耳。月行至甲、乙而乾、坤象见，是乾、坤生乎春也。月行至丙、丁，艮、兑象见。月行至庚、辛，震、巽象见。坎、离在中，不可象。日月会于壬、癸，而坎、离象见，故生乎冬。”[②]四正卦易场空间之位与日月往来意义上的八卦易场空间之位的差异矛盾，就可见文献而言，虞翻并未予以合理解决。

不难看出，日月往来意义上阴阳的对待流转，八卦之象的显现与易场的形成，敞开的核心，就是三阳乾象渐次息成，继之反转渐被阴消而通往三阴坤象，再息成乾象，再消去乾象而入坤象，如此周而复始的过程。约而言之，就是往复循环的阳出显乾象，阳丧于阴而入坤象的过程。三阳本系乾象所固有，三阴本系坤象所固有，上述过程，是乾坤对待基础上出乾入坤的阴阳对待消息流转过程，《易》之易字的意涵与《易》的底蕴，首先就在于这一消息流转。

第四节　乾天坤地阴阳两仪之体下贯的十二消息之象

虞翻指出，坎月离日往来于天，进一步引动了太极太一分化所成乾天之阳与坤地之阴两仪之体下贯的十二消息，万象就来自于十二消息的阴阳造化。万象背后具有终极根源性所以然决定意义的象，就是日月往来

① ［清］李道平：《周易集解纂疏》，北京：中华书局，1994 年，第 602 页。

② ［清］张惠言：《周易虞氏义》，赵韫如编次《大易类聚初集》本，台北：新文丰出版股份有限公司，1983 年，第 372 页。

所引动的十二消息之象。乾坤十二爻的内涵，六十四卦三百八十四爻的内涵，终极言之，就要借此十二消息之象予以解读。

一、太极、两仪与四象、八卦

追溯阴阳之原，则有太极与两仪。《系辞上传》云："《易》有太极，是生两仪。两仪生四象，四象生八卦。"虞注云：

> 太极，太一也，分为天地，故生两仪也。四象，四时也。两仪，谓乾坤也。乾二、五之坤，成坎、离、震、兑。震春、兑秋，坎冬、离夏，故两仪生四象。归妹卦备，故《彖》称"天地之大义也"。乾二五之坤，则生震、坎、艮；坤二五之乾，则生巽、离、兑，故四象生八卦。①

太极即太一，为终极最大而无形无象又无丝毫界际之分的浑然整体之一，以其无阴阳之判的浑然一气，成为这个世界气、阴阳之气、物候节气时序之气以及这个世界的本原。太极太一浑然一气发生分化，分化出阴气与阳气，后者升而为天，前者降而为地，成就起宇宙间两个最大的象，所谓两仪，天地转而成为分化后的阴气与阳气的两个最大的宝藏。天地的对待，天阳地阴的对待，确立起来。此后所发生的，就是在此对待基础上的天阳地阴的交感消息与流转。正因天阳地阴的交感消息与流转，才成就了在天的八卦之象，同时也成就了在地的八卦之形。《系辞上传》所谓："在天成象，在地成形，变化见矣。"虞注云："谓日月在天成八卦：震象出庚，兑象见丁，乾象盈甲，巽象伏辛，艮象消丙，坤象丧乙，坎象流戊，离象就己，故'在天成象'也。'在地成形'，谓震竹巽木，坎水离火，艮山兑泽，

① ［清］李道平：《周易集解纂疏》，北京：中华书局，1994 年，第 600－602 页。

乾金坤土。在天为变，在地为化。”①伏羲由天象开悟阴阳根基下的八卦之眼，进而以八卦之眼通盘审视归类在天所成之象与在地所成之形，基于阴阳根基，以阴阳爻画的形式画出符号形态的八卦，涵摄符示在天在地的诸象诸形。在天的八种象，显三阳三阴之本，呈基于此的阴阳消息流转之变；在地的八类形，亦显三阳三阴之本，并呈基于此的阴阳消息流转之化。在天在地的三阳三阴之本，本来是通贯一体的；在天之变与在地之化，原本也是基于此而发生的。伏羲据此确立起六阳之天与六阴之地之本及其相互对待，梳理清基于此的天之变与地之化，于是立六阳之乾（☰）与六阴之坤（☷）以涵摄符示天阳地阴之本及其相互对待，立另六十二卦以涵摄符示基于此的宇宙大化，有着丰厚阴阳对待交感消息流转底蕴的六十四卦的符号系列得以确立。乾天之阳与坤地之阴对待往来交感而生离日坎月：乾天二五之阳往坤地二五之位，即生坎月（☵）；坤地二五之阴往乾天二五之位，即生离日（☲）。于是离日坎月得乾天之阳与坤地之阴中和之气，而成为阴阳之精，离日为阳之精，坎月为阴之精。离日坎月往来，促成昼夜更迭、四时递嬗，归根结底四时亦因乾天坤地二五中气的往来交感促成：乾天二五之阳往坤地二五之位，内外坎冬之象，二至四震春之象；坤地二五之阴往乾天二五之位，内外离夏之象，三至五兑秋之象。是为作为两仪的乾阳之天与坤阴之地，生作为四象的四时。离日坎月往来，促成在天的八卦之象，令其生现于作为四象之四时所值之时空场位，归根结底，这八象也由乾天坤地二五中气的往来交感促成：乾天中气往坤地中位，内外坎象，二至四震象，三至五艮象；坤地中气往乾天中位，内外离象，二至四巽象，三至五兑象。实际上，所成八卦，不仅指向在天的八种象，而且指向在地的八类形，指向天地宇宙间的所有八大类象与形。

---

① ［清］李道平：《周易集解纂疏》，北京：中华书局，1994 年，第 543 页。

二、坎月离日往来中天中宫对阴阳消息的引动

天地之间，天地借日月的往来，引动了其阴阳的发用流行，促成了其阴阳的对待交感消息流转与万物的化生。日月旬复一旬往来于作为中宫的中天戊己之位，最终实现了这一切。《系辞下传》云："《易》之为书也不可远，为道也娄迁，变动不居，周流六虚。"虞注云：

> 迁，徙也。日月周流，上下无常，故娄迁也。变，易。动，行。六虚，六位也。日月周流，终则复始，故周流六虚。谓甲子之旬辰巳虚，坎戊为月，离己为日，入在中宫，其处空虚，故称六虚。五甲如次者也。①

干支相配而有六十甲子，用以纪日则有六旬。三旬当一月，六旬当两月。因干有十而支有十二，每旬缺二支而称孤（即后世术家所称旬空），与孤对冲之二支则称虚，此二支恰与各旬中的戊己相配。戊己的时空坐标在中天中宫，虚其中以应外。《史记·龟策列传》所谓："日辰不全，故有孤虚。"②南朝宋裴骃《史记集解》云："甲乙谓之日，子丑谓之辰。《六甲孤虚法》：甲子旬中无戌亥，戌亥即为孤，辰巳即为虚。甲戌旬中无申酉，申酉为孤，寅卯即为虚。甲申旬中无午未，午未为孤，子丑即为虚。甲午旬中无辰巳，辰巳为孤，戌亥即为虚。甲辰旬中无寅卯，寅卯为孤，申酉即为虚。甲寅旬中无子丑，子丑为孤，午未即为虚。刘歆《七略》有《风后孤虚》二十卷。"③甲子旬中，戌亥孤而辰巳虚，辰日坎月、巳日离日入处中宫戊、

① ［清］李道平：《周易集解纂疏》，北京：中华书局，1994 年，第 666 页。
② ［汉］司马迁：《史记》，北京：中华书局，1987 年，第 3237 页。
③ ［汉］司马迁：《史记》，北京：中华书局，1987 年，第 3237－3238 页。

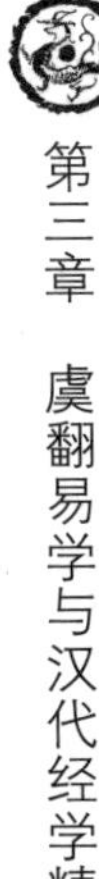

己虚位以应辰巳之虚；甲戌旬中，申酉孤而寅卯虚，寅日坎月、卯日离日入处中宫戊、己虚位以应寅卯之虚；甲申旬中，午未孤而子丑虚，子日坎月、丑日离日入处中宫戊、己虚位以应子丑之虚；甲午旬中，辰巳孤而戌亥虚，戌日坎月、亥日离日入处中宫戊、己虚位以应戌亥之虚；甲辰旬中，寅卯孤而申酉虚，申日坎月、酉日离日入处中宫戊、己虚位以应申酉之虚；甲寅旬中，子丑孤而午未虚，午日坎月、未日离日入处中宫戊、己虚位以应午未之虚。六旬而有六戊己中宫之虚，其间坎月离日六度往来入处，周遍于此六虚，如此周而复始。六十四卦的六爻之位，深层模拟效法而又涵摄符示的，就是坎月离日往来入处的中宫戊己六虚；六十四卦各卦阴阳往来于六爻之位，变动无常，深层模拟效法而又涵摄符示的，就是坎月离日往来入处于中宫戊己六虚。

表 3－1　六十甲子六旬图表

1	甲子	11	甲戌	21	甲申	31	甲午	41	甲辰	51	甲寅
2	乙丑	12	乙亥	22	乙酉	32	乙未	42	乙巳	52	乙卯
3	丙寅	13	丙子	23	丙戌	33	丙申	43	丙午	53	丙辰
4	丁卯	14	丁丑	24	丁亥	34	丁酉	44	丁未	54	丁巳
5	戊辰	15	戊寅	25	戊子	35	戊戌	45	戊申	55	戊午
6	己巳	16	己卯	26	己丑	36	己亥	46	己酉	56	己未
7	庚午	17	庚辰	27	庚寅	37	庚子	47	庚戌	57	庚申
8	辛未	18	辛巳	28	辛卯	38	辛丑	48	辛亥	58	辛酉
9	壬申	19	壬午	29	壬辰	39	壬寅	49	壬子	59	壬戌
10	癸酉	20	癸未	30	癸巳	40	癸卯	50	癸丑	60	癸亥

笔者认为，虞翻之所以对《易》作出这样的解读，显然仍系因深受《周易参同契》的影响："天地设位，而易行乎其中矣。天地者，乾坤之象也。设位者，列阴阳配合之位也。易谓坎离。坎离者，乾坤二用。二用无爻位，周流行六虚，往来既不定，上下亦无常。"①

① ［后蜀］彭晓：《周易参同契通真义》，上海：上海古籍出版社，1990 年，第 7 页。

乾天坤地为体，坎月离日为用。日往月来，而有月复一月月相圆缺意义上的阴阳对待消息流转之出乾入坤。日往月来，更有年复一年十二月阴阳二气消息之出乾入坤。正因日月的往来，引动了乾天坤地之体的发用流行。乾天六阳之体(䷀)与坤地六阴之体(䷁)相对待，这是太极太一分化为天地两仪之后宇宙阴阳之本。因乎日月的往来，对待的两仪阴阳之体得以发用流行，各自基于对方息己消彼。息己消彼，具体分为阳息消阴、阴息消阳两种形式与两个阶段。阳本乎乾天六阳之体，阴原于坤地六阴之体，是以阳息消阴乃乾天阳息而消坤地之阴，阴息消阳乃坤地阴息而消乾天之阳。虞翻正是据此，诠释着经文：

乾卦九三爻《文言传》"君子进德修业"虞注："以乾通坤。"①

坤卦初六爻《文言传》"积不善之家必有余殃"虞注："以乾通坤，极姤生巽，为余殃也。"②

坤卦六四爻《文言传》"天地变化草木蕃"虞注："谓阳息坤成泰，天地反，以乾变坤，坤化升乾。"③

坤卦六五爻《文言传》"君子黄中通理"虞注："坤息体观，地色黄，坤为理。以乾通坤，故称通理。"④

《系辞上传》"崇高莫大乎富贵"虞注："以乾通坤。"⑤

《系辞下传》"穷神知化德之盛也"虞注："以坤变乾，谓之穷神。以乾通坤，谓之知化。"⑥

① [清]李道平：《周易集解纂疏》，北京：中华书局，1994年，第48页。
② [清]李道平：《周易集解纂疏》，北京：中华书局，1994年，第87页。
③ [清]李道平：《周易集解纂疏》，北京：中华书局，1994年，第91页。
④ [清]李道平：《周易集解纂疏》，北京：中华书局，1994年，第92页。
⑤ [清]李道平：《周易集解纂疏》，北京：中华书局，1994年，第603页。
⑥ [清]李道平：《周易集解纂疏》，北京：中华书局，1994年，第641页。

《系辞下传》“初帅其辞而揆其方”虞注：“以乾通坤。”①

《说卦传》“和顺于道德而理于义，穷理尽性以至于命”虞注：“和顺谓坤，道德谓乾。以乾通坤，谓之理义也。以乾推坤，谓之穷理；以坤变乾，谓之尽性。”②

“以乾通坤”，谓在乾天坤地六阳六阴之体相互对待的基础上，由离日坎月运行引动，乾天之阳通向坤地之阴，渐次息显于坤地之阴之上；与此同时，坤地之阴则渐次被动性消退，最终结果，乾天六阳之气敞显，坤地六阴之气消隐。乾天阳息令坤地阴消，意味着前者使后者发生变化，故而“以乾通坤”的过程，也就是“以乾变坤”的过程。“变”谓使之变。乾天阳息推动坤地阴消，所以“以乾通坤”即实现了“以乾推坤”。有“以乾通坤”“以乾推坤”与“以乾变坤”，即有“以坤通乾”“以坤推乾”（虽传世文献中未见此与“以乾推坤”相对之语）与“以坤变乾”，后者同是凭借离日坎月运行的引动，坤地之阴通向乾天之阳，渐次息显于乾天之阳之上，令其节节发生变化，渐次被动性消退，最终结果，坤地六阴之气敞显，乾天六阳之气消隐。“以乾通坤”，则乾天之阳息而消坤地之阴，终至前者全然敞显，后者全然归隐。随之，消息的路向彻然逆转，“以乾通坤”转而为“以坤通乾”。阳息至极，阴息消阳开始。阳息至极由六阳之乾（䷀）符示，阴息消阳之始由一阴五阳、下巽上乾之姤（䷫）符示。阳息至极，阴息消阳成巽，令乾变为姤，一阳伏藏巽阴之下，生气遇遏，杀气始显，可谓“余殃”。乾天之阳息于坤地之阴之上，息至三，息显三阳，消退三阴，六阴之坤局（䷁）成三阳而三阴之泰局（䷊）。乾天本来在上，坤地本来在下，今泰局乾天在下、坤地在上，是则“天地反”。乾天之阳息而令坤地之阴发生变化，结果

① ［清］李道平：《周易集解纂疏》，北京：中华书局，1994年，第668页。
② ［清］李道平：《周易集解纂疏》，北京：中华书局，1994年，第690页。

使坤地升到乾天之上，是则“以乾变坤，坤化升乾”。坤地之阴息于乾天之阳之上，令后者发生变化，是谓“以坤通乾”或“以坤变乾”；息至四，六阳乾局(䷀)成四阴二阳观局(䷓)，坤符示地，地色黄，地有地之理，于是坤又开显黄、理之象。由“以坤通乾”或“以坤变乾”再转向“以乾通坤”或“以乾变坤”，令坤理之象发生变动，是则“通理”。乾阳符示神，坤阴符示化。坤地之阴息于乾天之阳之上，令后者变化而消隐，是则“以坤变乾”而“穷神”。乾天之阳息于坤地之阴之上，令后者变化而消隐，是则“以乾通坤”而“知化”。坤阴符示和顺，乾阳生气生生开显道德之象。《易纬乾凿度》卷上，以孔子名义称：“《易》有六位三才，天地人道之分际也。三才之道，天地人也。天有阴阳，地有柔刚，人有仁义，法此三者，故生六位。六位之变，阳爻者制于天也，阴爻者系于地也。天动而施曰仁，地静而理曰义。仁成而上，义成而下。上者专制，下者顺从。正形于人，则道德立而尊卑定矣。此天地人道之分际也。”[①]于是与乾开显施、仁之象相对待，坤开显理、义之象。“以乾通坤”，令坤理坤义穷尽，是则“谓之理义”。“以乾通坤”即“以乾推坤”，乾六阳息极，致使坤六阴消尽，坤符示理，是则“穷理”。乾阳生气造化生命，引发生生，有生命生生方有性，于是乾开显性之象。坤地之阴息而消乾天之阳，令后者消剥净尽，乾性之象被尽，是则“以乾变坤”而“尽性”。

这是发生在天地宇宙间对于造化大千世界、对于包括人在内的万物万象之生化具有终极根源性所以然决定意义的乾天坤地阴阳二气消息之象。

三、十二消息之象的形成与乾坤十二爻意涵的开显

乾天坤地阴阳二气的消息，在往复循环的十二节段下，分别渐次息显

① ［清］赵在翰辑：《七纬》，北京：中华书局，2012年，第38页。

了乾天六阳与坤地六阴两仪之体，分别发挥了六阳六阴造化、生化之用。十二节段，分别形成复（䷗）、临（䷒）、泰（䷊）、大壮（䷡）、夬（䷪）、乾（䷀）、姤（䷫）、遯（䷠）、否（䷋）、观（䷓）、剥（䷖）、坤（䷁）符示的十二种消息格局。这十二种格局，分别言之有十二，统而言之则归于乾坤之二，即它们所符示的，皆是乾天坤地六阳六阴两仪之体发用流行过程或消或息的具体展现形式。就此，虞翻于经文中分别予以诠释：

复卦（䷗）虞注云："出震成乾，入巽成坤，坎为疾，十二消息不见坎象，故出入无疾。……阳息坤。"①

临卦（䷒）虞注云："阳息至二，……临消于遯，六月卦也，于周为八月。"②

泰卦（䷊）虞注云："阳息坤，反否也。"③

大壮卦（䷡）虞注云："阳息泰也。"④

夬卦（䷪）虞注云："阳决阴，息卦也。刚决柔。"⑤

乾卦（䷀）虞注云："以乾通坤"；"乾息从子至巳"。⑥

姤卦（䷫）虞注云："消卦也。"⑦

遯卦（䷠）虞注云："阴消姤二也。……以阴消阳。"⑧

否卦（䷋）虞注云："阴消乾，又反泰也。"⑨

观卦（䷓）注缺。

---

① ［清］李道平：《周易集解纂疏》，北京：中华书局，1994 年，第 262 页。

② ［清］李道平：《周易集解纂疏》，北京：中华书局，1994 年，第 222－223 页。

③ ［清］李道平：《周易集解纂疏》，北京：中华书局，1994 年，第 163 页。

④ ［清］李道平：《周易集解纂疏》，北京：中华书局，1994 年，第 333 页。

⑤ ［清］李道平：《周易集解纂疏》，北京：中华书局，1994 年，第 393 页。

⑥ ［清］李道平：《周易集解纂疏》，北京：中华书局，1994 年，第 48 页、第 693 页。

⑦ ［清］李道平：《周易集解纂疏》，北京：中华书局，1994 年，第 401 页。

⑧ ［清］李道平：《周易集解纂疏》，北京：中华书局，1994 年，第 326 页。

⑨ ［清］李道平：《周易集解纂疏》，北京：中华书局，1994 年，第 173 页。

剥卦(䷖)虞注云:"阴消乾也。"①

坤卦(䷁)虞注云:"阴极阳生,乾流坤形,坤含光大,凝乾之元,终于坤亥,出乾初子";"坤消从午至亥"。②

自复(䷗)而临(䷒)而泰(䷊)而大壮(䷡)而夬(䷪)而乾(䷀)六卦,属于乾阳息于坤阴之上,而令坤阴消隐过程中,所依次形成的六种乾阳息消坤阴格局,符示天阳息于地阴之上,而令地阴消隐过程中,所依次形成的六种天阳息消地阴格局;此六卦,就属于阳息消阴、阳息阴消之卦。自姤(䷫)而遯(䷠)而否(䷋)而观(䷓)而剥(䷖)而坤(䷁)六卦,属于坤阴息于乾阳之上,而令乾阳消隐过程中,所依次形成的六种坤阴息消乾阳格局,符示地阴息于天阳之上,而令天阳消隐过程中,所依次形成的六种地阴息消天阳格局;此六卦,就属于阴息消阳、阴息阳消之卦。因阳气是一种生气,引发万物的生机生意,促成万物的生长,而阴气则是一种杀气,消泯万物的生机生意,不利万物的生长,所以有了尊阳卑阴的价值观。在此价值观下,阳与阳息、阳消,成为关注的焦点,成为立论的基本出发点。于是自复至乾六个阳息消阴、阳息阴消之卦,就被称为六息卦;自姤至坤六个阴息消阳、阴息阳消之卦,就被称为六消卦。息与消,专指阳的息与消,息卦谓阳息之卦,消卦谓阳消之卦。"以乾通坤""以乾推坤""以乾变坤"的过程,具体而言,就是自复(䷗)至乾(䷀)六息卦依次展现的过程;"以坤通乾""以坤推乾""以坤变乾"的过程,具体而言,就是自姤(䷫)至坤(䷁)六消卦依次展现的过程。六息卦显示六阳之乾渐次形成之历程,六消卦显示六阴之坤渐次形成之历程。一阳息显而出,成震成复(䷗),阳息成乾的过程肇始,历二阳之临(䷒)、三阳之泰(䷊),直至六阳之乾(䷀)而

① [清]李道平:《周易集解纂疏》,北京:中华书局,1994年,第253页。

② [清]李道平:《周易集解纂疏》,北京:中华书局,1994年,第69页、第693页。

结束，是谓“出震成乾”；一阳消隐而入，成巽成姤（䷫），阳消成坤的过程发端，历二阴之遯（䷠）、三阴之否（䷋），直至六阴之坤（䷁）而结束，是谓“入巽成坤”。上述过程中，依次出现的六息、六消的十二消息卦内，复下震上坤，临下兑上坤，泰下乾上坤，大壮下乾上震，夬下乾上兑，乾下乾上乾，姤下巽上乾，遯下艮上乾，否下坤上乾，观下坤上巽，剥下坤上艮，坤下坤上坤，皆未出现过坎卦，《说卦传》言坎“为加忧，为心病，为耳痛”而符示疾之象，是则阳之出与阳之入皆没有出现坎疾之象，是则“出入无疾”。

子月，乾天一阳发用，息显而消去坤地一阴，令对待的两仪成一阳五阴复（䷗）的格局，乾中位居初之阳的内涵即此而显；丑月，乾天二阳发用，息显而消去坤地二阴，令对待的两仪成二阳四阴临（䷒）的格局，乾中位居二之阳的内涵即此而显；寅月，乾天三阳发用，息显而消去坤地三阴，令对待的两仪成三阳三阴泰（䷊）的格局，乾中位居三之阳的内涵即此而显；卯月，乾天四阳发用，息显而消去坤地四阴，令对待的两仪成四阳二阴大壮（䷡）的格局，乾中位居四之阳的内涵即此而显；辰月，乾天五阳发用，息显而消去坤地五阴，令对待的两仪成五阳一阴夬（䷪）的格局，乾中位居五之阳的内涵即此而显；巳月，乾天六阳全幅发用，盛显而消去坤地六阴，令对待的两仪成六阳乾（䷀）的格局，乾中位居上之阳的内涵即此而显。至此，阳出于乾天而显乾天阳气的过程于焉结束。结束而终显乾天六阳之体。是则“乾息从子至巳”。

阳极阴息。阴基于乾天之阳的息显发用流行过程开始。午月，坤地一阴发用，息显而消去乾天一阳，令对待的两仪成一阴五阳姤（䷫）的格局，坤中位居初之阴的内涵即此而显；未月，坤地二阴发用，息显而消去乾天二阳，令对待的两仪成二阴四阳遯（䷠）的格局，坤中位居二之阴的内涵即此而显；申月，坤地三阴发用，息显而消去乾天三阳，令对待的两仪成三阴三阳否（䷋）的格局，坤中位居三之阴的内涵即此而显；酉月，坤地四阴发用，息显而消去乾天四阳，令对待的两仪成四阴二阳观（䷓）的格局，坤中位居四之阴的内涵即此而显；戌月，坤地五阴发用，息显而消去乾天五阳，令对待的两仪成五阴一阳剥(䷖)的格局，坤中位居五之阴的内涵即此而显；亥月，坤地六阴全幅发用，盛显而消去乾天六阳，令对待的两仪成六阴坤(䷁)的格局，坤中位居上之阴的内涵即此而显。阴出于坤地而显坤地阴气、同时阳消于阴而入全阴之坤的过程就此终了。终了而尽显坤地六阴之体。是则“坤消从午至亥”。

阴极阳息。阳基于坤地之阴的息显发用流行过程，随之又开始。如此往复循环，以至于无穷。①

自阴阳消息的动态视角观之，乾中位居初之阳，即复中位居初之阳，乾六阳未尽显，一阳属现在时，五阳属将来时，一阳处五阴之下，当以一阳五阴之复观此一阳；乾中位居二之阳，即临中位居二之阳，乾六阳未尽显，二阳属现在时，四阳属将来时，二阳处四阴之下，当以二阳四阴之临观此一阳；乾中位居三之阳，即泰中位居三之阳，乾六阳未尽显，三阳属现在时，三阳属将来时，三阳处三阴之下，当以三阳三阴之泰观此一阳；乾中位居四之阳，即大壮中位居四之阳，乾六阳未尽显，四阳属现在时，二阳属将来时，四阳处二阴之下，当以四阳二阴之大壮观此一阳；乾中位居五之阳，即夬中位居五之阳，乾六阳未尽显，五阳属现在时，一阳属将来时，五阳处一阴之下，当以五阳一阴之夬观此一阳；乾中位居上之阳，即乾六阳尽显后的位居上之阳，六阳皆属现在时，一阳处五阳之上，当以六阳之乾观此一阳。在此乾阳息坤阴消的过程中，乾中位居初之阳息显，使坤一阴成为过去时，五阴暂保现在时；乾中位居二之阳息显，使坤二阴成为过去时，四阴暂保现在时；乾中位居三之阳息显，使坤三阴成为过去时，三阴暂保现在时；乾中位居四之阳息显，使坤四阴成为过去时，二阴暂保现在时；乾中位居五之阳息显，使坤五阴成为过去时，一阴暂保现在时；乾中位居上之

① 参见王新春：《虞翻易学十二消息说语境下的宇宙大化》，《中国哲学史》2011 年第 2 期。

阳息显,使坤六阴皆成过去时。

图3-6　十二消息图式

坤中位居初之阴,即姤中位居初之阴,坤六阴未尽显,一阴属现在时,五阴属将来时,一阴处五阳之下,当以一阴五阳之姤观此一阴;坤中位居二之阴,即遯中位居二之阴,坤六阴未尽显,二阴属现在时,四阴属将来时,二阴处四阳之下,当以二阴四阳之遯观此一阴;坤中位居三之阴,即否中位居三之阴,坤六阴未尽显,三阴属现在时,三阴属将来时,三阴处三阳之下,当以三阴三阳之否观此一阴;坤中位居四之阴,即观中位居四之阴,坤六阴未尽显,四阴属现在时,二阴属将来时,四阴处二阳之下,当以四阴二阳之观观此一阴;坤中位居五之阴,即剥中位居五之阴,坤六阴未尽显,五阴属现在时,一阴属将来时,五阴处一阳之下,当以五阴一阳之剥观此一阴;坤中位居上之阴,即坤六阴尽显后的位居上之阴,六阴皆属现在时,一阴处五阴之上,当以六阴之坤观此一阴。在此坤阴息乾阳消的过程中,坤中位居初之阴息显,使乾一阳成为过去时,五阳暂保现在时;坤中位居二之阴息显,使乾二阳成为过去时,四阳暂保现在时;坤中位居三之阴息显,使乾三阳成为过去时,三阳暂保现在时;坤中位居四之阴息显,使乾四阳成为过去时，二阳暂保现在时；坤中位居五之阴息显，使乾五阳成为过去时，一阳暂保现在时；坤中位居上之阴息显，使乾六阳皆成过去时。

于是在乾天坤地六阳六阴两仪相互对待、互以对方为前提的消息流转过程中，乾初九、九二、九三、九四、九五、上九之阳，分别对应复、临、泰、大壮、夬、乾六卦而豁显其意涵；坤初六、六二、六三、六四、六五、上六之阴，分别对应姤、遯、否、观、剥、坤六卦而豁显其意涵。晋代服膺两汉孟喜、焦赣、京房一系的象数学说的易学名家干宝，对此可谓心领神会，在诠释《周易》乾、坤两卦六爻之经文时，分别称：

阳在初九，十一月之时，自复来也。①

阳在九二，十二月之时，自临来也。②

阳在九三，正月之时，自泰来也。③

阳气在四，二月之时，自大壮来也。④

阳在九五，三月之时，自夬来也。⑤

阳在上九，四月之时也。⑥

以上乾卦。

阴气在初，五月之时，自姤来也。⑦

阴气在二，六月之时，自遯来也。⑧

---

① ［清］李道平：《周易集解纂疏》，北京：中华书局，1994年，第28页。
② ［清］李道平：《周易集解纂疏》，北京：中华书局，1994年，第29－30页。
③ ［清］李道平：《周易集解纂疏》，北京：中华书局，1994年，第30页。
④ ［清］李道平：《周易集解纂疏》，北京：中华书局，1994年，第32页。
⑤ ［清］李道平：《周易集解纂疏》，北京：中华书局，1994年，第33页。
⑥ ［清］李道平：《周易集解纂疏》，北京：中华书局，1994年，第34页。
⑦ ［清］李道平：《周易集解纂疏》，北京：中华书局，1994年，第76页。
⑧ ［清］李道平：《周易集解纂疏》，北京：中华书局，1994年，第77页。

阴气在三，七月之时，自否来也。[①]

阴气在四，八月之时，自观来也。[②]

阴气在五，九月之时，自剥来也。[③]

阴在上六，十月之时也。[④]

以上坤卦。

不难发现，以两仪的相互对待为基础，以坎月离日往来、周流中宫六虚为契机，乾天之阳与坤地之阴互以对方为前提的发用流行、消息盈虚，引发了大宇宙背景场域下的阴阳消息流转变易，促成了自子至亥十二个时空场位下复、临、泰、大壮、夬、乾、姤、遯、否、观、剥、坤十二消息卦涵摄符示的十二种阴阳消息格局，渐显两仪六阳六阴之体，尽显两仪六阳六阴之用。《说卦传》"数往者顺，知来者逆"虞注所谓："谓坤消从午至亥，上下，故顺也。谓乾息从子至巳，下上，故逆也。"[⑤]十二月、四时由此形成，月月间的交替，四时间的更迭，也由此达成。是以《系辞上传》云："变通配四时。"而虞注称："变通趋时，谓十二月消息也。泰、大壮、夬配春，乾、姤、遯配夏，否、观、剥配秋，坤、复、临配冬。谓十二月消息相变通而周于四时也。"[⑥]大宇宙因此成为以两仪为体，以坎月离日往来为契机，阴阳出乾天入坤地、出坤地入乾天的宏大易场。《系辞上传》所谓："天地设位，而易行乎其中矣。"乾天坤地是此易场之本，坎月离日是此易场的引动力量，十二消息卦涵摄符示的阴阳消息格局及其流转是此易场的基本表征。子月至巳月，为"以乾通坤""以乾推坤""以乾变坤"的过程，就阳而言，是"出震

① ［清］李道平：《周易集解纂疏》，北京：中华书局，1994 年，第 79 页。
② ［清］李道平：《周易集解纂疏》，北京：中华书局，1994 年，第 81 页。
③ ［清］李道平：《周易集解纂疏》，北京：中华书局，1994 年，第 82 页。
④ ［清］李道平：《周易集解纂疏》，北京：中华书局，1994 年，第 84 页。
⑤ ［清］李道平：《周易集解纂疏》，北京：中华书局，1994 年，第 692 页。
⑥ ［清］李道平：《周易集解纂疏》，北京：中华书局，1994 年，第 564 页。

成乾”、出于乾天而渐显之过程；就阴而言，是渐消于阳而入乾天之过程；午月至亥月，为“以坤通乾”“以坤推乾”“以坤变乾”的过程，就阴而言，是出于坤地而渐显之过程；就阳而言，是“入巽成坤”、渐消于阴而入坤地之过程。以子月至亥月为一大的周期，于阳而论，是一出于乾天而入于坤地之过程；于阴而论，是一入于乾天而出于坤地之过程。基于前述尊阳卑阴的价值观，自阳的角度立言，可谓“易出乾入坤，上下无常，周流六虚，故易行乎其中也”[1]。

四、虞翻十二消息说对卦气说的转进与深化

西汉孟喜之后，以卦涵摄符示阴阳消息，物候节气时序更迭，万物万象生化的卦气说，成为《易》的主干学说，这是对“《易》以道阴阳”说的深化与具体化。自称五世家传孟氏易学的虞翻[2]，即此而进一步转进深化了孟喜易学的十二辟卦说，深化了孟喜以来卦气易学及整个经学阴阳论的语境与底蕴。

虞翻思想源于孟喜的卦气说。孟喜之说则有更远的源头，《汉书》卷八十八《儒林传》云：“喜从田王孙受《易》。喜好自称誉，得《易》家候阴阳灾变书，诈言师田生且死时枕喜膝，独传喜，诸儒以此耀之。”[3]孟喜在《系辞上传》“一阴一阳之谓道”、剥卦(䷖)《彖传》“君子尚消息盈虚，天行也”、丰卦(䷶)《彖传》“天地盈虚，与时消息”论断的基础上，结合隐士秘传易说，呼应《汉书》卷五十六《董仲舒传》所载董仲舒《春秋》公羊学天人

① ［清］李道平：《周易集解纂疏》，北京：中华书局，1994 年，第 565 页“天地设位，而易行乎其中矣”虞注。

② ［晋］陈寿：《三国志 · 吴书 · 虞陆张骆陆吾朱传》裴注引《翻别传》，北京：中华书局，1985 年，第 1322 页。参见王新春《虞翻易学的两大理论支柱：“卦气说”与“月体纳甲说”》，载刘大钧先生主编《象数易学研究》（第一辑），济南：齐鲁书社，1996 年，第 84 – 119 页。

③ ［汉］班固：《汉书》，北京：中华书局，1987 年，第 3599 页。

之学下“天道之大者在阴阳”之论[①]，以气释卦，将六十四卦视为物候节气四时之气以及引发这一切的消息着的阴阳之气的涵摄符示者，全面开启其后以阴阳消息之气流转落实为物候节气时序之气与万物生命性生化之气为核心内容的卦气易学的基本语境。

在孟喜卦气说的独特学理脉络下，作为《易》符号系统的六十四卦系列，有了四正卦与另六十卦的新组合，成了天道得以具体展现的年复一年阴阳二气之消息、物候节气之迁变、四时接续之交替、万物万象之生化的涵摄符示者。[②]

如前所言，《说卦传》“帝出乎震”“万物出乎震”两段文字，开示了一种由八卦涵摄符示的时空一体、互诠互显、物在其中的动态流转型立体宇宙图式。此段文字及其所开示的这种图式，无疑可视为卦气说的雏形。在此图式中，坎、震、离、兑四卦位于四方正位上，值四时之正，是为四正卦；艮、巽、坤、乾四卦位于四方偏位上，值四时交替之际，是为四维卦。以此为基础，孟喜卦气说中，四正卦具有了全新之意涵和显赫之地位。据《新唐书》卷二十七上《志》第十七上《历》三上，僧一行《卦议》引，在孟喜看来：

坎、震、离、兑，二十四气，次主一爻；其初，则二至、二分也。坎以阴包阳，故自北正。微阳动于下，升而未达。极于二月，凝涸之气消，坎运终焉。春分出于震，始据万物之元，为主于内，则群阴化而从之。极于南正，而丰大之变穷，震功究焉。离以阳包阴，故自南正。微阴生于地下，积而未章。至于八月，文明之质衰，离运终焉。仲秋阴形于兑，始循万物之末，为主于内，群阳降而承之。极于北正，而天泽之

① 参见[汉]班固：《汉书》，北京：中华书局，1987 年，第 2502 页。
② 参见王新春：《哲学视野下的汉易卦气说》，《周易研究》2002 年第 6 期。

施穷，兑功究焉。故阳七之静始于坎，阳九之动始于震；阴八之静始于离，阴六之动始于兑。故四象之变，皆兼六爻，而中、节之应备矣。①

人置身其中与天地万物共在的这个世界，有着岁复一岁流转的节律。一岁节律，大者显于四时，小者显于十二月乃至各月物候节气等。坎、震、离、兑四正卦，即分别为冬、春、夏、秋四时之象的基本表征。四时之象的形成，导源于阴阳二气之消息。四时之象，反过来也正具体透露着二气消息不同状态与格局之信息。直就四时阴阳消息节律大略而论，春之为春，阳气在明显息长，阴气在明显消退，属阳气活力充沛的少阳之时；夏之为夏，阳气沛然大盛，阴气力竭大衰，属阳气活力尽显的太阳之时；秋之为秋，阳气盛极而明显消退，阴气衰极而明显息长，属阴气活力渐著的少阴之时；冬之为冬，阴气沛然大盛，阳气力竭大衰，属阴气大显其用的太阴之时。但，精确而论，阴阳的消与息，都经历着由隐转显、由显转隐的历程，因而少阳、太阳、少阴、太阴并非恰与四时完全相对应。依孟喜之见，阳气息自夏历仲冬十一月中气冬至，息而处于隐的状态；至仲春二月节气惊蛰始著，由隐转显；讫仲春二月中气春分转壮，继而大盛于孟夏四月，由显转著；盛极于仲夏五月节气芒种，由著趋衰向隐。阴气则在阳气由著趋衰向隐之际，息自仲夏五月中气夏至，息而处于隐的状态；至仲秋八月节气白露始著，由隐转显；讫仲秋八月中气秋分转壮，继而大盛于孟冬十月，由显转著；盛极于仲冬十一月节气大雪，由著趋衰向隐。因此，确切言之，自仲冬十一月中气冬至，至仲春二月节气惊蛰，方属少阳之时；自仲春二月中气春分，至仲夏五月节气芒种，方属太阳之时；自仲夏五月中气夏至，至仲秋八月节气白露，方属少阴之时；自仲秋八月中气秋分，至仲冬十一月节气大雪，方属太阴之时。坎、震、离、兑四卦，即透过其各自的六爻，分别涵摄符示

① ［宋］欧阳修、宋祁：《新唐书》，北京：中华书局，2003 年，第 599 页。

着此所云少阳、太阳、少阴、太阴之时象。“阳七”“阳九”“阴八”“阴六”，即分别谓少阳、太阳、少阴、太阴。上所云冬至、春分、夏至、秋分，各系冬、春、夏、秋的至正最显之象之所在，四正卦的初爻值之，显示此四卦乃四时之象的典范权威表征。二至、二分之后，四时之象各由盛转衰，自显趋隐，直至终结。四正卦上爻分别所值之仲春二月节气惊蛰、仲夏五月节气芒种、仲秋八月节气白露、仲冬十一月节气大雪，即各为冬、春、夏、秋之象转衰趋隐后，最后所及之范围。因此，四正卦各自所涵摄符示的，乃四时自大显而衰退、直至终了之象。至于大显之前之象，则由四正卦中相关卦之相关爻涵摄符示。如此，大显之后与之前的四时之显象，各由相关四正卦之六个爻表征。所谓“四象之变，皆兼六爻”。四正卦，既如此而涵摄符示少阳、太阳、少阴、太阴之时象，涵摄符示四时至正最显之象，乃至四时全部隐显之象，由是，它们自然也就成了与上述之象得以形成、展现与演化一体不分的二十四气的涵摄符示者。而因人道而备受关注的天道，即具体展现、实现于四正卦所涵摄符示的上述四时之象与二十四气之象中。

尤有进者，四正卦所涵摄符示的上述四时及二十四气之象，又进一步具现于各月、各月节气之物候以及各月之各日之中。具体涵摄符示此一切者，则是四正卦之外的另六十卦。于是，另六十卦的内蕴，顺理成章地成了四正卦内蕴的进一步展开，四正卦与另六十卦间，即此而构成统摄与被统摄的密切关系。

传统历法，五日有一物候出现，像“鸡始乳”“东风解冻”“蛰虫始振”之类；三候（十五日），构成一个节气；六个节气，构成一时；四时构成一岁。是则一月两节气、六物候；一岁十二月、二十四节气、七十二物候。而一月的两节气，初气名“节”（节气），次气名“中”（中气）。二十四气对应于十二个月，物候的具体涵摄符示者，即系另六十卦。

六十卦各值相应月，每月五卦。各月的五卦，依据其在相应月中所涵摄符示内容重要程度之差异，而被冠以侯、大夫、卿、公、辟五种不同之人文爵位名号。

一节气三物候，分别为初候、次候和末候。六十卦配以七十二候，卦值一候，尚缺十二卦。于是，孟氏即将被称之为侯卦的那十二卦，卦体各分而为二，令分配到每月中的侯卦，其内卦值上一月中气的末候，外卦则值本月节气的初候。而每月中的其他四卦，大夫卦，值本月节气的次候；卿卦，值本月节气的末候；公卦，值本月中气的初候；辟卦，值本月中气的次候。而本月中气的末候，则由下月侯卦的内卦值之。如此，七十二候配以六十卦的问题，遂得到妥善的解决。

每月节气、中气之初、次、末候，乃依次由侯卦之外卦、大夫卦、卿卦、公卦、辟卦、下月侯卦之内卦所涵摄符示。这些卦依次是：

仲冬十一月，侯未济，大夫蹇，卿颐，公中孚，辟复；

季冬十二月，侯屯，大夫谦，卿睽，公升，辟临；

孟春正月，侯小过，大夫蒙，卿益，公渐，辟泰；

仲春二月，侯需，大夫随，卿晋，公解，辟大壮；

季春三月，侯豫，大夫讼，卿蛊，公革，辟夬；

孟夏四月，侯旅，大夫师，卿比，公小畜，辟乾；

仲夏五月，侯大有，大夫家人，卿井，公咸，辟姤；

季夏六月，侯鼎，大夫丰，卿涣，公履，辟遯；

孟秋七月，侯恒，大夫节，卿同人，公损，辟否；

仲秋八月，侯巽，大夫萃，卿大畜，公贲，辟观；

季秋九月，侯归妹，大夫无妄，卿明夷，公困，辟剥；

孟冬十月，侯艮，大夫既济，卿噬嗑，公大过，辟坤。

具体到一月两节气的六物候，则：

仲冬十一月，侯未济外节气初候，大夫蹇节气次候，卿颐节气末候，公中孚中气初候，辟复中气次候，侯屯内中气末候；

季冬十二月，侯屯外节气初候，大夫谦节气次候，卿睽节气末候，公升中气初候，辟临中气次候，侯小过内中气末候；

孟春正月，侯小过外节气初候，大夫蒙节气次候，卿益节气末候，公渐中气初候，辟泰中气次候，侯需内中气末候；

仲春二月，侯需外节气初候，大夫随节气次候，卿晋节气末候，公解中气初候，辟大壮中气次候，侯豫内中气末候；

季春三月，侯豫外节气初候，大夫讼节气次候，卿蛊节气末候，公革中气初候，辟夬中气次候，侯旅内中气末候；

孟夏四月，侯旅外节气初候，大夫师节气次候，卿比节气末候，公小畜中气初候，辟乾中气次候，侯大有内中气末候；

仲夏五月，侯大有外节气初候，大夫家人节气次候，卿井节气末候，公咸中气初候，辟姤中气次候，侯鼎内中气末候；

季夏六月，侯鼎外节气初候，大夫丰节气次候，卿涣节气末候，公履中气初候，辟遯中气次候，侯恒内中气末候；

孟秋七月，侯恒外节气初候，大夫节节气次候，卿同人节气末候，公损中气初候，辟否中气次候，侯巽内中气末候；

仲秋八月，侯巽外节气初候，大夫萃节气次候，卿大畜节气末候，公贲中气初候，辟观中气次候，侯归妹内中气末候；

季秋九月，侯归妹外节气初候，大夫无妄节气次候，卿明夷节气末候，公困中气初候，辟剥中气次候，侯艮内中气末候；

孟冬十月，侯艮外节气初候，大夫既济节气次候，卿噬嗑节气末候，公大过中气初候，辟坤中气次候，侯未济内中气末候。

就此，《新唐书》卷二十八上《志》第十八上《历》四上，在“常气（月中节、四正卦)、初候、次候、末候、始卦、中卦、终卦”的名目下,列有一详细表,可参。①

《易纬稽览图》卷下属于孟氏学,其云:

> 小过、蒙、益、渐、泰,寅;
> 需、随、晋、解、大壮,卯;
> 豫、讼、蛊、革、夬,辰;
> 旅、师、比、小畜、乾,巳;
> 大有、家人、井、咸、姤,午;
> 鼎、丰、涣、履、遯,未;
> 恒、节、同人、损、否,申;
> 巽、萃、大畜、贲、观,酉;
> 归妹、无妄、明夷、困、剥,戌;
> 艮、既济、噬嗑、大过、坤,亥;
> 未济、蹇、颐、中孚、复,子;
> 屯、谦、睽、升、临,丑。
>
> 坎六,震八,离七,兑九。以上四卦者,四正卦,为四象。每岁十二月,每月五月(按,月当为卦字之讹),卦六日七分。②

如此五卦一体,又共同全幅涵摄符示着一月之象。天道即又具体展现、实现于各月、各月节气之各候之中。

月、候与日一体不分。五日一候,三候一气,二气一月。一岁 365 又 1/4 日,每月中各日之情状,亦由每月中之相关卦涵摄符示。总为六十卦,

① 参见[宋]欧阳修、宋祁:《新唐书》,北京:中华书局,2003 年,第 640 - 642 页。
② [清]赵在翰辑:《七纬》,北京:中华书局,2012 年,第 90 页。

每卦各值 6 又 7/80 日(所谓“六日七分”),涵摄符示着相应 6 又 7/80 日之情状。天道乃又具体展现、实现于由六十卦所分别涵摄符示的各日之复杂情状中。后人在此基础上画有如下的卦气图,见于宋朱震《汉上易传》所附《卦图》收录的北宋李溉《卦气图》①,只是图中的四正卦应为六爻卦:

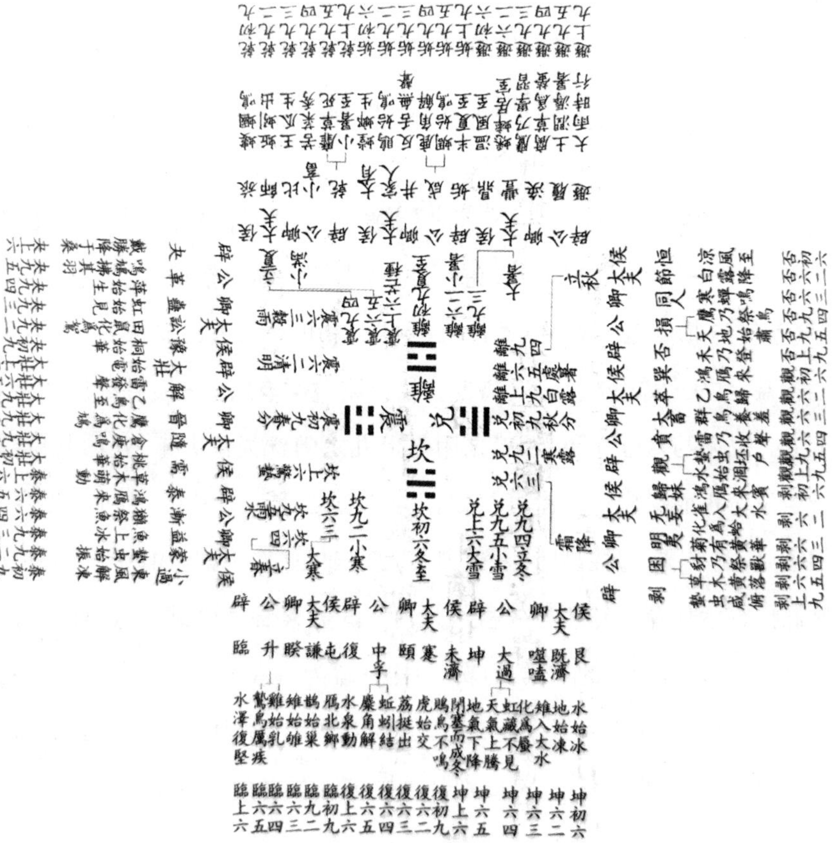

图 3－7 卦气图

① [宋]朱震:《汉上易传》,北京:中华书局,2020 年,第 575 页。

在《说卦传》的基础上，依照孟喜卦气说，虞翻以震、兑、坎、离四正卦符示阴阳消息所成春、秋、冬、夏四时，同时又以四正卦之外的另六十卦符示阴阳消息带来具体物候时序的相应月。这无疑是孟喜卦气说在诠释《周易》经文中的具体运用。

解卦(䷧)《彖传》“解：险以动，动而免乎险，解”虞注云：“险，坎。动，震。解，二月。雷以动之，雨以润之，物咸孚甲，万物生震。震出险上，故免乎险也。”①依据孟喜卦气说，解为仲春二月卯公卦，符示该月中气的初候，因而属于二月卦。解卦下坎上震，坎符示险、雨之象，震符示动、雷之象。震居坎险象之上，又属四正卦之一值春，万物出乎震，当春开显生机，脱去外壳而发芽生长，越出险境。

损卦(䷨)《彖传》“二簋应有时”虞注云：“时谓春秋也。损二之五，震二月，益正月，春也。损七月，兑八月，秋也。谓春秋祭祀，以时思之。”同卦《彖传》“损刚益柔有时”虞注云：“谓冬夏也。二五已易成益，坤为柔。谓损益上之三成既济，坎冬，离夏。故损刚益柔有时。”②损卦处应和关系的九二之阳与六五之阴、六三之阴与上九之阳皆失位失正，互易其位，则皆当位得正而又应。先是九二之阳与六五之阴互易其位，卦成益(䷩)。损下兑，益下震。据《易纬》八卦卦气说，震与兑作为四正卦中的两卦，分别涵摄符示仲春二月卯与仲秋八月酉。据孟喜卦气说，损为孟秋七月申公卦，符示该月中气的初候，而属七月卦；益为孟春正月寅卿卦，符示该月节气的末候，而属正月卦。正月、二月属春，是以别卦之益与经卦之震开显春象。七月、八月属秋，是以别卦之损与经卦之兑开显秋象。九二之阳与六五之阴互易其位卦成益后，益二至四爻互体坤，开显柔顺之象。继之减损益上九之阳刚以增益在下六三之阴柔，即令六三之阴与上九之阳互

① ［清］李道平：《周易集解纂疏》，北京：中华书局，1994 年，第 368 页。
② ［清］李道平：《周易集解纂疏》，北京：中华书局，1994 年，第 375 – 376 页。

易其位，卦成既济（䷾）而定。既济下离上坎，二至四、三至五又分别互坎与离。坎、离符示冬、夏之象。

姤卦（䷫）《大象传》“天下有风，姤；后以施命诰四方”虞注云：“复震二月，东方；姤五月，南方；巽八月，西方；复十一月，北方；皆总在初，故以诰四方也。孔子行夏之时，经用周家之月，夫子传《彖》《象》以下，皆用夏家月。是故复为十一月，姤为五月矣。”[①]姤卦与复卦（䷗）旁通，二者显隐一体共在（旁通意涵详后），姤显复隐于后，与姤共在相通一体无隔，姤下之巽即涵摄着复下之震。据孟喜卦气说，别卦巽为仲秋八月酉侯卦，内卦符示孟秋七月申中气的末候，外卦符示仲秋八月酉节气的初候，巽在姤下，本当确切言之属七月卦，但从别卦巽为酉月侯卦而判其属八月。作为四正卦之一的经卦震，符示仲春二月卯，值四正卦易场正东卯位。作为十二消息卦中的两卦，姤、复分别符示仲夏五月午、仲冬十一月子中气的次候，值十二消息易场的正南午位与正北子位。震东，巽西，姤南，复北，会于初爻之位，是则“诰四方”。孔子《易传》采夏历，古经则标周历。周家之月，震卯四月，巽酉十月，姤午七月，复子正月。

井卦（䷯）九五爻辞“井洌寒泉食”虞注云：“泉自下出称井。周七月，夏之五月，阴气在下。二已变坎，十一月为寒泉。”[②]据孟喜卦气说，井为午月卿卦，符示该月节气的末候，属于午月卦。经文爻辞用周家月，午月为七月，于夏历则属五月。该月阴气于阳气息长盛极之后，开始自下息长。九二之阳失位失正，动变得正，处与三、四互体所成坎水之象中。作为四正卦之一的坎，符示子月仲冬时节，水为寒泉。子月属周家正月，夏家十一月。

《系辞上传》诠释中孚卦（䷼）九二爻辞“鸣鹤在阴，其子和之；我有好

---

① ［清］李道平：《周易集解纂疏》，北京：中华书局，1994 年，第 402－403 页。
② ［清］李道平：《周易集解纂疏》，北京：中华书局，1994 年，第 434 页。

爵，吾与尔靡之”之文“言行，君子之所以动天地也，可不慎乎”虞注云：“二已变成益，巽四以风动天，震初以雷动地。中孚十一月，雷动地中，艮为慎，故可不慎乎。”①九二之阳失位失正，动变得正卦成益（䷩），下震雷动于地，上巽风动天。据孟喜卦气说，中孚卦为仲冬十一月子公卦，符示该月中气的初候，属十一月卦。十一月一阳来复，震雷动于地中。中孚三至五爻互艮，艮少小而开显慎象。

中气是一个月的基本象征。每月中的辟卦，涵摄符示该月中气之次候，进而又涵摄符示该月阴阳二气消息之主导力量，于是每月中的辟卦进而成为该月阴阳消息基本情状或常态情状的典型涵摄符示者。由此，年复一年的十二月各月中，天道依次具体展现、实现为复、临、泰、大壮、夬、乾、姤、遯、否、观、剥、坤这十二辟卦所涵摄符示的一阳而五阴、二阳而四阴、三阳而三阴、四阳而二阴、五阳而一阴、六阳、一阴而五阳、二阴而四阳、三阴而三阳、四阴而二阳、五阴而一阳、六阴的阴阳二气消息之基本格局或常态格局。十二辟卦，进而成为各月之气的基本表征，后又称十二消息卦。《汉书》京房本传即载，作为孟喜易学再传，京房称：“少阴倍力而乘消息”，孟康注云：“房以消息卦为辟；辟，君也。息卦曰太阴，消卦曰太阳。其余卦曰少阴、少阳，谓臣下也。”②此文有误，宋祁作了很好的校正：“注文当作‘息卦曰太阳，消卦曰太阴’。”③息卦即阳息之卦复、临、泰、大壮、夬、乾，消卦即阳消之卦姤、遯、否、观、剥、坤。如前所言，阳息意味着阴消，阳消意味着阴息，以阳为生气而尊阳起见，但自阳的角度言之而称息卦消卦。《易纬》则有“候卦炁”之称谓，而郑玄即以此十二卦释之：《易纬通卦验》分别言及“春三月候卦炁比不至”“夏三月候卦炁比不至”“秋三月候

① ［清］李道平：《周易集解纂疏》，北京：中华书局，1994 年，第 571 页。

② ［汉］班固撰，［唐］颜师古注：《汉书》卷七十五《眭两夏侯京翼李传》，北京：中华书局，1987 年，第 3164 页。

③ ［汉］班固撰，［唐］颜师古注：《前汉书》卷七十五《眭两夏侯京翼李传》，《 二十五史》，上海：上海古籍出版社，上海书店，1986 年，第 657 页。

卦炁比不至”“冬三月候卦炁比不至”，郑注分别诠释说：“此又重以消息之候，所以详易道。天炁春三月，候卦炁者，泰也，大壮也，夬也。……夏三月，候卦炁者，乾也，姤也，遯也。……秋三月，候卦炁者，否也，观也，剥也。……冬三月，候卦炁者，坤也，复也，临也。”[①]虞翻正是在此基础上，视复、临、泰、大壮、夬、乾、姤、遯、否、观、剥、坤为十二消息卦，以之符示典范标准意义上一岁四时十二月天地阴阳二气的消息，符示乾天坤地阴阳二气的发用流行，令此十二卦从孟喜卦气说的侯、大夫、卿、公、辟系列中，乃至从包括坎、离、震、兑四正卦在内的六十四卦系列中独立出来，具有了开显阴阳消息而引发宇宙大化流行的根源性决定意义地位。

乾天六阳、坤地六阴两仪之体发用流行、消息流转、交感变化，化生了大千世界。以卦的符号形式符示之，乾坤六阳六阴符示两仪造化之源，其他六十二卦则符示造化所成的大千世界的万物万象。此即《系辞下传》“物相杂故曰文”虞注“乾阳物，坤阴物。纯乾纯坤之时，未有文章。阳物入坤，阴物入乾，更相杂成六十四卦，乃有文章，故曰文”[②]蕴示的意涵所在。大千世界的万物万象，归根结底来自于乾天阳气与坤地阴气，因之，六十二卦中的诸卦，有了乾坤六阳六阴、十二消息卦阴阳下贯的深层意蕴，其六爻之位上的阴阳，归根结底，凡阳皆来自于乾阳，凡阴皆来自于坤阴。大过卦(䷛)九二、九五两爻的爻辞，虞翻就是据此作出诠释的：

> 九二爻辞“枯杨生稊”虞注云：“稊，稚也。杨叶未舒称稊。巽为杨，乾为老，老杨故枯。阳在二也，十二月时，周之二月。兑为雨泽，枯杨得泽复生稊。”[③]

---

① ［汉］郑玄注：《易纬通卦验》卷下，［清］赵在翰辑：《七纬》，北京：中华书局，2012 年，第 143 – 144 页。

② ［清］李道平：《周易集解纂疏》，北京：中华书局，1994 年，第 676 页。请参王新春《试论虞氏易学的卦变说》，《易学与中国哲学》，北京：人民出版社，2012 年，第 208 – 240 页。

③ ［清］李道平：《周易集解纂疏》，北京：中华书局，1994 年，第 292 页。

九五爻辞“枯杨生华”虞注云：“阳在五也，夬三月时，周之五月。枯杨得泽，故生华矣。”①

大过卦(䷛)下巽上兑，二至四爻、三至五爻互体为乾。九二处下体巽中，又处与九三、九四互体所成乾象中，上体为兑。兑符示泽开显雨泽之象，巽符示木开显木、杨之象，乾符示父开显老之象，巽杨、乾老之象相连互通而开显老杨干枯之象。九二之阳，归根结底本于乾九二之阳而同之。乾九二之阳息显于丑月，属乾阳息、坤阴消所成二阳四阴临(䷒)局中之一阳，宜自临而视之。丑月于夏家月为十二月，于周家月则为二月。枯杨得到雨泽滋润，生出新的稚嫩叶芽。九五之阳，处上体兑中，又处与三、四两爻互体所成乾中。九五之阳，归根结底本于乾九五之阳而同之。乾九五之阳息显于辰月，属乾阳息、坤阴消所成五阳一阴夬(䷪)局中之一阳，宜自夬而视之。辰月于夏家月为三月，于周家月则为五月。九五处在与三、四两爻互体所成乾老之象中，下体巽杨，乾、巽相连互通，开显枯杨之象。上体兑，开显雨泽之象。季春三月，枯杨得雨泽滋润而生发出花。

由此，依虞翻之见，终极总而言之，六十四卦共有三百八十四爻，阳爻、阴爻各有一百九十二，分布在六十四卦的六个爻位上，每一爻位上阴阳爻总计皆为三十二，诸爻位上的三十二阳爻与三十二阴爻，除去乾六阳坤六阴之外，皆分别本于乾坤同位之爻而同之，可以乾坤同位之阳阴而视之，可名之曰乾阳与坤阴，可以消息的视域自相应月份所成十二消息卦之某卦几阴几阳中之一阳或一阴而观之。六十四卦除去符示天阳地阴之气发用流行、消息流转的十二消息卦，还有五十二卦，在这些卦六爻位上各共分布着二十五阳与二十五阴，这些阴阳，自当以乾坤同位之阳阴而视之，名之曰乾阳与坤阴，以消息的视域自相应消息卦之某卦几阴几阳中之

① ［清］李道平：《周易集解纂疏》，北京：中华书局，1994年，第294页。

一阳或一阴而观之。借用干宝诠释乾坤六阳六阴之表达形式，十二消息卦而外五十二卦诸位上的二十五阳与二十五阴，虞翻之见皆当深层予以如下解读：

阳在初九，子月之时，于周为正月，于夏为十一月，本于同位乾阳而同之，息显于复而自复来也。

阳在九二，丑月之时，于周为二月，于夏为十二月，本于同位乾阳而同之，息显于临而自临来也。

阳在九三，寅月之时，于周为三月，于夏为正月，本于同位乾阳而同之，息显于泰而自泰来也。

阳在九四，卯月之时，于周为四月，于夏为二月，本于同位乾阳而同之，息显于大壮而自大壮来也。

阳在九五，辰月之时，于周为五月，于夏为三月，本于同位乾阳而同之，息显于夬而自夬来也。

阳在上九，巳月之时，于周为六月，于夏为四月，本于同位乾阳而同之，息显于乾而自乾来也。

以上五十二卦诸爻位之二十五阳。

阴在初六，午月之时，于周为七月，于夏为五月，本于同位坤阴而同之，息显于姤而自姤来也。

阴在六二，未月之时，于周为八月，于夏为六月，本于同位坤阴而同之，息显于遯而自遯来也。

阴在六三，申月之时，于周为九月，于夏为七月，本于同位坤阴而同之，息显于否而自否来也。

阴在六四，酉月之时，于周为十月，于夏为八月，本于同位坤阴而同之,息显于观而自观来也。

阴在六五,戌月之时,于周为十一月,于夏为九月,本于同位坤阴而同之,息显于剥而自剥来也。

阴在上六,亥月之时,于周为十二月,于夏为十月,本于同位坤阴而同之,息显于坤而自坤来也。

以上五十二卦诸爻位之二十五阴。

据此,大过卦(䷛)九二、九五两爻之外的其他爻,究极而论,亦可作出如下深层解读:初六,阴在初,于夏五月之时,于周七月之时,本于坤初六之阴而同之,息显于午位姤而自姤来,可以姤一阴五阳中之一阴观之;九三,阳在三,于夏正月之时,于周三月之时,本于乾九三之阳而同之,息显于寅位泰而自泰来,可以泰三阳三阴中最上之阳观之;九四,阳在四,于夏二月之时,于周四月之时,本于乾九四之阳而同之,息显于卯位大壮而自大壮来,可以大壮四阳二阴中最上之阳观之;上六,阴在上,于夏十月之时,于周十二月之时,本于坤上六之阴而同之,息显于亥位坤而自坤来,可以坤六阴中最上之阴观之。

既济(䷾)与未济卦(䷿),究极论之,同样可作出如下深层解读:

既济初九,阳在初,于夏十一月之时,于周正月之时,本于乾初九之阳而同之,息显于子位复而自复来,可以复一阳五阴中之一阳观之;未济初六,阴在初,于夏五月之时,于周七月之时,本于坤初六之阴而同之,息显于午位姤而自姤来,可以姤一阴五阳中之一阴观之。既济六二,阴在二,于夏六月之时,于周八月之时,本于坤六二之阴而同之,息显于未位遯而自遯来,可以遯二阴四阳中最上之阴观之;未济九二,于夏十二月之时,于周二月之时,本于乾九二之阳而同之,息显于丑位临而自临来,可以临二阳四阴中最上之阳观之。既济九三,于夏正月之时,于周三月之时,本于乾九三之阳而同之,息显于寅位泰而自泰来,可以泰三阳三阴中最上之阳

观之；未济六三，于夏七月之时，于周九月之时，本于坤六三之阴而同之，息显于申位否而自否来，可以否三阴三阳中最上之阴观之。既济六四，阴在四，于夏八月之时，于周十月之时，本于坤六四之阴而同之，息显于酉位观而自观来，可以观四阴二阳中最上之阴观之；未济九四，阳在四，于夏二月之时，于周四月之时，本于乾九四之阳而同之，息显于卯位大壮而自大壮来，可以大壮四阳二阴中最上之阳观之。既济九五，阳在五，于夏三月之时，于周五月之时，本于乾九五之阳而同之，息显于辰位夬而自夬来，可以夬五阳一阴中最上之阳观之；未济六五，阴在五，于夏九月之时，于周十一月之时，本于坤六五之阴而同之，息显于戌位剥而自剥来，可以剥五阴一阳中最上之阴观之。既济上六，阴在上，于夏十月之时，于周十二月之时，本于坤上六之阴而同之，息显于亥位坤而自坤来，可以坤六阴中最上之阴观之；未济上九，阳在上，于夏四月之时，于周六月之时，本于乾上九之阳而同之，息显于巳位乾而自乾来，可以乾六阳中最上之阳观之。

其他诸卦，亦可作出类似深层解读。只是囿于诠释经文卦辞爻辞与传文文本之体例与形式，虞翻未能就此作出系统详细阐发，我们则可据其对大过九二、九五爻辞之注及其他相关之注神而明之，予以此方面的深入分析，以豁显虞翻欲言而未言之意。

由此，六十四卦三百八十四爻中一百九十二阳爻与一百九十二阴爻，可以像郑玄的爻辰说一般，化约为乾六阳坤六阴，其爻象，当据以上理路作出深层解读。凡初九爻，当关联乾、乾初、复卦予以解读；凡初六爻，当关联坤、坤初、姤卦予以解读。凡九二爻，当关联乾、乾二、临卦予以解读；凡六二爻，当关联坤、坤二、遯卦予以解读。凡九三爻，当关联乾、乾三、泰卦予以解读；凡六三爻，当关联坤、坤三、否卦予以解读。凡九四爻，当关联乾、乾四、大壮予以解读；凡六四爻，当关联坤、坤四、观卦予以解读。凡九五爻，当关联乾、乾五、夬卦予以解读；凡六五爻，当关联坤、坤五、剥卦予以解读。凡上九爻，当关联乾、乾上予以解读；凡上六爻，当关联坤、坤上予以解读。换言之，六十四卦三百八十四爻分布于六个爻位上的各三十二阳爻与三十二阴爻，分别因乾坤而一气相通趋同，即爻而深层涵摄符示着十二消息之象与乾坤之象。初爻之位的三十二阳，涵摄符示着复、乾、乾初之象；初爻之位的三十二阴，涵摄符示着姤、坤、坤初之象。二爻之位的三十二阳，涵摄符示着临、乾、乾二之象；二爻之位的三十二阴，涵摄符示着遯、坤、坤二之象。三爻之位的三十二阳，涵摄符示着泰、乾、乾三之象；三爻之位的三十二阴，涵摄符示着否、坤、坤三之象。四爻之位的三十二阳，涵摄符示着大壮、乾、乾四之象；四爻之位的三十二阴，涵摄符示着观、坤、坤四之象。五爻之位的三十二阳，涵摄符示着夬、乾、乾五之象；五爻之位的三十二阴，涵摄符示着剥、坤、坤五之象。上爻之位的三十二阳，涵摄符示着乾、乾上之象；上爻之位的三十二阴，涵摄符示着坤、坤上之象。由此六十四卦三百八十四爻以乾坤为本通贯一体，终极总体内在深层涵摄符示着乾天阳气与坤地阴气两仪发用流行、消息流转之象，涵摄符示着十二消息之象，深层开显着对于宇宙造化与大千世界生化具有终极根源性意义的阴阳消息意蕴，开显着消息。消息即此成了《易》的灵魂所在，成了易学的灵魂所在，成了现实易世界的灵魂所在。

第五节　卦变：十二消息化生万象的符示

十二消息中，阴阳进一步发生往来交感，就会有六十四卦局中另五十二卦局的诞生。这就有了消息卦生杂卦的卦变说。卦变，深层符示了十二消息之局化生大千世界万象之象。这又一次转进深化了卦气说。

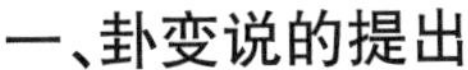

一、卦变说的提出

虞翻所言“乾阳物，坤阴物。纯乾纯坤之时，未有文章。阳物入坤，阴物入乾，更相杂成六十四卦，乃有文章”，点明六十四卦为一有机整体系统。就此整体系统卦卦间的关系而论，它们有着本原与派生的关系。乾六阳坤六阴为本，其他卦则由其派生而来。派生方式，一为乾坤中气相交通而生坎离，一为坎离引动乾阳坤阴发用流行、消息流转后乾阳坤阴的进一步交感。因此，这两种方式是一先一后的递进关系。六十四卦的符号系列中，十二消息卦，其阴阳爻的排列有序而规整，其他五十二卦，其阴阳爻的排列相对错杂无序，遂有杂卦之称。有序者派生了无序者，于是有了乾坤生坎离后的消息卦生杂卦。

在开放的大宇宙心灵下，将人文天下置于宇宙万物大千世界的开放闳阔场域以视之，包括人在内的宇宙万物万象的本原、发生、构成、流转，成为汉代经学、汉代哲学关注的深层根本问题，其所透显的，是一种鲜明的宇宙发生、构成论的哲学视域。由此，汉代经学具备了宇宙本原、发生、构成、流转论的大语境，以三才之道为关注焦点的易学，更是在此方面显出时代特蕴，引领着经学哲学的大语境。卦气消息说在易学的话语系统下，具体做出引领。着眼消息而思考卦之变，京房的八宫易学，在自觉展示着六十四卦间本原与派生的内在关联，提供了传世易学中第一个完备的可名之曰卦变说的体系；荀爽则明确依据消息，提出了部分卦间的本原与派生关系，为乾阳坤阴为本、消息升降以成他卦的后世主流卦变说，作出了有益的探索。虞翻在此基础上，从生活世界、天下、宇宙经验现实当下所然背后所以然的终极问题意识自觉出发，针对经典文本《易》中卦卦间的关系，首次提出了消息语境下的系统卦变说，被后世视为经典。这一卦变说，是面对通行本六十四卦的经文系列以及相关传文所呈示的视域，

借助消息的解读前见与视域，发生深度融合后，所得出的易学之果。

二、对《易》六十四卦的重新归类

在阴阳消息的视域下，虞翻首先打破通行本《周易》六十四卦的卦序，对六十四卦据十二消息作了重新归类。

通行本《周易》六十四卦的经文系列中，上经三十卦，下经三十四卦。上经三十卦两两为组，构成十五组，下经三十四卦两两为组，构成十七组。

䷀乾 1 ䷁坤 2 ䷂屯 3 ䷃蒙 4 ䷄需 5 ䷅讼 6 ䷆师 7 ䷇比 8 ䷈小畜 9 ䷉履 10 ䷊泰 11 ䷋否 12 ䷌同人 13 ䷍大有 14 ䷎谦 15 ䷏豫 16 ䷐随 17 ䷑蛊 18 ䷒临 19 ䷓观 20 ䷔噬嗑 21 ䷕贲 22 ䷖剥 23 ䷗复 24 ䷘无妄 25 ䷙大畜 26 ䷚颐 27 ䷛大过 28 ䷜坎 29 ䷝离 30

䷞咸 31 ䷟恒 32 ䷠遯 33 ䷡大壮 34 ䷢晋 35 ䷣明夷 36 ䷤家人 37 ䷥睽 38 ䷦蹇 39 ䷧解 40 ䷨损 41 ䷩益 42 ䷪夬 43 ䷫姤 44 ䷬萃 45 ䷭升 46 ䷮困 47 ䷯井 48 ䷰革 49 ䷱鼎 50 ䷲震 51 ䷳艮 52 ䷴渐 53 ䷵归妹 54 ䷶丰 55 ䷷旅 56 ䷸巽 57 ䷹兑 58 ䷺涣 59 ䷻节 60 ䷼中孚 61 ䷽小过 62 ䷾既济 63 ䷿未济 64

依照两两为组，上下经的六十四卦则有如下组合：

䷀乾 ䷁坤 ䷂屯/蒙 ䷄需/讼 ䷆师/比 ䷈小畜/履 ䷊泰/否 ䷌同人/大有 ䷎谦/豫 ䷐随/蛊 ䷒临/观 ䷔噬嗑/贲 ䷖剥/复 ䷘无妄/大畜 ䷚颐 ䷛大过 ䷜坎 ䷝离

䷞咸/恒 ䷠遯/大壮 ䷢晋/明夷 ䷤家人/睽 ䷦蹇/解 ䷨损/益 ䷪夬/姤 ䷬萃/升 ䷮困/井 ䷰革/鼎 ䷲震/艮 ䷴渐/归妹 ䷶丰/旅 ䷸巽/兑 ䷺涣/节 ䷼中孚 ䷽小过 ䷾既济/未济

在诠释颐卦(䷚)卦辞时,虞注云:“与大过旁通。……反复不衰,与乾、坤、坎、离、大过、小过、中孚同义。”①虞翻将乾与坤、坎与离、颐与大过、中孚与小过之间的关系视为旁通关系,将屯与蒙、需与讼、师与比等视为相反的关系。在六十四卦两两为组而相连、且有上下经之分外,虞翻借助消息的视域,在这种两两关系、上下经之分以外,解读出了六十四卦间内在深层的消息往来变生关系。

依虞翻之见,通行本《周易》古经六十四卦经文系列,按照六爻阴阳数量之别,可有如下的归列:

一阳、五阴之卦:䷆师 7 ䷇比 8䷎谦 15 ䷏豫 16䷖剥 23 ䷗复 24

二阳、四阴之卦:䷂屯 3 ䷃蒙 4䷒临 19 ䷓观 20䷚颐 27䷜坎 29䷢晋 35 ䷣ 明夷 36䷦蹇 39 ䷧解 40 ䷬萃 45䷭升 46䷲震 51 ䷳艮 52䷽小过 62

三阳、三阴之卦:䷊泰 11 ䷋否 12䷐随 17 ䷑蛊 18䷔噬嗑 21 ䷕贲 22䷞咸 31 ䷟恒 32䷨损 41 ䷩益 42䷮困 47 ䷯井 48䷴渐 53 ䷵归妹 54 ䷶丰 55䷷旅 56䷺涣 59 ䷻节 60䷾既济 63䷿未济 64

四阳、二阴之卦:䷄需 5 ䷅讼 6䷘无妄 25 ䷙大畜 26䷛大过 28䷝离 30䷠遯 33 ䷡大壮 34䷤家人 37 ䷥睽 38䷰革 49 ䷱鼎 50䷸巽 57 ䷹兑 58䷼中孚 61

五阳、一阴之卦:䷈小畜 9 ䷉履 10䷌同人 13 ䷍大有 14䷪夬 43 ䷫姤 44

六阳之卦:䷀乾 1

六阴之卦:䷁坤 2

① [清]李道平:《周易集解纂疏》,北京:中华书局,1994 年,第 282 页。

一阳、五阴之卦与复、剥相关，二阳、五阴之卦与临、观相关，三阳、三阴之卦与泰、否相关，四阳、二阴之卦与大壮、遯相关，五阳一阴之卦与夬、姤相关，所有卦都与消息中的乾、坤相关。于是六十四卦因乾阳坤阴之消息而内在关联成一体。

三、消息卦生杂卦

经过上述归类，消息卦生杂卦的卦变说得以提出。就此，明末清初易学家、思想家黄宗羲在他的《易学象数论》中指出：

> 古之言卦变者，莫备于虞仲翔，后人不过踵事增华耳。一阴、一阳之卦各六，皆自复、姤而变。二阴、二阳之卦各九，皆自临、遯而变。三阴、三阳之卦各十，皆自否、泰而变。四阴、四阳之卦各九，皆自大壮、观而变。中孚、小过为变例之卦，乾、坤为生卦之原，皆不在数中。其法以两爻相易，主变之卦，动者止一爻。四阴、四阳，即二阴、二阳之卦也，其变不收于临、遯之下者，以用临、遯生卦，则主变者，须二爻皆动，而后余卦可尽，不得不别起观、壮。有四阴、四阳，而不用五阴、五阳之夬、剥者，以五阴、五阳之卦，已尽于姤、复，无所俟乎此也。中孚、小过为变例之卦，何也？中孚从二阴之卦，则遯之二阴皆易位；从四阳之卦，则大壮三、四一时俱上。小过从二阳之卦，则临之二阳皆易位；从四阴之卦，则观三、四一时俱上。所谓主变之卦以一爻升降者，至此而穷，故变例也。犹反对之卦，至乾、坤、坎、离、颐、大过、中孚、小过而亦穷也。虞氏之卦变，脉络分明如此，当时所著《周易注》《周易集林》今既不传，其见于李鼎祚《易解》中者，语焉不详。……然四阴、四阳与二阴、二阳，毕竟相错，不能不有重出之卦。此八卦者（自注：重于大壮者，为大过、鼎、革、离；重于观者，为颐、屯、蒙、坎。），

其主变，属之临、遯乎？属之大壮、观乎？抑兼属之乎？其说有时而穷也。以《彖传》证之，如无妄之'刚自外来'（自注：遯之初、三相易，皆在内卦，非外来。），晋之'柔进上行'（自注：观之四、五相易，皆在上卦。），睽之'柔进上行'（自注：大壮三、上相易，柔为下行。），蹇之'往得中'（自注：观三、上相易，不得为中。），皆不能合，此虞氏之短也。①

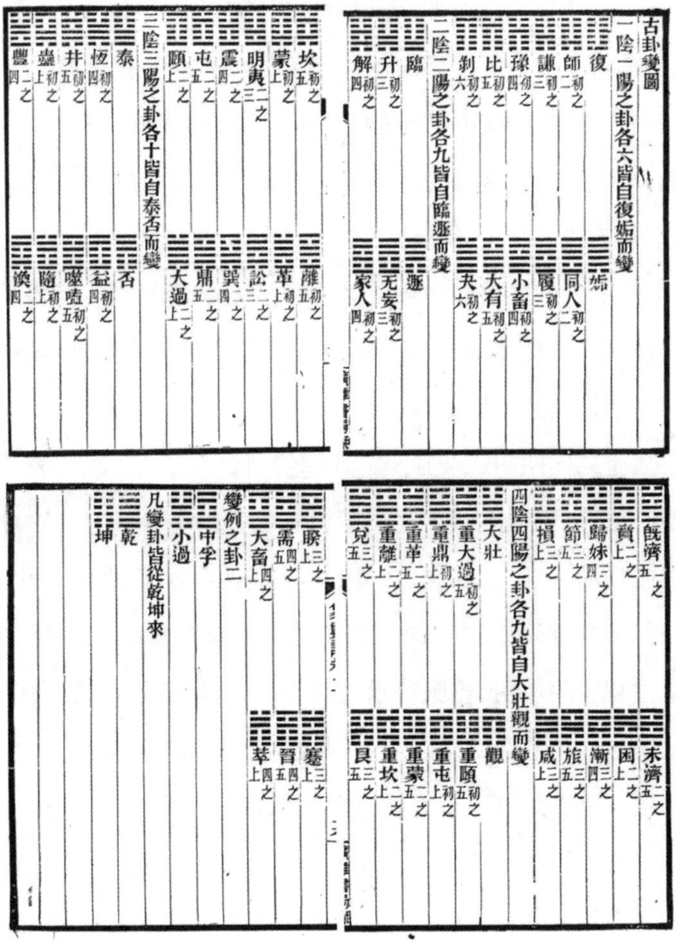

古卦變圖

一陰一陽之卦各六皆自復姤而變
復　姤
師 二初之　同人 二初之
謙 三初之　履 三初之
豫 四初之　小畜 四初之
比 五初之　大有 五初之
剝 六初之　夬 六初之

二陰二陽之卦各九皆自臨遯而變
臨　遯
升 三初之　无妄 三初之
解 四初之　家人 四初之
坎 五初之　離 五初之
蒙 上初之　革 上初之
明夷 三二之　訟 三二之
震 四二之　巽 四二之
屯 五二之　鼎 五二之
頤 上二之　大過 上二之

三陰三陽之卦各十皆自泰否而變
泰　否
恆 四初之　益 四初之
井 五初之　噬嗑 五初之
蠱 上初之　隨 上初之
豐 四二之　渙 四二之
既濟 五二之　未濟 五二之
賁 上二之　困 上二之
歸妹 四三之　漸 四三之
節 五三之　旅 五三之
損 上三之　咸 上三之

四陰四陽之卦各九皆自大壯觀而變
大壯　觀
重大過 五初之　重頤 五初之
重鼎 上初之　重屯 上初之
重革 五二之　重蒙 五二之
重離 上二之　重坎 上二之
兌 五三之　艮 五三之
睽 上三之　蹇 上三之
需 五四之　晉 五四之
大畜 上四之　萃 上四之

變例之卦二
中孚
小過

凡變卦皆從乾坤來
乾
坤

图 3-8　黄宗羲《易学象数论》古卦变图②

① ［清］黄宗羲：《黄宗羲全集》第九册，杭州：浙江古籍出版社，1992 年，第 57－58 页。

② ［清］黄宗羲：《黄宗羲全集》第九册，杭州：浙江古籍出版社，1992 年，第 62－66 页。

杂卦来自消息卦。乾阳坤阴消息，而有流转过程中的十二消息卦局。消息所成并同样处在消息中的消息卦局，其一阳与一阴的一往一来，一升一降，令杂卦产生。虞翻的消息卦生杂卦解读，为以一阳或一阴为主导，息卦一阳主导，消卦一阴主导，该阳或阴，往至卦中另一阴或阳所在爻位，引发彼此交感互动，一往一来，一升一降，一杂卦随之得以变生出来。主导变动的，没有两爻以上的情形（乾坤生坎离说不在此意义上）。中孚、小过两杂卦，难由消息卦一爻主导的往来升降变生，成为变例之卦。举例以言：

豫卦（䷏）属于一阳五阴之杂卦。豫卦卦辞虞注云："复初之四。"[①]此言豫卦由一阳息卦复（䷗）变生而来。在乾阳坤阴消息形成复局的基础上，复初一阳再进一步主导变动，与四爻之阴一往一来，一升一降，初九之阳往升四之位，六四之阴继之来降初之位，豫卦得以形成。豫卦就有了阴阳消息语境下得以变生之意涵。其他由消息卦所生之杂卦，同样皆无一例外具有了阴阳消息语境下得以变生之意涵。

震卦属于二阳四阴之杂卦。震卦（䷲）卦辞"震：亨"虞注云："临二之四，天地交，故通。"[②]此言震卦由二阳息卦临（䷒）变生而来。在乾阳坤阴消息形成临局的基础上，临九二一阳主导变动，与六四之阴一往一来，一升一降，震卦得以形成。临二之阳属于消息过程中息显的乾阳，四爻之阴属于消息过程中的坤阴，乾阳符示天之阳气，坤阴符示地之阴气，临二之阳与四之阴的往来升降，符示天阳地阴之气顺利实现了交感互动，是则天地交而亨通，造化之功畅遂，万物万象得以顺利化生。由此也启示人们，消息卦生杂卦过程中所发生的一阳一阴的往来升降，无一例外符示的，就是天阳地阴之气消息过程中，其阴阳之气的进一步往来升降，交感互动，以此深层不断开启着宇宙的造化之机，由此也持续引发着大千世界的畅

① ［清］李道平：《周易集解纂疏》，北京：中华书局，1994 年，第 200 页。

② ［清］李道平：《周易集解纂疏》，北京：中华书局，1994 年，第 453 页。

达生化流转，生生不息。

恒卦(䷟)属于三阳三阴之杂卦。恒卦卦辞“恒：亨，无咎，利贞”虞注云：“乾初之坤四，刚柔皆应，故通，无咎，利贞矣。”[1]此言恒卦由三阴三阳的息卦泰(䷊)变生而来。“乾初之坤四”相当于“泰初之四”。在乾阳坤阴消息形成泰局的基础上，泰卦处下体乾的初九之阳与在上体坤的六四之阴，在初九之阳的主导下，发生爻位的往来升降变动，恒卦形成。之所以称“乾初之坤四”而不直接称“泰初之四”，一如震卦卦辞注“天地交”的表达，旨在点醒人们，消息卦中的阴阳，皆是本于乾坤六阳六阴两仪之体、处于消息过程中的乾阳与坤阴，而其生杂卦，借助的其一阴一阳的往来升降，就是乾阳与坤阴的进一步往来升降。继泰局之后，天阳之气进一步主导变动，与坤阴之气往来升降，交感互动，促成恒局。天阳地阴之气交通，带来大宇宙、大千世界的亨通，是则“亨”。所成恒局，初四、二五、三上阳刚阴柔皆彼此相应，符示天地阳刚阴柔造化力量的彼此相互应和，符示被造化出的万物万象与阳刚阴柔两大生命力量的彼此相互应和。互应则顺畅往来，趋正远邪，是则“无咎，利贞”。

需卦(䷄)属于四阳二阴之杂卦。需卦卦辞“需：有孚，光亨”虞注云：“大壮四之五。孚谓五。离日为光，四之五，得位正中，故光亨。”[2]此言需卦由四阳息卦大壮(䷡)变生而来。在乾阳坤阴消息形成大壮局的基础上，大壮九四一阳主导变动，与六五之阴一往一来，一升一降，需卦得以形成。乾阳往至五位，中正信实，开显孚象。乾阳坤阴由阳主导下互相往来升降交感互动，开显三至五爻互体离日光亮之象，符示着天阳地阴之气消息流转中的进一步往来升降交感互动，造化之机进一步开启，万物万象得以畅达生化，有光之照而亨通。是则“有孚，光亨”。

---

① ［清］李道平：《周易集解纂疏》，北京：中华书局，1994 年，第 320 页。

② ［清］李道平：《周易集解纂疏》，北京：中华书局，1994 年，第 113 页。

小畜卦(䷈)属于一阴五阳之杂卦。小畜卦卦辞与《彖传》虞注云:“需上变为巽,与豫旁通。豫四之坤初为复,复小阳潜,所畜者少,故曰小畜。”①乾下巽上的小畜卦,与坤下震上的豫卦相旁通。杂卦豫来自息卦复(䷗),由“复初之四”,即复初九一阳主导的与六四一阴的相互位的变动而来。豫来自复,又可借助原两爻阴阳的反向往来升降而还复为复。豫所发生的这一还复,为其旁通卦小畜所内在地涵摄,小畜所蓄之小,即起因于豫卦、复卦相连互变中复阳息之小。豫卦来自息卦复,与之旁通相应,小畜卦本当来自消卦姤(䷫),由“姤初之四”,即姤初六一阴主导的与九四一阳的相互位的变动而来,今却据经文变其消息生卦之例,改认由二阴四阳杂卦需(䷄)上爻由阴变阳得来。实际上,作为二阴四阳杂卦的需,来自息卦大壮,则杂卦生杂卦下内在根源性指向的,仍是消息卦生杂卦。何况在旁通视域下,小畜卦涵摄关联着息卦复。

无妄卦(䷘)属于二阴四阳之杂卦。无妄卦卦辞“无妄:元亨”虞注云:“遯上之初,此所谓四阳二阴,非大壮则遯来也。刚来交初,体乾,故元亨。”②二阴之卦即四阳之卦,以阴为主而观之,属二阴之卦,二阴之杂卦来自于消卦遯(䷠);以阳为主而观之,属四阳之卦,四阳之杂卦来自于息卦大壮(䷡)。无妄难由一阳主导的变动自大壮而来,所以不属于大壮涵盖的四阳杂卦之列。是则“此所谓四阳二阴,非大壮则遯来也”。以此示人,诸杂卦皆可分为几阳几阴杂卦之列,进而据其可由几阴几阳息卦或消卦中要么一阳、要么一阴主导的变动形成,归其类于几阴几阳息卦或消卦所涵盖的几阴几阳杂卦之列。本可云“遯初之三”而成无妄,今却云“遯上之初”,合于卦变成例而稍变之,且由一阴主导变动,变为一阳主导。所谓“遯上之初”,谓遯卦上九之阳来至初爻之位,由上九变初九,其他诸爻则

① [清]李道平:《周易集解纂疏》,北京:中华书局,1994年,第148页。
② [清]李道平:《周易集解纂疏》,北京:中华书局,1994年,第269页。

依次递升一位，初六变六二，六二变六三，九三变九四，九四变九五，九五变上九，下震上乾的无妄得以形成。在上的乾阳来至初位，引动初位的坤阴与之往来升降，交感互动，开显天地交而万物通之象，是以“元亨”。

益卦(䷩)属于三阴三阳之杂卦。益卦卦辞及《彖传》“益：损上益下，民说无疆。自上下下，其道大光”虞注云：“否上之初也。损上益下，其道大光。……乾为大明，以乾照坤，故其道大光。”[①]《彖传》盖谓益卦由下坤上乾之否卦变来：减损否卦在上乾初之阳，即九四之阳，令其下降于下，降至初，增益在下坤初，是则“损上益下”“自上下下”。依照其卦变成例，虞翻本当云“否初之四”，由消卦否初六一阴主导，促成其与九四一阳的往来升降交感互动，以令益卦形成，却云“否上之初”。云“否上之初”，稍违其成例，旨在契合《彖传》“损上益下”“自上下下”之意。但其所云“否上之初”，类乎无妄卦注之“遯上之初”，谓否卦上九之阳来至初爻之位，由上九变初九，其他诸爻则依次递升一位，初六变六二，六二变六三，六三变六四，九四变九五，九五变上九，下震上巽的益卦得以形成。消卦否一阴主导的变动，变成了该卦一阳主导的变动。另外，《系辞上传》“备物致用，立成器以为天下利，莫大乎圣人”虞注云：“否四之初，耕稼之利。”[②]《系辞下传》“斫木为耜，揉木为耒，耒耨之利，盖取诸益”虞注云：“否四之初也。”[③]此两处所言“否四之初”，皆相当于“否初之四”，不同之处在于，“否四之初”将消卦一阴所主导的变动，表达为了该卦一阳所主导的变动。

晋卦(䷢)属于四阴二阳之杂卦。晋卦卦辞虞注云：“观四之五。”[④]此言晋卦由消卦观(䷓)变来，观卦六四一阴主导变动，与九五之阳一往一来，一升一降，前者往升居五，后者来降居四，晋卦形成。此注合乎其卦变

---

① ［清］李道平：《周易集解纂疏》，北京：中华书局，1994年，第381－382页。

② ［清］李道平：《周易集解纂疏》，北京：中华书局，1994年，第604页。

③ ［清］李道平：《周易集解纂疏》，北京：中华书局，1994年，第624页。

④ ［清］李道平：《周易集解纂疏》，北京：中华书局，1994年，第337页。

成例。

以上所举，分别为一阳、二阳、三阳、四阳之杂卦与一阴、二阴、三阴、四阴之杂卦在卦变说语境下由何卦变来之例。五阳之杂卦即一阴之杂卦，五阴之杂卦即一阳之杂卦，现存虞注中，未见其有五阳息卦夬(䷪)与五阴消卦剥(䷖)变生杂卦之例。实则依据乾阳坤阴消息历程，夬、剥变生杂卦当有而必有。今存虞注中，杂卦由消息卦变生而来是其卦变说的核心识见，而杂卦生杂卦说，仅是其消息卦生杂卦说的有机补充，是出于诠释经文卦象需要所作的变通。这一变通，最终依据消息卦生杂卦说，而涵盖笼罩于阴阳消息流转变化的大语境下。

变例之卦：中孚(䷼)与小过(䷽)。

中孚属于二阴四阳之杂卦，由二阴之杂卦观之，可将其与二阴之消卦遯(䷠)联系起来；由四阳之杂卦观之，可将其与息卦大壮(䷡)联系起来。但是，遯初六、六二二阴与九三、九四二阳同时一并一往一来，一升一降，初六变六三，六二变六四，九三变初九，九四变九二，方可成中孚。大壮九三、九四二阳与六五、上六二阴同时一并一往一来，一升一降，九三变九五，九四变上九，六五变六三，上六变六四，方可成中孚。

小过属于二阳四阴之杂卦，由二阳之杂卦观之，可将其与二阳之息卦临(䷒)联系起来；由四阴之杂卦观之，可将其与四阴之消卦观(䷓)联系起来。但是临卦初九、九二二阳与六三、六四二阴同时一并一往一来，一升一降，初九变九三，九二变九四，六三变初六，六四变六二，方可成小过。观卦六三、六四二阴与九五、上九二阳同时一并一往一来，一升一降，六三变六五，六四变上六，九五变九三，上九变九四，方可成小过。

这就与“以两爻相易，主变之卦，动者止一爻”的卦变成例相违。

于是中孚卦辞虞注云：“讼四之初也。坎孚象在中，谓二也。故称‘中孚’。此当从四阳、二阴之例。遯阴未及三，而大壮阳已至四，故从讼来。

二在讼时，体离为鹤，在坎阴中，故有鸣鹤在阴之义也。”①中孚卦的两个阴在三、四之位，而遯卦之阴尚未息至三，如已至三，则已确定中孚之一阴，再有一阴主导变动，即可成中孚，今一阴尚未备，两阴主导变动则不合成例。中孚卦两个阳在下体初、二之位，两个阳在上体五、上之位，而大壮卦阳息已至于四，完全占有了三、四之位，欲成中孚，必得大壮三、四两阳主导变动而与五、上两阴互易其位方可，但这同样与其卦变成例不合。依据卦名为中孚，经文中九二爻辞又言“鸣鹤在阴”，虞翻认为，中孚之象与鸣鹤在阴之象，皆源于另一二阴四阳杂卦讼(䷅)，于是推定中孚由讼变来。“讼四之初”，即九四一阳主导变动，促成与初六一阴的一来一往，一降一升，即成中孚。讼下体坎，坎水开显孚之象。坎中一阳为坎表征，该阳为九二居下体之中，中孚象显。讼二至四爻互离，离雉开显飞鸟鹤之象。九二之阳既在离鹤象中，又在坎体二阴之中，开显鸣鹤在阴之象。而讼卦卦辞虞注云：“遯三之二也。”②“遯三之二”相当于“遯二之三”，差异在于前者以遯九三一阳主导与初六一阴的变动，后者以初六一阴主导与九三一阳的变动，结果皆是促成讼卦的出现。讼卦来自于消息卦遯，中孚又来自于讼，归根结底中孚源自消息卦。

小过卦辞虞注云：“晋上之三。当从四阴、二阳临、观之例，临阳未至三，而观四已消也。又有飞鸟之象，故知从晋来。”③小过卦的两个阳在三、四之位，而临卦之阳尚未息至三，如已至三，则已确定小过之一阳，再有一阳主导变动，即可成小过，今一阳尚未备，两阳主导变动同样不合成例。小过卦两个阴在下体初、二之位，两个阴在上体五、上之位，而观卦阴息消阳已至于四，完全占有了三、四之位，欲成小过，必得观卦三、四两阴主导变动而与五、上两阳互易其位方可，但这同样与其卦变成例不合。依据小

① ［清］李道平：《周易集解纂疏》，北京：中华书局，1994 年，第 515 页。
② ［清］李道平：《周易集解纂疏》，北京：中华书局，1994 年，第 119 页。
③ ［清］李道平：《周易集解纂疏》，北京：中华书局，1994 年，第 521 页。

过卦经文卦辞中言“飞鸟遗之音”与《象传》言“有飞鸟之象焉”，虞翻认为，飞鸟之象源自另一二阳四阴之杂卦晋(䷢)，于是推定小过由晋变来。“晋上之三”，即上九一阳主导变动，促成与六三一阴的一来一往，一降一升，即成小过。晋卦上体离，开显飞鸟之象。而晋卦卦辞虞注云：“观四之五。”①此言杂卦晋系由四阴消卦观(䷓)变来，观六四一阴主导变动，促成与九五一阳的往来升降交感互动，即成晋卦。晋卦来自于消息卦观，小过又来自于晋，归根结底小过源自消息卦。

四、万象化生意蕴的开显

以上的卦变说，在以乾、坤六阳、六阴之体生坎、离之用的基础上，相继发生，开显出万象的化生意蕴。

坎卦卦辞虞注云：“乾二五之坤，与离旁通。”②

离卦卦辞虞注云：“坤二五之乾，与坎旁通。”③

乾卦二、五之中爻，往至坤卦二、五之中位，取而代之，生成坎卦，符示天阳中气往交于地阴中气之位，取代地阴中气而居此地阴中位，月体生成。坤卦二、五之中爻，往至乾卦二、五中位，取而代之，生成离卦，符示地阴中气往交于天阳中气之位，取代天阳中气而居此天阳中位，日体生成。于是作为造化本原的乾天坤地两仪六阳六阴之体，与作为造化引动者而得乾天坤地中气的坎离日月，完备出现于宏廓宇宙造化场。

坎月离日往来于中天中宫，升降引动，乾天阳气与坤地阴气两仪随之发用流行，消息流转，逐次引发先是一阳、二阳、三阳、四阳、五阳、六阳之息显与一阴、二阴、三阴、四阴、五阴、六阴之消隐，后是一阴、二阴、三阴、

① [清]李道平:《周易集解纂疏》,北京:中华书局,1994年,第337页。
② [清]李道平:《周易集解纂疏》,北京:中华书局,1994年,第296页。
③ [清]李道平:《周易集解纂疏》,北京:中华书局,1994年,第305页。

四阴、五阴、六阴之息显与一阳、二阳、三阳、四阳、五阳、六阳之消隐，十二消息的过程持续展开，物候、节气、时序因之纷纷出场，万物万象即此得以生化，并在得到造化后，于大宇宙生化场中呈现、推进自身，并彼此互动，与消息互动，整体推进造化力量与被造化力量的互动、激荡、相融、流转。万物万象的化生，有赖于乾天阳气与坤地阴气两仪发用流行、消息流转所成十二种消息格局中阴阳的进一步升降往来交感。这就有了虞翻以十二消息卦的阴阳统领其他卦的阴阳，以一阳、一阴之消息卦复、姤，统领一阳、一阴之杂卦，以二阳、二阴之消息卦临、遯，统领二阳、二阴之杂卦，以三阳、三阴之消息卦泰、否，统领三阳、三阴之杂卦，以四阳、四阴之消息卦大壮、观，统领四阳、四阴之杂卦，以五阳、五阴之消息卦夬、剥，统领五阳、五阴之杂卦，以六阳、六阴两仪之体乾、坤，统领十二消息卦与所有杂卦，由消息卦生杂卦的系统卦变说。

消息卦生杂卦，内在深层符示了天阳地阴之气发用流行、消息流转、交感变化而生化万物万象、造化大千世界、引发其生化流转的活的现实。

第六节　旁通：消息之象与天人万象显隐两面之豁显

对于卦气说的这一转进深化还在继续。尤有进者，在虞翻看来，两仪阴阳的对待，决定了消息过程的对待与所成消息格局间的对待，决定了由此所化成的天人万象的对待及其彼此流转的对待。上述对待，没有让对待者对峙下去，水火不容，而是使彼此构成以显含隐、流转互通的密切旁通关系。旁通，令《易》的象世界中消息之象与天人万象显隐两面通体豁显，自然也令其所指向的现实易世界中消息之象与天人万象显隐两面通体豁显。

一、旁通之义

在虞翻看来，就符号系统而言，同位之爻爻性两两相反的卦，即构成旁通关系。正如屈万里先生所说："旁通者，谓两卦相比，爻体互异；此阳则彼阴，此阴则彼阳，两两相通也。说亦创自虞翻。"[①]如前已有云，履卦(䷉)虞注说："与谦旁通。"[②]再如，临卦(䷒)虞注云："与遯旁通。"[③]履卦初阳二阳三阴四五上皆阳而下兑上乾，与初阴二阴三阳四五上皆阴而下艮上坤的谦(䷎)，爻体互异；临卦初二阳三四五上皆阴而下兑上坤，与初二阴三四五上皆阳而下艮上乾的遯，爻体亦互异；于是履与谦、临与遯，分别构成旁通关系。

言及旁通之义，通观虞氏《易注》，我们不难发现，依虞翻之见，甲乙两卦旁通，就甲而言，甲卦显，乙卦就涵摄于其下，甲显乙隐，两卦共时相通，一体同在；就乙卦而言，乙卦显，甲卦就涵摄于其内，乙显甲隐，两卦共时相通，一体同在。这是二者静态上的内在相通。甲卦诸爻自下而上次第动变，最终即会通向乙卦；乙卦诸爻自下而上次第动变，最终也会通向甲卦。这是二者动态上的流转互通。如此，一对旁通之卦，静态上，一显一隐，相互涵摄，显的一方与隐的一方一体共在或相通一体；动态上，二者流转互通。静态上，显者为阳，其下必涵摄阴，而与此隐之阴一体共在；显者为阴，其下必涵摄阳，而与此隐之阳一体共在。动态上，一方爻阴阳的依次变动，最终即会通向另一方，而在变动通向另一方的过程中，显与隐两面仍一直保持一体共在关系。[④]

---

① 屈万里：《先秦汉魏易例述评》，台北：学生书局，1985 年，第 133 页。

② ［清］李道平：《周易集解纂疏》，北京：中华书局，1994 年，第 155 页。

③ ［清］李道平：《周易集解纂疏》，北京：中华书局，1994 年，第 222 页。

④ 详见王新春《试论虞氏易学"旁通说"的易理内涵》，《周易研究》1996 年第 3 期；《虞翻易学旁通说的哲理内涵》，《哲学研究》2001 年第 9 期。

二、十二消息之象及杂卦局消息之象的旁通

在消息成了《易》与现实易世界灵魂的语境下，虞翻首先指出，两仪阴阳之体对待而旁通，因坎月离日往来引动，由其彼此基于对方的发用流行所成诸阴阳消息格局间，也构成对待旁通关系，由诸消息格局所衍生的诸杂卦局间，同样亦构成消息旁通关系，由此呈现出十二消息之象与杂卦局消息之象的旁通。

作为两仪的乾天六阳之体与坤地六阴之体对待而旁通，静态上，乾天六阳之体涵摄坤地六阴之体而与其一体共在，坤地六阴之体也涵摄乾天六阳之体而与其一体共在，以此保障了大宇宙六阳六阴一体共在的阴阳消息本原，而与太极太一浑然一气之一体相呼应。动态上，一方基于另一方的发用流行，令另一方发生变动而最终通向该方，继之，另一方基于该方的发用流行，又令该方发生变动而最终通向另一方。前所言乾天六阳与坤地六阴两仪之体在坎月离日往来中天中宫引动下，消息流转，“以乾通坤”“以乾推坤”“以乾变坤”的过程，就是此所言动态旁通意义上坤地六阴通向乾天六阳的过程；“以坤通乾”“以坤推乾”“以坤变乾”的过程，就是此所言动态旁通意义上乾天六阳通向坤地六阴的过程。

在双方彼此发用流行而显自身、继之反向变动而通向对方的过程中，形成了十二消息卦涵摄符示的十二种大宇宙阴阳消息格局。这十二种格局，成于自子至亥的十二个时空场位，又互与对冲场位的格局构成旁通关系，从而成两两六对旁通之局：子复(䷗)与午姤(䷫)，丑临(䷒)与未遯(䷠)，寅泰(䷊)与申否(䷋)，卯大壮(䷡)与酉观(䷓)，辰夬(䷪)与戌剥(䷖)，巳乾(䷀)与亥坤(䷁)，互相旁通。这是乾天六阳与坤地六阴两仪之体旁通关系的展开与深入。

兹举复与姤、临与遯的旁通以观之。

（一）复与姤的消息旁通

息卦复局与消卦姤局旁通，它们在子位至午位、午位至子位间，呈现着消息旁通之象。

复卦卦辞虞注云："阳息坤，与姤旁通。"①

姤卦卦辞虞注云："消卦也，与复旁通。"②

息卦复与消卦姤旁通。复值子位，姤值午位。在坎月离日往来于作为大宇宙中宫的中天戊己之位的具体引动下，乾天坤体六阳六阴两仪之体发用流行，消息流转，子位，显大宇宙一阳五阴之复局，隐一阴五阳之姤局，显与隐的阴阳共时相通、一体同在。丑位，又一阳息显，显姤九二之阳，消复六二之阴，令其归隐，复二之阴通向姤二之阳，显转隐隐转显，并即此显涵摄着隐而彼此共时相通一体，复局转成临局；大宇宙二阳四阴之临局，直下涵摄二阴四阳之遯局，二局显隐共时相通一体。寅位，又一阳息显，显姤九三之阳，消复六三之阴，令其归隐，复三之阴通向姤三之阳，显转隐隐转显，并即此显涵摄着隐而彼此共时相通一体，复局成泰局；大宇宙三阳三阴之泰局，直下涵摄三阴三阳之否局，二局显隐共时相通一体。卯位，又一阳息显，显姤九四之阳，消复六四之阴，令其归隐，复四之阴通向姤四之阳，显转隐隐转显，并即此显涵摄着隐而彼此共时相通一体，复局成大壮局；大宇宙四阳二阴之大壮局，直下涵摄四阴二阳之观局，二局显隐共时相通一体。辰位，又一阳息显，显姤九五之阳，消复六五之阴，令其归隐，复五之阴通向姤五之阳，显转隐隐转显，并即此显涵摄着隐而彼此共时相通一体，复局成夬局；大宇宙五阳一阴之夬局，直下涵摄五阴一阳之剥局，二局显隐共时相通一体。巳位，又一阳息显，显姤上九之

① ［清］李道平：《周易集解纂疏》，北京：中华书局，1994 年，第 262 页。
② ［清］李道平：《周易集解纂疏》，北京：中华书局，1994 年，第 401 页。

阳，消复上六之阴，令其归隐，复上之阴通向姤上之阳，显转隐隐转显，并即此显涵摄着隐而彼此共时相通一体，复局成乾局；作为大宇宙消息之本的两仪之体中的一仪，乾六阳之体全幅发用息显，即此六阳乾局，直下涵摄作为大宇宙消息之本两仪之体中的另一仪六阴坤局，二局显隐共时相通一体。迁延至午位，初位一阴息显，显姤初六之阴，消复初九之阳，令其归隐，复初之阳通向姤初之阴，显转隐隐转显，并即此显涵摄着隐而彼此共时相通一体。至此，六位一阴五阳的姤局，先以五阳息显，尾以一阴息显，终于全幅开显，使得六位一阳五阴之复局通向了该局。大宇宙一阴五阳之姤局显，一阳五阴之复局即隐，显与隐的阴阳仍共时相通、一体同在。接下来，因阴阳消息的一刻不能间断的必然，随之就要出现的，乃是姤局通向复局的历程。

在午位姤局成、复局隐于其下的基础上，未位，又一阴息显，显复六二之阴，消姤九二之阳，令其归隐，姤二之阳通向复二之阴，显阴直下涵摄隐阳，并即此共时互通无隔，姤局成遯局；大宇宙二阴四阳之遯局，直下涵摄二阳四阴之临局，二局显统隐隐从显共时一体同在。申位，又一阴息显，显复六三之阴，消姤九三之阳，令其归隐，姤三之阳通向复三之阴，显阴直下涵摄隐阳，并即此共时互通无隔，姤局成否局；大宇宙三阴三阳之否局，直下涵摄三阳三阴之泰局，二局显统隐隐从显共时一体同在。酉位，又一阴息显，显复六四之阴，消姤九四之阳，令其归隐，姤四之阳通向复四之阴，显阴直下涵摄隐阳，并即此共时互通无隔，姤局成观局；大宇宙四阴二阳之观局，直下涵摄四阳二阴之大壮局，二局显统隐隐从显共时一体同在。戌位，又一阴息显，显复六五之阴，消姤九五之阳，令其归隐，姤五之阳通向复五之阴，显阴直下涵摄隐阳，并即此共时互通无隔，姤局成剥局；大宇宙五阴一阳之剥局，直下涵摄五阳一阴之夬局，二局显统隐隐从显共时一体同在。亥位，又一阴息显，显复上六之阴，消姤上九之阳，令其归隐，姤上之阳通向复上之阴，显阴直下涵摄隐阳，并即此共时互通无隔，姤局成坤局；作为大宇宙消息之本的两仪之体中的一仪，坤六阴之体全幅发用息显，即此六阴坤局，直下涵摄作为大宇宙消息之本的两仪之体中的另一仪六阳乾局，二局显隐共时相通一体。迁延至子位，初位一阳息显，显复初九之阳，消姤初六之阴，令其归隐，姤初之阴通向复初之阳，显阳直下涵摄隐阴，并即此共时互通无隔。至此，六位一阳五阴复局，先以五阴息显，末以一阳息显，终于全幅开显，使得六位一阴五阳之姤局又通向了该局。所显大宇宙一阳五阴之复局，直下即涵摄着所隐一阴五阳之姤局，二局显统隐隐从显共时一体同在。接下来，仍是因阴阳消息一刻不能间断的必然，随之就要出现的，又是复局通向姤局的历程。

（二）临与遯的消息旁通

息卦临局与消卦遯局旁通，它们在丑位至未位、未位至丑位间，呈现着消息旁通之象。

临卦（䷒）卦辞“临：元亨，利贞。至于八月有凶”虞注云：“阳息至二，与遯旁通。……临消于遯，六月卦也，于周为八月。遯弑君父，故至于八月有凶。”①

遯卦虞注云：“阴消姤二也。……以阴消阳。”②

息卦临与消卦遯旁通。临值丑位，遯值未位。丑位，乾阳业已息显于坤二之位，显大宇宙二阳四阴之临局，隐二阴四阳之遯局，显与隐的阴阳共时相通、一体同在。寅位，又一阳息显，显遯九三之阳，消临六三之阴，临一阴通向遯一阳，后者显而前者隐，显阳直下涵摄隐阴，即此共时相通一体，临局成泰局；泰局直下涵摄否局，而与之一体互通。卯位、辰位、巳位，又有三阳次第息显，逐次显遯九四、九五、上九之阳而消临六四、六五、

① ［清］李道平：《周易集解纂疏》，北京：中华书局，1994 年，第 222－223 页。
② ［清］李道平：《周易集解纂疏》，北京：中华书局，1994 年，第 326 页。

上六之阴，临四、五、上位之阴次第分别通向遯四、五、上位之阳，消者隐而即涵摄于显者下，共时互通为一体，临局依次流转为大壮、夬、乾三种局；此三种局，大壮局直下涵摄观局，夬局直下涵摄剥局，乾局直下涵摄坤局，涵摄与被涵摄者同样共时互通为一体。午位、未位，则依次有二阴息显，逐次显遯初六、六二之阴而消临初九、九二之阳，所消之阳直下涵摄于所显之阴内，彼此共时互通一体，临局又先是流转为姤局，终至流转为遯局。流转成的姤局，直下涵摄复局，遯局直下涵摄临局，涵摄与被涵摄者同样共时互通为一体。至此，六位二阴四阳之遯局，先以四阳息显，继以二阴息显，最终豁然敞显，使得六位二阳四阴之临局通向了自己。随之，遯局通向临局的过程也将马上展开。

二阳四阴之临局值丑位，引发符示丑月之气，丑于夏为十二月，于周为二月。接续流转成的三阳三阴、四阳二阴、五阳一阴、六阳、一阴五阳、二阴四阳之泰、大壮、夬、乾、姤、遯局，次第引发符示寅、卯、辰、巳、午、未月之气，诸月于夏各为正月、二月、三月、四月、五月、六月，于周各为三月、四月、五月、六月、七月、八月。遯局敞显，临局消隐，是则临局为遯局所消。坤阴息于乾阳之上，至二成艮，六阳下乾上乾之乾，变为二阴四阳下艮上乾之遯，艮子取代乾父，是则子弑父。阴再息而至三，下乾变坤，六阳下乾上乾之乾，变为三阴三阳下坤上乾之否，坤臣取代乾君，是则臣弑君。遯与临，于被消者言自是凶，又进而以消息历程开显子弑父、臣弑君，天道人事俱凶矣。临之消隐发生于未月，卦爻之辞用周历，是则至于八月有凶。临旁通遯，遯亦旁通临。临旁通遯的消息历程结束，遯旁通临的消息历程也随之开始。

作为息卦，临卦主体符示的是乾天阳气息于坤地阴气之上、以阳消阴。作为消卦，遯卦主体符示的是坤地阴气息于乾天阳气之上、以阴消阳。坤阴息于乾阳之上，息于乾初，消乾一阳，姤局形成。坤阴再息，又消姤二之阳，姤局成遯局。姤、遯二局，分别成于午、未之位。继午位姤局涵摄复局与之显隐一体相通之后,未位遯局又涵摄临局与之显隐一体相通。申位、酉位、戌位、亥位,又有四阴次第息显,逐次显临六三、六四、六五、上六之阴而消遯九三、九四、九五、上九之阳,遯三、四、五、上位之阳次第分别通向临三、四、五、上位之阴,消者隐而即涵摄于显者下,共时互通为一体,遯局依次流转为否、观、剥、坤四种局;此四种局,否局直下涵摄泰局,观局直下涵摄大壮局,剥局直下涵摄夬局,坤局直下涵摄乾局,涵摄与被涵摄者同样共时互通为一体。子位、丑位,则依次有二阳息显,逐次显临初九、九二之阳而消遯初六、六二之阴,所消之阴直下涵摄于所显之阳内,彼此共时互通一体,遯局又先是流转为复局,终至流转为临局。流转成的复局直下涵摄姤局,临局直下涵摄遯局,涵摄与被涵摄者同样共时互通为一体。至此,六位二阳四阴之临局,先以四阴息显,继以二阳息显,最终豁然敞显,使得六位二阴四阳之遯局通向了自己。随之,临局通向遯局的过程又将马上展开。

寅至亥位,其他消息局间的旁通,以此类推,不再赘言。

由此,乾天六阳与坤地六阴两仪由对待而互动,由互动而彼此发用流行,引发了十二个时空场位上的十二种显的大宇宙阴阳消息格局,借诸显的格局带来春夏秋冬四时,促成万物的春生夏长秋收冬藏;而所引发的诸显的格局,共时性的涵摄着对冲场位上的格局,与后者一显一隐,共时相通,一体同在,从而从流转着的显与隐两面,含蕴敞开着,并持续保持着本于两仪的六阳六阴之大宇宙阴阳之全,也保障了诸格局间流转及流转互通的畅通性与不间断性,以此而敞开了显隐一体、流转无尽的宏大宇宙阴阳消息洪流。这一洪流令两仪相融一体,成为一体流转着的互融相摄性动态发用敞开者。

十二消息卦之外,尚有另五十二卦。基于万物万象发生的宇宙发生论的视域,虞翻认为,三圣之《易》以其卦变说揭示了,这五十二个阴阳错杂而居的卦,纵有变例存在,实质乃由诸消息卦变来,归根结底则由乾坤两仪发用变来:《系辞下传》云:“物相杂故曰文。”虞注:“乾阳物,坤阴物。纯乾纯坤之时,未有文章。阳物入坤,阴物入乾,更相杂成六十四卦,乃有文章,故曰文。”①以此开示,两仪互动,发用流行,引发的十二种具有显隐两面流转着的大宇宙常态阴阳消息格局,进一步衍生着另五十二卦涵摄符示的同样具有显隐两面流转不居的更为繁复的大宇宙阴阳消息格局。这些格局,同样有着静态显隐两面之共时相通,一体同在,与动态两面之流转互通。本乎对待两仪的大宇宙阴阳消息交感,显隐一体,流转互通,以及由此所引发的大宇宙场域下万物春生夏长秋收冬藏的大化流行,成为六十四卦涵摄符示的核心内容。“文章”即文采,错杂艳丽的色彩。阴阳的消息,敞开了大宇宙场域下撼人心魄的阴阳流转洪流,精彩纷呈的万物万象大化场景,悦人耳目触人情愫的生化流转,这是天地两仪凭借阴阳的生花妙笔,写出并持续写下去的活生生大宇宙妙文,也是活生生的大宇宙之易。

三、消息与万象一体贯通下的旁通之象

在虞翻看来,两仪阴阳之体的对待,决定了十二消息旁通之必然,也终极决定了两仪阴阳、十二消息旁通下贯所造化出的天人万象内在阴阳与外在彼此旁通之必然。虞翻由此全方位诠释了消息与万象一体通贯下的旁通之象。

虞翻此方面的诠释,典型体现于其对消息卦夬、剥与杂卦恒、蛊、大有、震、巽等的经文的注中。

---

① [清]李道平:《周易集解纂疏》,北京:中华书局,1994年,第676页。参见王新春《试论虞氏易学的卦变说》,《易学与中国哲学》,北京:人民出版社,2012年,第208-240页。

（一）夬卦符示的消息与万象一体通贯下的旁通之象

且观夬卦虞注①。

夬卦（䷪）卦辞“扬于王庭，孚号有厉，告自邑，不利即戎，利有攸往”虞注云：

> 阳决阴，息卦也。刚决柔。与剥旁通。乾为扬，为王，剥艮为庭，故“扬于王庭”矣。阳在二、五称孚。孚，谓五也。二失位，动体巽，巽为号，离为光。不变则危。故“孚号有厉，其危乃光也”。阳息动复，刚长成夬。震为告，坤为自邑。夬从复升，坤逆在上，民众消灭。二变时，离为戎。故“不利即戎，所尚乃穷也”。阳息阴消，君子道长，故“利有攸往，刚长乃终”。

夬卦为十二消息卦之一。卦辞言，五阳一阴的夬卦蕴示，在朝廷宣扬，诚恳疾呼将有凶危发生，自城邑来报，不利于兴兵动武，利于有所往而避之。虞翻的诠释是：五阳一阴之夬卦为阳息消阴之息卦，符示阳气息长以至盛大之势，即将顺势决去阴气。阳刚阴柔，阳刚即将顺势决去阴柔。五阳一阴与五阴一阳对待而互反，夬卦遂与阴息消阳之消卦剥卦（䷖）构成旁通关系，彼此静态共时性显隐一体互通，动态历时性消彼息此流转相通。消息卦中，凡阳皆本于乾阳而属乾阳，凡阴皆本于坤阴而属坤阴。夬之五阳与剥之一阳，皆本于乾阳，而属乾阳，开显着乾；夬之一阴与剥之五阴，皆本于坤阴，而属坤阴，开显着坤。夬下体乾，二至四与三至五互两乾，五阳皆属乾阳而各显乾；上体兑，兑显，剥上体艮隐，隐艮直下涵摄于显兑之下

① 以下夬卦经传虞注，见［清］李道平《周易集解纂疏》，北京：中华书局，1994 年，第 393－401 页。

而与之共时相通为一体。阳积极主动，乾开显扬之象。乾又符示纯阳之气、天以及天造化出的通天而御万民的王。艮符示门阙见《说卦传》，于是开显门庭之象。是则"扬于王庭"。二、五之阳符示天之中气，坎得此中气为月为水运行诚信无欺，开显孚象。二、五之阳遂典范开显着孚之象。天阳地阴之气消息流转、交感变化，化生万物万象，卦爻由符示天阳地阴之气及其消息，进而符示由此所化生的万物万象。夬九二之阳失位失正，动变得正，由阳变阴，卦由夬变革(䷰)，二处二至四互体所成巽中，又处下体离中。巽符示风，巽卦《彖传》谓"重巽以申命"，《大象传》谓"随风巽，君子以申命行事"，于是巽开显号、号令之象；离符示日、火，开显光之象。九二不变则失正而危。是则"孚号有厉，其危乃光"。夬局之成，始于乾天阳刚动息消坤地阴柔所成复局，继之接续息长，终成阳刚盛长之夬局。复下震符示马之善鸣见《说卦传》，进而开显言、告之象。复上体坤，二至四与三至五互两坤，五阴皆属坤阴而又各显坤，坤符示腹见《说卦传》，腹关联着身，身关联着自、我，于是坤又开显身、自、我之象。此处坤开显自之象，坤土又开显邑之象，两象互通，坤遂开显自邑之象。夬局从复局步步升进，坤阴逆而在上。乾之象与坤之象相对待，乾符示君王，坤即符示臣民、民众。乾阳盛息，坤阴衰消，开显民众消灭之象。夬九二变正，下体成离，离符示戈兵见《说卦传》，开显戎之象，是则"不利即戎，所尚乃穷也"。阳成就正善的君子，阴化成邪恶的小人。阳息阴消，是则君子之道得势而盛长，小人之道则逆势消退，利君子有所往，最终以阳刚势力遂其所长、圆满彰显而告终。

《彖传》"夬，决也，刚决柔也。健而说，决而和。扬于王庭，柔乘五刚也。孚号有厉，其危乃光也。告自邑，不利即戎，所尚乃穷也。利有攸往，刚长乃终也"虞注云：

乾决坤也。"健"，乾。"说"，兑也。以乾阳获阴之和，故"决而和”也。乾体大成，以决小人。终乾之刚，故乃以终也。

《彖传》言夬谓用力决去、摈弃、决绝，五阳刚用力决去一阴柔。夬下乾上兑，乾健兑说，开显刚健而喜悦，决去阴柔而和畅。在朝廷宣扬，系因一阴柔凌驾于五阳刚之上。诚恳疾呼有凶危，危险即会光显。自城邑来报，不利于兴兵动武，意谓所崇尚的穷兵黩武进入穷途末路。利有所往，意谓将以阳刚正善力量的盛长而告终。虞翻的诠释是，阳刚决去阴柔，就是发用流行、盛大息长中的乾天阳气决去坤地阴气。乾天阳气盛息所成夬局中，下乾开显刚健之象，上兑开显喜悦之象，以浩然盛息的乾天阳气获得坤地阴气和悦顺服，是则“决而和”。乾阳正善，坤阴邪恶，在五阳一阴夬局的基础上，决去最上一阴柔，六阳乾局即会大成而全然敞显，符示正善刚健力量盛大息长豁显，而决去邪恶小人，消息过程以此六位阳刚乾局的显立而告终，开显了宇宙浩浩正善刚健力量之全。

《大象传》“泽上于天，夬；君子以施禄及下，居德则忌”虞注云：

“君子”谓乾，乾为施禄。下为剥坤，坤为众臣。以乾应坤，故“施禄及下”。乾为德，艮为居，故“居德则忌”。阳极阴生，谓阳忌阴。

夬下乾上兑，乾天兑泽，开显泽在天上之象。《大象传》主张，君子接通感通此象，以之照察自己的生命人生，在立足宇宙、面向天下的开阔胸襟与庄严担当下，将禄泽施予在下之人，敬畏关爱善待之，不以施予自居有德，而视此为己应然。以德自居则为大忌。虞翻的诠释是：夬下乾上兑，剥下坤上艮，夬与剥旁通。静态上，五阳一阴之夬，直下内在涵摄着五阴一阳之剥，显隐之阴阳皆属坤阴乾阳；夬下之乾，直下内在涵摄着剥下之坤，夬上之兑，直下内在涵摄着剥上之艮，涵摄与被涵摄者，以显者为主导，显隐一体共时互通。解读显卦之象，必须兼顾其旁通之象。乾阳正善刚健，乾遂开显君子之象。正善为德，阳之正善德泽主动施予，于受施者为惠泽，禄泽属其中之一，于是乾又开显出德、施禄之象。天尊居上，地卑处下，于是坤开显出下之象。坤符示众见《说卦传》，乾君坤臣，于是坤又开显出众臣之象。显乾应隐坤而与之一体相通，是则乾君子以禄泽施予在下众臣。艮符示门阙之象见《说卦传》，于是艮开显居之象。艮居乾德，是则"居德则忌"。夬盛阳决去一阴则六阳之乾成，阳盛至极。阳盛至极后，坤阴生息以消乾阳即实属必然。"居德则忌"之"忌"，谓乾阳生德忌讳坤阴肃杀之生息集聚。此一生息集聚始于姤局，积渐而成剥局，终成坤局，导致动态乾阳坤阴、夬局剥局的旁通显隐流转。

初九爻辞"壮于前趾，往不胜为咎"，《小象传》"不胜而往，咎也"虞注云：

> 夬变大壮，大壮震为趾，位在前，故"壮于前"。刚以应刚，不能克之，往如失位，故"往不胜为咎"。
>
> 往失位应阳，故咎矣。

在大壮(䷡)阳息消阴至四的基础上，阳再息而消一阴则夬局成。是则夬变大壮六四而成。在夬变大壮之前，初九之阳与九四之阳爻位互应，爻性相同而相敌。与初九相敌的九四，处大壮上体震中，震符示足见《说卦传》，于是震开显趾之象。九四位又在初九之前，是则"壮于前"。初九符示的刚以应九四符示的刚，刚刚互敌，不能战胜对方。初九之刚当位得正，九四之刚失位失正，初刚如前往与其相应爻位的四刚所在以战胜对方，则失位失正而难如愿，前景只会是灾害。是则"往不胜为咎"。前往则失位以应阳，"故咎"。

九二爻辞"惕号，莫夜有戎，勿恤"，《小象传》"有戎勿恤，得中道也"虞注云：

"惕",惧也。二失位,故"惕"。变成巽,故"号"。剥坤为莫夜。二动成离,离为戎,变而得正,故"有戎"。四变成坎,坎为忧,坎又得正,故"勿恤"。谓成既济定也。

动得正,应五,故"得中道"。

"莫夜",暮夜。"有戎",有兵事发生,敌兵或贼寇来袭之类。"勿恤",不要担忧。九二处下体中位,有"得中道"之象。虞翻认为,惧起因于九二以阳居阴而失位。九二动变得正,二所在夬变成革(䷰),所在与三、四互体所成乾变为巽,所在下体乾变成离,巽开显号之象已见前。因旁通关系,二所在夬下体乾,内在涵摄着剥下体坤,而彼此显隐一体互通。坤由阴构成,阴而暗,于是开显莫夜(暮夜)之象。二变得正,显离戎之象,是则"有戎"。九二与九五处互应爻位,二动变得正则应九五,九五所在上体兑之九四亦失位失正,动变得正后,二所应九五即处坎体之中,坎符示加忧见《说卦传》,于是坎开显恤之象。构成坎的六四、九五、上六皆当位得正,是则坎恤之象正而"勿恤"。二所在整个卦体成六位阴阳皆正且初四、二五、三上彼此互应的既济(䷾)而定。二动变得正居下中,应上正且中的九五,是则"得中道"。

九三爻辞"壮于頄,有凶。君子夬夬,独行遇雨,若濡有愠,无咎",《小象传》"君子夬夬,终无咎也"虞注缺。

九四爻辞"臀无肤,其行次且。牵羊悔亡,闻言不信",《小象传》"'其行次且',位不当也。'闻言不信',聪不明也"虞注云:

二、四已变,坎为臀。剥艮为肤,毁灭不见,故"臀无肤"。大壮震为行,坎为破,为曳,故"其行次且"也。兑为羊,二变巽为绳,剥艮手持绳,故"牵羊"。谓四之正,得位承五,故"悔亡"。震为言,坎为耳,震、坎象不正,故"闻言不信"也。

坎耳,离目,折入于兑,故"聪不明"矣。

"次且",通趑趄,行走困难貌。九二与九四皆已先后动变得正,卦成既济(䷾)而定,四处与二、三所互坎及上体坎中,坎符示沟渎、隐伏见《说卦传》,引而申之开显臀之象。变前,四所在夬上体兑,直下涵摄着剥上体艮,艮一阳在外表,开显表皮、皮肤之象。兑显艮隐,是则肤毁灭不见,与坎臀象连,"臀无肤"矣。夬息成于大壮,四在大壮处震,处夬经已与二之变处坎,震符示足、动开显行之象,坎符示车多眚、符示曳见《说卦传》,眚灾则有破,是以坎又开显破象。四处震行、坎破、坎曳之象,是则"其行次且"。四在夬处兑中,其下内在涵摄着剥上之艮,九二动变得正,四又处与二、三互体所成巽中,兑、巽、艮分别符示羊、绳直、手之象见《说卦传》,是则艮手持巽绳而牵兑羊。九四动变当位得正,以阴柔顺承九五阳刚,是以后悔之事消亡。四在夬时处震中,与二动变时处坎中,震、坎皆非当下本象而不正;震符示马善鸣之象,坎符示耳之象,见《说卦传》,于是震开显言之象;震言坎耳之象不正,是则"闻言不信"。九四动变,夬成需(䷄),四处上体坎及与三、五所互离中,坎、离分别符示耳、目之象见《说卦传》,耳聪目明。今夬象息成,四处上体兑及与三、五所互乾中,兑符示毁折之象见《说卦传》,是则坎耳离目之象折入兑毁折象中,耳失聪而目失明。

九五爻辞"苋陆夬夬,中行无咎",《小象传》"中行无咎,中未光也"虞注云:

"苋",说也。"苋",读"夫子苋尔而笑"之"苋"。"陆",和睦也。震为笑言,五得正位,兑为说,故"苋陆夬夬"。大壮震为行,五在上中,动而得正,故"中行无咎"。旧读言"苋陆",字之误也。马君、荀氏皆从俗言"苋陆",非也。

在坎阴中,故"未光"也。

《论语·阳货》有"夫子莞尔而笑"之语,依虞翻,古本有作"夫子苋尔而笑"者。虞读"苋陆"之"苋"同"夫子苋尔而笑"之"苋",谓喜悦;读"苋陆"之"陆"同"睦",谓和睦。而据陆德明《经典释文》,马融释"苋陆"为"商陆",为一草本植物;据李鼎祚《周易集解》,荀爽亦以草释"苋陆":"苋者,叶柔而根坚且赤,以言阴在上六也。陆亦取叶柔根坚也。去阴远,故言陆。言差坚于苋。苋根小,陆根大。"[①]夬由大壮阳再息而消一阴所成,五在大壮时处上体震中,在当下夬时处上体兑中。作为四正卦中的震、兑,分别开显春天生机盎然勃发、万物欢欣喜悦之象与秋天万物走向成熟、由成熟丰收而喜悦之象。震、兑又分别符示言、说(悦)之象,已见前。于是震笑言、兑喜悦之象先后出现,是则"苋陆夬夬"。大壮时,五在上体之中,以阴居阳失正,处震行象中,动而得正成夬,是则"中行无咎"。以往释读"苋陆",误解字义。马融、荀爽都顺从俗说,以草类解"苋陆",背离震笑言、兑喜悦之象,是错误的。九四动变得正,则九五陷处上体坎二阴之中,为阴所遮蔽,难以光显,是则"未光"。

上六爻辞"无号,终有凶",《小象传》"无号之凶,终不可长也"虞注云:

> 应在于三,三动时体巽,巽为号令。四已变坎,之应历险,巽象不见,故"无号"。位极乘阳,故"终有凶"矣。
>
> 阴道消灭,故"不可长也"。

上六与九三相应,九三动变,由阳变阴,三至五互巽,开显号令之象。九四业已动变得正,五处坎中,坎开显险象,三至五成艮,巽号令之象不见,上与三爻位相应,来三应之则历坎险,是则历险无号。张惠言谓:"三动,三

① [清]李道平:《周易集解纂疏》,北京:中华书局,1994年,第399页。

当为二。"[①]盖是。李道平从之,谓"上与三应,二动时,互体巽,巽申命,故二曰'惕号'。今作'三动',误也。"[②]则"二动时体巽",谓九二动变得正,上六应爻九三即处二至四互体所成巽号令象中。九四动变得正,上处上体坎险象中,来应三则历此坎险,二至四互巽号令之象不见,转而为坎险之象,上之来应三,要连续经历两坎险。上为位之极,上六之阴处此极位而凌驾在下五阳之上,大逆不道,凶必及之,是则"终有凶"。阳之息长,势不可挡,阳道大昌,阴道消灭,是则阴"不可长也"。

夬卦符示的消息与万象一体通贯下的旁通之象由此豁显。

(二)剥卦符示的消息与万象一体通贯下的旁通之象

且再观剥卦虞注[③]。

与夬卦旁通的剥卦,属十二消息卦中的阴息消阳的消卦之一。剥卦(䷖)卦辞"剥:不利有攸往"虞注云:

> 阴消乾也,与夬旁通。以柔变刚,小人道长,子弑其父,臣弑其君,故"不利有攸往"也。

作为位次第五的六消卦之一,剥卦展示坤阴息而消乾阳,已消乾阳至五位,与乾阳息而消坤阴至五位的夬,构成旁通关系。剥卦符示,剥之名剥,以阴柔的息长使阳刚发生改变而消隐。阴柔符示杀气,符示阴气所成邪恶势力与小人。阴柔息长,阳刚消退。阳刚符示生气,符示阳气所成正善力量与君子圣贤。坤阴息长至五,开显杀气、小人之道盛长。剥局始于一

① [清]张惠言:《周易虞氏义》,赵韫如编次《大易类聚初集》本,台北:新文丰出版股份有限公司,1983年,第339页。

② [清]李道平:《周易集解纂疏》,北京:中华书局,1994年,第400-401页。

③ 以下剥卦经传虞注,见[清]李道平《周易集解纂疏》,北京:中华书局,1994年,第253-259页。

阴息而消阳之姤局，历二阴息而消阳之艮下乾上遯局(䷠)，艮子改变乾父之象，是则“子弑其父”矣；又历三阴息而消阳之坤下乾上否局(䷋)，坤臣改变乾君之象，是则“臣弑其君”矣；继而再接续历二阴息而消阳，下坤上艮剥局以成，下坤臣取代乾君，上艮子取代乾父，是亦一并开显出“臣弑其君”、“子弑其父”之象。阴邪势力息长，礼崩乐坏，天下无道，正善力量难以伸张，是则“不利有攸往”。

剥卦《彖传》“剥，剥也，柔变刚也。不利有攸往，小人长也。顺而止之，观象也。君子尚消息盈虚，天行也”虞注云：

> 坤顺，艮止，谓五消观成剥，故“观象”也。乾为君子，乾息为盈，坤消为虚，故“君子尚消息盈虚，天行也”。则“出入无疾”，“反复其道”。易亏巽，消艮，出震，息兑，盈乾，虚坤，故于是见之耳。

《彖传》言剥开显阴柔消剥阳刚，令其发生改变，后者为前者取代，阴暗势力大行其道，小人得势而左右大局，不利光明力量有所往而施展抱负。剥下坤上艮，坤顺而艮止，符示君子顺应剥卦所开显的阴暗势力盛长消剥光明力量之大势，停下脚步，静观两种势力、力量消长之象。君子理性理智意识到宇宙大千世界万象，天下人生人事，皆有其息长趋盛而盈满与消退趋衰而亏虚的历程，这是根源性阴阳消息的天道之必然。君子意识到这一天道之必然，接受而崇尚之，达观时变，在遇到天道人事相应消息盈虚境遇与局势时，随时理性坦然推出回应举措。虞翻的诠释是，剥下坤上艮，开显顺而止之之象。剥符示的核心，是坤地阴气消剥乾天阳气而趋盛之象。剥局始自一阴息消阳所成姤局，直接成于四阴息而消四阳观局后，一阴再息，消剥观五之阳。剥局继观局而成，观有观示之象，提示人们由观而剥，天道以阴阳消息之象观示于人。剥，直接关联蕴示着十二消息卦系列，提示人们，见一剥而宜思及其他十一消息卦，思及完整复、临、泰、大壮、夬、乾、姤、遯、否、观、剥、坤系列，思及阴阳消息，思及阴阳消息之必然，思及阴阳消息乃终极天道，思及消息归根结底乃乾阳坤阴之消息，思及消息卦中的阴阳凡阳皆属乾阳、凡阴皆属坤阴。剥所昭示的，是坤阴息而消剥乾阳，从一阴息消一阳始，消剥之象即开始显现，至五阴息而消五阳的剥局，消剥之象大显。阳实阴虚。自复而临而泰而大壮而夬以至于乾的过程，是乾阳息而趋于盈的过程；自姤而遯而否而观而剥以至于坤的过程，则是坤阴息而消剥乾阳以趋于虚的过程。剥展示的被消剥的乾阳即乾，此乾符示乾天阳气作为浩然沛然生气所毓成的君子；剥以一卦关联着十二消息卦系列，昭示出乾阳息而盈、坤阴消阳而虚之象，昭示着阴阳消息的天道必然，是则"君子尚消息盈虚，天行也"。剥旁通夬。剥消于夬之成，夬消于剥之成。剥成则夬消隐，夬成则剥消隐。与剥局相反，夬局始于一阳息消阴所成复局，乾阳继之渐息而消坤阴，以至五阳息消五阴而显夬局，最终六阳全息而显，六阴全消而隐，乾局豁显。这是乾阳息而盈的过程。这一过程在一阳息而成复局时，已昭示出其将然与必然。复卦卦辞称"出入无疾"，又称"反复其道"，虞彼注云："谓出震成乾，入巽成坤，坎为疾，十二消息不见坎象，故'出入无疾'。……谓乾成坤，反出于震而来复，阳为道，故'复其道'。"[①]虞意，"出入无疾"之出入，指的是乾阳的出与入。与剥一样，十二消息卦中的任何一卦，皆关联着其他十一卦，关联着十二消息卦系列，关联着乾阳坤阴消息往复循环的历程。乾之一阳息于坤阴之上，下震上坤之复局出现，开显阳始出而显于震，历二阳、三阳、四阳、五阳以至六阳息显而消二阴、三阴、四阴、五阴以至六阴，临、泰、大壮、夬诸局继复局后依次出现，终至乾局显而成，是则"出震成乾"，意味着乾阳息而盈的过程结束。该过程结束，坤阴息消乾阳而虚的过程随之开始。后一过程于其始，坤之一阴息于乾阳之上，下巽上乾姤局出现，开显

① [清]李道平：《周易集解纂疏》，北京：中华书局，1994年，第260－263页。

伴随坤一阴息显，乾一阳入隐于巽一阴之下，阳而入巽；历二阴、三阴、四阴、五阴以至六阴息显而消二阳、三阳、四阳、五阳以至六阳，遯、否、观、剥诸局继姤局后依次出现，终至坤局显而成，是则“入巽成坤”。在此乾阳坤阴互有消息的过程中，所成十二消息之局，如前所言，复下震上坤，临下兑上坤，泰下乾上坤，大壮下乾上震，夬下乾上兑，乾下乾上乾，姤下巽上乾，遯下艮上乾，否下坤上乾，观下坤上巽，剥下坤上艮，坤下坤上坤，未出现坎，是则“十二消息不见坎象”。坎符示疾病之象。阳出于震而显复局并终成六阳乾局而全出，继而入于巽而显姤局并终至六阳全隐而涵摄于坤局之内，在此过程中，坎疾病之象没有出现，是则“出入无疾”。无疾，意味着终极言之，在天阳地阴之气消息流转的历程中，天阳之气不会遭遇疾病，因而它会永葆活力，其生生品质、能量和力量将永恒保持，这是宇宙大千世界不竭生命力的源泉所在。乾因坤阴之息而被消剥归隐，终成六阴坤局，至此，乾阳反出于震而来复，阳以其生气之质而决定着大宇宙终极的生生不息，成为生生之道的化身，即阳而即道。一阳来复，即意味着复其道，回返宇宙生生之大道，终至乾六阳所符示的宇宙全部生生阳气的大显，宇宙生生之道即此大显，万物万象即此得以深度生生。是则“反复其道”。由日月引动的为阳所主导的阴阳消息宇宙大化生生不息之易，借剥局显示，阴息令阳消入巽而成姤局，是则“易亏巽”；迁延至五阴息而消剥五阳，阳消成艮而显剥局，是则“消艮”；阴息剥阳至极，六阴坤局阴虚灭象通体开显，是则“虚坤”；阴极阳还，一阳来复息出于震而成与姤旁通对待的复局，是则“出震”；迁延至五阳息而消五阴，阳息成兑而显与剥旁通对待的夬局，是则“息兑”；阳息畅达于极，六阳乾局阳实盈象豁然敞显，是则“盈乾”。这一以阳为主导的由十二消息卦所表征的亏巽、消艮、出震、息兑、盈乾、虚坤消息历程，也借剥局由作为其引动之源的日月运转往来中天中宫所成在天八卦之象所开示：月始缺于辛位西方显巽象，是则“易亏巽”；进一步消退于丙位南方显艮象，是则“消艮”；全然消隐于乙位东方而藏于癸位北方，是则"虚坤"；新月息显出现于庚位西方显震象，是则"出震"；进一步息长于丁位南方显兑象，是则"息兑"；盛满于甲位东方显乾象，是则"盈乾"。月消垂示阴息消阳，月息垂示阳息消阴，由此进一步引动月复一月的乾天六阳与坤地六阴的十二消息。

《大象传》"山附于地，剥；上以厚下安宅"虞注缺。

初六爻辞"剥床以足，蔑贞凶"，《小象传》"剥床以足，以灭下也"虞注云：

> 此卦坤变乾也。动初成巽，巽木为床，复震在下为足，故"剥床以足"。"蔑"，无。"贞"，正也。失位，无应，故"蔑贞，凶"。震在阴下，《象》曰"以灭下也"。

作为十二消息卦中的消卦之一，剥来自于坤阴息长而消剥乾阳，昭示的是坤改变乾，令乾消隐。虞翻的诠释，着眼于坤阴息长消剥乾阳而终成剥局的历程，以及在此历程中所发生的旁通流转、隐显转换、涵摄与被涵摄关系。在坤阴息以消乾阳而渐成剥局之初，坤一阴息消剥乾阳，致乾初九之阳变动，剥初六之阴出现，乾下体成巽，别卦由乾（䷀）成姤（䷫），姤与复（䷗）旁通，姤显而直下涵摄着复而与之相通一体，初由在乾体转而在巽体，巽体直下涵摄着复下体之震而与之显隐共时一体，巽符示木开显床之象，震在巽下开显足之象，是则"剥床以足"。乾初九成当下姤、未来剥、最终坤之初六，以阴居阳位，失位失正，成剥（䷖）后与六四失应，是则"蔑贞凶"。震足在巽阴之下，是则"以灭下也"。

六二爻辞"剥床以辨，蔑贞凶"，《小象传》"剥床以辨，未有与也"虞注云：

> 指间称"辨"。剥，剥二成艮，艮为指，二在指间，故"剥床以辨"。

无应在剥，故“蔑贞，凶”也。

坤阴息长消剥乾阳的过程持续至二，乾九二之阳亦被坤阴消剥归隐，剥六二之阴出现，乾下体成艮，别卦由乾（䷀）成遯（䷠），艮符示指之象见《说卦传》，六二在艮指象中间，指间称辨，是则“剥床以辨”。六二处阴息剥阳大势之下，终成剥（䷖）后，与六五失应，是则“无应在剥，蔑贞凶”。

六三爻辞“剥无咎”，《小象传》“剥之无咎，失上下也”虞注缺。

六四爻辞“剥床以肤，凶”，《小象传》“剥床以肤，切近灾也”虞注云：

辨上称“肤”，艮为肤，以阴变阳，至四乾毁，故“剥床以肤”。臣弑君，子弑父，故“凶”矣。

坤阴息长消剥乾阳的过程持续至四，在乾初九、九二、九三之阳被坤阴消剥而令剥初六、六二、六三次第出现的基础上，乾九四之阳亦被坤阴消剥归隐，剥六四之阴出现，乾下乾上之乾（䷀）成坤下巽上之观（䷓）。艮象为指，指间称辨，谓艮中间阴之象；辨之上称肤，谓艮上一阳之象。六四与六三、九五互艮，六四在艮中间符示辨，九五在艮最上符示肤。艮符示肤之象，已见前。是则“剥床以肤”。坤阴息改变乾阳，息至四，下乾成坤被毁，上乾成巽亦被毁，是则“以阴变阳，至四乾毁”。阴息消阳过程中，至二艮子弑乾父，至三坤臣弑乾君，至四互艮子象出现而上体乾父、乾君之象毁，息至五艮子弑乾父与息至上坤臣弑乾君之将然亦将成为实然，是则“臣弑君，子弑父”而“凶”矣。

六五爻辞“贯鱼，以宫人宠，无不利”，《小象传》“以宫人宠，终无尤也”虞注云：

剥消观五，巽为鱼，为绳，艮手持绳贯巽，故“贯鱼”也。艮为宫室,“人”谓乾,五以阴代阳,五贯乾为宠人,阴得丽之,故“以宫人宠”。动得正成观,故“无不利”也。

在坤阴息长消剥乾阳持续至四成观局的基础上,坤再有一阴息而消剥观九五之阳,亦即消剥乾九五之阳,剥六五之阴出现,同时也意味着坤六五之阴出现。是则剥消观五而成剥。就剥六五而言,剥关联着观,关联着乾。六五所在上体,原本为乾,消剥观五前为巽,消剥观五后为艮,于是六五所在剥上体之艮,关联着观上体之巽,关联着乾上体之乾,六五关联着以上艮、巽、乾。巽符示多白眼,符示绳直,见《说卦传》,于是巽开显鱼、绳之象。艮符示手与门阙,亦见《说卦传》,由门阙而开显宫室之象。乾阳生气造化生命,人为最具灵性之生命存在而贴近于天阳之气与天阳生德,于是乾开显人之象。艮手持巽绳而贯穿巽鱼,艮五以阴取代乾阳,居艮宫室贯乾人为宫中宠人,众阴得以依附之,是则“贯鱼,以宫人宠”。六五失位,动变得正,卦成观而“无不利”。

上九爻辞“硕果不食。君子德车,小人剥庐”,《小象传》“君子德车,民所载也。小人剥庐,终不可用也”虞注云:

艮为硕果。谓三已复位,有颐象,颐中无物,故“不食”也。夬乾为君子,为德,坤为车,为民,乾在坤,故以德为车。“小人”谓坤,艮为庐;上变灭艮,坤阴迷乱,故“小人剥庐”也。

坤阴消剥乾阳至五开显下坤上艮之剥(䷖)象,上九处艮体,艮符示果蓏见《说卦传》,硕果为果,于是艮开显硕果之象。上九与六三处互应关系爻位,六三以阴居阳失位失正,先行动变得正后,卦成下艮上艮之艮(䷳),三至上爻,透过四爻连互的方式,三至五互下震,四至上上艮,成一颐卦(䷚),符示腮内口内颐养之象,内中四阴,符示阴虚无物,是则“不食”。乾

阳坤阴消息过程中，剥局与夬局动态消息对待旁通，剥成显则夬灭隐；静态上显隐共时相通一体，剥象直下涵摄着夬象，前者显后者隐共时互通无隔。剥下坤上艮，夬下乾上兑，夬下之乾直下涵摄于剥下之坤内，与之通一无隔。乾阳光明有德，于是乾开显君子与德之象。坤符示大轝(舆)见《说卦传》，乾符示天、君上则坤符示地、臣民，于是坤开显车、民之象。夬下乾即在剥下坤之下，车、民之象显于外，君子、德之象隐于内，是则“君子德车”。坤阴消剥乾阳而成剥局，基于阴阳消息之必然与将然，上九终将发生变化，由阳变阴，上体即会由艮变坤。上九所在艮符示门阙、宫室，于是开显庐之象。坤阴迷暗作乱，于是坤开显小人、迷乱之象。坤迷乱小人之象改变艮庐之象，是则“小人剥庐”。

剥卦符示的消息与万象一体通贯下的旁通之象由此也得以豁显。

（三）恒卦符示的消息与万象一体通贯下的旁通之象

大宇宙天阳地阴之气的消息流转以其天道必然性，也终极决定着由其所造化出的天人万象的消息流转、静态显隐共时互通一体与动态显隐历时转换相通，由此开显了浩瀚宇宙大千世界与宏廓天下生活世界天人万象繁纭复杂的旁通关系。虞翻借对消息卦经文的诠释，初步揭示了这一切，更借对消息卦变生的杂卦经文的诠释，进一步深入揭示了这一切。

诸杂卦中，恒卦(䷟)三阳三阴，由三阳三阴的息卦泰(䷊)变生而来。且观就此杂卦经文虞翻所作的诠释。①

恒卦卦辞“恒：亨，无咎，利贞。利有攸往”虞注云：

“恒”，久也。与益旁通。乾初之坤四，“刚柔皆应”，故“通，无

① 以下恒卦经传虞注，见［清］李道平《周易集解纂疏》，北京：中华书局，1994年，第320－326页。

咎,利贞”矣。初利往之四,终变成益,则初四、二五皆得其正,“终则有始”,故“利有攸往”也。

恒开显恒久之象。恒卦初阴,二、三、四皆阳,五、上皆阴,下巽上震。益卦(䷩)初阳,二、三、四皆阴,五、上皆阳,下震上巽。两卦构成对待旁通关系。恒来自寅月息卦泰,下乾初九之阳主导变动,与上坤六四之阴一往一来相互交感,开显在天地阴阳交泰的基础上,天阳地阴进一步往来升降交感,成初阴四阳、二阳五阴、三阳上阴阳刚阴柔皆彼此相应的恒卦符示之局,万物得以亨通化生、万事得以顺利推展而无灾,利于坚守正道。泰初九成九四,六四成初六,初六与九四相应但失位失正,利于初往至四、四来居初。恒唯九三、上六各得其位而互应,九二与六五虽互应却皆失位,言利于初往至四、四来居初,实则言二利往至五、五来居二在其中矣。初四、二五各互往来而重定其位,三上互应亦可互相往来,卦由恒变益,是则“终变成益”而“利有攸往”。恒与益对待旁通,动态上,恒自初爻变起,至上爻即会变成益,是亦“终变成益”。成益后,初四、二五皆得其正。益接下来自初爻变起,亦可成为恒。是则恒与益相互动态往来旁通,终而复始,“利有攸往”。此“利有攸往”,说的就是利于恒与益间之动态旁通往来。

恒卦《彖传》“恒,久也。刚上而柔下,雷风相与,巽而动,刚柔皆应,恒。‘恒:亨,无咎,利贞’,久于其道也。天地之道,恒久而不已也。利有攸往,终则有始也。日月得天而能久照,四时变化而能久成,圣人久于其道而天下化成。观其所恒,而天地万物之情可见矣”虞注云:

泰乾、坤为天、地。谓终则复始,“有亲则可久”也。动初,成乾为天;至二,离为日;至三,坎为月,故“日月得天而能久照”也。春、夏为“变”,秋、冬为“化”。变至二,离夏;至三,兑秋;至四,震春;至五,坎

冬，故“四时变化而能久成”，谓乾坤成物也。“圣人”谓乾，乾为道。初、二已正，四、五复位，成既济定，“乾道变化，各正性命”，有两离象，“重明丽正”，故“化成天下”。以离日照乾，坎月照坤，“万物出震”，故“天地万物之情可见矣”。与咸同义也。

恒来自乾天阳气与坤地阴气两仪发用流行所成泰局，十二消息过程中乾局与坤局、泰局与否局终而复始流转，泰局所成恒与其对待旁通的益也终而复始流转相通，开显天地终而复始流转，震、坎、艮三阳子与巽、离、兑三阴子先后出场，阳子亲和于天，阴子亲和于地，是则“终则复始，有亲则可久”。恒(䷟)下巽上震，益(䷩)下震上巽，恒动态上自初爻动变，最终即可通向益，反之亦然。恒动变于初，下乾上震成大壮(䷡)，三至五爻互显兑；动变至二，下离上震成丰(䷶)，二至四爻互显巽，三至五爻互显兑；动变至三，下震上震成震(䷲)，二至四爻互显艮，三至五爻互显坎；动变至四，下震上坤成复(䷗)；动变至五，下震上坎成屯(䷂)，三至五爻互显艮；动变至上，下震上巽终通向益(䷩)。震、坎、艮三阳子与巽、离、兑三阴子出场于其间。益动变于初，下坤上巽成观(䷓)，三至五爻互显艮；动变至二，下坎上巽成涣(䷺)，二至四爻互显震，三至五爻互显艮；动变至三，下巽上巽成巽(䷸)，二至四爻互显兑，三至五爻互显离；动变至四，下巽上乾成姤(䷫)；动变至五，下巽上离成鼎(䷱)，三至五爻互显兑；动变至上，下巽上震终通向恒(䷟)，三至五爻互显兑。震、坎、艮三阳子与巽、离、兑三阴子亦出场于其间。《系辞上传》称“易知则有亲，易从则有功。有亲则可久，有功则可大”，乾卦九五爻《文言传》说“本乎天者亲上，本乎地者亲下”，虞翻注云“阳道成乾为父，震、坎、艮为子，‘本乎天者亲上’，故‘易知则有亲’”①。震、坎、艮三阳子亲和于在上之乾天，巽、离、兑三阴子亲和于

① ［清］李道平：《周易集解纂疏》，北京：中华书局，1994 年，第 545－546 页。

在下之坤地，亲和感通而获恒久。在恒自初动变旁通通向益的过程中，动变发生于初，初阴变阳形成乾，开显天之象。动变至二，二阳变阴，下体成离，开显日之象。动变至三，恒成震（䷲），三至五爻互坎，开显月之象。是则“日月得天而能久照”。“变至二，离夏；至三，兑秋；至四，震春；至五，坎冬”，张惠言认为有误：“此误。应云：变至二，离夏、兑秋；至三，震春；至五，坎冬。”①大致不错！经文中四时之象，虞翻每每以卦气说语境下的震、兑、离、坎四正卦释之。恒动变至二，卦成丰（䷶），下离开显夏之象，三至五爻互兑开显秋之象，上震实则又开显春之象。动变至三，成震（䷲），下上皆开显震春之象，无兑秋之象出现，实则三至五爻又互显坎冬之象。动变至四，卦成复（䷗），下体开显震春之象；动变至五，卦成屯（䷂），下上各开显震春、坎冬之象。春夏属阳而称变，秋冬属阴而称化。是则“四时变化而能久成”。泰与否的消息流转，来自乾阳与坤阴的消息流转；恒由泰变生，益由否变生，恒与益间的旁通流转，来自泰与否的消息流转，归根结底，这一切皆来自乾阳与坤阴的消息流转。宇宙万物，世间万象，归根结底，即由乾阳与坤阴消息流转所符示的天阳之气与地阴之气消息流转、交感变化而来。因此，恒与益动态流转旁通的过程，与其他所有由消息卦变生来的对待旁通的杂卦间彼此动态流转旁通的过程，与变生它们的消息卦间动态流转旁通的过程，皆无一例外地符示了乾天坤地化成大千世界万物万象的过程。卦与卦的不同，则深层符示了天地阴阳化生大千世界万物万象的多样性、繁纭复杂性。是则“乾坤成物”。阴阳消息是大千世界的终极根源，是万象流转、生命存续的终极动力。阴阳大化终极预定了大千世界的生化节律与万物万象性命之正，法天道立人事，人文天下的化成成为终极目标。恒卦来自泰卦，泰卦下乾与下卦三属于乾的乾阳，恒卦

---

① ［清］张惠言：《周易虞氏义》，赵韫如编次《大易类聚初集》本，台北：新文丰出版股份有限公司，1983 年，第 327 页。

二至四所互之乾乃至二、三、四三属于乾的乾阳，皆以乾而开显由天造化出的与天合德的圣人之象。宇宙的终极根本大道即阴阳消息生生不息之道，乾阳符示的阳之生气所主导的生生之道就是此道的灵魂所在，于是乾又开显道之象。恒卦初与四、二与五皆双双失位失正，动变之正后，卦成既济(䷾)而定，即此符示乾天之阳生道大显其生生造化之用，万物万民各得以正定其性其命。既济下离、三至五爻又互一离，于是初至五爻透过五爻连互的方式，成一别卦离(䷝)，有两离日而明之象，重明附丽于正，符示天下得以化成。既济下离、三至五爻又互离，开显日之象；上坎，二至四爻又互坎，开显月之象。坤阴入乾而成离，乾阳入坤而成坎，乾天坤地，坎月离日，开显以离日照乾天、坎月照坤地之象。恒上体震，开显万物自震所符示的东方春日茁然生出之象。是则万物生出得日月之照而呈现自身，显其情实，“天地万物之情可见矣”。咸卦(䷞)《彖传》云：“观其所感，而天地万物之情可见矣。”虞彼注云：“谓四之初，以离日见天，坎月见地，‘县象著明’，万物见离，故‘天地万物之情可见’也。”①咸卦初与四二爻失位失正，一往一来互易其位则皆当位得正，卦成既济(䷾)而定。同样如上所言，既济两离、两坎，坤阴入乾而成离，乾阳入坤而成坎，乾天坤地，坎月离日，开显以离日见乾天、坎月见坤地之象，天悬之象最显著的就莫过于日月之象，这是《易》象之源头。既济两离符示日又符示夏，天地万物相见于离所符示的日之明及盛夏，《说卦传》所谓“离也者明也，万物皆相见，南方之卦也”，彼此呈现自身，显其情实，是则“天地万物之情可见矣”。因此说“与咸同义”。

《大象传》“雷风，恒；君子以立不易方”虞注云：

“君子”谓乾三也。乾为易，为立，坤为方。乾初之坤四，三正不

① ［清］李道平：《周易集解纂疏》，北京：中华书局，1994 年，第 315 页。

动，故“立不易方”也。

恒九三爻之阳本属泰九三、乾九三之阳，乾卦九三爻辞称“君子终日乾乾”，于是乾、泰、恒九三之阳符示君子。恒来自泰，泰下乾上坤。《系辞上传》称“生生之谓易”，又称“乾以易知，坤以简能。……易简而天下之理得矣”，虞注有云：“阳见称易，阴藏为简。……易为乾息，简为坤消。”① 《易》之名“易”，其所揭示的大千世界变易的实质是生生，阳息为生生之本，于是乾开显易之象。天阳确立了宇宙大千世界生生之本，天阳立则宇宙立，万物万象立，大千世界生生不息之基立，于是乾又开显出立之象。坤符示地，天圆地方，于是坤开显方之象。泰下乾初之阳主导变动，与上坤四之阴往来升降互易其位而成恒，九三之阳当位得正而不变动，是则“立不易方”。

初六爻辞“浚恒，贞凶，无攸利”，《小象传》“浚恒之凶，始求深也”虞注云：

> “浚”，深也。初下称“浚”，故曰“浚恒”。乾初为渊，故“深”矣。失位，变之正，乾为始，故曰“始求深也”。

挖之令深谓之浚。初位地下而称“浚”。六爻构成一卦，卦所符示的整体意蕴为每一爻所涵蕴。初六在恒而涵恒之象，持久深挖以求深，是则“浚恒”。初本为泰下乾初，乾初符示渊，所以言深。今初六之阴失位失正，动变之正后，初所在下卦成乾，乾天之阳为大千世界之始源，于是乾开显始之象，是则“始求深”。

九二爻辞“悔亡”，《小象传》“九二悔亡，能久中也”虞注云：

① ［清］李道平：《周易集解纂疏》，北京：中华书局，1994 年，第 545－546 页。

失位，“悔”也，动而得正，处中，“多誉”，故“悔亡”也。

九二之阳以阳居阴位失位失正，动变得正，则以阴居下体中位，既正又中。《系辞下传》又言六十四卦诸卦“二多誉”，即二爻符示的往往是获得声誉机会多之位，所以“悔亡”。

九三爻辞“不恒其德，或承之羞，贞吝”，《小象传》“不恒其德，无所容也”虞注缺。

九四爻辞“田无禽”，《小象传》“久非其位，安得禽也”虞注云：

“田”谓二也，地上称“田”。“无禽”，谓五也。九四失位，利二上之五，已变承之，故曰“田无禽”。言二、五皆非其位，故《象》曰“久非其位，安得禽也”。

九四在六五之下，六五与九二互应。大化所成大千世界以天地人三才为主轴，卦之六位在此语境下初二符示地之位，初地之下位、偏位而二地之上位、正位；三四符示人之位，三人之正位而四人之偏位；五上符示天之位，五天之下位、正位而上天之上位、偏位。九二所在地之上位开显田象。在九四之上的六五为阴，阴虚阳实，虚则表征无物。是则“田无禽”。九四、六五与九二，皆失位失正，在恒局而皆涵恒之象，有恒的整体特性，是则“久非其位”而致“无禽”，故云“安得禽也”。九四利二与五一升一降、一往一来位置变动而得正，己则性质变动、由阳变阴而得正，并顺承变后的在五之阳，局面才可望改观。

六五爻辞“恒其德，贞妇人吉，夫子凶”，《小象传》“妇人贞吉，从一而终也。夫子制义，从妇凶也”虞注云：

动正成乾，故“恒其德”。“妇人”谓初，巽为妇。终变成益，震四复初，妇得归阳，“从一而终”，故“贞妇人吉”也。震，乾之子，而为巽夫，故曰“夫子”。终变成益，震四从巽，死于坤中，故“夫子凶”也。

“一”谓初，终变成益，以巽应初震，故“从一而终也”。震没从巽入坤，故“从妇凶”矣。

六五之阴失位失正，动变得正，卦由恒（䷟）变大过（䷛），五在与三四所互乾中，乾阳好生而由所成之乾开显德之象，是则“恒其德”。恒下巽符示长女而开显妇之象，巽阴为巽之表征，故云“妇人谓初”。恒与益旁通，动态上，巽下震上之恒局（䷟），最终通往震下巽上之益局（䷩）。该过程结束，震归于下而巽归于上，二者位置发生转换，震四失位之阳还复初阳正位，巽初失位之阴得居四阴正位。震阳为震之表征，震符示长男，相对于巽之符示长女而开显妇之象，震则开显夫之象。在上巽妇得以应而归于在下震夫，巽妇一阴得以应而归于震夫一阳，是则“贞妇人吉”而“从一而终”。震属乾之子与巽之夫，于是开显夫子之象。恒局（䷟）转为益局（䷩），在震之四阳顺从变成的巽，于上潜隐，进入与二三互成的坤，坤符示月明之丧，开显死丧之象，震夫子顺从巽妇而入坤死丧象中，是则“震四从巽，死于坤中”而“夫子凶”。震夫子顺从变成的巽妇，以其阳之灭没而灭没，由巽妇之象进入坤死之象，是则“从妇凶”。妇从一，巽从震，巽应震，谓恒局流转为的益局中，上巽妇从下震夫子而应之。震从巽，夫子从妇，则谓流转前恒局中的震夫子从流转后益局中的巽妇。

上六爻辞“震恒，凶”，《小象传》“震恒在上，大无功也”虞注云：

在震上，故“震恒”。五动乘阳，故“凶”。终在益上，五远应，故“无功也”。

上六之阴在恒之上而涵恒之象，又在恒上体震之上，是则“震恒”。其下六五之阴动变得正，则上以阴居阳上，阴柔乘阳刚，逆而不道，而致凶。恒与益旁通，恒最终于上位流转为益(䷩)，上爻最终处益之上。《系辞下传》在言及六十四卦诸卦各爻之位时曾云“五多功”，谓五爻值天位、天子之位，符示的往往是易于建立功业之位。九五处五“多功”之位，其功及于远应于自己的六二之阴，而不会及于上九之阳，因而于上而言“大无功”。

恒卦符示的消息与万象一体通贯下的旁通之象，即此亦得以豁显。

(四)蛊卦符示的消息与万象一体通贯下的旁通之象

同样来自消息卦中息卦泰的三阳三阴之杂卦蛊(䷑)，虞翻对其卦辞与《彖传》的诠释[①]，也典型运用了旁通视角。

蛊卦卦辞“蛊:元亨”虞注云：

泰初之上，与随旁通。刚上柔下，乾坤交，故“元亨”也。

阳息消阴而成泰(䷊)，息卦泰，以在下乾之初阳主导，而与在上坤上之阴发生升降往来之变动，初阳升而往居上，上阴降而来居初，是则阳刚居上而阴柔居下，“刚上柔下”，蛊卦形成。“泰初之上”，“刚上柔下”，意味着乾天阳刚与坤地阴柔顺利实现互动交感，宇宙生化场造化之功畅遂，万物万象得以顺利化生，是以“元亨”。蛊卦(䷑)与随卦(䷐)六爻阴阳互反而相互对待，两杂卦构成旁通关系。蛊由息卦泰变生，随则由与泰消息旁通的消卦否(䷋)变生。随卦卦辞虞注所谓“否上之初”[②]而成随。本当云“否下之上”，即消卦否以在下坤之初阴主导，而与在上乾上之阳发生升降往来之变动，初阴升而往居上，上阳降而来居初，天阳地阴顺利交感互

① 参见[清]李道平《周易集解纂疏》，北京：中华书局，1994 年，第 216－218 页。
② [清]李道平《周易集解纂疏》，北京：中华书局，1994 年，第 209 页。

动而成随。今云"否上之初",稍变其体例,谓以在上乾上之阳为主导,而与在下坤初之阴发生一降一升、一来一往的互动交感变动,实现天阳地阴的交感,随局得以形成,彰显的仍是尊阳而以阴辅之的理念。

蛊卦《彖传》"'先甲三日,后甲三日',终则有始,天行也"虞注云:

> 谓初变成乾,乾为甲;至二成离,离为日;谓乾三爻在前,故"先甲三日",贲时也。变三至四,体离;至五,成乾,乾三爻在后,故"后甲三日",无妄时也。易出震,消息历乾、坤象,乾为始,坤为终,故"终则有始"。乾为天,震为行,故"天行"也。

乾天之阳与坤地之阴两仪的消息,形成泰局与否局;泰局、否局中阴阳的进一步往来升降互动交感,又形成蛊局与随局。蛊、随二局中内在阴阳消息流转的必然,又使得两局之间发生着旁通流转。当下的蛊局,最终可流转成随局。虞翻即借本卦蛊局向其旁通卦随局流转的过程,敞显蛊卦之意蕴。蛊卦初阴发动,蛊局通往随局的历程正式拉开大幕,阴变为阳,随初九之阳开显,下巽成乾,蛊成大畜(䷙)。在日月悬天成八卦象的阴阳消息语境下,乾表征十五日盈满于甲东方的全阳圆月之象,开显出甲之象。蛊卦九二之阳继之发动,由阳变阴,随卦六二之阴开显,下巽成离,蛊成贲(䷕)。离开显出日之象。乾甲之象先于离日之象出现,乾又有三爻,开显出三之象,是则"先甲三日"。"先甲三日"之象,渐次开显于蛊流转向随过程的第二时段,即流转为贲时,是则"贲时也"。蛊卦九三之阳、六四之阴依次继续发动,一由阳变阴,一由阴变阳,随卦六三之阴与九四之阳相应依次开显,先是下巽成震,蛊成颐(䷚),后是上艮成离,蛊成噬嗑(䷔)。上离遂开显出日之象。蛊卦六五之阴继之发动,由阴变阳,随卦九五之阳开显,上艮成乾,蛊成无妄(䷘)。三爻构成的上乾,又开显甲、三之象。乾甲、三之象,后于离日之象出现,是则"后甲三日"。"后甲三日"之象，渐次开显于蛊流转向随过程的第五时段，即流转为无妄时，是则“无妄时也”。易的究竟意蕴为阴阳消息生化流转无尽，核心开显于月复一月在天八卦所示的阴阳消息与年复一年十二消息卦所示的阴阳消息。后者由前者引动。前者为三爻八经卦所示消息，三阳之乾为本始，阳息始出于初三日庚位一阳震象，历初八日丁位二阳兑象，至十五日三阳乾象息显，阳息消阴过程于焉结束；十六、十七日，阴息始出于辛位一阴巽象，历二十三日二阴艮象，至二十九、三十日三阴坤象消乾象，阴息消阳过程于焉结束。是则“易出震，消息历乾、坤象”。由前者所引动的后者，为六爻十二别卦、十二消息卦所示消息，六阳之乾为本始，阳息始出于子月子位一阳下震上坤复象，历丑月丑位二阳下兑上坤临象、寅月寅位三阳下乾上坤泰象、卯月卯位四阳下乾上震大壮象、辰月辰位五阳下乾上兑夬象，至巳月巳位，下乾上乾六阳乾象息显，乾阳息消坤阴的过程于焉结束；阴息始出于午月午位一阴下巽上乾姤象，历未月未位二阴下艮上乾遯象、申月申位三阴下坤上乾否象、酉月酉位四阴下坤上巽观象、戌月戌位五阴下坤上艮剥象，至亥月亥位，下坤上坤六阴坤象息显，坤阴息消乾阳的过程于焉结束。是又一“易出震，消息历乾、坤象”。就宇宙大化言之，乾天阳气始之，坤地阴气承天而终之，阳息消阴，阴息消阳，终而复始，无有尽期。乾符示天，震符示动行，是则“天行”。

蛊卦符示的消息与万象一体通贯下的旁通之象，同样因此而豁显。

（五）大有卦符示的消息与万象一体通贯下的旁通之象

借旁通关系而对杂卦经文作出诠释，典型案例，还有对大有的诠释①。大有卦辞“大有：元亨”虞注云：

① 以下大有卦经传虞注，见［清］李道平《周易集解纂疏》，北京：中华书局，1994 年，第 187－192 页。

与比旁通。柔得尊位，大中，应天而时行，故“元亨”也。

大有(☲☰)下乾上离，一阴五阳，与下坤上坎、一阳五阴的比(☵☷)相互对待，构成旁通关系。六五阴柔居于五尊贵天位、天子之位和上体中位，盛大而中，与在下乾体中的九二阴阳相反而互补相应，二在乾天象中，应二则应天，是则尊贵盛大，得中应天，顺时而行，故而“元亨”。

大有《彖传》“大有，柔得尊位，大中而上下应之，曰大有。其德刚健而文明，应乎天而时行，是以元亨”虞注云：

谓五以日应乾而行于天也。“时”，谓四时也。大有亨比，初动，成震为春；至二，兑为秋；至三，离为夏、坎为冬，故曰“时行”。以乾亨坤，是以“元亨”。

《彖传》之义，大有卦六五阴柔居上体中位、天位、天子之位，得到九二阳刚的应和，得到九二与初九、九三、九四、上九所有阳刚的一致应和，符示阴柔之主立足整体人文天下意识，促成令天下阳刚力量大显其用、各呈其彩的氛围，博得阳刚力量的一致拥戴，带来天下大富有之境。大有下乾上离，乾、离分别开显刚健、文明之德性气象，而卦整体则开显刚健而文明之盛大富有德性与气象。作为天下中心的六五所符示的阴柔之主，与九二所在乾符示的天与天道相应和，顺天因时而推出相应平治天下举措，因此促成一开始即亨通、盛大亨通之大富有之局。虞翻的诠释是，大有开显的是，日应和天而运行于天，引动阴阳二气之消息与春夏秋冬四时之流转，促成大化流行的宇宙有机生化场，带来万物春生夏长秋收冬藏的生化历程，天地宇宙的造化与万物万象的生化皆得以亨通。六五之阴以所在离日应和在下之乾天而运行于天。“时”说的是四正卦震、离、兑、坎所符示的春夏秋冬四时。大有卦与比卦旁通。将比视为已然，将大有视为基

于比的将然与在此基础上借助比逐次动变流转敞开的当下实然，则作为与大有构成对待旁通关系的比，自初爻依次动变，就会依次流转而敞开大有诸爻，终至敞开大有全体之象。比初六发动，由阴动变为阳，敞开大有初九之阳，比成屯(䷂)，下震开显春之象。继之六二发动，亦由阴动变为阳，敞开大有九二之阳，比成节(䷻)，下兑开显秋之象。继之六三发动，又有一阴动变为阳，敞开大有九三之阳，比成需(䷄)，三至五爻互离，开显夏之象；上体坎，开显冬之象。震春、兑秋、离夏、坎冬之象在比流转向大有的动态旁通过程中依次敞显，是则“时行”。在此过程中，比下之坤，流转通向了大有下之乾，是则“以乾亨坤”，即“以乾通坤”。乾阳坤阴、乾天坤地动态流转互通，显转隐、隐转显，显摄隐而相通一体，显隐流转而动态相摄互通、一体无隔，开显了天地阴阳的流转互通交感发用，天地的造化之功得以施展，万物万象因而得到顺利造化，并顺应时序的更迭而展开各自的生化历程，是则天地亨通，万物万象亨通。

大有《大象传》“火在天上，大有；君子以遏恶扬善，顺天休命”虞注云：

> “遏”，绝。“扬”，举也。乾为扬善，坤为遏恶，为顺。以乾灭坤，体夬“扬于王庭”，故“遏恶扬善”。乾为天休，二变时，巽为命，故“顺天休命”。

以价值的视域看待天地宇宙间的阴阳消息、万物生化，出于敬畏生命、敬畏守望生命生生之姿态，则阳气属于一种生气，引发生命生生，因而阳气具有了善与美的价值意义。与之形成鲜明对照，阴气属于一种杀气，遏止生机，令生命活力衰歇，因而阴气具有了恶与丑的价值意义。阳气主动而有扬之象，阴气遏止生机而有遏之象。乾纯阳，坤纯阴，乾天坤地为开天辟地后宇宙阴阳直接源头，是以乾与坤分别开显出扬善、遏恶之象。坤还开显顺之象。大有下乾，由比下坤动态旁通流转逐次开显而来，乾显成，坤消隐，坤由显而摄乾转为隐而为乾所摄，原坤遏恶之象显于外、乾扬善之象含藏于内，现则乾扬善之象显于外、坤遏恶之象含藏于内，是则“遏恶扬善”。乾显坤隐，是则“以乾灭坤”。比流转终至旁通向大有(䷍)，大有初至五爻以五爻连互的方式，初二三下乾，三至五上兑，开显一夬象(䷪)；二至五爻以四爻连互的方式，二至四互乾为下体，三至五互兑为上体，亦开显一夬象。夬卦的卦辞称“扬于王庭”，是则夬卦开显“扬于王庭”之象。虞彼注云：“与剥旁通，乾为扬、为王，剥艮为庭，故‘扬于王庭’。”[①]说已见前。虞意，遏恶扬善宣示于朝廷，面向于天下，是接通天地造化的天子，在人文化成的天下平治理念下，推出的洋溢着神圣庄严而沛然谐和的礼乐文化精神的政举。“休”，美也，善也。“休命”，令生命达致美善理想之境。坤隐乾成，乾开显天、美、善之象，是则开显天休之象。构成乾的九二之阳失位失正，动变得正后，大有成离(䷝)，二至四爻互巽。巽符示风，风喻示人文风教。风接续吹拂，喻示人文风教指令重申下达，巽卦《象传》有云“重巽以申命”，于是巽开显命之象。坤顺、乾天休、巽命三象相连，整体敞显“顺天休命”之象。

大有初九爻辞“无交害，匪咎，艰则无咎”，《小象传》“大有初九，无交害也”虞注云：

> “害”谓四。四离火，为恶人，故“无交害”。初动，震为交。比坤为害。“匪”，非也。“艰”，难，谓阳动比初成屯，屯，难也。变得位，“艰则无咎”。
>
> “害”谓四。

九四之阳处上体离火象中，符示有害的恶人。在比卦动态发动流转

① ［清］李道平：《周易集解纂疏》，北京：中华书局，1994 年，第 393 页。

逐次开显大有诸爻及大有整体之象的过程中，初爻发动，大有初九之阳得以开显，比下之坤转为震，震符示乾刚坤柔始交，开显交之象。比下坤，坤符示月相之晦丧而有死丧之象，符示肃杀之阴气而于人物有害，于是开显害之象。震交、坤害，是则“交害”。比初之阴发动，大有初之阳得以动变出现，前者消隐，比流转为屯(䷂)，开显造化之初阳刚阴柔初始交感艰难不畅、万物万象初始化生艰难不畅之象。比初之阴失位失正，动变成大有初阳，当位得正而在屯艰难象中，得艰难之淬砺而激发内在难以估量之能量，是则“艰则无咎”。

大有九二爻辞“大轝以载，有攸往，无咎”，《小象传》“大轝以载，积中不败也”虞注云：

> 比坤为大轝，乾来积上，故“大轝以载”。“往”谓之五。二失位，变得正，应五，故“有攸往，无咎”矣。

“轝”同“舆”，“大轝”即豪华之车。九二之阳所在大有下体之乾，来自比下体之坤的动态旁通流转。流转后，乾来而坤往。乾来坤往的同时，动态的流转，转变为静态的显阴涵摄互通，即比下体之坤由显转隐，而直下涵摄于由隐转显的大有下体之乾下，成坤隐而下、乾显而上之局，是则乾来积于坤大轝之上，而开显“大轝以载”之象。二与五具有爻位上的互应关系，二者可相互往来，即五可来二，二亦可往五，故云“‘往’谓之五”。二以阳居阴失位失正，动变当位得正，消解了过失，往而应五，是则“有攸往，无咎”。

大有九三爻辞“公用亨于天子，小人弗克”，《小象传》“公用亨于天子，小人害也”虞注云：

> “天子”谓五。三，公位也。“小人”谓四。二变得位，体鼎象，故

“公用亨于天子”。四折鼎足，覆公餗，故小人不克也。

“小人”谓四也。

在大有所符示的盛大富有宇宙生化场内，六五所表征的身居天位通天而理天下的天子，体恤臣下，以盛大宴享之礼招待王公，借此表达君臣互重之义，增进深化彼此感通，小人则不宜受此礼遇。《易传》人眼观大千世界，以人在其中为基本运思出发点，基于人恒常在场下的宏大宇宙视域，落实问题意识，开显了经卦初地、二人、上天与别卦初二地、三四人、五上天的三才之位说。在此基础上，汉代易学，基于宏大宇宙意识、开放宇宙心灵转进出的整体人文天下意识、博大天下心灵，从对天下有现实效用及效用大小的角度着眼，又开显了礼乐文化、礼乐制度、礼乐秩序语境下初爻为元士之位、二爻为大夫之位、三爻为三公之位、四爻为诸侯之位、五爻为天子之位、上爻为宗庙之位的人文之位说。传世的《京氏易传》，在诠论八宫各卦的世、应之爻时，详示了这六种位。例如，大有卦属于乾宫归魂卦，世爻在三爻之位，应爻在上爻之位，《京氏易传》即云“三公临世，应上九为宗庙”[①]；比卦属于坤宫归魂卦，六三为世爻，上六为应爻，同书又云“归魂六之三公居世，应上六宗庙”[②]；姤卦(䷫)属于乾宫一世卦，初六为世爻，九四为应爻，同书则云“元士居世，……九四诸侯坚刚在上”[③]。而《易纬乾凿度》卷上，则明确说：“天地之气必有终始，六位之设皆由上下，……初为元士，二为大夫，三为三公，四为诸侯，五为天子，上为宗庙。

① [汉]京房:《京氏易传》,《文渊阁四库全书》(第808册),台北:台湾商务印书馆景印,1983年,第443页。

② [汉]京房:《京氏易传》,《文渊阁四库全书》(第808册),台北:台湾商务印书馆景印,1983年,第456页。

③ [汉]京房:《京氏易传》,《文渊阁四库全书》(第808册),台北:台湾商务印书馆景印,1983年,第441页。

凡此六者,阴阳所以进退,君臣所以升降,万人所以为象则也”①。虞翻即立足此说解读《易》。五爻、三爻分值天子、三公之位,故云“天子谓五。三,公位也”。九二之阳居于阴位,失位失正,动变得正后,大有变为离(䷝),二至上爻透过五爻连互的方式,二至四互体下巽,四至上上离,开显一鼎卦(䷱),符示着烹饪宴享之象。九三符示的三公,受到天子的宴享,是则“公用亨于天子”。“亨”,享也。四爻就处在连互所成鼎卦四爻,而鼎九四爻辞开示“鼎折足,覆公餗”,是则该爻符示不宜高看重用的小人,是则“小人不克”。

大有九四爻辞“匪其尪,无咎”,《小象传》“匪其尪,无咎,明辩折也”虞注云:

> “匪”,非也。其位尪。足尪,体行不正。四失位,折震足,故“尪”。变而得正,故“无咎”。“尪”或为“彭”,作“旁”声,字之误。
>
> 折之离,故“明辩折也”。四在乾则尪,在坤为鼠,在震噬胏得金矢,在巽折鼎足,在坎为鬼方,在离焚死,在艮旅于处,言无所容,在兑睽孤孚厉,三百八十四爻,独无所容也。

“尪”,一本作“彭”,这也是我们今天所熟知的通行本《周易》古经所用之字;《经典释文》云,《子夏传》作“旁”。虞翻以作“尪”为正。大有(䷍)九四以阳居阴位,失位不正。三至五爻互体为兑,四爻当位则互体为震。兑、震分别符示毁折、足之象,见《说卦传》。是则四爻之阳令兑毁折之象成而折了震足,导致足跛不正,是谓“尪”。九四之阳变而得正,兑毁折之象毁坏而震足之象显现,是则无咎。“折之离”,谓二阳一阴之兑,折一阳二阴之震足,而令阳阴阳之离象形成。震足不遭兑折,则上体为艮,

① [清]赵在翰辑:《七纬》,北京:中华书局,2012年,第38页。

别卦为大畜(䷙);遭折方成大有上体之离。《说卦传》:震,“其于马也为善鸣”,于是震开显出言、辩之象。兑折、震辩、离明三象互连,是则“明辩折”。阳在四居上体之离,与处下体之八卦,共有八种可能之组合:离上而乾下之大有(䷍),离上而坤下之晋(䷢),离上而震下之噬嗑(䷔),离上而巽下之鼎(䷱),离上而坎下之未济(䷿),离上而离下之离(䷝),离上而艮下之旅(䷷),离上而兑下之睽(䷥)。六十四卦中,这八种组合情形下,九四所符示的皆是难为人所容忍、包容、容留的十足小人:处乾之上,属大有(䷍)离体之四,开显“足尫”之象,是则“在乾则尫”;处坤之上,属晋卦(䷢)离体之四,晋九四爻辞称“晋如硕鼠”,开显鼠象,是则“在坤为鼠”;处震之上,属噬嗑(䷔)离体之四,噬嗑九四爻辞称“噬乾胏得金矢”,开显“噬胏得金矢”之象,谓小人食用连着骨头的干肉而遇到铜制箭头;处巽之上,属鼎卦(䷱)离体之四,鼎卦九四爻辞称“鼎折足”,开显“折鼎足”之象,是则“在巽折鼎足”;处坎之上,属未济(䷿)离体之四,未济九四爻辞称“震用伐鬼方”,开显鬼方之象,是则“在坎为鬼方”;处离之上,属离卦(䷝)上体离之四,离卦九四爻辞称“突如其来如焚如死如弃如”,开显焚死之象,是则“在离焚死”;处艮之上,属旅卦(䷷)离体之四,旅卦九四爻辞称“旅于处”,开显孤独旅于所处,无人容留之象,是则“在艮旅于处,言无所容”;在兑之上,属睽卦(䷥)离体之四,睽卦九四爻辞称“睽孤遇元夫,交孚,厉,无咎”,开显“睽孤孚厉”之象,谓乖违一方而顾念另一方,诚信于凶危。六十四卦共计三百八十四爻,单单上述处在上体离八种情形下的这一四爻之阳,其所符示的小人,无人容留。以此晓谕人们,值四爻之位而在上体离卦初爻的阳,开显的无一例外就是应被唾弃的小人。虞翻此处别有深意,旨在启迪人们解读经文时的好学深思、心知其意的连类之思。

大有六五爻辞“厥孚交如,威如,吉”,《小象传》“厥孚交如,信以发志也。威如之吉,易而无备也”虞注云:

“孚”，信也。发而孚二，故“交如”。乾称威，发得位，故“威如吉”。

六五以阴居阳，失位失正，发动由阴变阳，以诚信与先行发动由阳变阴的二相交往。变得正，所在上体成乾，乾符示彰显着威严的天、天子、父等之象，而开显威。故曰云云。

大有上九爻辞“自天右之，吉，无不利”，《小象传》“大有上吉，自天右也”虞注云：

谓乾也。“右”，助也。大有通比，坤为自，乾为天，兑为右，故“自天右之”。比坤为顺，乾为信。“天之所助者顺，人之所助者信。履信思顺，又以尚贤”，故“自天右之，吉，无不利”。

大有与比旁通，静态上，大有所示之象，直下含藏涵摄着与其相对待的比所示之象。大有下乾与比下坤一显一隐，并立共在通为一体。大有三至五爻互体为兑。乾符示天，天、天道至诚不息，信实不欺，于是乾又开显信之象。坤有为腹之象而开显自之象。在四正卦图式中，兑居右，开显右象。乾坤一显一隐，兑又与乾连，坤自，乾天，兑右，是则“自天右之”。坤又符示顺，乾坤显隐一体，乾信坤顺之象一上一下、一外一内对显。《系辞上传》诠释推阐本爻之辞时云：“‘右’者，助也。天之所助者顺也，人之所助者信也。履信思乎顺，有以尚贤也，是以‘自天右之，吉无不利’也。”虞彼注有云：“大有五应二而顺上，故‘履信思顺’。比坤为顺，坎为思，乾为贤人，坤伏乾下，故‘有以尚贤’者也。”①就大有而言，从其与比静态上的旁通关系以审视大有所符示的意蕴，则大有(䷍)下乾上离，比(䷇)下坤

① ［清］李道平：《周易集解纂疏》，北京：中华书局，1994年，第608页。

上坎,大有下乾,直下含藏涵摄着比下之坤,乾显而坤隐伏于其下,为乾所统摄,又反向与乾互动相通一体;大有上离,直下含藏涵摄着比上之坎,离显而坎隐伏于其下,为离所统摄,同样又反向与离互动相通一体。坤符示顺之象,坎符示加忧、心病之象,见《说卦传》,于是坎开显心之象。思发于心,心为思之官,是则坎开显思之象。坎思与坤顺相连,是则"思顺"。乾天阳生气善美,乾天有好生大德,圣贤君子与天相契,于是乾开显贤人之象。坤顺伏于乾贤人之下,是则"有以尚贤"。值大有上九之位的阳,在阴阳消息大化所促成的盛大富有宇宙场景的天下内,获得了上至天、下至人的一致祐助。

大有卦符示的消息与万象一体通贯下的旁通之象,也借虞注而豁显。

(六)震、巽卦符示的消息与万象一体通贯下的旁通之象

八卦所符示的基本物象中,乾天,坤地,震雷,巽风,坎水,离火,艮山,兑泽,虞翻认为,相较而言,天、地、水、火、山、泽皆有其形,雷、风则无形,无形更宜从变的视角去审视。因此在他看来,八卦中,单单震、巽变化互通而显其意蕴。这就是他提出的震巽特变说。此说仍然可以涵盖于旁通说下。虞翻此说,开显于其对《说卦传》震、巽符示物象的诠释,开显于其对巽卦经文的诠释。

作为二阳四阴之杂卦的震,与作为二阴四阳之杂卦的巽,分别由消息卦中的息卦临、消卦遯变生而来。震卦卦辞"震:亨"虞注云:"临二之四,天地交,故通。"①巽卦卦辞虞注云:"遯二之四。"②息卦临由九二之阳主导,与六四之阴发生一往一来、一升一降的变动,阳居四而阴居二,震卦形成。阳属乾天而阴属坤地,是则天地交而万物通。消卦遯由六二之阴主

① [清]李道平:《周易集解纂疏》,北京:中华书局,1994年,第453页。
② [清]李道平:《周易集解纂疏》,北京:中华书局,1994年,第495页。

导，与九四之阳发生一往一来、一升一降的变动，阴居四而阳居二，巽卦形成。《说卦传》震，“其究为健，为蕃鲜”虞注云：

> 震、巽相薄，变而至三，则下象究，与四成乾，故“其究为健，为蕃鲜”。巽，“究为躁卦”，“躁卦”则震。震雷、巽风无形，故卦特变耳。[①]

《说卦传》所言八卦，本指经卦，虞翻则以别卦释之。震（䷲）雷、巽（䷸）风无形，两卦对待动变互通。震雷巽风同声相应而相薄[②]，震自初依次动变，最终即可通往巽。在动变通往巽的过程中，动变至于三爻，下震之象变化终结，开显究象，下震上震之震流转为下巽上震之恒（䷟），二至四爻互体为乾，开显健象，是则“其究为健”。“蕃鲜”，内在生机勃发，生意盎然，生长茂盛而色泽鲜亮；而巽符示白之象见《说卦传》，震下之震流转成的下巽，符示的白之象，即开显此蕃鲜之象。巽自初爻动变，最终亦会通向震，巽“究为躁卦”，说的就是巽最终通向的震，震卦就是符示躁之象的卦。

《说卦传》巽，“为广颡”，“为近利市三倍”，“其究为躁卦”虞注云[③]：

> 变至三，坤为广，四动成乾，为颡，在头口上，故“为广颡”，与震“的颡”同义。震一阳，故“的颡”，巽变乾二阳，故“广颡”。
>
> 变至三成坤，坤为近。四动，乾，乾为利。至五成噬嗑，故称“市”。乾三爻，为三倍。故“为近利市三倍”。动上成震，故“其究为躁卦”。八卦诸爻，唯震、巽变耳。

① ［清］李道平：《周易集解纂疏》，北京：中华书局，1994 年，第 709 页。

② 《说卦传》“雷风相薄”虞注所谓：“谓震、巽，‘同声相应’，故‘相薄’。”见［清］李道平：《周易集解纂疏》，北京：中华书局，1994 年，第 692 页。

③ 以下巽卦符示诸象之虞注，见［清］李道平：《周易集解纂疏》，北京：中华书局，1994 年，第 711 页。

变至五，成噬嗑，为市。动上成震，故"其究为躁卦"。明震内体为专，外体为躁。

巽动变而通向震。在此过程中，动变至三爻，下巽成震，巽下巽上之巽流转为震下巽上之益(䷩)，二至四爻互坤，坤符示辽阔之地，开显广之象。动变至于四爻，上体由巽变乾，巽下巽上之巽流转为震下乾上之无妄(䷘)，乾符示首，开显颡之象，额头在头部口之上。坤广乾颡，是则"广颡"。"的"，白。巽广颡之象同于震的颡之象。震一阳白，所以开显的颡之象；巽动变至三，改变九二、九三二乾阳白之象，成二至四爻互体坤广之象，所以开显广颡之象。同是在巽动变通向震的过程中，动变至三爻，巽流转为益(䷩)，二至四爻互坤，坤符示地开显近之象。四爻再发动，由阴变阳，上体成乾，巽流转为无妄(䷘)，乾天阳气以其造化之功遍利大千世界，开显立之象。五爻再发生动变，由阳变阴，上体成离，巽流转为噬嗑(䷔)。《杂卦传》称"噬嗑，食也"，《系辞下传》在专论观象制器时有云"日中为市，致天下之民，聚天下之货，交易而退，各得其所，盖取诸噬嗑"，虞彼注云"噬嗑食也，市井交易，饮食之道，故取诸此也"[①]，于是噬嗑开显市之象。乾卦又有三爻，开显三倍之象。坤近、乾利、噬嗑市、乾三爻三倍，是则"近利市三倍"。上爻发动，由阳变阴，巽流变至震的过程最终结束，豁显躁卦之象。以此也昭示，与巽下巽上之巽流转相通的震下震上之震，一阳在内时静而专，一阳在外时动而躁。

巽卦九五爻辞"无初有终。先庚三日，后庚三日，吉"虞注云：

震、巽相薄，雷风无形，当变之震矣，"巽究为躁卦"，故"无初有终"也。震，庚也。谓变初至二，成离；至三，成震；震主庚，离为日，震

① ［清］李道平：《周易集解纂疏》，北京：中华书局，1994 年，第 625 页。

> 三爻在前，故“先庚三日”，谓益时也。动四至五，成离；终上，成震；震爻在后，故“后庚三日”也。巽初失正，终变成震，得位，故“无初有终，吉”。“震究为蕃鲜”，白，谓巽白；“巽究为躁卦”，“躁卦”谓震也。与蛊“先甲三日，后甲三日”同义。五动成蛊，乾成于甲，震成于庚，阴阳，天地之始终，故经举甲、庚于蛊彖、巽五也。①

巽最终要流转变为震，躁卦指的就是震卦。庚之象指的就是巽流转成的震卦之象。由日月往复往来于中天中宫所成昭示着阴阳消息之义的在天八卦之象中，震开显的一阳息之象出现于庚位西方，于是震开显庚之象。在巽向震流转变化的过程中，自初爻变至二爻，初阴变阳，二阳变阴，震初之阳、二之阴依次开显，下体由巽流转为离，开显日之象，上体巽不变，卦成家人(䷤)。变至三爻，三阳变阴，下体流转为震，震开显庚之象，震之三爻开显三之象，上体巽不变，卦成益(䷩)。离日之象出现在震庚、三象之前，是则“先庚三日”。“先庚三日”之象逐次开显于巽流转向震的第三时段益出现之际，是则“谓益时也”。变至四与五两爻，四阴变阳、五阳变阴，上体由巽流转为离，开显日之象，下体为震，卦成噬嗑(䷔)。变至上爻，在下巽成震的基础上，上巽亦流转为震，开显庚、三之象。这次震庚、三之象出现于离日之象之后，是则“后庚三日”。巽卦初六爻以阴居阳而失位失正，是则“无初”；流变成震后，初阴成阳，得位得正，是则“有终”。震究竟开显着蕃鲜之象，蕃鲜指的就是巽所开显的亮白之象，意味着震最终要流变通向巽。巽究竟开显为躁卦，躁卦指的就是震，意味着巽最终要流变通向震。巽九五所言“先庚三日，后庚三日”，与蛊卦卦辞所言“先甲三日，后甲三日”，在开示阴阳消息方面，意涵相同。巽卦九五爻发动，由阳变阴，就可形成蛊卦。在天八卦乾成于甲位东方，震成于庚位西方，阴

① ［清］李道平：《周易集解纂疏》，北京：中华书局，1994年，第500页。

阳消息彰显造化大千世界的天地之终始，所以《易》经文中于蛊卦卦辞与巽卦九五爻爻辞两处揭举甲、庚之象。

震、巽二卦符示的消息与万象一体通贯下的旁通之象，同样在虞翻的诠释下得以豁显。

四、旁通视域的洞见与慧识

继十二消息之象与杂卦局消息之象的旁通诠释之后，虞翻进一步就消息与万象一体贯通下的夬等诸卦涵摄符示的旁通之象，作出了上述诠释。这些诠释，在在彰显着旁通视域下的深度洞见与慧识。

以上对消息卦夬、剥经文的诠释，对由消息卦变生来的杂卦恒、蛊、大有以及震与巽经文的诠释，虞翻都是在消息与万象一体贯通的视野下，立足于乾天阳气与坤地阴气两仪消息流转旁通的内在深层语境，依据消息卦局间的阴阳消息显隐旁通流转，依据消息卦局转生来的杂卦局间因阴阳消息的深层内在终极根源性动力作用与阴阳消息所造化出的阳刚阴柔之物象与力量继续消息之必然所引发的更为繁纭复杂之消息显隐旁通流转，详细作出的。诠释中，虞翻对由卦爻所符示、由卦爻辞及传文所表达的象，不是停留于静态的单纯就本卦作出诠释，而是动态的就卦的发生，就卦与其旁通卦动态的流转互显，静态的显隐共时一体相通，作出充分的开放性动静双重视角下的全方位解读，尤其是以动态为主而以静态为辅的解读。这种解读，立足于乾天坤地六阳六阴两仪之体，立足于坎月离日往来于中天中宫引动之用，基于两仪消息灵魂下的消息旁通层层下贯，下贯十二消息卦局，下贯十二消息卦局而外的五十二卦局，从而下贯整个六十四卦卦局，令两仪下贯六十四卦局，令消息旁通成为六十四卦局的神髓，以此使六十四卦局开放互通、通贯一体，层层消息旁通流转无尽，对于揭示大千世界、人文天下亦即生动鲜活现实易世界的深层复杂关联与奥妙，极具效力，并由此而深具启发意义。他启迪人们，解读圣人创作的经典之《易》，不可孤立地看待六十四卦中的每一卦，而宜从有机联系互通的视角审视之。启迪人们，立足消息的基源性大语境，以消息审视乾六阳、坤六阴的动态息显与其彼此的流转互通，审视彼此动态主导下的静态上的显隐相通一体。继而以消息审视十二消息卦的形成及其以六阳之乾与六阴之坤为中心所存在的内在深层关联。继而以消息之进一步流转，审视十二消息卦与另五十二杂卦间的消息变生卦变关系，及诸杂卦间的变生卦变关系。继而基于消息的内在深层引动，审视消息卦间、诸杂卦间动态流转互通、静态显隐相通一体的旁通关系。继而以消息、消息变生、旁通为依托，连类而思六十四卦所符示的日月引动的天阳地阴两仪消息之下的宇宙造化场以及由此促成的生化流转的宇宙大千世界、人文天下亦即现实易世界，其万象间的内外上下前后左右、过去现在未来各维度上的复杂内在密切关联。

不难发现，虞翻借消息卦夬与剥的旁通而对夬经文作出的诠释，借剥与夬的旁通而对剥经文作出的诠释，借杂卦大有与比的旁通而对大有经文作出的诠释，敞开的分别是阳息消阴剥通向夬、阴息消阳夬通向剥、阴阳流转比通向大有，即旁通卦通向本卦，而令本卦逐次息显形成、旁通卦逐次消隐涵摄于内的过程，这是从本卦与其旁通卦的动态显隐流转，本卦基于此的逐渐敞显与旁通卦的逐渐转隐，而揭示本卦涵摄符示之象及其意蕴。依据这种诠释视角，本卦相对于其旁通卦，敞显的是一种未来向度，逐次开显其由未然、将然向实然的落实推进。而其借杂卦恒与益的旁通而对恒经文作出的诠释，借杂卦蛊与随的旁通而对蛊经文作出的诠释，借杂卦震与巽特变名谓下的旁通而对震、巽经文作出的诠释，敞开的分别是阴阳流转恒通向益、蛊通向随、震通向巽、巽通向震，即本卦通向其旁通卦，而令旁通卦逐次开显形成、本卦则逐次消隐而涵摄于内的过程，这是从本卦之旁通卦与本卦的动态显隐流转，本卦基于此的逐渐转隐与旁通卦的逐渐转显，而揭示本卦涵摄符示之象及其意蕴。依据这种诠释视角，本卦相对于其旁通卦，敞显的是一种当下已然而反向转化向度，逐次开显其已然而向反向将然、实然的落实推进。本卦敞显一种未来向度，则其旁通卦敞显一种当下已然而反向转化向度；本卦敞显一种当下已然而反向转化向度，则其旁通卦敞显一种未来向度。两种旁通视角下，敞显的皆是本卦所涵蕴的象，皆是本卦之内蕴。于是动静两种状态下本卦与其旁通卦，构成呈现本卦之象与内蕴的一体两面，进而本卦与其旁通卦两种卦局，就是二而一的一体两面的关系。充分考量到这一体两面下的一切，才可望全面理解每一卦的意蕴。囿于经注的体例，虞翻就此未能充分展开。举一反三，神而明之，触类旁通，在乎读者。

第七节　协阴阳、通三才而成既济的价值追求

易学发展长河中，《易传》以其对《周易》古经的系统典范诠释，揭示了阴阳之道与性命之理相贯通，三才之道为核心，人的主体担当为支点，天文人文相辉映，天人和谐通泰为期许的易学天人之学。在《易传》易学洞见与慧识的影响下，在经学主导的时代背景下，虞翻继荀爽、郑玄之后，空前深化了《易》与易学阴阳论的语境及其所揭示的阴阳之道，通体彰显了阴阳消息之道作为天道第一义的地位，由此也深化巩固了阴阳消息之道作为天道第一义的汉代经学的共识，为本天道以立人道、法天道以开人文的经学构建，提供了理论保障。在此基础上，虞翻表达了协阴阳、通三才而成既济的价值追求，这就意味着他所理解的《易》与易学的终极旨归所在。就他个人的期许而言，汉代经学精神的再造，得以基本完成。

一、面对现实易世界的问题意识自觉

面对人所置身其中的由阴阳消息之道终极决定的大化流行的现实易世界,这一世界的理想愿景与为达此愿景人生努力的方向,成为核心问题。虞翻表达的价值追求,他所理解的《易》与易学的终极旨归,就是基于此一核心问题意识之自觉所作回答后的结论。

在虞翻看来,因乎宇宙本原太极太一的分化与乾天坤地六阳六阴之体的确立,因乎乾天坤地中气往来所成坎月离日来往中天中宫的引动,在天而成日月往来意义上的八卦易场,在天地间而成四时递嬗意义上的四正卦易场,具体化为出入乾天坤地两仪的十二消息卦阴阳显隐一体之流转易场,并变生着五十二卦涵摄符示的五十二种更为繁复的阴阳显隐一体的流转变易格局,以阴阳对待显隐流转为厚重底蕴的万物万象生生化化的大化流行宇宙宏大易世界,即此而盛大敞开。依虞翻之见,伏羲、文王、孔子以开显易眼的圣眼发现了这个易世界,进而先后相继创作完善了《易》这部经典,用以在世人面前揭开人与万物万象置身其中的消息流转、生化无尽的世界之为生动鲜活易世界的秘密,提醒人们切实读懂这部与自身、与生活世界、人文天下命运共同体休戚相关的活生生的《易》的大书。而面对这部大书,天地人三才成为其中的核心,人之一才的价值应然成为问题的焦点。

二、阴阳消息之道下贯后的三才之道

《易传》将阴阳之道与性命之理打通,揭示了人在其中的三才居于举足轻重地位的现实易世界,以三才之视域观八卦与六十四卦的符号系列,解读六十四卦经文基于此的意蕴,从而令《易》与易学获得了三才之道的整体基本语境。虞翻则从深化阴阳之道、标举阴阳消息之道的角度切入，推出了阴阳消息之道下贯后的三才之道，以此重建了《易》与易学三才之道的整体基本语境。

《易传》的《系辞下传》云："《易》之为书也，广大悉备，有天道焉，有人道焉，有地道焉，兼三才而两之，故六，六者非它也，三才之道也。"《说卦传》则说："昔者圣人之作《易》也，将以顺性命之理，是以立天之道曰阴与阳，立地之道曰柔与刚，立人之道曰仁与义。兼三才而两之，故《易》六画而成卦。分阴分阳，迭用柔刚，故《易》六位而成章。"这是对《易》与易学三才之道内在整体基本语境的经典揭示。

接续《易传》之见，在虞翻看来，太极太一分化为阴阳，阴阳之道注定成为由阴阳之气所成就的这个现实易世界的根本大道，常道。两仪对待互动而发用，天以阳涵摄阴，地以阴涵摄阳，天气地质，阳刚阴柔，阴阳互涵，刚柔互摄，变易流转，天道即表现为阴阳之道，地道则表现为柔刚之道。阴阳赋物以气，柔刚赋物以质。阳气生生，令物生生，健保这个世界的生机活力；阴气肃杀，闭结生机，使物生长有度而趋于成熟。生生彰显着天仁的德性与天道之仁，有度彰显着地义的品质与地道之义，彰显着本乎两仪的仁与义两种神圣宇宙价值。借阴阳对待互动交感消息流转的大化流行，天与天道之仁，地与地道之义，下贯到万物，造化所成富于生命自觉的人中，开显易眼而达到生命自觉最高境地的伏羲诸圣，发现而体认到了这一切，领悟到，人生化于这个现实易世界之中，这个世界，就构成他整个生活的世界，而作为造化所成万物中最具生命自觉的存在，人宜确立高度生命价值自觉意识，接通天地，顺应天地之道，遥契仁与义两种神圣宇宙价值，转换之为两种崇高人文价值，正定人道为仁义之道，借此继天地之后，庄严承担起这个世界，以与天地并立为三而自认关系这个世界三种核心力量之一的浩然宇宙气象气概，呼应日月引动这个世界的阴阳流转、大化流行，由己以仁义之道的践行，扬阳气生生之善，引动这个世界的人文价值理想化,促成人文化的天下易世界。于是阴阳之道具体层层落实为三才之道。《说卦传》云:“昔者圣人之作《易》也,将以顺性命之理,是以立天之道曰阴与阳,立地之道曰柔与刚,立人之道曰仁与义。”作《易》圣人以符号系统涵摄符示此:《说卦传》称“观变于阴阳而立卦”,虞注云“谓立天之道曰阴与阳”;《说卦传》称“发挥于刚柔而生爻”,虞注云“谓立地之道曰柔与刚”;《说卦传》称“和顺于道德而理于义”,虞注云“谓立人之道曰仁与义”;《说卦传》称“穷理尽性以至于命”,虞注云“以乾推坤谓之穷理,以坤变乾谓之尽性,性尽理穷故至于命”。[①] 乾阳天、坤阴地对待而旁通,阳气主生而有性,坤符示地而有地理,乾天阳息而推动坤地阴消,地之理以尽,是则“穷理”;坤地阴息而消变乾天之阳,生之性以尽,是则“尽性”。乾阳生之性的竭尽,换来了大宇宙万物的生生;坤阴地之理的竭尽,换来了万物得以安居生息的场所。作为其中生命存在之一的人,明了天地所带来的万物的生生及其安顿,守望天地造化的生命共同家园,成为其庄严使命。

虞翻对于《易》的诠释,以卦爻之位与卦爻之象为核心切入点,处处体现着上述思想。在前文析论的基础上,谨再举豫卦(☳☷)虞注一例以示之:

豫卦卦辞:利建侯行师。

虞注云:复初之四,与小畜旁通。坤为邦国,震为诸侯,初至五体比象,四利复初,故“利建侯”。三至上体师象,故“行师”。

豫卦《彖传》:豫,刚应而志行,顺以动,豫。豫顺以动,故天地如之,而况建侯行师乎!天地以顺动,故日月不过而四时不忒。圣人以顺动,则刑罚清而民服。豫之时义大矣哉!

虞注云:小畜乾为天,坤为地。“如之”者,谓天地亦动以成四时。

① [清]李道平:《周易集解纂疏》,北京:中华书局,1994年,第689-690页。

"而况建侯行师",言其皆应而豫也。豫变通小畜,坤为地,动初至三成乾,故"天地以顺动"也。"过"谓失度,"忒"差迭也。谓变初至需,离为日,坎为月,皆得其正,故"日月不过"。动初时,震为春,至四兑为秋,至五坎为冬、离为夏,四时位正,故"四时不忒"。……"清"犹明也。动初至四,兑为刑,至坎为罚,坎兑体正,故"刑罚清"。坤为民,乾为清,以乾乘坤,故"民服"。顺动天地,使日月四时皆不过差,刑罚清而民服,故义大也。①

由两仪为本、日月引动、人在其中所敞开的这个生动鲜活现实易世界,因人之生命自觉而确立起三才并立共在的格局,继之着眼于人对此世界的主体承当与引动,而有此世界一转而成人整个生活的世界,天下意识随之豁显。这个世界,这个天下,一直处在由两仪发端的阴阳流转的大化流行之中,并以此作为深层宇宙根基、天道根据。豫,涵摄符示着这个世界、这个天下的一种一阳五阴格局态势,属于两仪互动发用流行所成十二消息格局之外另五十二局之一,由十二消息格局中一阳五阴复局衍生而来。复局初位之阳往至四位,四位之阴来至初位,豫局得成。由复局而来的豫局,旁通五十二局中的小畜(☴☰),静态上,显自初位至上位的阴阴阴阳阴阴一阳五阴,涵摄自初位至上位的阳阳阳阴阳阳一阴五阳,豫局显小畜局隐,两局共时相通,一体同在;动态上,豫变通小畜,小畜变通豫。豫下坤上震,坤地符示邦国,震长子承父业主祭祀抚民众而符示诸侯。豫(☳☷)初至五爻,透过五爻连互的方式,初至三下坤,三至五上坎,成比(☵☷)。比,亲和之象。比《大象传》:"地上有水,比;先王以建万国,亲诸侯。"虞注云:"先王谓五。初阳已复,震为建,为诸侯,坤为万国,为腹,坎

① [清]李道平:《周易集解纂疏》,北京:中华书局,1994 年,第 200 - 203 页。

为心，腹心亲比，故‘以建万国，亲诸侯’。”[①]三画而三才，初地、二人、上天。六画而三才，初、二地，三、四人，五、上天。人值地位，接通感通地，顺应柔刚地道，厚重、低调、谦卑而作地人；值人位，接通感通人，遵循仁义人道，居仁由义守正不苟而作人人；值天位，接通感通天，顺应阴阳天道，大气，恢宏，包容而作天人。王与圣，是天人的典范。先王值九五为天人抚天下，封邦建国，亲和诸侯，天下万国归心于他。两仪所发端的阴阳大化，彰阴阳二气与阳刚阴柔两大类力量，成阳刚阴柔两大类事物，显初、三、五阳与二、四、上阴六种阴阳本然正位，示阳位本为阳所居，阴位本为阴所处，阳居阳位、阴处阴位为得其本然之正，阳居阴、阴处阳为失其本然之正，失正者宜变，则该位恢复本然得正的阴阳。比下体坤，坤地土广符示万国；初阴失正，恢复本然得正之阳，则下体成震，震初阳难拔，符示利建为诸侯；《说卦传》云坤为腹、坎为亟心，比下坤上坎而有腹心之象，是则先王继天接地而以恢宏天下意识，封侯建国，万国诸侯也与之腹心相照，协和万邦而万邦协和，天下秩序历然达成。豫四失正，复返复局中的初位，则复正难拔而成下体震，建为诸侯。豫（䷏）三至上，透过四爻连互的方式，三至五下坎，四至上上坤，五上坤象半见（⚏），约可成师象（䷆），蕴示先王协和万邦的过程中，总有逆王不正寻隙作乱之徒与背王自立而不归心的方国，行师征战成为迫不得已的必要手段。豫五阴柔应和一阳刚，阳刚者的志向宏愿得以推行。下坤上震，坤符示顺，震符示动，豫遂符示顺而动之象。旷观这一现实易世界，大宇宙中，生活世界内，天地是顺势而动的，何况人事的封邦建国、行军作战呢！其必顺势而为，毫无疑义。天地顺势而动，所以日月往来不会出现过失，四时递嬗不会发生差错。法天地立人道而行王道，圣人亦顺势而动，顺天应人，得天时契地利乎人和，因此法度正大，刑罚清明，民众心悦诚服。豫天人顺势而动的时局，意蕴

① ［清］李道平：《周易集解纂疏》，北京：中华书局，1994 年，第 142 页。

可谓大矣！具体而言，豫旁通小畜。动态上，豫自初发生动变即可通向小畜。豫下坤而小畜下乾，坤地显而涵摄乾天，与乾天共时相通，显隐一体。而在豫动变通向其旁通卦小畜的过程中，自初次第动变至三，静态共时相通的坤地乾天，转为坤地次第动而通乾天，是则“天地以顺动”。自初次第动变至五，成需(䷄)，三至五互离日之象，上坎月之象，构成离日坎月的三位阴阳皆得其正，是则“日月不过”。同是在上述动变的过程中，初动，下成震符示春；动至四，成泰(䷊)，二至四互兑符示秋；动至五，成需，三至五互离符示夏，上坎符示冬：四时之象具。震初一阳与兑上一阴，是震之为震与兑之为兑之基本表征，震阳在初，兑阴在四，各得其正；构成离夏坎冬的三位阴阳，更是皆得其正：是则四时位正而“四时不忒”。上述的兑与坎，兑秋杀又为毁折而符示刑，坎符示水，法度公正法水之平，就违法之人依法施罚，坎遂又符示罚。兑阴得正，坎三位皆正，是则坎兑体正而刑罚清明。豫下坤符示民众，小畜下乾阳符示清明，后者凭借前者动变而成，是则以乾乘坤，民众心服而赞以清明。

三、天人既济的理想价值愿景

以阴阳切入大化，接通天地人，接通日月四时昼夜寒暑，感通天地人物，正定基于阴阳与三才的时位，安己于正位，促他人他物也安于正位，因应阴阳大化、天地人物互动所成各种人置身于其中的显隐共时相通一体、动态流转互通之局，以面向整体现实易世界之大宇宙与天下的生命主体性的挺立，遵循阴阳大化具体敞开落实的阴阳之天道、柔刚之地道与仁义之人道，积极引动这个自在本然的易世界，朝着人可预期的理想境地演进，迈向人之一才力量得以自觉应然充分发挥，处处打上人之一才印记，在在透出人之一才精彩，并令三才精彩因之得以共臻极致而一并发皇的人文价值化了的美妙天下易世界。这个世界，将是三才之道通贯流转，仁与义的宇宙价值与人文价值交相辉映、大显其用的世界；将是天下秩序井然而生气勃勃的可人意义世界，天地人物，男女夫妇，父子君臣，上下长幼，于焉各安其位，各守其正，角色承当明确，声气心志相应，和谐互动，祥气流贯，融洽一体。用标准的易学术语言之，这是一个“成既济定”的世界。

六十四卦中，唯独既济(䷾)一卦六爻阴阳皆当位得正，且初四、二五、三上彼此应和，《杂卦传》乃云：“既济，定也。”虞注则说“济成六爻，得位定也。”[①]其他六十三卦，皆存在阴阳失位失正的情形，虞意，失位者皆当变正，以令成既济定。[②]

《系辞下传》“若夫杂物撰德，辨是与非，则非其中爻不备”虞注云：“‘是’谓阳，‘非’谓阴也。‘中’，正。乾六爻二、四、上非正，坤六爻初、三、五非正，故‘杂物’。”[③]作为大千世界造化本源的乾天六阳与坤地六阴之体，因坎月离日往来引动，消息流转，交感变化，带来了以阴阳消息节律跃动其中的大千世界。乾天阳气、坤地阴气以其阴阳本然之性，终极预定了大千世界中包括人在内的万物万象的阴阳本然之性，预定了阴阳二气与阴阳两大类事物的阴阳本然之位。上述性与位，是天道借阴阳消息下贯的结果，令万物万象获得了大宇宙生化场中终极天道的生存与价值支撑。六十四卦的六爻之位，初、三、五昭示着本然的阳位，二、四、上昭示着本然的阴位。六十四卦的六爻，昭示着当下居于本然阳位与本然阴位上的有着阴阳本性之阳物、阴物。阳物居本然阳位、阴物居本然阴位，则合乎其本然阴阳之性而当位得正；阴物居阳位、阳物居阴位，则偏离其本然的阴阳之位而失位失正。正，首先彰显着源乎阴阳消息的终极大宇宙天道之正，从而彰显为一种神圣宇宙价值；进而落实为性命本然之正，从而

① ［清］李道平：《周易集解纂疏》，北京：中华书局，1994 年，第 735 页。

② 参见王新春：《虞翻易学“成既济定说”的哲学文化底蕴》，《哲学研究》2009 年第 6 期。

③ ［清］李道平：《周易集解纂疏》，北京：中华书局，1994 年，第 671 页。

彰显为一种神圣生存价值;进而落实为人之生命本然之正,从而彰显为一种关系人之生命存在与天下共同体存续的神圣人文价值。乾六阳中,初、三、五之阳居初、三、五本然的阳位,坤六阴中,二、四、上之阴居二、四、上本然的阴位,皆当位得正。乾二、四、上之阳与坤初、三、五之阴,则或以阳而居本然阴位,或以阴而居本然阳位,失位失正。故云"乾六爻二、四、上非正,坤六爻初、三、五非正"。当位得正者当下即彰显性命本然之正,获得正当的安立之所;失位失正者,悖逆性命本然之正,当动变以契合本然的阴阳之位,安立自身。乾天六阳,经过自子至巳乾天阳息消坤地之阴的历程,息显完成,息成后的乾天六阳,初、三、五之阳契合阳本然之位,顺应阳本然性命之正,当守持不变;二、四、上之阳则偏离阳本然之位,悖逆阳性命本然之正,动变得正后,卦成既济而定。是以乾卦《彖传》"云行雨施,品物流形"虞注云:"已成既济。"①这为其他卦符示的万象起到了示范作用。

六十四卦中,失位失正之阴阳,动变方式主要有二,一为阴阳性质的变化,阳变阴以与本然阴位契合,阴变阳以与本然阳位契合;一为阴阳之位的变化,如居于初与四、二与五、三与上互应关系之位上而失位失正之阴阳,互易其位,则与本然阴阳之位契合。阴阳性质的变化,位不发生变化,阳物、阴物本身则发生了变化,意味着居位的阳物、阴物实现了转换。阴阳之位的变化,阳物、阴物自身未发生变化,而其位则发生了变化,意味着生命安立、实现的平台改变了。

阴阳性质的变化,阳物、阴物的转换,最便捷的路径,就是旁通关系下,显隐一体共在的阴阳,借助动变所实现的显隐转换。这在离卦(䷝)《彖传》"柔丽乎中正,故'亨'"虞注中露出了端倪:

---

① [清]李道平:《周易集解纂疏》,北京:中华书局,1994年,第36页。

"柔"谓五阴,"中正"谓五伏阳,出在坤中,畜牝牛,故"中正"而"亨"也。[①]

离卦与坎卦(䷜)旁通,离六五之阴来自于坤,出现于乾中,以阴居阳位,失位失正而显于外,坎九五之阳则来自于乾,出现于坤中,以阳居阳位,当位得正而直下含藏隐于离六五之阴下,与之共时同在,互通一体。离六五之阴动变之正,由阴变阳,以与五本然的阳位契合,则隐伏含藏于其下的坎九五之阳反显于外,原显的阴则转而直下含藏于阳之下。五为阳位、中位,由隐转显的阳,既正又中,是则"中正"而亨通。坤符示牝牛之象,故云"畜牝牛"。旁通关系卦中,显隐之阴阳互应共在而相通一体。是以睽卦(䷥)《彖传》"柔进而上行,得中而应乎刚",鼎卦(䷱)卦辞"元吉,亨"与《彖传》"柔进而上行,得中而应乎刚"虞注分别云:

"柔"谓五,……"刚"谓应乾五伏阳,非应二也,与鼎五同义也。[②]

大壮上之初,与屯旁通。天地交,"柔进上行",得中应乾五刚,故"元吉,亨"也。[③]

"柔"谓五,得上中,应乾五刚,巽为进,震为行,非谓应二刚,与睽五同义也。[④]

睽卦(䷥)实际上与蹇卦(䷦)旁通,睽卦六五之阴显而外,其下就含藏着来自于乾的蹇卦九五之阳,后者隐而内,为前者所应。睽六五所应者,非与其处互应关系爻位的九二之阳。鼎卦与屯卦旁通,鼎卦六五之阴显

① [清]李道平:《周易集解纂疏》,北京:中华书局,1994年,第306页。
② [清]李道平:《周易集解纂疏》,北京:中华书局,1994年,第356页。
③ [清]李道平:《周易集解纂疏》,北京:中华书局,1994年,第445页。
④ [清]李道平:《周易集解纂疏》,北京:中华书局,1994年,第446页。

而外，其下亦含藏着来自乾的屯卦九五之阳，后者隐而内，为前者所应。鼎卦六五所应者，同样非与其处互应关系爻位的九二之阳。故而一说“与鼎五同义”，一说“与睽五同义”。正因这种旁通下的互应关系，阴阳可以在同一位上动变互转，实现显之阴阳与本然阴阳之位的契合，而归于其性命本然之正。

当然，虞翻时时直接提及失位之阴阳的性质动变，而未明确开示旁通显隐意义上阴阳的动变转换。例如，屯卦(䷂)六二爻辞“女子贞不字，十年乃字”，恒卦(䷟)《彖传》“圣人久于其道，而天下化成”虞注分别云：

> 三失位，变复体离，离为女子、为大腹，故称“字”。今失位为坤，离象不见，故“女子贞不字”。坤数十，三动反正，离女大腹，故十年反常乃字。谓成既济定也。[①]
>
> 初、二已正，四、五复位，成既济定。[②]

“字”，妊娠之谓。屯卦(䷂)除六三之阴以阴居阳位失位失正外，其他五爻之阴阳皆当位得正。三之阴动变，由阴变阳，则恢复三本然阳位上的阳，卦成既济(䷾)而定，三处下离体之中，离符示中女、女子、大腹妊娠之象，是则女子“字”矣。现六三之阴未变，呈失位失正状态，则处与二、四互体所成坤中，离女子、大腹妊娠之象不见，是则“女子贞不字”。《系辞上传》称“天一地二，天三地四，天五地六，天七地八，天九地十”，于是坤地开显十数之象，蕴示着尚需十年时光，三阴才会发生动变，恢复本然而应然的阳居阳位之正，离女子、大腹妊娠之象才会出现，婚育和谐圆满的既济佳境才回到来。恒卦(䷟)除九三之阳与上六之阴外，其他四位上的阴阳

① ［清］李道平：《周易集解纂疏》，北京：中华书局，1994 年，第 100 页。
② ［清］李道平：《周易集解纂疏》，北京：中华书局，1994 年，第 323 页。

皆失位失正，在初六之阴与九二之阳发生动变，一由阴变阳，一由阳变阴，从而恢复阴阳各自本然正位的基础上，九四之阳与六五之阴继之亦一由阳变阴，一由阴变阳，恢复阴阳各自本然的正位，卦同样成既济而定。

失位失正之阴阳，阴阳之位的变化，显例如咸卦(䷞)《彖传》"圣人感人心而天下和平"，损卦(䷨)六五爻辞"或益之十朋之龟，弗可违，元吉"，益卦(䷩)九五爻辞"有孚惠心，勿问元吉"虞注分别云：

> 乾为圣人，初、四易位成既济，坎为心，为平，故"圣人感人心而天下和平"。①
>
> 谓二、五已变，成益，故"或益之"。……三、上易位，成既济，故"弗克违，元吉"矣。②
>
> 谓三、上也。震为问，三、上易位，三、五体坎，已成既济，坎为心，故"有孚惠心，勿问元吉"③

三阴三阳之杂卦咸(䷞)，由三阴三阳之消卦否(䷋)而变，"坤三之上成女，乾上之三成男"④，否三之上，属于下体坤的六三之阴主导变化，与在上属于上体乾的上九之阳一往一来，一升一降，上体由乾父成兑女，下体由坤母成艮男，艮少男下兑少女上的咸形成。卦所自来的否卦上体乾符示天，圣人与天合德，于是乾开显圣人之象。咸卦六二之阴、九三之阳、九五之阳以及上六之阴，皆当位得正，遵循阴阳性命本然之正，契合阴阳本然之位，当守持不变；初六之阴与九四之阳，则处在互应关系的位上，却皆失位失正，悖逆阴阳性命本然之正，偏离阴阳本然之位，可互易其位，初阴

① ［清］李道平：《周易集解纂疏》，北京：中华书局，1994年，第315页。
② ［清］李道平：《周易集解纂疏》，北京：中华书局，1994年，第379页。
③ ［清］李道平：《周易集解纂疏》，北京：中华书局，1994年，第389页。
④ ［清］李道平：《周易集解纂疏》，北京：中华书局，1994年，第314页。

往居四,四阳来居初,透过位的变化,达成性命与位的契合。二者局部的变化,同时也带来整个全局的改观,由此卦成既济,意味着阴阳位正而互应的人文天下理想境地,因圣人的人文化成强力感化而敞显。卦所自来的否上体乾开显圣人之象,所成既济(䷾)上体坎,二至四互坎,符示水、心病,从而开显心、平之象,是则"圣人感人心而天下和平"。损卦(䷨)初九之阳与六四之阴处互应关系之位而皆当位得正;除此而外的另两对处在互应之位上的阴阳,九二之阳与六五之阴,六三之阴与上九之阳,则皆或以阴居阳位,或以阳居阴位,失位失正。处在五之天位、君位者,在卦之全局中具有举足轻重之地位,与之处互应之位的二,则直接关系到包括二在内的其他阴阳对五的态度,二者之正与否,对全局带有核心意义与示范作用。九二之阳与六五之阴率先互易其位,卦成益,是则"或益之"。继之,六三之阴与上九之阳互易其位,卦成既济而定。意味着整体大局臻于圆满之境。益卦(䷩)处互应关系之位的初九之阳与六四之阴、六二之阴与九五之阳皆当位得正,唯独处互应关系之位的六三之阴与上九之阳失位失正,后者互易其位后,卦成既济而定。益下震,震符示善鸣之马见《说卦传》,于是开显言之象,问则透过言,震遂开显问之象。六三之阴与上九之阳互易其位,所成既济(䷾)中,二至四互坎,上体为坎,三与五分别处在此二坎内,坎开显心、孚之象。坎心、孚之象成,震问之象毁,卦成既济而定,是则"有孚惠心,勿问元吉"。

实际上,恒卦《象传》虞注"初、二已正,四、五复位,成既济定",这一失位之阴阳透过性质发生动变以成既济的方式,完全也可透过失位互应之阴阳易位的方式达成:恒卦初、四易位、二、五易位,成既济定。

读书得间看字眼,这里值得特别关注的是,屯卦六二爻辞虞注中,"变复体离"之"复"字,"三动反正"之"反"字,恒卦《象传》虞注中,"四、五复位"之"复"字,皆旨在提醒人们,现实易世界中,天人万象由造化之源两仪消息赋予了或阴或阳的本然之性,归于了阴阳两大类,并自然而必然地形成了或阴或阳位阶不同的阴阳之位；阳位本属于有阳本然之性的阳，阴位本属于有阴本然之性的阴；阳居阳位，阴处阴位，方为阴阳本然之正；阳居阴位，阴居阳位，则偏离阴阳本然之正；偏离者，则当动变，以便返回、恢复原属阳的本然阳位与原属阴的本然阴位，如此才是契合本然的应然。

四、经学精神的再造

成既济定愿景的揭示，也就是植根阴阳消息终极宇宙大道，遵循三才之道，实现经学精神再造的标志。

虞翻指出，太极太一浑然一气，分化为乾天六阳与坤地六阴两仪之体，坎月离日得两仪中气呈明于乾天坤地宇宙间。坎月离日升降往来于中天中宫，形成在天八卦，乍泄宇宙消息之易的秘密。进而引动两仪阴阳的发用流行，消息流转，交感变化，引发万物万象在此造化、生化易场中的消息流转，交感变化，大显宇宙消息之易的秘密。人所置身于其中的生活世界、人文天下之为一生动鲜活现实易的世界的实质，人即生存于宇宙大千世界、生活世界、人文天下三而一的这部《易》的大书中的秘密，即此敞显。得两仪中气的坎月离日，引动了这一生动鲜活宏大易世界，促成了两仪下贯后六十四卦涵摄符示的大千世界阴阳之性与阴阳之位的本然，昭示着与此本然相应相契的价值应然与理想实然，成既济定，成为性与位本然、价值应然与理想实然的圆满落实、达成之境。

既济(䷾)中，六爻皆当位得正而初四、二五、三上互应，互连成两离日、坎月之体；下离日上坎月，二至四又互坎月、三至五又互离日，日月并明；下离日，三至五互离日，日明有继；二至四互坎月，上坎月，月明有继。坎月离日以两仪为终极依凭，引动了这一易世界，又在既济局中，成为这一世界阴阳之性与位本然之正、应然之正与实然之正的典范表征，以此昭示着作为这一易世界引动力量的坎月离日本然实然之明，昭示着由其所引动出的易世界以两仪阴阳消息为根柢、以坎月离日之明为典范，而豁显堪与坎月离日之明相并的性与位本然、应然与实然之正之明。由此易始于日月而终于日月并明、日月之明与天人万象价值之正之明彼此辉映的易学主题得以豁显，《易》与易学的旨归和盘托出。

这一旨归，透显着圣人的宇宙关怀与人文关切。此即笔者曾指出的，天人万象上契共同终极大宇宙根基的天道本然之正，而豁显彼此的性命本然之正，寻得大千世界生存生命共同体下的本然而应然的位之正，从而安立自身。如此，所在共同体即臻万象皆得圆成的理想既济格局或境地。圣与王则效法总体宇宙图景下天人万象位的正定，基于家国天下之整体，正定好每一类、每一位社会成员之位。正定之法，乃是本天道而确立神圣庄严的人文礼乐制度，落实该制度而确立每一类、每一位社会成员的人文分位，令其基于各自相应的适切人文分位安顿自我，推展人生之一切。人就会安于其适切之人文分位，豁显其性命本然而应然之正、豁显其生命存在本身之存在本然而应然之正于此位之正上。家国天下之整体，即会因此位之正，而由各成员良性互动感通为一体，成为一各成员圆满安顿自我、实现自我而有序和谐而通泰的理想既济格局与境地的有机社会生命共同体。[①] 其对履卦(䷉)经文践履神圣庄严礼的意蕴的具体诠释，对《系辞下传》"作《易》者，其有忧患乎"的"谓忧患百姓未知兴利远害，不行礼义，茹毛饮血，衣食不足。庖牺则天八卦，通为六十四，以德化之，吉凶与民同患，故有忧患"[②]的诠释，以及整部经典的诠释，皆在阴阳消息的语境下，反复阐发了他所理解的在伏羲以来的《易》与易学的此一旨归。这一成既济定旨归，与荀爽乾坤对待基础上的阴阳升降成既济旨归，理路有异而又有其相通之处。与郑玄乾坤十二爻下贯六十四卦前提下，基于对宇

① 详见王新春：《虞翻易学"成既济定说"的哲学文化底蕴》，《哲学研究》2009年第6期。

② ［清］李道平：《周易集解纂疏》，北京：中华书局，1994年，第660页。

宙阴阳消息律动与阴阳尊卑之认识，标举礼乐的宇宙价值与人文价值，而期许礼乐化天下的旨归，也是殊途同归。

显然，向这一既济定世界推进的过程，将是人以其三才之一的庄严生命主体承当，打通三才，接续阴阳大化流行的本然易世界，借自己的实际行动，自觉生动书写天下易世界新的精彩华章的过程。倡导书写这一华章的，是伏羲、神农、黄帝、尧、舜、文王、孔子等圣王、圣人。诠释圣人之《易》的底蕴，揭示借《易》圣人所倡导的一切，从而成为新时代的经师，进而以经师身份成王者之师，天下之师，万民之师，千秋万世之师，则昭示了虞翻为代表的士人庄严的角色意识与生命主体承当高度自觉。这是他将《易注》示之同好孔融，晋呈汉献帝御览，并面诸世人的初衷。[①] 孔融为《易》作者之一圣人孔子二十世孙，示之《易注》欲通圣脉；献帝则为当代之天子，呈之《易注》欲通王脉。其随《易注》上奏献帝书有云："斯诚天子所宜协阴阳致麟凤之道也。"[②]这与董仲舒借《春秋》公羊学所阐发的经学理想，一先一后，遥相呼应："为人君者，正心以正朝廷，正朝廷以正百官，正百官以正万民，正万民以正四方。四方正，远近莫敢不壹于正，而亡有邪气奸其间者。是以阴阳调而风雨时，群生和而万民殖，五谷孰而屮木茂，天地之间被润泽而大丰美，四海之内闻盛德而皆徕臣，诸福之物，可致之祥，莫不毕至，而王道终矣。"[③]在上述阴阳视域下，虞翻借卦爻象数所诠显的一切，构成了他所理解的《易》的隐性语境，这继《易传》之后，将奠基于卜筮感通的《易》原本语境，作了进一步创造性转化，令《易》与易学在阴阳消息的深层语境与礼乐文化的时代语境深入会通后，彰显出新的面貌，从而继郑玄、荀爽等之后，有力重建、再造了经学的精神。

---

① 参见[晋]陈寿：《三国志》，北京：中华书局，1985 年，第 1320、1322 页。

② [晋]陈寿：《三国志・吴书・虞陆张骆陆吾朱传》裴注引《翻别传》，北京：中华书局，1985 年，第 1322 页。

③ [汉]班固：《汉书》，北京：中华书局，1987 年，第 2502 – 2503 页。

当然，在对《易》的具体诠释过程中，虞翻对于包括消息、卦变、旁通等各种象数体例、象数学说的运用，时时透出牵强支离、烦琐蔓延之弊，而对义理直接的诠释，则相对颇显不足。就此，前贤与时人多所评点、阐发，篇幅所限，不再赘言。

结 语

在以往学术资源与汉代经学资源厚重积淀的基础上，汉末易学三大家荀爽、郑玄、虞翻分别构建了各自造诣独到易学体系，为经学精神的重建、再造奉献了心力、贡献了硕果，成为后世回望、了解汉代经学以资开启时代思想新运屈指可数的典范。

荀爽在经学的氛围中，以乾升坤降、阳升阴降为主导，基于《易传》所开示的易学视域，本于《说卦传》与汉代卦气易学会通后的八卦卦气说与图式，构设了一宇宙八卦卦气易场，揭示了天下就处在该易场之中，天道得以具体展现的阴阳二气之消息升降与万物的生化，就发生在该易场内，以此期许人能据之明确生活世界之所然与所以然，进而确立三才之一的人的宇宙角色定位和面对天下的角色应然承当，促成大宇宙与天下既济格局的到来：阳性之物与阴性之物既确立圆成于五与二的最高价值期许，又立足现实，基于六阳六阴彼此初与四、二与五、三与上、四与初、五与二、上与三的应和往来升降，达致每一时下的合宜选择，这就营造起八卦卦气易场下天地人物汇成的生活世界两个圆满既济(䷾)格局。既济格局由此被赋予了正定礼乐角色分位与生命主体承当的鲜明人文礼乐文化的内在厚重意涵。这既深化重建了汉代经学的基本精神，又呼应转进了其祖荀子乃至孔子、三代与三代之前的礼乐文化大传统。

郑玄则基于揭开《易》之为兴王业经典秘密这一经学问题意识自觉，在一生遍习各经与诸纬基础上，诠显了经学天人之学视域下《易》的象世界。他据《易》六十四卦的符号系列，由各卦本身层层至于其互体连互之卦、六子爻体、十二爻辰，步步深入，揭显了阴阳消息律动贯穿其中的宏廓宇宙、生活世界的外内显隐之象，并最终对这部王者之书开示的王道实现了重建。他指出，王者立王道兴礼乐育民德，要启迪万民的礼乐与德性的根源性自觉，稳步推进天下与天人的有序和谐顺遂，这是王业稳步推进实现的标志，也是《易》的旨归所在。由此，继三《礼》郑氏学成就之后，礼学与易学实现了深层的会通，从而深化升华了经学的精神，并最终整体重建了经学的大厦，令汉代经学达到新的境地。

汉末虞翻，在经学的语境下，批判性超越了荀爽、郑玄诸人的成果，继《易传》、魏伯阳月体纳甲说、孟喜以来卦气说之后，重新诠释了《易》，推出了阴阳消息之道视域下的虞氏易学。指出，《易》为六经之首，由伏羲、文王、孔子三圣所作，阴阳是其神髓所在。天阳地阴对待，日月往来引动，在天而成日月往来意义上的八卦易场，在天地间而成四时递嬗意义上的四正卦易场，具体化为出入乾天坤地两仪的十二消息卦易场，并变生着五十二卦符示的繁复阴阳流转变易格局，即此而敞开宇宙宏大易世界。这一世界构成人整个生活的世界，人与天地并立为三才，当贯通三才之道，基于仁与义的践行与承当，引动这个世界迈向人文价值化的理想天下易世界。昭示阴阳两大力量、天人万象各定其位而密相互应、性命之正之明与日月之明相辉映的既济定格局，则是这一世界理想愿景的典范。这一既济定格局愿景与荀爽的既济格局理想，意涵有同有异，但百虑而一致，深化了阴阳消息语境下的礼乐文化，步荀爽与郑玄等之后尘，重铸、再造了经学的精神。

正如笔者曾指出的[①]，三大家易学的宏愿最终表达为：确立包括三才在内的万象之位，秉持三才之道，体认、守望位、序及其互动的礼乐价值内蕴，从而从人之一才出发，接通地，顺应柔刚地道，接通人，顺应仁义人道，接通天，顺应阴阳天道，接通万象，顺应消息流转之道，做阴阳消息之道下贯所成天下宏大气场中的大写人字，促成有序和谐通泰的礼乐化的人文理想天下愿景的实现。这成为他们心目中作为法天地设政教的王者之书《易》的最终旨归，也就成为王者放眼浩瀚天地宇宙，立足整体天下的王道最终归趋。这就是在象数优位的诠《易》理路下，三大易家本于阴阳消息之道所诠显的《易》的整体义理意涵。象数优位的立场，仅仅表明了在他们那里，象数对于理解《易》之意蕴的优先意义，并不意味着他们忽略了《易》之义理内涵的阐发。他们的偏颇，是对象数重视的过度，以及具体诠释中的牵强支离，以此影响了义理的系统深入开显。王弼的出现，正是洞察了汉易一系易家的烦琐象数执泥。《周易略例·明象》中，他的"尽意莫若象"之见，坚持了《易传》由象数而义理的理路，从而与汉易一系的易家识见相通；他的"得意在忘象"之见，则超越了汉易一系易家的象数执着，明确了象数与义理一为工具一为目标的两种不同角色，是对后者的强力转进。[②] 生逢中华民族走向伟大复兴的新时代，对于三大家易学，我们自当从敬畏学术、敬畏文化传统的角度出发，本着守正开新、光前裕后、继往开来的担当，在同情理解与批判性反省的基础上，通过切实有效的创造性转化与创新性发展努力，让三大家易学以至整个易学焕发新的学术生机，产生新的时代影响。

① 详见王新春：《汉易一系易家的〈周易〉诠释理路》，《中国哲学史》2019 年第 2 期。
② 参见楼宇烈撰：《王弼集校释》，北京：中华书局，1980 年，第 609 页。

参考文献

一、著作

严灵峰编辑:《无求备斋易经集成》,台北:成文出版社有限公司,1976 年。

赵韫如编次:《大易类聚初集》,台北:新文丰出版股份有限公司,1983 年。

《景印文渊阁四库全书》之《经部易类》与《子部术数类》,台北:台湾商务印书馆,1983 年。

《四库易类丛书》,上海:上海古籍出版社,1990 年。

《续修四库全书》之《经部易类》与《子部术数类》,上海:上海古籍出版社,2002 年。

[汉]郑玄撰,[宋]王应麟辑,丁杰等校订:《周易郑注·易解附录(附后语)》,上海:商务印书馆,1936 年。

[清]马国翰:《玉函山房辑佚书》之《经编易类》,光绪九年,长沙嫏嬛馆校刊本。

[清]马国翰:《玉函山房辑佚书》之《经编易类》,上海:上海古籍出版社,1990 年。

[清]孙堂:《汉魏二十一家易注》,清嘉庆四年映雪草堂刊本。

[清]黄奭:《黄氏逸书考》,王鉴修补印本,1925 年。

[清]黄奭:《汉学堂经解》,扬州:广陵书社,2004 年。

[清]赵在翰辑:《七纬(附论语谶)》,北京:中华书局,2012 年。

[日]安居香山、中村璋八:《纬书集成》,石家庄:河北人民出版社,1994 年。

张政烺:《论易丛稿》,北京:中华书局,2012 年。

裘锡圭主编:《长沙马王堆汉墓简帛集成》,北京:中华书局,2014 年。

李学勤主编:《清华大学藏战国竹简(肆)》,上海:中西书局,2013 年。

[唐]李鼎祚:《周易集解》,上海:上海古籍出版社,1989 年。

[清]李道平:《周易集解纂疏》,北京:中华书局,1994 年。

[清]孙星衍:《孙氏周易集解》,北京:中华书局,2018 年。

[宋]朱震:《汉上易传》,上海:上海古籍出版社,1989 年。

[清]惠士奇撰:《易说》,[清]阮元编:《皇清经解》(庚申补刊·第 43 册),道光九年学海堂刻本。

[清]惠栋:《周易述(附:易汉学·易例)》,北京:中华书局,2007 年。

[清]何秋涛:《周易爻辰申郑义》,湖北省图书馆藏,清光绪五年淮南书局刻本景印。

[清]张惠言:《周易郑氏义》,[清]阮元编:《皇清经解》学海堂刻本(庚申补刊)第 7 册,道光九年。

[清]张惠言:《周易荀氏九家义》,[清]阮元编:《皇清经解》学海堂刻本(庚申补刊)第 7 册,道光九年。

[清]张惠言:《周易虞氏义》,赵蕴如编次《大易类聚初集》(第九十一种)本,台北:新文丰出版股份有限公司,1983 年。

[清]张惠言:《周易虞氏消息》,[清]阮元编:《皇清经解》学海堂刻本(庚申补刊)第 7 册,道光九年。

[清]张惠言:《虞氏易礼》,[清]阮元编:《皇清经解》学海堂刻本(庚申补

刊)第7册,道光九年。

[清]胡祥麟:《虞氏易消息图说》,赵蕴如编次《大易类聚初集》(第九十二种)本,台北:新文丰出版股份有限公司,1983年。

[清]李锐:《周易虞氏略例》,赵蕴如编次《大易类聚初集》(第九十七种)本,台北:新文丰出版股份有限公司,1983年。

[清]方申:《虞氏易象汇编》,《续修四库全书》(第30册),上海:上海古籍出版社,2002年。

[清]纪磊:《虞氏逸象考正》,《虞氏逸象考正、续纂》,《续修四库全书》(第35册),上海:上海古籍出版社,2002年。

[清]焦循:《雕菰楼易学五种》,南京:凤凰出版社,2017年。

[清]王引之:《经义述闻》,上海:上海古籍出版社,2016年。

国学整理社:《诸子集成》(套装),北京:中华书局,2006年。

《新编诸子集成》(套装),北京:中华书局,2015年。

[汉]司马迁:《史记》,北京:中华书局,1987年。

[日]泷川资言:《史记会注考证》,上海:上海古籍出版社,2015年。

[汉]班固:《汉书》,北京:中华书局,1987年。

[清]王先谦:《汉书补注》,上海:上海古籍出版社,2008年。

[宋]范晔:《后汉书》,北京:中华书局,1982年。

[清]王先谦:《后汉书集解》,北京:中华书局,1983年。

[晋]陈寿:《三国志》,北京:中华书局,1985年。

卢弼:《三国志集解》,上海:上海古籍出版社,2009年。

[唐]魏征等:《隋书》,北京:中华书局,1987年。

[后晋]刘昫等:《旧唐书》,北京:中华书局,1987年。

[宋]欧阳修等:《新唐书》,北京:中华书局,2003年。

[清]严可均校辑:《全上古三代秦汉三国六朝文》,北京:中华书局,1995年。

[汉]许慎撰,[清]段玉裁注:《说文解字注》,郑州:中州古籍出版社,2006年。
[南宋]史崧校订:《黄帝内经灵枢》,北京:学苑出版社,2014年。
[汉]《黄帝内经》,北京:人民卫生出版社,2013年。
[汉]魏伯阳撰,[后蜀]彭晓等:《周易参同契古注集成》,上海:上海古籍出版社,1990年。
[清]朱元育:《参同契阐幽》,北京:华夏出版社,2009年。
[唐]陆德明:《经典释文》,北京:中华书局,1983年。
[汉]郑玄等:《十三经古注》,北京:中华书局,2014年。
[晋]杜预注,[唐]孔颖达正义:《春秋左传正义》,北京:北京大学出版社,2000年。
[清]阮元:《十三经注疏(附校勘记)》,北京:中华书局,1980年。
[清]《古今图书集成》,中华书局景印雍正四年原版,1934年。
[清]永瑢等:《四库全书总目》,北京:中华书局,1965年。
傅璇宗:《续修四库全书总目提要》之《经部》,上海:上海古籍出版社,2016年。
[宋]乐史:《太平寰宇记》,北京:中华书局,2007年。
[宋]邓名世:《古今姓氏书辩证》,王力平点校,南昌:江西人民出版社,2006年。
[宋]周敦颐:《周敦颐集》,北京:中华书局,2012年。
[宋]黎靖德编:《朱子语类》,北京:中华书局,1986年。
[宋]朱熹:《朱子全书》,上海:上海古籍出版社,合肥:合肥教育出版社,2002年。
[明]王守仁:《王阳明全集》,上海:上海古籍出版社,2011年。
[清]顾炎武:《左传杜解补正》,[清]阮元:《皇清经解》(第1册),道光九年学海堂刻本。

[清]黄宗羲:《黄宗羲全集》(第九册),杭州:浙江古籍出版社,1992 年。

[清]王夫之:《船山全书》,长沙:岳麓书社,1998.

[清]皮锡瑞:《经学历史》,北京:中华书局,1959 年。

[清]皮锡瑞:《经学通论》,北京:中华书局,1954 年。

[清]唐晏:《两汉三国学案》,北京:中华书局,1986 年。

[清]王先谦:《荀子集解》,北京:中华书局,1988 年。

[清]王先谦:《诗三家义集疏》(上、下),北京:中华书局,1987 年。

[清]孙诒让:《周礼正义》北京:中华书局,1987 年。

[清]孙希旦:《礼记集解》,北京:中华书局,1989 年。

[清]王聘珍撰:《大戴礼记解诂》,北京:中华书局,1993 年。

[清]洪亮吉:《春秋左传诂》,北京:中华书局,1987 年。

徐元诰:《国语集解》,北京:中华书局,1987 年。

王卡点校:《老子道德经河上公章句》,北京:中华书局,1993 年。

[清]郭庆藩:《庄子集释》,北京:中华书局,2012 年。

黄怀信:《鹖冠子汇校集注》,北京:中华书局,2004 年。

黎凤翔:《管子校注》,北京:中华书局,2004 年。

[清]王先慎:《韩非子集解》,北京:中华书局,1998 年。

许维遹:《吕氏春秋集释》,北京:中华书局,2009 年。

刘文典:《淮南鸿烈集解》,北京:中华书局,1989 年。

何宁:《淮南子集释》,北京:中华书局,1998 年。

[清]苏舆:《春秋繁露义证》,北京:中华书局,2002 年。

[宋]司马光:《太玄集注》,北京:中华书局,2003 年。

汪荣宝:《法言义疏》,北京:中华书局,1996 年。

[清]陈立:《白虎通疏证》,北京:中华书局,1994 年。

徐昂:《徐益修全书》,南通:翰墨林书局,1954 年。

徐昂:《徐昂著作集》,上海:复旦大学出版社,2019 年。

徐昂:《京氏易传笺》,南通:翰墨林书局,1944 年。
徐昂:《释郑氏爻辰补》,南通:翰墨林书局,1947 年。
徐昂:《周易对象通释》,南通:南通竞新公司,1937 年。
徐昂:《周易虞氏学》,南通:南通竞新公司,1936 年。
尚秉和:《周易尚氏学》,北京:中华书局,1980 年。
尚秉和撰,张善文校理:《尚氏易学存稿校理》,北京:中国大百科全书出版社,2005 年。
黄寿祺、张善文:《周易研究论文集》(第一辑),北京:北京师范大学出版社,1988 年。
刘大钧主编:《百年易学菁华集成初编》,上海:上海科学技术文献出版社,2010 年。
牟宗三:《周易的自然哲学与道德涵义》,《牟宗三先生全集》(第一册),台北:台北联经出版事业公司,2003 年。
牟宗三:《周易哲学演讲录》,上海:华东师范大学出版社,2004 年。
高亨:《周易古经今注》(重订本),北京:中华书局,1984 年。
高亨:《周易大传今注》,济南:齐鲁书社,1979 年。
黄寿祺:《易学群书平议》,北京:北京师范大学出版社,1988 年。
屈万里:《先秦汉魏易例述评》,台北:学生书局,1985 年。
胡自逢:《周易郑氏学》,台北:文史哲出版社,1990 年。
黄庆萱:《周易纵横谈》,台北:东大图书公司,1985 年。
高怀民:《先秦易学史》,桂林:广西师范大学出版社,2007 年。
高怀民:《两汉易学史》,桂林:广西师范大学出版社,2007 年。
高怀民:《宋元明易学史》,桂林:广西师范大学出版社,2007 年。
刘大钧:《周易概论》(增补修订本),成都:巴蜀书社,2010 年。
刘大钧:《今、帛、竹书〈周易〉综考》,上海:上海古籍出版社,2005 年。
黄寿祺、张善文:《周易译注》,上海:上海古籍出版社,2007 年。

朱伯崑:《易学哲学史》,北京:昆仑出版社,2009 年。

朱伯崑主编:《周易通释》,北京:昆仑出版社,2004 年。

金景芳、吕绍纲:《周易全解》,长春:吉林大学出版社,1989 年。

戴琏璋:《易传之形成及其思想》,台北:文津出版社,1989 年。

徐芹庭:《易经源流—中国易经学史》,北京:中国书店,2008 年。

徐芹庭:《汉易阐微》,北京:中国书店,2010 年。

张立文:《周易思想研究》,武汉:湖北人民出版社,1980 年。

潘雨廷:《易学史论丛》,上海:上海古籍出版社,2007 年。

潘雨廷:《读易提要》,上海:上海古籍出版社,2006 年。

潘雨廷:《潘雨廷著作集》,上海:上海古籍出版社,2016 年。

余敦康:《内圣外王的贯通》,上海:学林出版社,1997 年。

余敦康:《汉宋易学解读》,北京:华夏出版社,2006 年。

周立升:《两汉易学与道家思想》,上海:上海文化出版社,2001 年。

郑万耕:《易学源流》,沈阳:沈阳出版社,1997 年。

萧汉明:《阴阳大化与人生》,广州:广东人民出版社,1998 年。

钟肇鹏:《谶纬论略》,沈阳:辽宁教育出版社,1992 年。

常秉义编:《易纬》,乌鲁木齐:新疆人民出版社,2000 年。

萧洪恩:《易纬文化揭秘》,北京:中国书店,2008 年。

李学勤:《周易溯源》,成都:巴蜀书社,2006 年。

裘锡圭:《中国出土古文献十讲》,上海:复旦大学出版社,2004 年。

廖名春:《〈周易〉经传十五讲》第二版,北京:北京大学出版社,2012 年。

廖名春等:《周易研究史》,长沙:湖南出版社,1991 年。

廖名春:《马王堆帛书周易经传释文》,《续修四库全书》第一册,上海:上海古籍出版社,2002 年。

王子今:《睡虎地秦简(日书)甲种疏证》,武汉:湖北教育出版社,2003 年。

杨庆中:《周易经传研究》,北京:商务印书馆,2005 年。

丁四新:《马王堆汉墓帛书〈周易〉》,《儒藏》精华编第 281 册,北京:北京大学出版社,2012 年。
丁四新:《楚竹书与汉帛书周易校注》,上海:上海古籍出版社,2011 年。
陈居渊:《周易今古文考证》,北京:商务印书馆,2015 年。
陈居渊:《汉魏易注综合研究》,济南:齐鲁书社,2017 年。
张其成:《象数易学》,北京:中国书店,2003 年。
林忠军:《象数易学发展史》(第一卷),济南:齐鲁书社,1994 年。
林忠军:《象数易学发展史》(第二卷),济南:齐鲁书社,1998 年。
林忠军:《易纬导读》,济南:齐鲁书社,2002 年。
林忠军:《周易郑氏学阐微》,上海:上海古籍出版社,2005 年。
林忠军:《易学源流与现代阐释》,上海:上海古籍出版社,2012 年。
王新春:《周易虞氏学》,台北:台湾顶渊文化事业有限公司,1999 年。
王新春:《神妙的周易智慧》,北京:中国书店,2001 年。
王新春:《易学与中国哲学》,北京:人民出版社,2012 年。
刘玉建:《两汉象数易学研究》,南宁:广西教育出版社,1996 年。
刘玉建:《汉代易学通论》,济南:齐鲁书社,2012 年。
张涛:《秦汉易学思想研究》,北京:中华书局,2005 年。
张文智:《周易集解导读》,济南:齐鲁书社,2005 年。
张文智:《孟焦京易学新探》,济南:齐鲁书社,2013 年。
刘师培:《群经大义相通论》,宁武南氏校印刻本,1934 年。
刘师培:《经学教科书》,宁武南氏校印刻本,1934 年。
王利器:《郑康成年谱》,济南:齐鲁书社,1983 年。
《中研院历史语言研究所集刊论文类编》,北京:中华书局,2009 年。
吕思勉:《秦汉史》,北京:商务印书馆,2010 年。
钱穆:《两汉经学今古文平议》,北京:商务印书馆,2005 年。
钱穆:《国学概论》,北京:商务印书馆,1997 年。

钱穆:《国史大纲》,北京:商务印书馆,1996 年。

钱穆:《秦汉史》,北京:生活·读书·新知三联书店,2004 年。

钱穆:《中国历代政治得失》,台北:台湾联经出版事业公司,1998 年。

郭沫若:《青铜时代》,北京:中国人民大学出版社,2009 年。

蒙文通:《古学甄微》,成都:巴蜀书社,1987 年。

顾颉刚:《秦汉的方士与儒生》,上海:上海世纪出版集团,2006 年。

顾颉刚:《汉代学术史略》,北京:东方出版社,2005 年。

周予同:《周予同经学史论选集》,上海:上海人民出版社,1983 年。

方东美:《原始儒家道家哲学》,北京:中华书局,2012 年。

唐君毅:《中国哲学原论(原道篇)》,北京:中国社会科学出版社,2006 年。

牟宗三:《心体与性体》,上海:上海古籍出版社,1999 年。

徐复观:《两汉思想史》,上海:华东师范大学出版社,2001 年。

余英时:《士与中国文化》,上海:上海人民出版社,2003 年。

王葆玹:《今古文经学新论》,北京:中国社会科学出版社,1997 年。

章权才:《汉代经学史》,广州:广东人民出版社,1988 年。

姜广辉主编:《中国经学思想史》,北京:中国社会科学出版社,2003 年。

孙筱:《两汉经学与社会》,北京:中国社会科学出版社,2002 年。

《中国哲学》编辑部编:《经学今诠三编》,沈阳:辽宁教育出版社,2002 年。

冯友兰:《中国哲学史新编卷》(上中下),北京:人民出版社,1998 年。

张岱年:《中国哲学大纲》,北京:中国社会科学出版社,1982 年。

任继愈主编:《中国哲学发展史》(秦汉),北京:人民出版社,1985 年。

劳思光:《新编中国哲学史》,桂林:广西师范大学出版社,2005 年。

侯外庐主编:《中国思想通史》,北京:人民出版社,1992 年。

张岂之主编:《中国思想史》,西安:西北大学出版社,1993 年。

韦政通:《中国思想史》,上海:上海书店出版社,2003 年。

李泽厚:《中国思想史论》,合肥:安徽文艺出版社,1999 年。

葛兆光:《中国思想史》,上海:复旦大学出版社,2004 年。

周桂钿:《秦汉思想史》,石家庄:河北人民出版社,2000 年。

金春峰:《汉代思想史》,北京:中国社会科学出版社,1987 年。

金春峰:《〈周易〉经传梳理与郭店楚简思想新释》,北京:中国言实出版社,2004 年。

龚鹏程:《汉代思潮》,北京:商务印书馆,2005 年。

祝瑞开:《两汉思想史》,上海:上海古籍出版社,1989 年。

阎步克:《乐师与史官》,北京:生活·读书·新知三联书店,2001 年。

阎步克:《察举制度变迁史稿》,沈阳:辽宁大学出版社,1991 年。

徐兴无:《谶纬文献与汉代文化建构》,北京:中华书局,2003 年。

小野泽精一:《气的思想》,上海:上海人民出版社,2007 年。

杨儒宾编:《中国古代思想中的气论及身体观》,台北:巨流图书公司,1993 年。

杨儒宾、祝平次编:《儒学的气论与功夫论》,上海:华东师范大学出版社,2008 年。

李存山:《气论与仁学》,郑州:中州古籍出版社,2009 年。

李零:《中国方术正考》,北京:中华书局,2006 年

王永祥:《董仲舒评传》,南京:南京大学出版社,1995 年。

傅伟勋:《从创造的诠释学到大乘佛学》,台北:东大图书公司,1990 年。

耿天琴主编:《郑玄志》,济南,山东人民出版社,2003 年。

王晓毅:《王弼评传》,南京:南京大学出版社,1996 年。

王晓毅:《儒释道与魏晋玄学形成》,北京:中华书局,2003 年。

陈来:《仁学本体论》,北京:三联书店,2014 年。

王子今:《秦汉区域文化研究》,成都:四川人民出版社,1998 年。

冯时:《中国天文考古学》,北京:社会科学文献出版社,2001 年。

二、学术论文

饶宗颐:《天神观与道德思想》,《“中央”研究院历史语言研究所集刊》第49本第一分,1978年。

刘大钧:《“卦气”溯源》,《中国社会科学》2000年第5期。

刘大钧:《〈周易〉古义考》,《中国社会科学》2002年第5期。

刘大钧《〈太一生水〉篇管窥》,《周易研究》2001年第4期。

刘大钧:《虞翻著作考释》,《周易研究》1990年第2期。

周立升:《荀爽易学通论》,刘大钧主编:《大易集要》,济南:齐鲁书社,1994年。

林忠军:《郑玄易学思想评述》,《周易研究》1993年1期。

林忠军:《试析郑玄易学天道观》,《中国哲学史》2002年第4期。

林忠军:《试论郑玄易数哲学》,《孔子研究》2003年第3期。

李学勤:《易纬〈乾凿度〉几点研究—兼论帛书周易与汉易关系》,《清华汉学研究》第1辑,1994年。

廖名春:《帛书〈易传〉象数学探微》,(台湾)《汉学研究》第十三卷第2期,1995年。

廖名春:《帛书〈易传〉象数学说考释》,《象数易学研究》第1辑,济南:齐鲁书社,1996年。

陈来:《孔门易学的不同诠释与发展》,《本体诠释学》第2辑,北京:北京大学出版社,2002年。

张涛:《略论〈易纬〉的易学思想》,《河北学刊》1999年第2期。

王新春:《易学研究的视野与方法》,《哲学研究》1998年第2期。

王新春:《〈周易〉时的哲学发微》,《孔子研究》2001年第6期。

王新春:《哲学视野下的汉易卦气说》,《周易研究》2002年第6期。

王新春:《哲学视野下的京房八宫易学》,《周易研究》2007 年第 6 期。

王新春:《荀爽易学乾升坤降说的宇宙关怀与人文关切》,《中国哲学史》2003 年第 4 期。

王新春:《郑玄易学爻辰说的哲学文化底蕴》,《周易研究》2008 年第 6 期。

《虞翻易学的两大理论支柱:“卦气说”与“月体纳甲说”》,刘大钧主编:《象数易学研究》(第一辑),1996 年。

王新春:《虞翻易学十二消息说语境下的宇宙大化》,《中国哲学史》2011 年第 2 期。

王新春:《试论虞氏易学“旁通说”的易理内涵》,《周易研究》1996 年第 3 期。

王新春:《虞翻易学旁通说的哲理内涵》,《哲学研究》2001 年第 9 期。

王新春:《也论虞氏易学的卦变说》,刘大钧主编:《象数易学研究》(第三辑),2003 年。

王新春:《虞翻易学“成既济定说”的哲学文化底蕴》,《哲学研究》2009 年第 6 期。

王新春:《汉易一系易家的〈周易〉诠释理路》,《中国哲学史》2019 年第 2 期。

《“得象忘言,得意忘象”——王弼对象数的重新定位及其对治〈易〉路数的新体认》,刘大钧主编:《象数易学研究》(第二辑),1997 年。

刘玉建:《郑玄爻辰说述评》,《周易研究》1995 第 3 期。

刘玉建:《郑玄易学杂论》,《湖湘论坛》2000 年第 5 期。

郑吉雄:《论易道主刚》,《台大中文学报》2018 年,第 26 期。

林维杰:《当代新儒家的感通论》,《鹅湖学志》第 59 期,2017 年。

戴琏璋:《文心与易道》,《政大中文学报》第 29 期,2018 年。

孙景坛:《“汉武帝‘罢黜百家独尊儒术’子虚乌有”新探——兼答管怀伦和晋文(张进)教授》,《南京社会科学》2009 年第 4 期。

陈盟:《易学视野中〈庄子〉内七篇首尾两则寓言解析》,《周易研究》2016年第1期。

邓立光:《从帛书〈易传〉看孔子之〈易〉教及其象数》,《周易研究》1994年第3期。

邓立光:《从帛书〈易传〉考察"文言"的实义》,《周易研究》2002年第4期。

王棋:《试论荀爽易学象数学说的建构及其哲学意义》,《兰州学刊》2012年第期。

王棋:《荀爽象数易学语境中的阴阳观》,《理论月刊》2012年第10期。

王棋:《荀爽易学"时"的思想探微》,《南昌大学学报》(人文社会科学版)2012年第2期。

韩慧英:《荀爽"乾坤坎离"说浅议》,《周易研究》2006年第3期。

秦洁:《荀爽"升降"易例覆议》,《周易研究》2017年第1期。

李育富:《荀爽卦变易例覆议》,《中州学刊》2018年第9期。

白效咏:《易学与东汉政治初探》,《浙江学刊》2013年第1期。

刘彬:《荀、虞〈易〉坎离思想探微》,刘大钧主编:《大易集说》,成都:巴蜀书社,2003年。

潘柏年:《周易郑氏注"气"之概念》,《首届海峡两岸青年易学论文发表会论文集》,2000年。

丁四新:《汉末易学的象数逻辑与"中"的人文价值理念的象数化》,《哲学研究》2019年第5期。

三、硕博论文

井海明:《汉易象数学研究》,博士论文,山东大学,2006年。

王棋:《荀爽易学研究》,博士论文,山东大学,2009年。

刘春雷:《西汉易学卦气说研究》,博士学位论文,山东大学,2016 年。

陈盟:《汉代经学视野中的郑氏易学研究》,博士论文,山东大学,2018 年。

韩慧英:《荀氏易学初探》,硕士论文,山东大学,2004 年。

秦洁:《交易与升降——荀氏象数易例覆议》,硕士论文,山东大学,2014 年。

高雨龙:《荀爽易学体系下的"爻位说"初探》,硕士论文,中国政法大学,2016 年。

苏红燕:《东汉经学传授与特点述论》,博士论文,山东大学,2013 年。

赵晓翠:《惠栋易学研究——以范式转移为视角》,博士论文,山东大学,2014 年。

曹发武:《〈易传〉对汉代象数易学的影响》,硕士论文,山东大学,2014 年。

王莉娜:《汉晋时期颍川荀氏研究》,博士论文,上海师范大学,2013 年。

梁焕娟:《汉晋颍川荀氏家族与文学》,硕士论文,广西大学,2013 年。

张少雄:《汉末魏晋颍川荀氏家族研究》,硕士论文,广西大学,2013 年。

安妮:《汉魏颍川荀氏家族文学研究》,硕士论文,西北师范大学,2014 年。

薛海波:《两汉颍川豪族研究》,硕士论文,吉林大学,2004 年。

张文智:《西汉孟、焦、京易学新探》,博士论文,山东大学 2010 年。

崔朝辅:《〈易纬〉易学思想研究》,博士论文,山东大学,2011 年。

张克宾:《帛书〈易传〉诠释理路论要》,硕士论文,山东大学,2007 年。

李烁:《象数易学视域下的两汉自然哲学之研究 ——两汉象数易学与天文历法关系之探讨》,硕士论文,山东大学,2011 年。

兰甲云:《周易古礼研究》,博士论文,湖南大学,2007 年。

朱玉周:《汉代谶纬天论研究》,博士论文,山东大学,2007 年。

后　记

本书是由本人所主持的国家社科基金一般项目“汉末荀郑虞三家易学与经学精神的重建研究”（项目批准号：14BZX053）的最终结项成果。本书的出版，得到“山东大学高层次人才学科建设经费”的资助。

在项目进行过程中，由本人撰写发表了8篇相关阶段性研究成果，分别是：《清华简〈筮法〉的学术史意义》（《周易研究》2014年第6期），《荀爽易学所构设的宇宙易场》（《社会科学战线》2016年第2期），《阴阳之道视域下的虞翻易学》（《周易研究》2016年第5期），《〈周易·大象传〉的易学诠释视域》（《孔子研究》2019年第3期），《〈易传〉古经诠释所开启的易学走向与思想归属》（《哲学与文化》2019年第6期），《郑玄爻辰说的易学诠释浅探》（《哲学研究》2019年第12期），以及《周敦颐的人性论与德性修养理路》（《道德与文明》2014年第5期），《三才通贯为一视域下的横渠易学》（《武汉大学学报》人文科学版2015年第1期）。这些相关阶段性研究成果，在最终结项成果中有所体现。

项目组主要成员除本人外，还有曾经跟随我攻读博士学位的刘春雷副教授、陈盟博士、张路园副教授，以及正在跟随我攻读博士学位的温磊老师。张路园参加了前期资料的搜集工作。最终结项成果的执笔人分别是：前言、引言、第三章与结语部分，王新春；第一章，刘春雷；第二章，陈盟。温磊参加了包括资料整理在内的许多学术性、事务性工作。

项目进行前后，得到刘大钧先生、林忠军教授、李尚信教授、董平教授、陈少明教授、丁四新教授、杨庆中教授、吴进安教授、曾春海教授、王立胜教授、王晓毅教授、彭彦华教授等的鼎力支持与帮助，谨致以由衷谢忱。为本书出版，天津人民出版社林雨副编审付出了很多，由衷地谢谢她，感念她的敬业精神。

王新春

2022 初春于山东大学